"十一五"国家重点图书出版规划项目

北京市社会科学理论著作出版基金重点资助项目

启 功 全 集

（修 订 版）

第 三 卷

论 文

图书在版编目（CIP）数据

启功全集（修订版）. 第3卷，论文 / 启功著. —北京：北京师范大学出版社，2012.9

ISBN 978-7-303-14712-0

Ⅰ. ①启… Ⅱ. ①启… Ⅲ. ①启功（1912—2005）—文集 ②文艺评论—中国—文集 Ⅳ. ①C53 ②I206-53

中国版本图书馆CIP数据核字（2012）第181509号

营销中心电话 010-58802181 58805532
北师大出版社高等教育分社网 http://gaojiao.bnup.com.cn
电子信箱 beishida168@126.com

QIGONG QUANJI

出版发行：北京师范大学出版社 www.bnup.com.cn
北京新街口外大街19号
邮政编码：100875
印　　刷：北京盛通印刷股份有限公司
经　　销：全国新华书店
开　　本：170 mm × 260 mm
印　　张：372.5
字　　数：5021千字
版　　次：2012年9月第1版
印　　次：2012年9月第1次印刷
总 定 价：2680.00元（全二十卷）

策划编辑：李　强　责任编辑：褚苑苑　路　娜　李　克
美术编辑：毛　佳　装帧设计：李　强
责任校对：李　菡　责任印制：李　啸

启功先生像

目 录

山水画南北宗说考

一　南北宗说之起源

今之言山水画者，罔不知有南北二宗之说，惟其源流及意义，传讹已久，夷考其说之兴，盖自晚明莫是龙《画说》“禅家南北二宗，唐时始分，画之南北二宗，亦唐时分”一条始，前此未之闻也。近人滕氏固《关于院体画文人画之史的考察》（本志①二卷二期）及《唐宋绘画史》，童氏书业《中国山水画南北分宗说辨伪》（《考古》第四期）言之颇详。然《画说》之文，俱见董其昌著述中，其属莫属董，最当先辨。余氏绍宋《书画书录解题》《画说》条云：“是编凡十六条，所论至为精到，然董文敏《画旨》《画眼》俱有其文，但字句略有出入耳。考文敏生于嘉靖三十四年，云卿生卒年月虽无考，而其父如忠则生于正德三年，下距文敏之生为四十七年，是云卿与文敏，当为同时人而略早，又与文敏生同里闬，画法亦甚高妙，当不至剿袭文敏之书。”又云：“或云卿《画说》散失，后人取文敏之说，依托为之，亦未可知，两者必居其一也。”又《画旨》《画眼》两条，证明二书皆出后人辑录，其中莫氏《画说》之外，更有宋赵希鹄《洞天清禄集》，明陈继儒《妮古录》等书之文若干条。又云：“辑录之人，多就文敏遗墨中采取，文敏偶书旧文，录者未加审别，遽为录入。”则余氏虽于《画说》条存两可之疑。而于《画

① 编者按：此应为《辅仁大学辅仁学志》。

旨》《画眼》两条，固显示编董书者误收莫氏之文，实信《画说》为莫氏作也。《陈眉公订正秘笈》（即《宝颜堂秘笈》原名）绣水沈氏尚白斋刊于万历三十四年，续函中收莫氏《画说》，是年董其昌五十一岁。张丑《清河书画舫》成于万历四十四年丙辰，其卷六、卷七、卷十一，共引《画说》四条，又引陈继儒《妮古录》，凡所引董其昌说，皆录自《戏鸿堂帖》，是年董氏六十一岁，则《画眼》等书之成，决在莫、陈著述已成之后，《画说》之非掇自《画眼》，更得确证，分宗之说，当属莫氏明矣。（张丑引《画说》原注作莫"士"龙，石渠旧藏墨迹，亦有作"士"龙者，见《故宫周刊》，颇疑莫氏或曾更名，否则板误与赝迹耳。）

《江村销夏录》卷三，宋郭河阳《豁山秋霁图》卷，董其昌跋云：

> 予友莫廷韩，嗜书画，亦逼真子久，此卷盖其所藏，以为珍赏甲科，后归潘光禄，流传入余手，每一展之，不胜人琴之叹。万历己亥首夏三日。

莫是龙生年虽无考，据此，则其卒年必在万历二十七年己亥以前，是年董其昌仅四十五岁，余氏所谓"与文敏同时而略早"，知非臆测，如《画眼》《画旨》编辑之误，果由于董氏曾书莫氏之文，则不啻赞和其说而重述之也。

滕氏《唐宋绘画史》云："董其昌之说，由莫氏承袭而来的。这是可找出董氏自己的话来证明。他说：云卿一出，而南北顿渐，遂分二宗。"童氏亦举董氏此句，云："这也是南北二宗说，起于莫是龙的旁证。"案《画眼》云：

> 传称西蜀黄筌。画兼众体之妙，名走一时，而江南徐熙后出，作水墨画，神气若涌，别有生意，筌恐其轧己，稍有瑕疵。至于张僧繇画，阎立本以为虚得名，固知古今相倾，不独文尔尔。吾郡顾仲方，莫云卿二君，皆工山水画，仲方专门名家，盖已有岁年，云卿一出，而南北顿渐，遂分二宗，然云卿题仲方小景，目以神逸，乃仲方向余歆祍云卿画不置，有如其以诗句相标誉者，俯仰间，见二君意气，可薄古人耳。

绎其辞旨，盖谓顾正谊得名在先，如禅宗之神秀，莫是龙一出，如禅宗之慧能，以后起而分神秀半席。并为领袖，相互推崇，了无妒嫉，故曰："意气可薄古人。"董氏论画，好用禅门典故，"南北顿渐遂分二宗"之句，实词章用典之例耳，于此可见当日禅学流行，遂有以禅家宗派，比拟画家宗派之事，故谓为画派南北之说起于晚明之证，则可，执之以为莫氏创说之证，则不可，滕童二君，谅不河汉斯言。

《清河书画舫》卷六引《秘笈》云：

> 山水画。自唐始变，盖有两宗，李思训王维是也。李之传，为宋王诜、郭熙、张择端、赵伯驹、伯骕，以及于李唐、刘松年、马远、夏圭，皆李派。王之传，为荆浩、关同、李成、李公麟、范宽、董源、巨然，以及于燕肃、赵令穰，元四大家，皆王派。李派板细乏士气，王派虚和萧散，此又慧能之禅，非神秀所及也。至郑虔、卢鸿一、张志和、郭忠恕、大小米、马和之、高克恭、倪瓒辈，又如方外不食烟火人，另具一骨相者。

原注仅称《秘笈》，按卷十一引《秘笈》"倪迂画在胜国时可称逸品"一条，其文见《妮古录》及《画眼》，《画眼》误收《妮古录》，前既辨正，则此条当为陈继儒语，所谓《秘笈》者，盖陈眉公《订定秘笈》之简称，第《眉公杂著》中，又不见卷六所引一条，疑今传本不足耳。

董氏《画眼》又有"文人画自右丞始"一条所述作家皆与莫氏所举者相同，王维一系中多李成、范宽、李公麟、王诜四家，李思训一系中多刘松年、李唐二家。明人中推文、沈为遥接衣钵。童氏云："董其昌……更添出文人画的名目来……这是因为文人画一个名称，比较广泛，容易安插人的缘故。"按董氏此条，虽未标南北宗之名，而所列作家系统，与夫褒王派贬李派之意，皆与莫氏一致。所增画家，仅可视为详略之不同，因知所谓文人画，即指南宗，适足考见其规定两派界限，盖以画家身份为标准。以名目论，"文人画"之称，尚属宋元旧有（士大夫画之称，始见于宋郭若虚《图画见闻志》，后人或称文人，或称士夫），不得谓董氏添出，以内容论，与莫氏二宗之说固无以异，莫、陈、董三氏，同时，同里，同好，著书立说，亦持同调，则南北宗说，谓为三人共倡者，亦无不可。

沈颢为沈周后人，称周曰“石祖”，于董其昌行辈略晚，称董为“年伯”（见秦瑞玠《曝画纪馀》卷一），当获亲炙者，《画麈分宗》一条，叙述源流，与莫、陈、董三氏之说相同，贬抑北宗，斥及其当代之人，盖华亭三家之后，首和二宗之说者，其诋北宗，视三家之言，尤为刻露，与其谓董氏承袭莫氏之说，毋宁谓沈氏承袭三家之说，后之论二宗者，率不出此四人旧说之范围，而南北宗说至此遂巩固不拔矣。（以下简称四家为“明人”。）

二　唐宋画派之分析及二宗说辨误

明人谓画之南北二宗，唐时始分，王维、李思训，各为鼻祖，历代传授，系统分明，如指诸掌。然自《画说》以前，溯至唐人著述，绝不见南北二宗之说，唐张彦远《历代名画记》虽有“叙师资传授南北时代”一篇，其所论列皆王、李以前之人，宋元人论画间有言及南北山川景物者，悉与宗派之义无关，故谓南北宗说起于晚明，已无疑义。

莫、陈、董三家所举二宗画家系统，大同小异，陈氏举王诜、郭熙为北宗，与董牴牾（董云“李成有郭熙为之佐”，李为南宗，郭亦当属南宗），董氏举明朝文、沈为莫、陈所未及，沈颢直诋戴进一派，又三家略而不言者，盖别有故，陈氏于郑虔以下，另辟一系，皆莫、董所指为南宗文人画者，实则仍为两系。且诸家，各有授受，画风演变，错综复杂，尽纳于二系之中，并成一脉单传，未免牵强附会也。

滕氏《唐宋绘画史》曰：“盛唐之际，山水画取得独立地位，是一事实，李思训、王维的作风之不同，亦是一事实，但李思训和王维之间，没有对立的关系。”其言是也。童氏考证唐宋诸家画派消长，而得结论曰：

> （一）唐朝人对于王维很轻视（功按惟其引《历代名画记》王维传“远树过于朴拙，复务细巧，翻更失真”数句，为证据之一，则误，此实张彦远谓众工为王代笔之失也）。（二）北宋人大多以李成、关仝、范宽三人，为山水家的领袖，就中尤尊李成。王维、李思训在那时，还没有做山水家总领袖的资格，而董源、巨然在那时的地位，也还不高。（三）北宋末米芾，开始把董源的地位抬起来。董源是画江南山水的人，王维的山水，在那时也有江南风景之目，后世以王维、董源为南宗一系大师的观念，在那时始稍萌芽。（四）李思训一派的传授说，在宋时已成立，但没有北宗之目。（五）元朝人论山水，有王维、李思训、荆浩、董源四派之目。四派中，董源一派尤被重视，董、巨并尊的观念，也在此时确立，但王维的地位仍很孤单，他仍没有做成一宗师祖的地位。（六）明朝早年人，对于画史，还只有一个直线演变的观念，在那时所谓南北分宗的思想还不曾成立。

功按其所考证，颇称精核，惟第三条后段，以画江南风景者为南宗，盖未悉南北二字之意义，第四条谓李派传授在宋时已成立，似谓明人所标北宗一系为无可议者，其证据尚感未足。仅赵伯驹学李思训父子画法，见汤垕《画鉴》，其弟伯骕，《画继》列之于伯驹之后，称其“亦长山水，着色尤工”。画派与伯驹当不甚远，则赵之于李，虽属私淑，犹可比于传授，至于赵幹、张择端、刘松年、李唐、马远、夏圭，于宋元载籍中，殊未闻其有源出二李之说，（宋高宗尝题李唐画曰：“李唐可比唐李思训。”见元夏文彦《图绘宝鉴》，可比者，未必曾学其法也，亦不足为出于二李之证。）赵幹为南唐画院学生，见《图画见闻志》，刘、李、马、夏皆南宋画院待诏，见《图绘宝鉴》，且称夏圭“雪景全学范宽”，范宽固明人指为南宗者。张择端，《图绘宝鉴》云：“精于界画，尤嗜舟车、桥市、村落、人物，别成家数。”夫别成家数，未必果守师承，惟“官至翰林画史”，与赵幹诸家同属院人而已。院画重在法度，李思训、赵伯驹虽非院人，而画体精工，或为院人所师法，故明人所谓北宗，即以院画为范围，犹南宗之于文人画耳。

以画家身份为别，《图画见闻志》《画继》，已为滥觞，然无宗派之义，分类亦不止二端，所为便于列传，无关画法臧否，明人以院人之画，无论其画风异同，尽名之曰北宗，院人之外，统称之曰文人，无论画风异同，尽名之曰南宗，夫职隶画院者，何至尽属庸工，身为士夫者，未必不习院体，郭熙为御画院艺学，而山水寒林学李成（见《图画见闻志》），王诜为驸马都尉，而画宗金碧之体，遂致陈、董之说，互相牴牾。盖莫氏以前，非但无南北二宗之名，即院人与文人，亦未居于对峙地位。总之，画风演变，关乎时代。同一时代中之画家，纵派别不同者，自后人观之，亦有贯通处，时代相隔者，虽祖之于孙，作风未必相合。明人论画，上下千年，只以二宗概括之，此事理之难通者，正不待考辨源流，而后知其谬误，然其立说，意自有在，原不为尚论古人也。

三　南北二字之意义

二宗之说，既属晚明画家所标榜，姑不论价值何如，其势力绵延，至今未绝，惟南北二字，多未得其真解。院体画何以称北，文人画何以称南，童氏云："南北宗画的分家，究竟拿什么做标准？关于这点，自明迄今，始终没有人能解释得清楚。"又云："画家既分为南北两宗，为什么其人又非南北？"足见其来源之无据易辨，南北之分界难知。莫氏所云："王摩诘始用渲淡，一变钩斫"，陈氏所举"板细""虚和"之别，沈颢所云："王摩诘裁构淳秀，出韵幽淡""李思训风骨奇峭，挥扫躁硬"诸语，只可视为两宗作风之记述，其立名本义，一似人所尽知，无劳解释者。后人不假思索，望文生义，流于附会，虽遵用其说者，已多不详其义矣。

考莫氏之说，原以禅家宗派，比喻画家宗派，陈氏更明以神秀比李思训，以慧能比王维，则其取义，与禅宗决不相远，《宋高僧传・弘忍传》曰：

初，忍于咸亨初，命二三禅子，各言其志，神秀先出偈，慧能知焉，乃以法服付慧能，受衣，化于韶阳，神秀传法荆门洛下，南北之宗，自兹始矣。

又《神秀传》曰：

昔者达摩没而微言绝，五祖丧而大义乖，秀也拂拭明心，能也俱非而唱道，及乎流化北方，尚修炼之勤，从是分歧，南服兴顿门之说。

禅宗南北之名，起于传法地域，其宗旨，有顿渐之别。明人于画派命名之标准，非以地域，即据宗旨。莫氏曰："人非南北"，陈氏曰："慧能之禅，非神秀所及。"董氏《画眼》曰：

李昭道一派，为赵伯驹、伯骕，精工之极，又有士气，后人仿之者，得其工，不能得其雅，若元之丁野夫、钱舜举是已。盖五百年而有仇实父……实父作画时，耳不闻鼓吹阗骈之声，如隔壁钗钏戒顾，其术亦近苦矣。行年五十，方知此一派画，殊不可习，譬之禅定，积劫方成菩萨，非如董、巨、米三家，可一超直入如来地也。

夫秀、能优劣，与其传法地域无关，可见陈氏之说，亦以宗旨为根据，至董氏之言，义更显明，则画派之比于禅宗。其标准，乃在宗旨，而不在地域，院体一派，重功力，如禅家之积修，士夫一派，重性灵，如禅家之顿悟，比其顿渐之义，借其南北之名，经此曲折，遂生误解，莫氏当时，似已见及，既曰："画之南北二宗亦唐时分"，复申之曰："但人非南北耳"，惜其语焉不详，遂令后人之论画家南北宗派，鲜有不如东坡所喻，盲人论日，扪烛叩盘者矣。惟方薰《山静居论画》曰："画分南北两宗，亦本禅宗，南顿北渐之义，顿者根于性，渐者成于行也。"其言最得明人之本旨，惜过简略，阐发未尽致，后之论画者，仍不免多所误解也。

南北二字意义，既因曲折而致晦昧，误解者盖有四类：（一）以为二宗之分，实始于唐时。（二）以作家之产域为标准。（三）以所画山川景物为标准。（四）以笔法刚柔，皴点格式为标准。

（一）此类讹误，最为普遍，有清艺苑，以四王、吴、恽为领袖（王时敏、王鉴、王翚、王原祁、吴历、恽格），后来画风，几全为此诸家所垄断，虽有杰出之士，终患众寡悬殊，而此诸家无论直接间接，悉出董其昌门下，董氏等人，伪托古义，一似自来相传，事实固然者，故其说竟自流播，然亦无足怪也。

（二）人非南北，莫氏原有明文，而宋荦《论书绝句》，王士正评云：

> 近世画家，专尚南宗，而置华原、营丘、洪谷、河阳诸大家，是特乐其秀润，惮其雄奇，余未敢以为定论也，不思史中迁、固，文中韩、柳，诗中甫、愈，近日之空同、大复之皆北宗乎，中丞论画，最推北宋数大家，真得祭川先河之义。

原注："子美河南巩县人"，是以人之南北为标准也。更以元人为南宗，以北宋之范宽、李成、荆浩、郭熙为北宗，既沿用明人南北宗之称，则决非别有取义，而所举诸家系统，又相背驰，似全据传闻，于《画说》《画眼》，并未详考，王之距莫，不过数十年，已歧误至此，后来之承讹藉舛者，又安足异哉！

沈宗骞《芥舟学画编》卷一，"宗派"一篇，语极模棱。兼有诸误，云：

> 南方山水，蕴藉而萦纡，人生其间，得气之正者，为温润和雅，其偏者，则轻佻浮薄，北方之山水，奇杰而雄厚，人生其间，得气之正者，为刚健爽直，其偏，则粗厉强横，此自然之理也，于是率其性而发为笔墨，遂亦有南北之殊焉。

又云：

> 稽之前代，可入神品者，大率产之大江以南。

又云：

> 王之后，则董、巨、二米、倪、黄、山樵，明季董思翁，是南宗的派，李之后，则郭熙、马远、刘松年、赵伯驹，李唐有明戴文进、周东村，是北宗的派，其不必以南北拘者，则荆、关、李成、范宽，元季吴仲圭，有明文、沈诸公，皆为后世楷模。

观其持论，意在折中，于明人本义，实未得其真解，要之，仍以画家生产地域为标准也。

（三）以为山川风物，南北不同，二宗画风之别，既不在画家之产域，必在取材之景象，其误在泥于南北二字，顾名以求其义也。近代英人布舍尔著《中国美术》戴氏岳译本云：

> 南北画之派别，在唐最著，北派盛行于黄河流域……南派盛行于扬子江流域，其上流，山水秀媚，谿谷幽深，故此派画风尤盛……南派创意新颖，动笔恢奇，常不拘于古法，而以实写天然景物为务，王维者，南派中之重要代表也。

又云："继其业者，多为蜀郡成都人"，兼有第二类之误。近人叶氏瀚《中国美术史》云：

> 南宗自王维始，而其源，则始南朝，以南都踞扬子江流域，山水木石，多平远疏旷也。

所谓始于南朝，盖误于张彦远"叙师资传授南北时代"一篇之说也。童氏以米芾《画史》有"世俗多以江南人所画雪图，命为王维"，"董源溪桥渔浦洲渚掩映，一片江南也"，"顾恺之坡岸皴，如董源，乃知人称江南，盖自顾以来，皆一样，隋唐及南唐，至巨然，不移"诸语，遂云：

> 根据米氏这几段话，可知那时人，多以王维的山水，为像江南的景致，这是王维被认为南宗始祖的由来。

又云：

据牛戬《画评》说："赵幹画山水，多作江南景。"那怎么可以加上他一个北宗的徽号呢？

前引结论第二条后段，与此误同。所云"自明迄今，始终没有人能解释得清楚"，盖已自示阙疑之义矣。

（四）以明人所称二宗诸家之笔墨面目为标准，虽不得即视为二宗之定义，然明人固当举钩斫渲淡，板细虚和诸例，则此类误解，可谓"知其当然，而不知其所以然者"。龚贤《授徒画稿册》真迹（商务印书馆影印本）云：

皴法常用者，止三四家，其馀不可用矣。惟披麻、豆瓣、小斧劈，可用，牛毛解索，亦间用之，大斧劈是北派，万万不可用矣。

又云：

稀叶树，用笔须圆，若扁片子，是北派矣。北派纵老纵雄，不入赏鉴。

华翼纶《画说》云：

南北宗，蹊径不同，用笔大异，作画者罔不知，而下笔时，全无的派，其故在钩斫皴染，未明其意，愈失愈远。

华琳《南宗抉秘》云：

夫作画而不知用笔，但求形似，岂足论画哉……在北宗，曰笔格遒劲，亦是浑厚有力，非出筋露骨，令人见而刺目，不然大李将军，岂得与右丞比肩而以宗称之乎？

以上三人之书，皆论画法之作，原无意于解释宗派界限，顾已可见其所指二宗标准，端在皴染笔法之别也。近人卞氏僧慧《国画管窥》一篇中（载滕固编《中国艺术论丛》），引邓氏以蛰语云：

就山水画言，所谓南北宗，亦由笔法分派，南宗用中锋，演为披麻皴，北宗用侧锋，演为斧劈皴，北宗祖师大小李将军，其初仍用中锋铁线，勾取山石轮廓，再以金线提起折角，以成其金碧钩斫之形势，初并未用斧劈皴，使于笔调显一种斫削之势也。观乎宋室，诸如赵伯驹、伯骕之师法二李，即可知矣。斧劈皴，实开于南宋之李唐、马远、夏圭等，而成于明之浙派，如张路、戴进等。

辨知二宗之说，属于后起，而不遵用者，固无论矣，其沿用二宗之说，据诸家遗迹中，观其笔法异同，而归纳之，以为宗派之分界，当以此节为最详，然倒果为因，已堕明人术中矣。

四 华亭人立说之背景

明人立说，意在扬南抑北，莫氏谓："亦如……临济儿孙之盛，而北宗微矣。"考当日宋人院体画风方盛，戴进、吴伟诸家，备受推崇，有浙派之目，李开先《中麓画品》，每品中几悉以戴、吴冠首，云："文进其原出于马远、夏圭、李唐、董源、范宽、米元章、关仝、赵千里、刘松年、盛子昭、赵子昂、黄子久、高房山，高过元人，不及宋人。"又云："文进画笔，宋之入院高手，或不能及，自元以下，俱非其比"，"小仙其原出于文进，笔法更逸，重峦叠嶂，非其所长，片石一树，粗且简者，在文进之上。"犹得云一人之私好，屠隆《考槃馀事·临画》条云："国朝戴文进临摹宋人名画，得其三昧，种种逼真，效黄子久、王叔明画，较胜二家。"詹景凤《东图玄览》编卷二，夏圭《溪山野棹图》条云："予所见马、夏真迹……近时钱塘戴文进可谓十得八九，然戴画之高，亦在苍古而雅，不落俗工脚手，吴中乃专尚沈石田，而弃文进不道，则吴人好画之癖，非通方之论，亦其习见然也。"明刻顾氏《画谱》第三册戴文进画沈朝焕对题云："吴中以诗字妆点画品，务以清丽媚人而不臻古妙，至姗笑戴文进诸君为浙气。不知文进于古无所不临摹，而于趋（原文如此疑有脱字）无所不涵蓄，其手笔高出吴人远甚，题者无以耳食可也。其于神鬼佛像尤多，然非其贵矣。文进名进，别号静庵，又号玉泉山人。子泉亦善画。沈朝焕题。"足见莫氏之说，为故意贬抑，绝非史实，董氏独举吴人文、沈，为遥接南宗衣钵者，其消息可见。

莫氏又举苏轼句云："吾于维也无间然"，然则其于李派当有间然，陈氏曰："慧能之禅非神秀所及""李派板细乏士气"，抑扬益显，至董氏，直云："马、夏、李唐、刘松年，又是大李将军之派，非吾曹所当学。"则纯为门户之见矣。

三人之重南轻北，虽无异词。然莫氏谓："画石当用大李将军《秋江待渡》图，画柳当师赵千里。"（见《画说》。）董氏《画眼》云："夏圭师李唐，更加简率……若灭若没，寓二米墨戏于笔端。"二米墨妙，董氏平生服膺者，竟肯借之以赞夏圭，又云："若海岸图，必用大李将军，北方盘车骡网，必用李希古、郭河阳、朱锐。"又云："宋赵千里设色《桃源图》卷，昔在庚寅，见之都下……及观此仇英临本，精工之极……每观唐人山水，皴法皆如铁线，至于画人物衣纹，亦如之，此秘自余逗漏，从无拈出者，休承虽解画，不解参此笔诀也。"又云："赵令穰、伯驹、承旨，三家合并，虽妍而不甜，董源、米芾、高克恭，三家合并，虽纵而有法，两家法门，如鸟双翼，吾将老焉。"其于北宗之法，非但欲学，且自矜能识笔诀，讵非矛盾，亦可见其于唐宋诸家，原无歧视，所贬者，仅在院体之末流，沈颢所谓："戴文进、吴小仙、张平山辈日就狐禅，衣钵尘土"，盖莫氏诸人，宁委曲其辞，而不欲明言者。童氏云："他们提出南北宗的公案来，或许就是对付浙派的"，悬度非诬，无庸疑惑也。

同是贬院体用意尚有轻重，谓仇英一派功力精苦以致短命，"殊不可习"云者，犹为公论，"笔诀""法门"终不可废。刘、李、马、夏为戴、吴所宗，虽妙比二米，亦非"吾曹"所"当"学，则门户之私言也。郭熙学李成，固董氏所视为南宗者，而贬之曰："元时画道最盛，唯董、巨独行，外此皆宗郭熙，其有名者，曹云西、唐子华、姚彦卿、朱泽民辈出，十不能当倪、黄一。"今观戴、吴之画，仿马、夏者外，尚有山作卷云，树如蟹爪一格，盖学郭派者，"十不当一"之说，其指始见。

自沈颢以后，及有清诸家，凡论及南北宗派者，无论见解何如，总归贬斥北派。画学心印本龚贤《画诀》云："皴法名色甚多，惟披麻、豆瓣、小斧劈为正经，其馀卷云、牛毛、铁线、鬼面、解索皆旁门外道耳。大斧劈是北派，戴文进、吴小仙、蒋三松多用之，吴人皆谓不入赏鉴。”按此仍是吴人议论，龚氏袭之耳。龚贤谓北派“不入赏鉴”，王概《芥子园画传》卷二画松法云：“马远间作破笔，最有丰致，古气蔚然，画此最难，切不可似近日伪吴小仙恶笔漫无法则也。”沈宗骞云：“北宗一派，在明代东村、实父以后，已罕有绍其传者，吴伟、张路，且属狐禅，况其下乎!”钱杜《松壶画忆》云：“宋人如马、夏辈，皆画中魔道，然邱壑结构，亦自精警。”又云：“若吴小仙、张平山辈，剑拔弩张，堕入魔道，学者勿为所误。”华琳云：“特蒋三松、张平山辈，变乱古法，以惊俗目，效之者，又变本加厉。”明人鸣鼓于前。诸家盲从于后，王概、华琳选辞尚能得体，钱杜直诉马、夏，自附南宗，正恐莫、董有知，犹将匿笑也。

五 结 论

晚明华亭三家，创为南北宗说，所以便于褒贬也，贬北宗，贬浙派也，褒南宗，褒董、米及元四家也，《图绘宝鉴》卷六（毛大伦增补）董其昌传云：“学画先摹黄子久，再仿董北苑，如闻元之黄、王、倪、吴，二米真迹，以重价购之，元人画贵，乃其作始。”则王士正之以元人画为南宗之标准，在理论上，固属不能尽合，在事实上未尝无此倾向。

浙派末流，诚不免于粗犷，华亭诸家，思以董、米元人一系救其弊，遂使四王以下，画风卑靡，或非莫、董当日意料所及，愚见以为二宗说兴，画道始弱，固画史上一大关键，其功其罪，自有定论。夫学古贵有特识，择其善者而从，二宗之说，在今日已失其时效，考镜画史者，固当究此公案，研讨画法者，则不宜自横门槛也。

一九三八年冬至

山水画南北宗说辨

我们绘画发展的历史，现在还只是一堆材料。在没得到科学的整理以前，由于史料的真伪混杂和历代批评家观点不同的议论影响，使得若干史实失掉了它的真相。为了我们的绘画史备妥科学性的材料基础，对于若干具体问题的分析和批判，对于伪史料的廓清，我想都是首先不可少的步骤。在各项伪史料中比较流行久、影响大的，山水画“南北宗”的谬说要算是一个。

这个谬说的捏造者是晚明时的董其昌，他硬把自唐以来的山水画很简单地分成“南”“北”两个大支派。他不管那些画家创作上的思想、风格、技法和形式是否有那样的关系，便硬把他们说成是在这“南”“北”两大支派中各有一脉相承的系统，并且抬出唐代的王维和李思训当这“两派”的“祖师”，最后还下了一个“南宗”好、“北宗”不好的结论。

董其昌这一没有科学根据的谰言，由于他的门徒众多，在当时起了直接传播的作用，后世又受了间接的影响。经过三百多年，“南宗”“北宗”已经成了一个“口头禅”。固然，已成习惯的一个名词，未尝不可以作为一个符号来代表一种内容，但是不足以包括内容的符号，还是不正确的啊！这个“南北宗”的谬说，在近三十几年来，虽然有人提出过考订，揭穿它的谬误[①]，但究竟不如它流行的时间长、方面广、进度深，因此，在今天还不时地看见或听到它在创作方面和批评方面起着至少是被借作不恰当的符号作用，更不用说仍然受它蒙蔽而相信其内容的了。所以这件“公案”到现在还是有重新提出批判的必要。

一 “南北宗”说的谬误

“南北宗”说是什么内容呢？董其昌说：

> 禅家有南北二宗，唐时始分；画之南北宗，亦唐时分也。但其人非南北耳。北宗则李思训父子（思训、昭道）着色山水，流传而为宋之赵幹、（赵）伯驹、（赵）伯骕，以至马（远）、夏（圭）辈；南宗则王摩诘（维）始用渲淡，一变钩斫之法，其传为张璪、荆（浩）、关（仝）、郭忠恕、董（源）、巨（然）、米家父子（芾、友仁），以至元之四大家。亦如六祖（慧能）之后有马驹、云门，临济儿孙之盛，而北宗（神秀一派）微矣。要之摩诘，所谓“云峰石迹，迥出天机，笔思纵横，参乎造化”者。东坡赞吴道子、王维画壁亦云：“吾于维也无间然。”知言哉！

这段话也收在题为莫是龙著的《画说》中，但细考起来，实在还是董其昌的作品[②]，所以“南北宗”说的创始人，应该是董其昌。董其昌又说：

> 文人画自王右丞始，其后董源、巨然、李成、范宽为嫡子。李龙眠、王晋卿、米南宫及虎儿皆从董、巨得来。直至元四大家——

① 滕固《唐宋绘画史》《关于院体画和文人画之史的考察》，童书业《山水画南北分宗辨伪》《山水画南北宗说新考》，拙著《山水画南北宗说考》（即本篇的初稿）都曾较详地讨论过，也都有不够的地方。

② 《画说》旧题莫是龙撰，又全见董其昌著作中，近人多疑董书误收莫文，近年陆续见到新证据，知道是明人误将董文题为莫作。又本文所引董其昌的话都见《容台集》《画眼》和《画禅室随笔》。

黄子久、王叔明、倪元镇、吴仲圭皆其正传。吾朝文、沈，则又远接衣钵。若马、夏及李唐、刘松年又是大李将军之派，非吾曹所当学也。

陈继儒是董其昌的同乡，是他的清客，他们互相捧场。《清河书画舫》中引他的一段言论说：

山水画自唐始变，盖有两宗：李之传为宋王诜、郭熙、张择端、赵伯驹、伯骕，以及于李唐、刘松年、马远、夏圭皆李派；王之传为荆浩、关仝、李成、李公麟、范宽、董源、巨然，以及于燕肃、赵令穰、元四大家皆王派。李派板细乏士气，王派虚和萧散，此又慧能之禅，非神秀所及也。至郑虔、卢鸿一、张志和、郭忠恕、大小米、马和之、高克恭、倪瓒辈，又如方外不食烟火人，另具一骨相者。

比董、陈稍晚的沈颢，是沈周的族人，称沈周为“石祖”。和董家也有交谊，称董其昌为“年伯”（见《曝画记馀》）。他在这个问题上，完全附和董的说法。他的《画麈》中“分宗”条说：

禅与画俱有南北宗，分亦同时，气运复相敌也。南宗则王摩诘，裁构淳秀，出韵幽淡，为文人开山，若荆、关、宏、璪、董、巨、二米、子久、叔明、松雪、梅叟、迂翁，以至明兴沈、文，慧灯无尽。北则李思训风骨奇峭，挥扫躁硬，为行家建幢。若赵幹、伯驹、伯骕、马远、夏圭，以至戴文进、吴小仙、张平山辈，日就狐禅，衣钵尘土。

归纳他们的说法，有下面几个要点：一、山水画和禅宗一样，在唐时就分了南北二宗；二、“南宗”用“渲淡”法，以王维为首，“北宗”用着色法，以李思训为首；三、“南宗”和“北宗”各有一系列的徒子徒孙，都是一脉相传的；四、“南宗”是“文人画”，是好的，董其昌以为他们自己应当学，“北宗”是“行家”，是不好的，他们不应当学。

按照他们的说法推求起来，便发现每一点都有矛盾。尤其“宗”或“派”的问题，今天我们研究绘画史，应不应按旧法子去那么分，即使分，应该拿些什么原则作标准？现在只为了揭发董说的荒谬，即使根据唐、宋、元人所称的“派别”旧说——偏重于师徒传授和技法风格方面——来比较分析，便已经使董其昌那么简单的只有“南北”两个派的分法不攻自破了。至于更进一步把唐宋以来的山水画风重新细致地整理分析，那不是本篇范围所能包括的了。现在分别谈谈哪四点矛盾。

第一，我们在明末以前，直溯到唐代的各项史料中，绝对没看见过唐代山水分南北两宗的说法，唐张彦远《历代名画记》中“叙师资传授南北时代”与董其昌所谈山水画上的问题无关。更没见有拿禅家的“南北宗”比附画派的痕迹。

第二，王维和李思训对面提出，各称一派祖师的说法，晚明以前的史料中也从没见过。相反地，在唐宋的批评家笔下，王维画的地位还是并不稳定的。固然有许多推崇王维的议论——王维也确有许多可推崇的优点——同时含有贬意的也很不少。即是那些推崇的议论中，也没把他提高到“祖师”的地位。我们且看那些反面意见：唐朱景玄《唐朝名画录》把王维放在吴道子、张璪、李思训之下。《历代名画记》以为“山水之变”始于吴道子，成于李思训、昭道父子，对于王维只提出“重深”二字的评语。到了宋朝，像郭若虚《图画见闻志》以及《宣和画谱》等，都特别推重李成，以为是“古今第一”，说他比前人成就大，是具有发展进化的观念，不但没把王维当作“祖师”，更没说李成是他的“嫡子”。王维和李思训在宋代被同时提出的时候，往往是和其他的画家一起谈起，并且常是认为不如李成的。

我们承认王维和李思训的画在唐代各有他们的地位，也承认王维画中可能富有诗意，如前人所说的“画中有诗”。但他们都不是什么“祖师”，更不是“对台戏”的主角。

至于作风问题，“渲淡”究竟怎么讲？始终是一个概念迷离的词。从“一变钩斫之法”和“着色山水”对称的线索来看，好像是指用水墨轻淡渲染的方法，与勾勒轮廓填以重色的画法不同。我们承认唐代可能已有这样所谓渲淡的画法，可是王维是否唯一用这一法的人，或创这一法的人，以及用这一法最高明的人，都成问题。张彦远说王维“重深”，米友仁说王维的画“皆如刻画不足学”更是董其昌自己所引用过的话，都和“渲淡”的概念矛盾。董其昌记载过董羽的《晴峦萧寺图》说“大青绿全法王维”。又《山居图》旧题是李思训作，董其昌把它改题为王维，说：“图中松针石脉无宋以后人法，定为摩诘无疑。向传为大李将军，而拈出为辋川者自余始。”又《出峡图》最初有人题签说是小李将军，后有人以为是王维，陆深见《宣和画谱》著录有李升的《出峡图》，因为李升学李思训，也有“小李将军”的诨号，又定它为李升画（见《佩文斋书画谱》引陆深的题跋）。我们且不问他们审定的根据如何，至少王和李的作风是曾经被人认为有共同点而且是容易混淆的，以致董其昌可以从李思训的名下给王维拨过几件成品。如果两派作风截然不同，前人何以能那样随便牵混，董其昌又何以能顺手拨回呢；旧画冒名改题的很多，我却从来没见过把徐文长画改题仇十洲的！

第三，董其昌、陈继儒、沈颢所列传授系统中的人物，互有出入，陈继儒还提出了“另具骨相”的一派，这证明他们的论据并不那么一致，但在排斥“北宗”问题上却是相同的。另一方面，他们所提的“两派”传授系统那样一脉相承也不合实际。前面谈过唐人说张璪画品高于王维，怎能算王维的“嫡子”？再看宋元各项史料，知道关仝、李成、范宽是学荆浩，荆浩是学吴道子和项容的，所谓“采二子之长，成一家之体”分明载在《图画见闻志》，与王维并无关系。董、巨、二米又是一个系统。即一个系统之间也还各有自己的风格和相异点。郭若虚又记董源画风有像王维的，也还有像李思训的。并且《宣和画谱》更特别提到他学李思训的成功，又怎能专算王维的“嫡子”呢？再看他们所列李思训一派，只赵伯驹、伯骕学李氏画法见于《画鉴》，虽属异代“私淑”，风格上还可说是接近，至于赵幹、张择端、刘、李、马、夏，在宋元史料中都没见有源出二李的说法。夏文彦《图绘宝鉴》记宋高宗题李唐的《长夏江寺》虽有过“李唐可比唐李思训”的话，但“可比”和“师承”在词义上是不能混为一谈的。相反地《图绘宝鉴》又说夏圭“雪景全学范宽”，说张择端“别成家数”。即以董其昌自己的话来看，他说夏圭画“若灭若没，寓二米墨戏于笔端”。陈继儒也随着说：“夏圭师李唐、米元晖拖泥带水皴”（见《画学心印》），董又说：“米家父子宗董、巨，稍删其繁复，独画云仍用李将军钩笔，如伯驹、伯骕辈。”又说：“见晋卿瀛山图，笔法似李营丘，而设色似李思训。”至于影印本很多的那幅《寒林重汀图》，董其昌在横额上大书道：“魏府收藏董源画天下第一”，我们再看故宫影印的赵幹《江行初雪图》，树石笔法，正和那“天下第一”的董源画极端相近。这些矛盾，董其昌又当怎样解嘲呢？仅仅从这几个例子上来看，他们所列的传授系统，已经可以不攻自破了。

第四，董其昌也曾“学”过或希望“学”他所谓“北宗”的画法，不但没有实践他自己所提出的“不当学”的口号，而且还一再向旁人号召。他说：“柳则赵千里，松则马和之，枯树则李成，此千古不易。”又说：“石法用大李将军《秋江待渡图》。”又说：“赵令穰、伯驹、承旨三家合并，虽妍而不甜；董源、米芾、高克恭三家合并，虽纵而有法。两家法门，如鸟双翼，吾将老焉。”他还说仿过赵伯驹的《春山读书图》。大李将军、赵伯驹，正是他所规定的“北派”吧！既“不当学”，怎么他又想学呢？可见另有缘故，我们应该作进一步的探讨。

二　“南北二宗”的借喻关系

至于董其昌所说的“南北”，他究竟想拿什么作标准呢？我们且看董其昌自己的说法：“禅家有南北二宗，唐时始分；画之南北二宗，亦唐时分也，但人非南北耳。”好像他也知道南北二字易被人误解为画家籍贯问题，因此才加了一句“人非南北”的声明。虽然声明，还没解决问题。

综合明清以来各家对于“南北宗”的涵义和界限的解释，不出两大类。一是从地域来分，一是从技法来分。第一类中常见的是以作者籍贯为据，这显然与“人非南北”相牴牾。或以所画景物的地区为据，这与董其昌等人所提出的原意也不相符，至少没见董其昌等人说到这层关系上。第二类在技法、风格上看“南北宗”，是从董其昌等人所提出的那些“渲淡”“钩斫”“板细”“虚和”等概念来推求的。研究古代绘画的发展和它们的派别，技法、风格原是可用的一部分线索。但是这些误信“南北宗”谬说而拿技法、风格来解释它的，却是在“两大支派”的前提下着手，替这个前提“圆谎”，于是矛盾百出。最明显的马远、夏圭和赵伯驹、伯骕的作品，摆在面前，他们的技法风格无论怎样说也不可能归成一个“宗派”——“北宗”的。我们把误解和猜测的说法抛开，再看董其昌标出“南北”二字的原意是什么？他分明是以禅家作比喻的，那么禅家的“南北宗”又是怎样一回事呢？

禅宗的故事是这样的：菩提达摩来到中国，传到第五代，便是弘忍。弘忍有两个徒弟，一个是神秀，一个是慧能。他们两人在“修道”的方法上主张不同。慧能主张“顿悟”，也就是重“天才”；神秀主张“渐修”，也就是重“功力”。神秀传教在北方，后人管他那“渐修”一派叫作“北宗”；慧能传教在南方，后人管他那“顿悟”一派叫“南宗”。

我们不是谈禅宗的“教义”怎样，也不是论他们“顿”和“渐”谁是谁非，只是说“南顿”“北渐”这个禅宗典故是流行已久的，那么董其昌借来比喻他所“规定”的画派是非常可能的了。再看他论仇英画的一段话：

> 李昭道一派为赵伯驹、伯骕。精工之极，又有士气，后人仿之者，得其工不能得其雅。若元之丁野夫、钱舜举是已。盖五百年而有仇实父……实父作画时，耳不闻鼓吹阗骈之声，如隔壁钗钏戒顾，其术亦近苦矣。行年五十，方知此一派画殊不可习，譬之禅定，积劫方成菩萨；非如董、巨、二米三家，可一超直入如来地也。

他认为李、赵“一派”用功极“苦”，拿“禅定”来比，是需要“渐修”而成的；董、巨、二米，是可以“一超直入”，即是可以“顿悟”的。那么拿禅宗典故比喻画派的原意便非常明白。他或者想到倘若即提出“顿派”“渐派”，又恐怕这词汇不现成、不被人所熟习，因此才借用“南北”的名称。但禅宗的“南北”名称是由人的南北而起，拿来比画派又易生误解，所以赶紧加上“人非南北耳”的声明，也更可以证明它本意不是想用禅家两派名称表面的概念，而是想通过这个名称“南北”借用其内在涵义——“顿”“渐”。当然学习方法和创作态度是否可能“顿悟”，董所规定的“南宗”里那些人又是否果然都会“顿悟”，全不值我们一辩，这里只是推测董其昌的主观意图罢了。

必须注意的是即使我们承认李、赵是一派，也不能即说他们和董、巨、二米有什么绝对的对立关系。李、赵派需要吃功力，董、巨、二米派也不见得便可以毫不用功，更不见得便像董其昌所说的那么容易模仿，容易立刻彻底理解——“一超直入”。但在董其昌的绘画作品中常见有“仿吾家北苑”“仿米家云山”等类的题识，可见他主观上曾希望追求董、巨、二米诸家作品的气氛却是事实。

在清代画家议论中，触及禅家两宗问题的，只有方薰一人说：“画分南北两宗，亦本禅宗南顿北渐之义，顿者根于性，渐者成于行也。”算是说着了董其昌的原意，但可惜过于简略，没有详尽的阐明。所以《山静居论画》虽很流行，而在这个问题的解释上，还没发生什么效果。

三　董其昌立说的动机

董其昌为什么要创这样的说法呢？从他的文章中看，他标榜“文人画”而提出王维，他谈到王维的《江山雪霁图》时说：

> 赵吴兴小幅，颇用金粉……余一见定为学王维……今年秋，闻王维有《江山雪霁》一卷，为冯宫庶所收，亟令友人走武林索观……以余有右丞画癖，勉应余请，清斋三日，展阅一过。宛然吴兴小幅笔意也。余用是自喜。且右丞云：“宿世谬词客，前身应画

师。”余未尝得睹其迹，但以想心取之，果得与真肖合，岂前身曾入右丞之室，而亲览其槃礴之致，故结习不昧乃尔耶？

这样的自我标榜，是何等可笑！再看他一方面想学“大李将军之派”，一方面又贬斥“大李将军之派”，为什么呢？翻开他的年侄沈颢的话看：“李思训风骨奇峭，挥扫躁硬，为行家建幢。若……马远、夏圭，以至戴文进、吴小仙、张平山辈，日就狐禅，衣钵尘土。”原来马、夏是受了常学他们的戴文进一些人的连累。戴、吴等在技法上是当时相对“玩票”画家——“利家”而称的“行家”。我们知道当时学李、赵一派的仇英也是“行家”。那么缘故便在这里，许多凡被“行家”所学，很吃力而不易模仿的画派，不管他们作风实际是否相同，便在“不可学”“不当学”的前提之下，把他们叫作个“北宗”来“并案办理”了。

“行家”“利家”（或作“戾家”“隶家”）即是“内行”“外行”的意思。在元明人关于艺术论著中常常见到。董其昌虽然不能就算是“玩票”的，但我们拿他的“亲笔画”和戴进一派来比，真不免有些“利家”的嫌疑，何况还有身份问题存在呢！那么他抬出“文人”的招牌来为“利家”解嘲，是很容易理解的。当然，“行家”们作画也不一定不学董其昌所规定的那一批“南宗”的画家，即那些所谓“南宗”的宋元画家，在技法上又哪一个不“内行”呢？因此并不能单纯地拿“行”“利”来解释或代替“南北宗”的观念。这里只说明董其昌、沈颢等人在当时的思想。

从身份上看戴进等人是职业画家，在士大夫和工匠阶层之间，最高只能到皇帝的画院里做个待诏等职。文徵明确是文人出身，相传他作翰林待诏时——还不是画院职务，尚且被些个大官僚讥诮说：“我们的衙门里不要画匠”① 那么真正画匠出身的画家们，又该如何被轻视啊！因此有人曾想拿“院体”来解释“北宗”，这自然也是片面的看法，不待细辩的。

① 见明何元朗《四友斋丛说》，这里只引述大意。

董其昌等人创说的动机中还有一层地域观念的因素。詹景凤《东图玄览编》说："戴（进）画之高，亦在苍古而雅，不落俗工脚手，吴中乃专尚沈石田，而弃文进不道，则吴人好画之癖，非通方之论，亦习见然也。"又戴进一派的画上很少看见多的题跋或诗文，这可能是他们学宋代画格的习惯，也可能是他们的文学修养原来不高。明刻《顾氏画谱》有沈朝焕题戴进画："吴中以诗字妆点画品，务以清丽媚人，而不臻古妙。至姗笑戴文进诸君为浙气。"这真是"一针见血"之论。因此，龚贤在他的《画诀》上所说："大斧劈是北派，戴文进、吴小仙、蒋三松多用之，吴人皆谓不入赏鉴。"也成为有力的旁证。再看董其昌自己的话：

> 昔人评赵大年画谓得胸中着千卷书更佳……不行万里路，不读万卷书，看不得杜诗，画道亦尔。马远、夏圭辈不及元四大家，观王叔明、倪云林姑苏怀古诗可知矣。

应该读书是一回事，拿不会作诗压马夏，又是"诗字妆点"的另一证据。由于以上的种种证据，董其昌等人捏造"南北宗"说法的种种动机，便可以完全了然了。

总结来说，"南北宗"说是董其昌伪造的，是非科学的，动机是自私的。不但"南北宗"说法不能成立，即是"文人画"这个名词，也不能成立的。"行家"问题，可以算是促成董其昌创造伪说动机的一种原因，但这绝对不能拿它来套下"南北宗"两个伪系统。不能把所有被称为"南宗"的画家都当作"利家"。我们必须把这臆造的"两个纵队"打碎，而具体地从作家和作品来重新作分析和整理的工夫。我们不否认王维或李思训在唐代绘画史上各有他们自己的地位，也不否认董其昌所规定的那一些所谓"南宗画家"在绘画史上有很多的贡献。不否认戴进、吴伟一派中有一定的公式化的庸俗一面，也不否认沈周、文徵明等，甚至连董其昌也算上有他们优秀的一面。（我们辨"南北宗"说，不是为站在戴进一边来打倒董其昌。）但是，这与董其昌的标榜完全不能混为一谈，而需要另作新的估价。

“南北宗”说和伴随着的传授系统既然弄清楚是晚明时人伪造的，但三百年来它所发生的影响却是真的。我们研究绘画史，不能承认王维、李思训的传授系统，但应承认董其昌谬说的传播事实。更要承认的是这个谬说传播以后，一些不重功力，借口“一超直入如来地”的庸俗的形式主义的倾向。

宗法这个东西，本是封建社会的意识形态之一，山水画的“南北宗”说，当然也是这种意识在艺术上的反映。我们从整个的艺术史上看，这一个“南北宗”伪说的问题，所占比重原不太大，但它已经有这些龌龊思想隐在它的背后，而表面上只是平平淡淡的“南北”二字，这是值得我们严重注意的。

一九五四年初稿，一九八〇年重订

附　录

董其昌《论画》与《画说》之作者关系

《画说》十六条，刊入《宝颜堂秘笈》续函第二十帙，又明人刻《闲情小品》及《续说郛》卷三十五亦收之。俱题莫是龙撰。

但许多书籍、法帖、书画著录，以及所见许多董其昌的墨迹中，常有与这十六条中文词相同的条目，于是这十六条的作者究竟是谁，就有了问题。我曾校辑各条，逐一比对，以过于繁琐，不便详录。现在撮举大要，写在这里。

甲、把十六条合刊题为莫撰的，有前举三者，零星引举称为莫撰的，有《清河书画舫》等。

乙、书籍、法帖、书画著录、及所见董氏墨迹中，收论画之语，属于董氏名义的，有十二种。每种中的条目，此多彼少，有与那十六条重复的，有不重的。彼此牵连，打成一片，那十六条混在其中。

属于董氏名义的有下列十一种：

一、“论画琐言”十一条（《续说郛》卷卅五）

二、“闲窗论画”十一条（《媚幽阁文娱》）

三、“闲窗论画”八条（墨迹，东莞容氏颂斋藏）

四、“闲窗论画”八条（陈邦彦临本）

五、“闲窗论画”三条（《石渠宝笈》三编第十九函第二册）

六、“董文敏论画卷”十五条（《吴越所见书画录》卷五）

七、“董玄宰论画”十九条（郁逢庆《书画题跋记》续纪卷十二）

八、“画旨”七条（贾鉝刻《百石堂帖》摹董书墨迹）

九、“明董其昌论画”十一条（《石渠宝笈》三编第十三函第一册）

十、论画语三条（李若昌刻《盼云轩帖》摹董书墨迹）

十一、论画语二条（邵松年《古缘萃录》）

以上十一种共载论画之语不重者卅三条，其中包括《画说》十六条。颂斋藏本（陈邦彦临本略同）后有董氏自跋云“旧有论画一卷，久已失之。适君甫（陈本作“君敷”）录得不全本（陈本作“以录本视余”），更书一通”云云。

我初见明人刻的书中有《画说》，以为可信为莫作。尤其陈继儒和莫、董都有交谊，他刻的《宝颜堂秘笈》中有《画说》，题为莫撰，更觉可信。后来陆续见到以上这些材料，其中董氏一再声明旧稿遗失，所以重写，足见他是在有意更正《宝颜堂秘笈》等书。那么陈继儒究竟为什么如此的张冠李戴呢？情理大约是这样：莫是龙死在万历己亥以前，见董题郭熙《谿山秋霁》卷。己亥年董其昌四十五岁。大约陈继儒为了纪念亡友，一时又找不着莫氏遗著，便将董氏的十六条旧稿拿来充数。董氏在书画上本来多受莫氏的影响，这十六条的论点可能即是莫氏的唾馀。及至刊出，董氏不愿割让，又不便正面声明更正，便用一再给人书写的办法来作消极的更正。这种连几条散碎笔记都不肯割让以成死友之名的品质，正不待“民抄”，已自可哂。有人评论说：车马衣裘可与朋友共者，以其为身外之物也；而诗句拙劣至如“一一鹤声飞上天”，亦惟恐旁人窃去者，以其出于自家心血也。真可算一针见血！可惜的是大力争来的那些条中，最重要的南北宗说一条，却正是凭空编造、毫无根据的一条，岂不是枉费心机了吗？

晋人草书研究

——一九四二年在辅仁大学的讲演

书契以来，字体屡变，汉许慎著《说文解字》，千古奉为圭臬。顾自隶体一兴，古制渐泯。草书更专主简省急就，六书之义，不可骤寻。唐宋学者，有自矜谨重，不为草书者；乾嘉老宿，甚且以篆体录文，其视草行，殆同旒赘。然许氏云："汉兴有草书"，而士夫书牍，尤尚草体，号为迫遽不及草书，盖慎其笔法耳，固古人之所重也。研求文字沿革者，于汉隶之后，今隶以前，微草无征，讵可等之杂艺乎？

汉有草书之说，前人多未尽信，以《阁帖》所收章帝张芝之书，皆出伪造。自西陲简牍，重见人间，其有年号可考者，上至武帝太始，而"神爵"一简，已是草书，祭酒之语，始信不诬。第草书于汉世，究属草创，木简之出土，多已断阙，其由章草变之今草，体势完具，当在晋世，故言草书者，必以晋人为主。上窥炎汉，以溯渊源，下概李唐，以穷俗变，宋元工草体者，仅米赵数家，明人偏旁多杜撰，尽可存而不论矣。

晋人草书，自少数木简外，端凭法帖，馆本《十七帖》，传称唐刻，《澄心堂帖》，南唐所摹，世久无传，明人以南宋《澄清堂帖》当之，其误已不待言。《淳化阁帖》，虽编订多舛，为后世所诃，然大辂椎轮，其功未可尽没。其后《大观》《潭》《绛》，孳乳益繁，朱明而后，丛帖尤盛，所收诸书，真伪混杂，颇有待于辨订。地不爱宝，他日或将继简牍更有发见，居今而考晋人之书，仍必以法帖为大宗。

《阁帖》编排未善，书人名氏混淆，屡经订正，已成铁案。而略检通行汇刻草字之书，犹多收伪帖中字，其贻误学人，殆非浅鲜。是以欲考镜字体源流，必先确辨书人时代。与夫帖之真伪，后人题署，不足尽凭也。《阁帖》之误，前人论之已详，明清丛帖中，颇有古帖，标题亦常舛误，观者过信过疑，皆有其蔽，试举二帖以例之。

《出师颂》书作章草，墨池堂《戏鸿堂》本，题曰索靖，《玉烟堂》本，题曰萧子云，《三希堂》本，有米友仁跋，定为隋人。尝合校之，明人所刻，“鼓无停响”，“鼓”皆作“敉”，文遂不通。《三希堂》本墨迹，今有影本行世，笔势古厚而流美，决非向拓可得，因尝悬断明人所刻底本为伪。后于友人家见一墨迹，为陶斋旧藏者，有明初人及文彭十馀跋，备致推许。其误处与明刻皆同，纸墨尚不及唐宋之古，虽不敢即指为章董诸刻所据之本，而误字既同，则章董诸本之非真，可断言也。且王世贞曾收二本，是明代以前，此帖摹本非一，皆辗转传模，信笔题署，要以米跋本为最古，至其是否隋人，固无的据。总之不题为六朝以上人，米氏自有特识，苟仅依汇帖标题则以后作先，不亦偾乎。

《平复帖》，章草奇古，纸墨渝敝，字多剥落，宋徽宗瘦金标签，题曰陆机。梁清标刻之《秋碧堂帖》，书家既鲜临仿，而论书评帖者，亦罕及之。近年墨迹影本既出，世间始见庐山面目，而观者以其字不可识，董其昌跋，又未能详具原委，遂谓徽宗标题，漫无根据，时论纷然，竞以骨董羹目之矣。余见其草法简古，虽近木简，以为苟能寻绎文词，或可稍得佐证。因澄怀谤玩，又复博询八法名家之留意斯帖者，然后全文大略可读。其中可商之字，尚约三分之一，而篇首八字，曰“彦先羸瘵，恐难平复”，则确无疑义。彦先为顾荣字，荣与机、云同入洛，号为“三俊”，则此帖藉使非出世衡，亦其同时侪辈矣。徽宗标题古迹，固多臆断，而于此帖，必有依据，惜乎旧跋尽轶，源流莫辨，所幸首行未泐，尚可资为凭鉴耳。

帖之时代既明，然后究其体势结构变迁之迹，庶不致混淆讹舛，后先倒置，而古人着笔，缓急从心，缣素时或凋残，墨痕更易脱落。隋唐向拓，已不免失真，宋人上石，再经钩摹，尤多乖误，诸家释文往往纷歧，察其所失，盖有数端。

一、今草源出章草，章草实省隶为之，如爱之为，忧之为，最与真书不合。而按之汉隶，则爱作，忧作，草书之源，昭昭可见。后人但据真书结体，以释草书，宜乎其多未合矣。即如六朝及唐人草书，亦常据当时别体。如孙过庭《书谱》“互相陶”，或释陶染或释陶淬，今传古写二体千文墨迹，旧题智永所书，染字真书作，草书作，可证《书谱》之非陶淬。敦煌所出唐人草书《法华玄赞》数卷，中有字，或释函，或释品，或释卷，按卷字别体作弓，道藏中恒有其字，刻本《玄赞》，此处真书正作卷也。拈此二字，足当隅反。

二、董逌《广川书跋》云：“得秘阁墨书，校其字画，皆硬黄摹书，至有墨色湮落，或以重墨添晕，当著奉诏时，其所模拓，皆略仿其大体，而私以笔画成之。”按，著指王著，奉诏谓刻《阁帖》也。《大观》虽重取墨迹上石，较胜《淳化》，而仍不免舛误者，当是底本如斯，无从校正耳。王献之《地黄汤帖》，“谢生还可尔，进退不可解”，二字之间，空隔甚远，且尔字横笔上折，文义字形，两觉未允。偶阅《右军帖》，见屡言司州，因悟尔实东字，原迹失其首笔一横，其上是河字，非可字也。此或《广川》所谓墨色湮落处，一笔之失，两字俱误。又王羲之《谢光禄帖》，“二奄忽”，二下之字，旧释为朝，二字分明两画，而释作一，所以迁就下文朝字，实当释二郗也。此一字难识，而径改上文，削足适履，此之谓耶。

三、阁本伪张芝《汝殊愁帖》，“處耳”处字，误断为二，分居两行，后人释为不可。《大观》改正，处字始明。姚鼐谓《大观》行款较《淳化》为高，即以此处耳二字一行为度，其说虽无实据，却具至理。

四、王洽《不孝祸深帖》，“备婴荼毒”，备下一字，旧释作豫，盖由上文备字而臆测之，不知与下文不属也。谛审《大观》本，此字笔势，与上下各字，迥不相侔。后见唐摹右军《丧乱帖》墨迹，亦有此一字，在两行之间。《丧乱帖》，前有僧权押字，乃悟此字为珍，姚怀珍押字也，摹入正文，遂不可解。故余尝谓处字为截鹤，珍字为续凫，阁本摹勒之粗，可窥一斑。如望文生义，鲜有不误者，然则考释古帖，岂易事哉。

五、释《阁帖》者，如施氏、刘氏、顾氏，互有短长。王澍《阁帖》考证，素称允当，以今观之，仍不免于穿凿与固执，况草主简易，点画屈曲，往往因人而异。虚舟好执点画参差，辨字异同，则贤者之失也。如羲之《初月帖》，末二字，或释呈耳，或释皇恐，王云皆非，当是皇恐皇恐，古人重文必加两点，此恐字末笔稍拖，即指为重文，则前举张芝帖中耳字，末笔至长，可径释为耳耳乎。羲之《黄柑帖》云："奉黄柑二百"。王云是三百，上下各借一笔，按右军有帖云，奉橘三百枚，虚舟中心横亘三百之数，不惜强柑就橘，宁非笑柄。

略举大凡，已有五失，则草书一体，前贤考释虽多，终有待于整理也。

汇辑草字之书，通行者，如《草韵辨体》《草韵汇编》《草字汇》等，皆辗转模临，笔意全失。所收诸字，不著出处，帖之真伪，更不暇择。学者苟执之以习笔法，以考字体，其流弊所极，曷可胜言。《草诀歌》流俗所习，入人尤深。范文明《草诀辨疑》，朱宗文《草圣汇辨》，攻其谬误，颇为详尽，宜若自此可废。而今日朱书罕行，《草诀歌》依然传诵焉。

近代上元李古馀先生滨，著《草说》十五卷，考草体之变迁，至为精核。惟所摹诸字，笔意仍未尽得真，间亦收伪帖中字，以其义主辅证其说，钩摹精粗，固所不计。惜其书流传未广，《百草诀歌》复出章草本，风行一时，瓦釜雷鸣，诚堪怪叹也。

今日印刷之术，进而益精，古帖善本，得一一写影。先民墨迹，屡有掘获，有志研考草书者，正宜统核诸家之说，重加理董，剪取帖字，著其出处，以付影印，可免摹写之失。疑者阙之，误者正之，使草体沿革，秩然可按，示学者以准绳，亦不朽之盛事也。

余阅课卷，每见破体字，今人号为简字，又曰手头字者，尝戏谓简字之义，在乎省简，而以真书笔法写之，点画皆断。如能草书，则简体数笔之字，或竟一笔可成，且字字有本，无须现造，亦习懒之一道也，闻者莞然。

《急就篇》传本考

一 绪 论

古小学书，如《苍颉》《爰历》《博学》《凡将》诸篇，皆已散失，惟史游《急就》至今尚存。《汉志》曰：“《急就》一篇。”又曰：“史游作《急就篇》。”《四库提要》据夏侯湛《抵疑》及《北齐书》之语，谓或有篇字，或无篇字，初无一定。又据《隋志》及《魏书》所称《急就章》，谓改篇为章在魏以后，其说是也。《魏书》三十五《崔浩传》：“浩既工书，人多托写《急就章》，从少至老，初不惮劳。”又云：“世宝其迹，多裁割缀连，以为模楷。”可知指全篇者称篇，指裁割者称章。后世不知其别，误以章代称篇耳。所谓改篇为章，谓其名称，非谓裁篇成章也。拙撰此文，于篇字章字，亦随分称之，而不拘泥焉。其书《汉志》谓皆苍颉正字，晁公武谓杂记姓名诸物五官等字以教童蒙者。后世所见，多为章草写本，于是原本字体，为隶为草，遂滋聚讼。

王愔曰：“汉元帝时，史游作《急就章》，解散隶体而粗书之，汉俗简堕，渐以行之。此乃存字之梗概，损隶之规矩，纵任奔逸，赴俗急就。因草创之义，谓之草书。”见张怀瓘《书断》上。一似史游为作草书始撰此文，怀瓘复执其说，谓史游即章草之祖。惟苍颉正字，当非简堕之体，而纵任奔逸，岂可以教童蒙。且篇中明言“用日约少诚快意”，可见急就之义，犹今言速成。颜注学童急当就此奇好之觚，及晁氏所谓字之难知者缓急可就而求诸说，尚失命篇之旨，况指为书写之迅疾乎？

此情理之未安者。至其言汉人草书之情状，则确切不移也。

《玉海·急就篇》罗愿跋谓："游当孝元时，去李斯等已远，独能取《苍颉篇》中正字，类而韵之，使操觚小童，不随俗迷误。自东汉杜度、张芝善稿法，始用以写此章，号为章草，说者因谓草书起于游，盖不察作书之意。"后署淳熙十年。其说虽较密，顾南宋去汉已远，杜、张始用草体以写《急就》，未之前闻。张芝残字，无论真赝，黄伯思《东观馀论》尚一称之；杜度所写，诸家著录从无及之者。盖王愔尝言："杜度善草书，见称于章帝，诏使草书章奏，张芝喜而学焉。"亦见《书断》。乃论章草名称之源，非谓杜、张始写此篇也。所疑固近理，所断则终嫌无据。

近世西陲出土汉人木简，其中《急就》诸简，皆是隶书。然此数简，固难概当时众本，不得谓汉人写《急就》绝无草书者，但足证汉有隶书之本而已。余妄度之，汉人所传，或有二种，隶书本所以便童蒙之诵习，草书本则兼资以识草体。抑或有人欲集草字于一编，藉《急就》之文，以为贯索，惟亦不出两汉之世。不然后世迻写，何以必作汉时解散隶体之章草，而罕作上下牵连之今草乎？

近世西域出土晋时文书残纸，中有《急就》一纸，正面竖直行栏，栏内书《急就》首章，隶书草书各四行，见日本出版之《西域出土之木简及残纸》一书。可见二体并列之本，晋时已有。

唐时日本僧空海尝以今草写《急就》，墨迹尚存。观其写孙过庭《书谱》，草法字样，与孙氏原本迥不相侔，乃知《急就》之作今草，亦非有所受，盖但凭己意录文。《急就》之今草写本，世传只此一卷而已。至于真书写本，近有吐鲁番出土高昌人写本残纸数片有注，盖北朝人旧注本，今藏新疆自治区博物馆，尚未发表。今日所见，全文唯颜师古注本。颜注自称旧得皇象、钟繇、卫夫人、王羲之等所书篇本，备加详核，足以审定。是颜注正文，直四家草书本之综合释文耳。夫皇、钟、卫、王，书家也，其写此篇，未必用以诵习，殆亦以其为草字之渊薮而书之，如后世习书，以今草写《千字文》《礼部韵》之意也。然则史游之书，不随《爰历》《凡将》俱亡者，正赖书家习草，为之传写。王愔、张怀瓘之误以撰文及创作草书并为一谈者，殆由只见草书之本耳。

今世所传，以章草写本为最多，故校订所资，自以章草本为用最巨。其本来源既古，居今视之，其用有二：一以考证汉人小学之书，一以研究书体沿革。盖书契以来，古今数变，隶草之间，其变尤剧。赵壹所诋，“删繁省难，损复为单”者，正草书之特点。简堕俗中，视为至便，无待劝勉，而风行无碍者也。况夫后世今草，又复渊源于此。藉使汉人隶书之本，一旦尽出，考订《急就》文词者，不复借重章草之本，而研究字体者，犹将有所取镜也。

至于章草得名之由，亦有数说。章帝所作之说，固最无稽，起于写《急就章》及通于章奏二说，古今学者多所辩驳。究以何说为长，则更仆不能终，又非蒙撰此篇之旨，容别论列。总之汉人于粗书之字，但称稿书、草书，其加章字，必在今草既行之后，为其足以取别于今草，故至今犹沿用之。拙撰《古代字体论稿》中曾详论之，可互证。

余尝搜求众本，兼考旧说，见昔贤所校，往往但据一二古本，遽加论定。王静安先生《校松江本急就篇》刊入《观堂集林》者，据旧本十二种，勘对最详。惟写以真书，于草字使转，不能见其异同，而前贤释文歧互处，亦未尽收取而付折中，盖体例不同也。窃不自揣，尝搜隶章真草若干本，为合校本一卷，因于诸本存佚真伪，略有考索，撰为此篇，以就正方闻。海内藏家，倘有古摹善本，惠示以为校订之资，则不啻百朋之锡矣。

二　已佚古本

《急就篇》历代传写，非但字有异同，章数且屡见增益。今存最古之本，如汉人隶书残简，及宋人所传皇象章草本，皆三十一章。颜师古注本三十二章，于第七章后多出一章。观其自序所言，盖尝遍考众本，并不专依一家。空海今草写本其尾止于三十三章，冯汉强作晋强。观堂校记以崔浩作代强之例推之，谓其源出晋人是也。惟称其临晋人本，则未有确据。《玉海》所刊宋太宗本及所引黄山谷本，则三十四章，其末二章王应麟补注以为后汉时人所续。观堂校记依其“饮马漳邺及清河”“辽东滨西上平冈”及“汉土兴隆中国康”诸语考之，谓在魏武平冀州、破乌桓之后，而魏代汉以前。又以宋太宗本既出于钟繇本，则二章当即繇所续。其说至确。今传诸本，大抵不出此四类，而其中章草所写者，仅存叶石林刻皇象本一种。至元明以来书家传摹之章草本亦莫非三十一章，殆皆同出一源者。

若夫史游原本，是否即三十一章，殊费讨论。盖《急就》之文，例多偶句，两章交替处，亦必隔章呼应，颜注所谓“前之卒章与后句相蹑”者也。惟三十一章之本，其第六章末“耿潘扈”三字，畸零无偶，最为可疑。颜注本及宋太宗本多“焦灭胡”一章，末有“续增纪”“遗失馀”之语，则又明言为增补者。观堂以为颜本此章，取诸钟本，续增亦出后汉人手，其说近之。又谓：“汉残简铜钟一章上署第十二，知史游原本固无此章。”复申之曰：“西汉时本无此章。”是仞今出汉简即史游原本，已颇可商。至云：“耿潘扈三字虽系单句，然扈字独与上奴、奢、都、胡等字为韵，是三十一章，并无缺佚。”其说殊牵强，不敢苟同矣。

句法有呼无应，《急就》全篇绝无其例。谓原本如此，尤觉未惬。自元帝至献帝，二百六十馀年，中经丧乱，旧籍未必毫无残佚。况补者明言“遗失馀”，藉补章出后汉人手，是当时已知其遗失，故为补之。安有千载之下，翻能断其无缺乎！观堂所以误加判断者，盖由过尊所见汉简，以为即西汉时史游原本。夫同属汉简，写时亦有先后之分。所见数简，讵知其非原本已残之后，补本未出之前所书者乎？以其少一章，正可见写时之晚也。是以谓“焦灭胡”章诸字非原本则可，因其字为续补，而谓原本此处并无残缺，则不可也。今观皇象本之缺一章，足征章草本最初之源，当在后汉人未补以前，则亦仅亚于今出之汉简而已。

章草本，自汉至宋，诸家所写，皇象本外，皆不复存。其见于记载者，约有十家，今撮记之，以见古本亡失之众，而幸存者之可珍。且冀其有为故家秘藏者，万一一见焉。

一、崔瑗　张丑《清河书画舫》引《悦生别录》：“法书中有崔瑗临史游《急就章》，前称似道留心书画，家藏名迹，多至千卷。其宣和、绍兴秘府故物，往往乞请得之。今除烜赫名迹，载悦生古迹记者不录，第录其稍隐者著于篇。”见辰集“释贯休”条。可见别录所载原多隐僻之物，此外未见著录者。

二、张芝　黄伯思《跋章草急就补亡后》云：“今所传惟张芝、索靖二家为真，皆章草书，而伯英本只有凤爵鸿鹄等数行。”见《东观馀论》卷十。然则其本在宋仅存中间数行，定为伯英真迹，不知何据。

三、钟繇　颜注序称“旧得皇象、钟繇、卫夫人、王羲之等所书篇本，备加详核”。知其本至唐尚在。《玉海》宋太宗本，首引《实录》云：“先是下诏求先贤墨迹，有以钟繇书《急就章》为献，字多踳驳。”夫字既踳驳，则与详核有异，盖已非颜氏所见之本矣。

四、索靖　索靖写本宋人屡称之，《宣和书谱》卷十四载其目，曰“晋索靖《急就章》”。《东观馀论》卷十，《跋章草急就补亡后》云：“靖所书乃有三之二，其阙者，自毋繜而下，才七百五十字，此本是已，盖唐人摹而弗填者。神韵笔势，古风宛然。”按摹而弗填者，言其出于摹写，非双钩廓填者，故笔势得神也。又同卷《跋索靖章草后》云：“索将军章草，下笔妙古今，《七月二十六日帖》《月仪》《急就篇》，此著名书也。”叶梦得《跋索靖章草急就篇》云：“右索靖章草《急就篇》一千四百五十字，阙七百五十九字，余闻世有此唐人硬黄临本旧矣。绍兴甲子，偶得故秘书郎黄长睿双钩所摹于福唐，不可无传于世。闽无美石，乃使以板刻之，置之燕堂，以示好事者。”附载于《东观馀论》卷十。叶氏既刻皇象本，复刻索靖本，而不言其文有异同，则索本殆亦三十一章之本也。其木刻拓本，世久无传。嘉庆初孙星衍忽得一石刻拓本，有绍圣三年摹勒之款，据之以撰考异，号为索本。余考其帖既非宋刻，而所刻者亦非索本，另章论之，而索本终不复传。

五、卫夫人　见颜注序中，其后不见著录。

六、王羲之　陶弘景《与梁武帝论书启》云："臣昔于马澄处，见《逸少正书目》一卷，澄云右军《劝进》《洛神赋》诸书十馀首，皆作今体，惟《急就章》二卷，古法紧细，近脱。忆此语当是零落已不复存。"见张彦远《法书要录》卷二。隐居未得目睹真迹，故疑其不存，颜注称之，知至唐尚在。

七、萧子云　张丑《清河书画舫》子集"曹弗兴"条，载周密《云烟过眼录·兰坡赵都丞与懃所藏书画目》，张氏以刻本例阙，故详录之。其中有萧子云《急就章》，此外不见著录。姑不论其果否子云真迹，以其为宋人传宝之本，苟存于今，亦有足贵矣。

八、崔浩　史称崔浩"既工书，人多托写《急就章》，从少至老，初不惮劳。所书盖以百数，必称冯代强，以示不敢犯国，其谨也如此。浩书体势，及其先人，而妙巧不如也。世宝其迹，多裁割缀连，以为模楷。"见《魏书》卷二十五本传。夫百数之本，不为不多，唐宋之世，已无人见之者，盖当时即多遭割缀矣。至其所书为真为草，史文不明。考浩父玄伯传云："善草隶行押之书，为世模楷。"又云："玄伯祖悦，与范阳卢谌，并以博艺著名。谌法钟繇，悦法卫瓘，而俱习索靖之草，皆尽其妙。谌传子偃，偃传子邈，悦传子潜，潜传玄伯，世不替业。"见《魏书》卷二十四。夫钟卫之体，仅谌与玄伯各自取法，而索靖之草，则两家子孙所共传，故著其世次，以明不替。"浩书体势及其先人"，盖谓索靖草法也。

九、陆柬之　《宣和书谱》卷八："唐陆柬之草书《急就章》。"

十、宋太宗　《玉海》刊王应麟补注本前录宋太宗御书本，首引《太宗实录》云："端拱二年七月丙戌，以御书《急就章》藏于秘阁。帝留心字学，先是下诏求先贤墨迹，有以钟繇书《急就章》为献，字多踳驳，上亲草书一本，仍刻石分赐近臣。宋惟干献《御书急就章赋》，以一轴赐之。"篇末罗愿跋云："至道中，太宗皇帝尝亲书此篇。天水赵公汝谊，欲是正传广之，乃录至道御书三十四章，登于卷首云。"罗氏所跋，乃赵汝谊传刻之颜注本，王氏据之而为补注，则以真书录太宗草书者，盖在淳熙以前，补注仍登诸卷首，复自取他本以校之。惟秘阁入藏，已在端拱。罗跋谓亲书在至道中，如非罗氏误记，则太宗必曾一再书之。石刻拓本，当日但赐近臣，流传已鲜，今并墨迹，遂皆不存。于是三十四章之草书本，竟无一传焉。宋释文莹《玉壶野史》卷一："钱昱，忠献王长子也。读书强记，尤善翰牍。太宗深爱之，以御书金花扇及行草写《急就章》赐之。"则太宗又有行草写本也。标明行草，殆以别于章草耳。

罗跋尚有李焘所藏颜解本，黄庭坚手校本三十四章，当皆是真书所写。至其所称刘清之家本，及王应麟据校之朱文公刊于浙东本，今皆无传，亦不知其字为真为草也。

三　皇象本

皇象本首见于颜注序中，《宣和书谱》卷十三皇象条云："今御府所藏章草书一：《急就章》。"米芾云："唐摹皇象《急就章》，有隶法，在故相张齐贤孙直清处。"见《书史》卷下。又曰："皇象《急就》，唐摹奇绝，在故相张公齐贤孙名直清字汝钦处。"见《宝章待访录》。叶梦得曾以摹本勒石，明正统四年，吉水杨政得叶刻拓本覆刊之于松江，石在松江府学，世称松江本。叶跋云："右章草《急就》二千二十三字，相传为皇象书，摹张邓公家本。此书规模简古，气象沈远，犹有蔡邕、钟繇用笔意，虽不可定为象书，决非近世所能伪为者。此书有颜师古注本尚在，乃相与参校，以正书并列中间，临榻转写多，不无失实。好事者能因其遗法，以意自求于刻画之外，庶几绝学可复续也。"末署"宣和二年上巳日，知颍昌军府事缙云叶梦得题"。邓公，张士逊也，此本是否即《书史》所记之本，固不可知，然今世所传宋刻皇本《急就章》，仅赖此石存其遗影矣。

惟杨氏刻本中缺五段，补以宋克写本，又散缺十八字。跋云："余昔家居，见族伯颛道先生凡作诗文，多以章草书之。因问其字源，乃以《急就章》帖授与。惜前后缺落三百馀字，无别本仿补。他日仕游，博采善本完之，俾古帖复显于时，名教中美事也。比典松江刑狱，始获睹宋仲温之墨迹于翰林归省编修杨廷瑞处，字体略小，格法亦少变，而笔笔皆有古意。将欲摹附帖后，其书竟为好事者窃秘，盖亦不知余有斯帖然也。而福建前参政任公勉之，以摹仲温之本出示，遂临仿其缺者落者，以补其后。虽转摹再四，脱真者多，当点画波磔之间，梗概尚在。”按叶跋明著二千馀字，自是全篇，杨刻有缺文，盖所据者为残帖耳。

南宋刻《澄清堂帖》卷十一残本一册，明库装，商邱宋氏故物。继为固始张氏世守，余见之于镜菡榭中。卷内有宋人《急就章跋》十一段，而正文不存，其跋语似亦不止十一段。即此十一跋观之，帖中所刻《急就章》，即宋人所传之皇象本也。爰详录于后，以见皇本墨迹传授始末。

章草《急就章》，世传皇象书，然纸墨尚新，疑唐人善书者摹拓本也。近世书法几废，谁复能为此？观其结体遒劲，笔势奕奕若飞动然，真可宝玩。元祐甲戌四月十日，信安山人谨记。

赵子昼、程俱、江褎，同观于吴兴之谿堂。政和癸巳九月十五日。

三衢程俱、同郡江褎、江裦、南京赵子昼，政和乙未腊日，观皇象书于吴兴谿堂。

后十八年，岁在癸丑，暮春之初，子昼过致道山居，同观于胜林堂，时二江下世久矣。

右故左辖邓公圣求所藏章草《急就章》本，得于张邓公家。后以予其婿紫薇舍人程公致道之父，所谓信安山人者也。致道在时，甚秘爱此书，既没，始为其婿赵伯旸所取，最后予访得之。故人尤延之嗜古书帖甚笃，乃以遗之。

乾道戊子十月乙未，信安毛幵记。

顷岁尝得刻本，宁有此飞动之势。识其人于图画间，要岂若觌面之为真也。张栻书。

陈骙、叶翥、刘焞同观，乾道庚寅六月二十日。

乾道庚寅秋七月八日，吴兴陶定观。

萧照邻、李元翁、虞仲防、乾道庚寅季冬十一日同观。

楼钥敬观。

右《急就章》一卷，先大父文简公得之于三衢樵隐毛先生平仲，其传授源流，具载跋尾。□□□□□□法度□□□□□□公□当承平时，石林叶公尝刊于颍昌郡斋。绍兴中，又有以颍昌本覆刊于三衢者。考其点画，无复有此飞动气象矣。端挈来东淮，携此卷自随，因刻诸石。又得今军器监谢公愈修所书释文，并刻于后，以贻好事者。距大父跋后八十年，当淳祐丁未仲秋十日，孙端谨识。时毛公之孙佃，偶留东塾，相与共董刻焉。

观夫诸跋，知叶本刻于颍昌郡斋，而绍兴中又有以颍昌本覆刻于三衢者。今观松江本叶氏结衔知颍昌军府事，与尤氏跋合。顾千里《跋急就篇》云："叶梦得题史游《急就》，相传为皇象书，摹张邓公家本。张必碑本，叶从而摹之。"见《思适斋集》卷十四。是未考张家之本，原为墨迹，徒见《玉海》称碑本，故谓张本为碑。昔人于石刻称碑称帖，初不甚严。又如松江本行款虽为帖式，而分层刻于碑石中，欲正其名，不亦难乎！惟《玉海》所据者为颍昌，为三衢，抑为《澄清堂帖》，则不可知耳。

孙鑛《急就章跋》云："此但存章草形体耳，无论是皇象笔与否，古意总已全失。"见《王氏书画跋跋》卷二。其笔意之失，叶石林固已言之，今古本日亡，即仅存之形体，以其足为考辨之资，亦复可宝。

又松江刻本，缺几字则空几格，惟第一章"延"字至"方"字中缺三字，只空一格，殊不可解。及见徐铉、赵孟頫本，篇首俱从"急就"字起，第二章以下始着章数，乃悟皇本篇首殆亦原无第一两字，后人增之。以全篇行款移动匪易，故但改前数行，以其挤写独在真草各四行之末，又可测原帖必每页八行，翻刻移行，只动首页耳。于斯反证徐、赵诸本，自"急就"字起者，皆唐摹旧式也。

四　皇本异文及字数

《玉海》所引碑本，无论是否叶刻，既云皇象书，则与松江同源，似不应尚有异文。以浙局本《玉海》校之，其当松江覆叶本缺处不论外，尚有十字不同。因详考其歧互之由，分别论之如后。第十一章“铁”下一字，叶释“锥”，《玉海》引作“铚”，观堂校记曰：“因‘锥’草书与‘铚’相似而误释”，此《玉海》误辨草体也。

第十八章“椑梲”，《玉海》皆作“手”旁，字之从“手”从“木”者，昔人每混用之。又第廿九章“遬”，《玉海》引作“逯”，“逯”即“遬”之古文，此《玉海》以别体写释文也。以别体写释文，叶氏亦屡为之，如第十一章“禀”释“廪”，第十八章“鍚”释“钖”，第廿四章“蕠”释“楷”，第廿六章“絜”释“洁”，第廿九章“忿”释“惚”等是也。如但见释文，而谓其草字偏旁原如是者，不亦傎乎！

第十二章“缶”下一字，左旁与“缶”字草法相同，叶释“瓴”是也。《玉海》宋太宗本作“甄缶”，注曰：“碑本作缶甄”，意在明其倒乙，而忽“甄”“瓴”之不同。第十九章“㮾”字，《玉海》宋太宗本作“軝”，注引碑本作“轉”，意在改“氏”为“鼻”，而忽略“车”旁未改也。第廿三章“梨卢”，《玉海》宋太宗本作“藜芦”，注曰：“碑本作黎卢”，意在明其并无“草”头，而忽略“黎梨”之有异也。此皆顾此失彼，牵连上文而误者。

第廿一章“鹞”下一字，叶释作“鳵”。《玉海》曰：“碑本鸨作䲭。颜注本作鸨，注曰字或作䲭。”观堂校记曰：“唐人写《毛诗·唐风》，鸨羽作鳵羽，《玉篇》鸨字亦如是作，作鳵者讹。”按其字草书左旁作“凡”者，“卂”中一画起笔微缺也，释文作“鳵”者，叶氏之误仞也。颜注举或作者，谓此字有此别体也。《玉海》引作“䲭”者，疑后人以从“凡”之字，字书所无，又不知其何以致误，遂从颜注或作校改也。

第十四章“溃”，《玉海》引作“墤”，则误仞“水”旁牵丝与中点相贯。第十二章“钘”，《玉海》引作“鉼”，“幵”上有无两点，俗书最多混淆，此皆传钞刊刻之误也。

即此观之，松江本与《玉海》所引碑本，昔人谓之皆合者固疏；而见此异文，不详察其故，遽疑其非出一源者，亦属痴人前不得说梦。《学津讨源》刻《急就篇》出于《玉海》，“遰”“梨”“钘”“椖”四字与松江本同，其所据《玉海》版本，盖早于浙局底本。他日倘得元明旧刻《玉海》一校之，更当有所印证也。松江本中，灼然讹误，及叶释可疑者，亦有数字，列举于后：

第二章“田广国”之“田”字，与第三章“田细儿”之“田”字，草法不同，汉简作“由”。“田”字者，盖“由”字直画上端剥落也。第廿三章“土人”，“人”字失韵，他本皆作“瓜”，“人”字者，盖“瓜”字之下半剥落也。此皆墨迹坏字，叶氏从而误释者。

第廿四章“面目”下一字，左旁作“禾”，叶即释“种”，于文义当是“肿”。草书“肉”旁与“禾”相近，盖墨迹偶有贼毫，叶遂误释，而忘其不辞也。第廿八章“怜”下一字，叶释“辞”，其字与“辞”绝不似，而形近于“城”，或释为“诚”，于义尚近。此则墨迹模糊，涉于疑似，叶氏释文，因而未安者也。

第十四章“搣”字，从“威”，叶释从“戚”。又同章刻画之“画”，叶释作昼夜之“昼”，其草字分明，而释文犹误，则直松江翻摹之误。吾且疑杨氏藏帖，未必颍昌原石，或出三衢覆刻者。罗愿曰：“今世有一本，相传是吴皇象写，比颜解本无‘焦灭胡’以下六十三字，又颇有讹脱。”语见《玉海》本跋。所谓脱者，殆指散缺诸字，所谓讹者，又当别论，彼以至道御书为正，故指异文为讹耳。

龚自珍《最录急就》曰：“《急就》依王伯厚写本所据碑本作某某者，颇疑之。赵孟頫尝临皇象矣，墨迹贮大内，乾隆初，诏刻石嵌于西苑之阅古楼者是也。予家有拓本，以校王伯厚语，知其不然。岂赵临皇象，而偏旁实不从之耶？抑皇象有二碑耶？”见《定盦文集补编》卷三。其所指赵本，即三希堂所刻者，赵氏固未明言临皇象，即使果临皇象，岂得以其与《玉海》刻书有异，而疑皇象原本哉！

上举诸例，所以证《玉海》刻书及松江摹帖致误之由，至全篇之文，应以何字为正，前贤考订，其说每不一致。又章草字体之源流，某生于篆，某生于隶，与夫何为正体，何为俗变，则孙氏考异，与近代李古馀先生《草说》，及玉烟堂帖本《急就章草法考》等书，所论颇详，皆非本章所能尽述。

《急就》每章六十三字，以卅一章计之，得一千九百五十三字。再加章首第一、第念、第卅等八十一字，共二千零三十四字。诸家所举，泰半参差，其得实者，殊不多觏。

索靖本，黄跋称缺七百五十字，叶跋称缺七百五十九字，有九字之差，索本无传，莫得稽考。皇本叶跋称二千二十三字，犹得谓不计缺文。钮树玉校定皇象本《急就章》，刊于《灵鹣阁丛书》者，跋中误计全篇字数为二千零五十字。松江翻叶刻残本，实存一千四百字。惟严可均《铁桥漫稿》卷九所记字数不误。玉烟堂重翻，并未再缺。孙氏考异记绍圣帖本一千三百九十九字，钮氏记松江本字数与孙氏同。观堂校记于松江本类帖本字数又与孙、钮并同，绍圣本、类帖本皆即玉烟堂本，下章辨之。三家记四本，皆少一字，不解何故。

玉烟堂帖本《急就章草法考》谓玉烟帖存一千三百三十五字，乃指除去复字而言。王静安先生代友人作《重辑苍颉篇》，其叙录谓《急就》全篇除去复字得一千六百十八字。按《四库提要》谓《急就》无一复字固属不然，而何字为复，亦未易言也。如松江本之“由”字误为“田”，“肿”字误为“种”，究应视为一字，抑为两字？其他形近而释文不同者，亦屡见不鲜，胥凭释文之人断定之。然则今日之计复字者，但能谓某家释文复若干，不能谓史游所作复若干也。

计数最误者，莫过杨政，既以宋克写本补叶本五段之缺文，每段之下必详注“右自某至某若干字，补某章某字下至某章某字上”，其详密无以复加。总计所补之字，已逾六百。而帖后跋云：“惜前后缺落三百馀字”，则三家计数同遗一字，又不足讶。而仅依前人所举字数，以定某为何本者，其难信据，可想而见矣。

五　伪古刻二本

明末海宁陈氏刻《玉烟堂帖》，第一卷有《章草急就》一本，行款缺文以及点画肥瘦，与松江本无一不同。董其昌序有结集历代名迹与石刻佳本之语，知其翻自松江无疑，但删真书释文及所补宋克书耳。

嘉庆三年孙星衍据一有绍圣款字之帖本，撰《急就章考异》一卷。序云："今所见法帖，有绍圣三年摹勒本，与《玉海》所载碑本文字异同皆合，即王应麟所引碑本也。叶梦得《石林集》云：'史游《急就章》二千二十三字，相传为皇象书。'又云：'索靖《章草急就篇》一千四百五十字。'今绍圣本才一千三百九十九字，前题史游名，知即索靖本。"卷末记其款字云："绍圣三年春王正月摹勒上石。"又列征引各本之目曰，帖本绍圣摹勒皇象本，自注："即《玉海》碑本。"其究为皇为索，竟不能自圆其说。

《铁桥漫稿》卷九《急就篇跋》谓"华亭重刻与绍圣帖本对勘，字数悉同，行十一字亦同。"观堂校记曰："岱南阁本孙序云出索靖，卷末复谓之绍圣摹勒皇象本。序又言其本存一千三百九十九字，与松江所刻叶本存字正合。则云出索靖者固非，即绍圣三年摹勒之款，亦不可信也。叶本摹于宣和二年，尚存二千二十三字，岂绍圣所刊之本，字反锐减，乃与明刊叶本正合耶？又顾千里所录，洪筠轩所摹，皆出孙本，皆与叶本同，疑即松江本。"按此说至辨，顾校洪摹之本，吾未之见，疑皆原稿未刊者。惟《绍圣帖》实即《玉烟堂帖》，出于松江本者，非即松江本也。

窥其所以指为索靖之故，殆有二端：一、其文字异同虽与皇象碑本相合，而不即定为皇象者，以碑无缺文，而此有缺文也。二、叶梦得所记索本缺字之数，与此略近，故宁指为索本耳。

卷尾复标皇象之名者，其来亦有所自。盖考异正文虽称用颜师古本，而实据帖本改其字，帖之所缺，则用《玉海》引碑本补之。所注诸本异文，亦多沿用《玉海》所校者。故《玉海》征引各本之目，孙氏亦必照录之，始足见黄本、越本为何物。比而观之，则皇象二字之踪迹自见。

《玉海》	《考异》
碑本皇象书	帖本绍圣摹勒皇象本即玉海碑本
	又梁相国国治临本
颜本颜师古	颜本颜师古
李本李仁甫	李本李仁甫
越本朱文公刊于浙东	越本朱文公刊于浙东
	《玉海》本王应麟补注

其征引之目，全袭《玉海》，不得独改皇象之名，又欲举其帖本为证，糅而一之，不觉遂与序文矛盾。且黄本、李本、越本，乃王应麟所见者，今皆不传，孙氏并不言为转引，帖缺何字又不详注，于校勘之例，亦嫌未妥。至所引《石林集》二条，皇象条在松江本后，索靖条在《东观馀论》中，《石林集》皆无，而《佩文斋书画谱》卷七十载之，并注《石林集》。岂《书画谱》所据，别有内府所藏足本，世所罕传者耶？孙氏又何从而见之？殆从谱中转引者也。

何以见为《玉烟堂帖》乎？曰字数既合，标题又复同误，绍圣款字，则从伪帖移装者。试观《玉烟堂帖》，卷首顶格总题“汉魏法书”四字，其后低格标“汉章帝”三字，后列《千字文》，再标“史游”二字，后列《急就章》。以次张芝名后列《八月九日帖》，皇象名后列《顽暗帖》。夫松江本之称皇象书，其来已久，尊而上之，直称此残本为史游书者，乃玉烟所独，未之前闻者也。如云为标撰人之名，则《千文》之前，何以不标周兴嗣乎？帖本《急就章》，而前题史游名，非玉烟堂本而何？即此一端，不待目验原拓，已足定谳也。

今世流传伪本套帖，吾尝见《绛帖》《星凤楼》《戏鱼堂》等数种，内容略同，首题及尾款各异。《星凤楼》帖后有此十二字篆书之款。《星凤》刻于南宋，则此款又别有来源，为伪中之伪，盖乾嘉时帖估所造以欺人者。钱泳记伪法帖云："吴中既有伪书画，又造伪法帖，谓之充头货。旧有含翠亭伪帖，以宣城梅鼎祚《真娘墓诗》为米南宫作。更有奇者，买得翻板《绛帖》一部，将每卷头尾两张重刻年月，以新纸染之，充作宋刻。凡五部：一曰《绛帖》，二曰《星凤楼帖》，三曰《戏鱼堂帖》，四曰《鼎帖》，五曰《潭帖》。各省碑客，买者纷纷，遂取旧锦装池，外加檀匣，取收藏家图章，如项墨林、高江村之类，印于帖上，以为真宋拓。而官场豪富之家，不知真伪，竟以厚值购之。"见《履园丛话·碑帖类》。孙氏所见《急就》尾款，即从伪《星凤楼帖》移装者。或曰：安知其帖非北宋官刻之一乎？曰：北宋官刻有无《急就》，固不可尽考。惟史游真迹，宋人无一言之者。且绍圣刻帖，何独与玉烟标题同误，字数又与松江相等乎？

今既知绍圣帖为玉烟堂本矣，"毋缚"以下，所缺才四十七字，并后缺三段计之，尚不及三百字，即以缺字而言，亦无定为索本之理。

《孙氏祠堂书目》卷一小学类："《急就篇》一卷，汉史游撰。一玉海刊本，一明华亭石刻本，一星衍校刊本。"其序作于嘉庆五年，书刻于嘉庆十五年，皆在撰考异之后，不登绍圣帖本者，以其称所见法帖，或非其家所藏。或既得松江本后，识帖之伪，而删去者。又考异第十章"撞禠"二字，独异于《玉海》引碑，而与补宋克本同，殆见松江本而追改者，不得谓伪绍圣帖多此二字也。

其后庄世骥亦撰《急就章考异》，其篇首注曰："篇内所列正文，以绍圣三年勒石本为据。"其书屡称孙渊如观察之说，而正文皆同于孙本，盖非以帖为据，实以孙氏考异为据耳。光绪间遵义郑知同序云："首题用绍圣石本为据者，皇书旧有碑文，宋代重刊，庄氏盖见其本云。"可谓耳食之谈矣。

沈子培先生得一拓本，号之为玉烟祖石，跋曰："余收此，以为玉烟堂刻，常卖杨生以为非，谓纸墨镌刻均不类，余无以折之。检前后印记，有'渤海陈氏珍藏'与'此书曾藏玉烟堂'二印，世罕自刻自藏之例，此或玉烟堂祖石，元明旧刻未可知。"又云："《急就章》自松江本外，世间遂无第二刻本。松江石在，而拓本亦至艰得。余求之有年，仅得江宁陈氏独抱庐重刻书册本耳。集帖自玉烟外，亦无摹刻《急就》者。思元明书家盛习章草，所资以为模范者，未必别无传刻也。况玉烟搜罗旧刻以成，固明见香光序文中，无庸疑也。”见《寐叟题跋》一集上卷，余尝寤寐思之，以不得一见为恨。

其帖后为上海神州国光社影印，题跋俱在，帖前失二行，寐叟补书。后附张芝、皇象二帖，灼然玉烟堂帖。篇首二行，与史游之名在一页中，必帖估撤之以灭迹，殆亦深知标题史游为玉烟本之特征也。惟石无损泐，乃拓本之旧者。叟既蔽于常卖杨生之说及陈氏二伪印，又未见松江拓本，遂疑董序所指，别为古刻，至误以玉烟旧拓当之。不思岂有古刻《急就》，而必附张皇之帖乎？想见得帖之时，乘兴跋尾，故不及详思博考耳。

此本观堂校记称之曰类帖本，云：“重摹叶本千三百九十九字，无释文，无宋补字，嘉兴沈氏所藏。”余初疑其有所回护，及计其据校诸本，独无《玉烟堂帖》。且于孙氏帖本，疑为松江，而不疑为玉烟。知观堂于海宁陈氏之帖，盖亦未尝留意也。

六　传世诸本综述

甲　隶、真、今草写本

（一）汉人隶书本一　汉人隶书本《流沙坠简》所印六简外，近人张凤氏《汉晋西陲木简汇编》二编，亦载汉人隶书《急就》第十四章木觚三面。第一面首题第十四，下书“承尘户帘”七言三句，其他两面各三句。以松江本校之，有异文十字。

（二）汉人隶书本二　《汇编》二编复载隶书残简一段，在第三章“程”字至“终”字共八字，字体草率，与前觚不同，张氏题曰“急就姓氏儿笘”是也。

（三）汉人隶书本三　隶书残砖，自“急就”至“少诚”共三行，“觚”字下脱“写与”字，右下角“列”字缺其半，左下角“诚”字全缺。乃砖未经火时信手所书，不能与简册齐观。自青榭宋克本罗跋中所言易州砖本第一章，即指此也。旧藏邹氏适庐，闻近已易主。

（四）魏刻古文残字　字作三体石经古文体。存“觚”“与”“众”“异”“罗”五字，首尾二字俱残。此行之右尚有四残字，不可辨读。疑是刻三体石经之石工习刀法时所刻，以其左尚有空处，并无文字也。见孙海波编《魏三体石经集录·附录》。

（五）晋人隶书残纸　一纸上书六行，每行五六字不等，自“急就”至“务之”，共卅二字，见日本伏见冲敬所编《西域出土木简及残纸》一书。

（六）晋人隶草合写本残纸　即前一纸之背，有竖阑，共九行。前四行隶书首章，自“急”至“憙”。次四行章草书首章。第九行隶书“凤凰飞矣于高冈梧”八字。盖亦习写杂书，非录全篇者也。

（七）吐鲁番出土高昌真书写本残字纸数段，有延昌八年戊子岁题识。有注，或谓为崔浩注本，藏新疆自治区博物馆，尚未发表。延昌八年为陈废帝光大二年，公元五六八年也。

（八）颜师古注本　传钞传刻甚多，不具记。

（九）空海今草写本　日本僧空海今草写本一卷，中有断缺。有日本影印本。

（十）赵孟頫真书本　刻入《安素轩帖》。

（十一）俞和真书本　《三希堂》第廿七册刻俞和小楷书，首无“第一”两字，末题“右汉史游《急就章》释文，至正乙酉岁二月三日后学俞和录”。周鼎跋云：“□氏藏《急就章》三，子昂、仲温皆章草，俞和小楷。”旧所装本，俞与赵每幅相间合为一册，今已分装。盖紫芝患章草难读，故为之释文，剪赵书数幅，而以己书间入，以便观者。后人分装为二，使各成一家书。观堂校记只引两字，以为三希赵书草字之证而已。其原合装之赵书本，即艺苑真赏社所印之底本。

乙　章草写本

（一）松江本　明吉水杨政以叶梦得刻本重摹，石在旧松江府学，世称松江本。其本以章草为主，每行左方附真书大字释文。昔人所谓皇象本者，即指其章草之底本也。中有残缺，杨政以宋克写二体本补之。

（二）玉烟堂帖本　明海宁陈氏刻，即摹松江本之章草部分，而删其真书诸行，亦不存所补宋克诸章。

（三）徐铉本　《戏鸿堂帖》第十册，刻十二行，自“急就”字起，无“第一”两字，至第三章“宜”字止。无款字，无题跋，董其昌标题“徐铉《急就篇》”。鸿堂于古法书之长篇者，多节刻之，如徐浩《道经》上卷，仅摹九行，以见笔法于一斑而已。此本至十二行行末而止，前后不见残损，疑亦节刻者也。

（四）赵孟頫写本一　《石渠》旧藏册页本，全篇卅一章，篇首无“第一”两字，其后每章章数皆具，款曰“大德癸卯八月十二日吴兴赵孟頫”。后鲜于枢一跋、一诗，曾刻于《三希堂帖》第十八册。又康熙间人署更生翁者两跋，三希堂帖删之。观堂校记谓其“章草甚无法度，不似文敏书，盖明人摹本”。按元人章草固不能与汉晋法度并论，松江补本且用宋克所书，此册纵属明人所摹，而字样犹在，固当不在宋书下也。校记谓叶本第一、第二两章所缺十五字，此本有之，然他章缺字，此本亦缺，殆与叶本同源。

（五）赵孟頫写本二　册页本，止于卅一章，首无“第一”两字。项元汴旧藏，有诸藏印。前周寿昌题引首，后复跋尾二段。第十七章“尻”字之下，至第十九章“犁”字之上缺。周跋言缺两段，盖指两页也。上海艺苑真赏社影印。

（六）赵孟頫写本三　沈阳博物馆藏《石渠》旧藏赵孟頫写本，有姚广孝跋。此本笔力殊弱，疑出临写者。有文物出版社影印本。

（七）邓文原写本　《石渠》旧藏一卷，即汪珂玉《珊瑚网》卷十著录者。款云：“大德三年三月十日，为理仲雍书于大都庆寿寺僧房，巴西邓文原。”有元明人跋六段。此卷前于三希赵书本三年，结构点画与之悉同，而笔力较弱。赵本缺字此无不缺，更时有脱字误笔。第十三、十四两章之间，脱误尤多。邓氏书宗赵法，此必从赵书他本所临者也。

（八）宋克写本一　《石渠宝笈》旧藏一卷，后有周鼎跋。今藏故宫博物院。有文物出版社影印本。

（九）宋克写本二　矮纸小卷，今藏天津艺术博物馆。

（十）宋克写本三　《石渠》旧藏小卷，首缺一段，尾全，今不知所在，余曾见唐兰先生临本。

（十一）宋克写本四　花笺本一卷，首段书张怀瓘用笔十法，次段行书“急就章”三字，以下接写章草《急就》本文，无每章章数，至“比伦”止。“伦”字在半行处，知为随手节书者。字迹与宋氏他书微异，或明初他人书者。闽县卓氏自书榭得之，分装成册，影印行世，题为宋仲温书。

（十二）乾隆御笔本　大方石上刻，小字章草全篇，自题临邓文原本。不知其石嵌于何处，亦不知今存否也。

（十三）独抱庐木刻松江本　道光丁亥，三山陈宗彝独抱庐以写刻书籍之法翻松江本，以所补宋克书填入行中，观堂校记曰：“此重刊松江本，间有校改之字，如土瓜瓜字，与松江本异。”按其首章“少”“诚”“快”“意”“卿”诸字又为臆补，点画复有讹误者。翻刻本中，此为下乘。今松江本传拓复广，罗氏《吉石盦丛书》中且影印之，此本已可废。吾恐他日松江残泐，如有据此以考杨刻旧拓者，则将为所误，故详著之。后有陈氏跋，无关考订，但知其底本借自顾千里而已。

（十四）泰和馆帖　近人欧阳辅氏《集古求真》卷八《急就篇》条曰：“余所得本，首题泰和馆帖，有旧跋谓为宋内府刻，证以《珊网一隅》。余无此书，不知其说若何?”又曰：“十五章‘筑钳’，余本作‘铮’，与王伯厚注碑本作‘铮’合。”按《玉海》并无此言，其帖源流不明，旧跋亦不足据。所举某字正某字误，皆草书释文之歧互者，尤无足论也。按此余一九四六年初稿之文，其后见影印本，盖以松江本翻刻，妄加宣和诸印，并补篇首诸缺字。以首章之首，松江加“第一”两字，后有缺字，并不觉其多字。此本既补全诸字，章中遂少二字之地位，于是在“郑子方”处，旁跨二小字，殊为可笑。此本不待目验影本，即观欧阳氏语，已足见其可疑矣。

（十五）《韬庐隶谱》本　光绪丙申歙县汪宗沂撰《韬庐隶谱》，中有西汉稿书《急就章释文》一篇，所释与诸本颇多不同处。如“与众异”释为“使众异”，“屈宗谈”释为“屈宗湘”。后附章草写本一通，字迹拙劣，草法亦牵合其改释之字，并有“焦灭胡”一章。篇末题“韬庐集各本，计二千零二十四字”。所谓各本，不知何本也。

七　后　记

《急就》古本，出土日多，惜皆断简残纸。元明人多临章草本，当时盖有石刻本流传于世。邓文原本后有袁华跋云：“今石刻相传为吴皇象书，比颜师古所注者，无‘焦灭胡’以下六十三字，又颇有讹脱。”此跋书于洪武十二年，在松江刻石之前，则所谓石刻本或即杨政所据一类之本。然赵邓诸家所临，并无残缺，知元代流传古章草本，尚有他种完本也。俞和写者，今只传真书本，明王世贞曰：“钱唐俞和子中，颇得赵魏公三昧。此帖以宋藏经笺用章法书《急就章》，古色蔼然，令人不忍释手。”见《弇州山人稿》卷一三一。读之使人向往。又昔人题跋著录，每见明清名家写本，就中宋克写本尤多。既未经亲见，姑付阙如。

章草者，字体之名也。急就章者，书之篇章名也。章草得名之由，众说多歧。或谓由于书写《急就章》者，亦无确据。即使果然，字体名亦不足以代书篇名也。后世竟或有以章草二字代称《急就章》，则误矣。又《急就章》因历代书家传写，又几成法帖之名。昔余初稿发表于《辅仁学志》时，友人之主编《学志》者见首句“古小学书”，谓余曰：考《急就章》即考《急就章》可已，何必牵扯古小学书？余乃告之曰：“《急就》者，古小学书也，见于《汉书·艺文志》！”足见俗语不实，承讹藉舛，亦已久矣！

一九四六年初稿，一九八〇年修订

《石涛上人年谱》商榷

石涛是明末清初的人，他的作品，久已受到书画界的重视。可惜的是这位伟大画家名僧元济（石涛）的行实，虽然凡见到他的作品的人都愿意知道，却没想到三百年来，竟自没有一篇比较详细的传记来供人研究参考，甚至连他的生卒也找不出确切年代，岂不是个遗憾！

名画家新喻傅抱石先生，对于这位艺坛大师的生平，曾辑成一本《石涛上人年谱》，总算约略地给石涛的生平画了一个轮廓，这对于研究石涛、研究绘画史的人都有相当帮助和便利。但其中百密一疏和还有待更加补充的地方也存在不少。我愿意把一些不成熟的意见提出来，供这本《年谱》的著者和读者来研讨。

一　年龄及头发问题

《年谱》中对于石涛的年龄有所考订，又认为石涛是没有落发的，根据是石涛致八大山人的信札，求山人作《大涤草堂图》，中有言及二人年龄的话。这札旧藏李梅庵家，八大应约所画的图，则藏日本永田织治家。图上有石涛自题长歌，后来信札也展转归了永田。图札影本见永田氏所编《清代六大画家展览图录》里。又日本八幡关太郎撰《支那画人研究》，也引这首长歌和原札汉文译文。傅先生没见到原札，仅从日本桥本关雪氏的日文译本，复译成汉文，重译之馀，失真已多。按此札、此图都是仿本，其真本见《大风堂藏画集》，文字有不同处，这里姑就永田氏所印的来谈，因他是傅先生所据的。译文说：

> 闻先生七十四、五，登山如飞，真神仙中人也。济将六十，诸事不堪。

谱中便据所译，定此札为石涛五十九岁写的，编在康熙三十八年条，说这年八大山人尚在，年八十四五。今按原坊本信札说：

> 闻先生年逾七十，而登山如飞，真神仙中人，济方六十四、五，诸事不堪。

石涛生年，载籍无考。傅先生据题画诗考为崇祯三年，八大山人自题小像时康熙十三年甲寅，山人自记年四十九，盖以周岁计年，实生于天启五年乙丑。康熙卅八年山人周岁七十四。邵长蘅《青门旅稿》卷五有八大山人传，称他“弱冠遭变”，这“变”是指甲申。上推二十年，正生于天启五年；那么二公年龄，相差实在仅仅五岁左右，康熙三十八年时，八大还不及八十岁。

《大涤堂图》画成，石涛自题长歌，款署戊寅，是康熙三十七年，石涛六十九岁。离着石涛六十四、五岁致书求画的时间，不过四、五年，并不是像谱里序文所说的“十二年后，方才画好寄来”的。

至于石涛有无头发问题，傅先生译文说：

> 平坡之上老屋数椽，古木樗散数株，阁中有一老叟，此即大涤子大涤草堂也。若是不多，馀纸求法书数行列于上，真济之宝物也（原注：数字不明）。勿书和尚，济有冠有发之人也（原注：数字不明），只恨身不能迅至西江，一睹先生颜色。

今按原札：

> 平坡上老屋数椽，古木樗散数株，阁中空诸所有，即大涤堂也。此事少不得者，馀纸求法书数行，真济宝物也。款求写大涤子大涤草堂，莫写和尚。济有冠有发之人，向上一齐涤，只不能还身西江，一睹先生颜色为恨。

再看《大涤堂图》，屋宇中并无一人，与“空诸所有”的话相符。

译文误“勿写”为“勿书”，它的意思还不相远。序里又把“书”字误为“画”字，便据以立论说：

> 这封信上有一句可以研究的话，就是“勿画和尚，济有冠有发之人也。”

这与所传顺治十四年丁元公为石涛所造，僧服无发，道貌岸然的二十八岁时造像不同。难道年纪老了，石涛改了行者的装束吗？这真是望文生义了！

石涛信中称八大山人为“先生”，八大山人画款称石涛为“宗翁”，是表示虽然“同处外方”，仍以本来面目相见。所谓“有冠有发之人，向上一齐涤”，是属于禅宗机语，意思是说原为士大夫身，已而逃禅落发而向上。今则真俗齐泯，连向上也一齐涤了，即六祖惠能所谓“本来无一物”和原札中“空诸所有”的意境。至于“向上一齐涤”五个字，在傅先生译文里，适当“数字不明”的地方，以致仅知他“曾有”，不知他“已涤”了！

石涛的身份确是和尚。怎么说呢？《龙池世谱》旧题《济宗世谱》的书，是禅宗南岳下龙池一派的宗谱，里面载“石涛济”为“木陈忞”的徒孙，即“旅庵月”的徒弟，实是南岳下第三十六代。《五灯全书》卷九十四，也有他的“机锋语句”。我们知道当时禅宗派系的矛盾和斗争非常厉害，怎能有蓄发著冠的人反许他“升堂嗣法”呢！这和丁元公所画的像，并不矛盾。且康熙三十一年石涛《怀张笨山诗》，有“念我无发贫”的句子，这年石涛六十三岁。又康熙三十四年九月画册题诗，有“无发无冠决两般”的句子，这年石涛六十六岁，都可证明他虽然“年纪老了”，仍然是无发啊！

二　北行踪迹问题

石涛曾到北京，这在他的生平是一件重要的事。“年谱”在这个问题上考订是不够的。石涛题跋中每言长安，傅先生以为是关中长安，便说石涛自康熙二十八年己巳北上，曾至陕西，凡例第八条说：

上人晚岁北上，曾至长安、北京两地，据资料，往还达五年之久。惟北上究循何途？沿运河由鲁先入燕，抑溯大江经鄂豫先入陕，今尚不能定。

又以各条资料都说长安没说北京，而癸酉年便南归，以致京师这一行竟没有处安排，于是拿揣度的口气，把它放在辛未夏间说：

石涛山水题云，“壬申夏，长安天津大悲院与月翁世先生一别”，则上人离长安当在此顷，又上人曾至北京，与博问亭晤，癸酉春尽即南下，则离陕必赴燕也。

石涛北上，不赴京师，先到陕西，事情很可疑。他赋别金台诸公的诗，自述经行地方说：“吾身本蚁寄，动作长远游。一行入楚水，再行入吴丘。乘风入淮泗，飘来帝王州……三年无返顾，一日起归舟。”这诗并没有说到陕西。而且自“淮泗”即至“帝王州”，又“三年无返顾”、他对于“金台”，必不是夏来春去的。再看全诗，“帝王州”即指“金台”，不是杜诗“秦中自古帝王州”的意思。那么他的行踪究竟怎样呢？今姑且相信“年谱”中这五年内的各条资料没有伪画，来略加推论。

最先决的，是“长安”这一地名。陕西长安是宋以前累代建都的地方，一般文人辞藻，惯称都城为长安。宋人用它称汴梁，明人用它称北京。据这项常识，可见石涛笔下的长安，实指京师。

庚午年冬《年谱》说，“在长安作长安雪霁图呈人翁先生”，原诗是：

君不见，长安市上走车马，渔樵牧竖共肩摩……忽惊夜半玉龙退，晓来银甲散长安。……蓬门父老咸叹息，啧啧称道大司农。是谓精诚格天意，泽及四海非神工……特来一展经纶地，世外烟霞纸上逢。

看他的诗意，“人翁”必是当日的户部尚书王骘，字辰岳，一字人岳。所以父老见瑞雪，而叹息“大司农”的“精诚格天”，这大司农“一展经纶”的地方，断乎没有不在京师而远在关右的道理。

辛未年二月，石涛有与王原祁合写寄博问亭的竹石。这画著录于《石渠宝笈》卷十八，影本见《故宫周刊》第一八三期。石涛款署“寄上问翁老维摩”，王原祁款署“麓台补坡石”。石涛所写兰花，有画于麓台所写坡石后边的，知是同时合写，并非他日另添坡石的。按王保譿辑校《王司农题画稿》卷下，“为孟白先生寿”条，题说：“余至维扬，客于延陵之馆……岁之十月，为尊甫孟白先生八秩寿，预作此图奉祝，时庚午七月朔。”又卷上“画赠石谷山水”条说：“辛未后在京邸相往来。”庚午七月即预祝孟白的寿，似乎是因为不及待到十月。那么麓台这次北行，当在庚午秋天，所以辛未得与石涛合画竹石。可惜问亭这时行踪，不得详考。如果不是问亭没在京师，即是石涛麓台曾短时内往别处去，而在那个地方合作寄到京师。

辛未冬，石涛在天津，有赠张汝作诗，题说：“辛未冬日雪中，张汝作先生见招，才人杰士，拥坐一时，公来日有都门之行，赋诗兼赠。”考光绪《畿辅通志》卷二三六列传，载天津县人物，引《津门诗钞》小传说：

> 张霖字汝作，号鲁庵，自号卧松老衲。由贡生历官福建布政使，署云南巡抚，缘事落职。家居遂闲堂、一亩园、问津园、思源庄、篆水诸胜。园亭甲一郡。集江南北诸名士唱和其中……文酒之讌无虚日。有《闲居堂稿》。弟霔，字帆史，号念艺，一号笨山。贡生，官中书舍人，累试不第。归里筑小室曰“帆史”。

张氏兄弟既然好客，麓台未必不被他们延接招待。京津不远，一年中也未必不一再地聚会。那么春间合作画寄问亭，也有同在天津的可能。

壬申三月，为伯昌先生作画，款署“长安之海潮阁下”。是离津还京，当在冬春之间。又康熙三十八年夏，题画有追述旧游的话，他说：

“壬申夏，长安天津大悲院，与月翁先生一别到八载。”大悲院在天津县境，有朱彝尊撰碑文，见《畿辅通志》卷一八一《古迹略》。京师疑有它的下院，所以说：“长安天津大悲院”。冬天有《雪中怀张笨山》的诗，即指张霖的弟弟张霔，所以有“燕山北道张天津”的句子。

又《年谱》中在康熙二十八年条说：“考庚午上人在长安，癸酉春尽已还广陵。”康熙三十一年条又说：“癸酉春尽即南下。”康熙三十二年条则说：“秋始买舟沿运河还广陵”。也不免是自相矛盾。

三　从题识上看伪画

傅先生在《年谱》凡例第九条说：

> 是编所据诗跋，录自著录之书者居多，影本次之，真迹甚少，均分别注明，俾供研讨。以上人赝迹日出不穷之今日，自知危险泰甚，然未睹原物，亦难遽言，精神物力环境习惯，俱无可如何事也。

对于材料之去取，可称谨慎了。著录的书，固然有它的原撰人负责，但若因为负责有人，便不再择别考辨，拿来便用，也还是相当危险的。通观《年谱》全书，除凡例第十三条所举四件，略辨真伪之外，其馀各条考订很少。一般的著录书里既不能没有伪画，而《年谱》中所据的影印本，虽然曾加慎择，但是仍有赝品。各条影本，我们固然没有全看到，即看题识，已有足以发现漏洞的。倘若全见到傅先生所据各影本，对它们的笔墨作风等方面详加鉴定，容或还能有所发现的。

画上题跋，自有体例，在大手笔，尤其谨严。如题画直抄古人旧句，在近代画家虽是常事，但以前名家却不这样。他们用旧句，如非脍炙人口的名句，很少不加以声明。何况石涛诗才是那样丰富，性情又那样倔强，哪有袭用旧句而不提出其出处的呢！如康熙三十八年条，《年谱》引程霖生辑《石涛题画录》青绿山水画册，题云：

> 严公仲夏枉驾草堂，兼撰得寒字。己卯冬日风雪中，以此为闻

家句老年公日课不可少。

诗是“竹里行厨洗玉盘”七律一首，这是杜甫的诗。所谓“以此”，是用此首诗意作画题。不标杜甫之名氏，是因为这是脍炙有名的作品。既属脍炙有名的作品，而还标出“以此”二字，实是深恐别人误为他自己的作品。石涛题画文字体例的严格，竟至如此。而《年谱》说：“仲夏，严公访上人于大涤草堂。”又说：“冬日风雪中，以仲夏严公过访时撰得寒字，题青绿山水，赠闻家句老年公。”此册中此页题字曾影印于峰青馆古画集中，杜诗及诗题用倪云林楷书体。已卯冬日云：用本色行书体。杜诗题作兼携酒馔，与《草堂集》中字句全同。“闻家”原迹是“闲家”，“日课”是“课日”。

石涛题识中，自“严公”至“寒字”，乃是杜诗原题。“严公”即是“严武”。傅先生误看成石涛的话，以为严公夏间曾访石涛，而石涛冬日就拿他的诗为画题，这实在是很大的疏忽。并且杜诗题乃是“兼携酒馔”，程霖生录石涛题语没有“酒”字，“馔”字从“食”，傅先生误并“携馔”二字为一“撰”字，所谓“歧路之中，又有歧也”！

康熙二十一年有《疏林夕照图》，款题：“壬戌仲春之望，知友药亭先生，出示钱雪疏林夕照图共赏之，因客仿其意写此。”题诗云：“山居幽赏夕阳多，处处丹枫映黛螺。欲写江南风景好，雪川一派出维摩。”这是董其昌的诗，见《容台诗集》卷四，“夕阳”作“入秋”，“风景好”作“好风景”，馀字全同。石涛题画文字，体例既严，而这里独不著明，颇为可疑，但这仅仅是可疑，还不是积极的证据。康熙三十三年条，有“过平山精蓝画山水轴”，题诗三首，全抄米芾的苕溪诗，而改头换面，词理不通，真可称是点金成铁。这必定是伪画，绝无疑问。有人说：古画剥蚀，劣手描补弄错的，也往往有的呀！是的，但是辨订真伪，究是修谱人的责任。并且《年谱》中这一条，实据影印本，假使果然由于描补，而词理既不通，那么这个描补人的程度也就可知了，所补的字体，又怎能与残存的真迹各字一致呢？既见到影本岂可无所判断呢？现在把伪题画诗和米诗并列于后，比较看看。

题画诗：

松竹留因夏，溪山去为秋。久赓白雪咏，更“喜”采菱讴。缕玉鲈“为”案，团金橘满“州”。“此行”无限“乐”，“曳杖上溪头”。

米诗：

松竹留因夏，溪山去为秋。久赓白雪咏，更“度”采菱讴。缕玉鲈“堆”案，团金橘满“洲”。“水宫”无限“景”，“载与谢公游”。

题画诗：

半岁依修竹，三时看好花。懒倾惠泉酒，点尽壑源茶。主席“交问”好，“伴”峰“静”不哗。朝来还蠹简，“快”起“那须”嗟。

米诗：

半岁依修竹，三时看好花。懒倾惠泉酒，点尽壑源茶。主席“多同”好。“群”峰“伴”不哗，朝来还蠹简，“便”起“故巢”嗟。

题画诗：

旅食缘“多友”，“幽齐”为兴来。句留荆水话，襟向“下”峰开。“度岭因求友”，游梁定赋枚。“樵”歌堪“玅”处，又有“石”公陪。

米诗：

旅食缘“交驻”，“浮家”为兴来。句留荆水话，襟向“下”峰开。“过剡如寻戴”，游梁定赋枚，“渔”歌堪“画”处，又有“鲁”公陪。

米诗墨迹，屡见石刻，如《戏鸿堂》《三希堂》等帖，都曾摹勒。

原迹且有影印本，《宝晋英光集》补遗也载入。题目是“将之苕溪戏作呈诸友”，共五律六首。

近年研究石涛、八大生卒年问题的论文很多，因不是本文所要探讨的，故不具论。如果得出确切的年月，那么这本《年谱》中逐年排比的，也未必都没问题的。

一九五四年

谈《韩熙载夜宴图》

故宫博物院绘画馆展览出若干古代名画，更特别被人注意的作品，《韩熙载夜宴图》卷要算是其中之一。它经过将近千年的时间，逃出了历史上多少次的沉埋、封闭和损伤的危险，终于展览在人民的博物院中，供我们广大群众观摩和欣赏，这在我们伟大画家创作的当日，恐怕还预料不及吧！

它是一件精妙的故事画。描写人物形象是那样的生动，性格是那样深刻，生活是那样丰富，表现了我们中国绘画优秀的现实主义传统。尤其在艺术手法上的高度成就，能更深、更广地反映了历史上的生活现实。这在我们文化史上是一个重要的史料、宝贵的文献；在绘画创作方面，为了继承优秀传统、发扬民族形式，它更是一个重要的参考品；即在作为启发我们广大人民热爱祖国的爱国主义课本中，它也至少要占一行甚至一页。因此，无论参观了原画或见到影印本的人，谈起来，都对它愿作更深一步的探索。从它的故事内容到创作手法，都受到广泛的注意，我也在朋友的讨论和考证中得到很多的启发，自己也搜集了些有关的材料，写出来给这卷画面作个注脚，并向方家请教。

一　韩熙载的有关事迹

画面上这一个主人公的生平我们从许多的历史书和宋元人的笔记、题跋等史料中来看，大略是这样的：

韩熙载（公元九〇七—九七〇年），字叔言，北海人。唐朝末年登进士第。父亲韩光嗣，唐末平卢军乱，他被推为“留后”（统帅），后来被唐朝杀了。熙载假扮商人往南奔到吴国。虽被收留，却很不受重视。徐知诰作了南唐皇帝，派他做辅佐太子李璟（中主）的官。熙载也事事消极，和大官僚宋齐丘等不和，被他们排挤，屡次贬官。当时北方的宋王朝已建立，南唐受到威胁，李璟让位给儿子李煜（后主）。这时熙载已做到吏部侍郎。据说李煜由于对北方势力的恐惧，而猜疑他朝中的北方人，多用毒药害死他们，熙载居然还被优待而没遭暗算。他也便不能不装癫卖傻，来避免将来的恶化而维持目前的徼倖。因此他的行动便成了个传奇材料。自然那时江南由于战争较少，具有比较优越的条件，生产相当的发达。所谓“保有江淮，笼山泽之利，帑藏颇盈”。一般剥削阶级的生活，便更走向奢靡享乐。他们多大量蓄养“女奴”（或称“家姬”，或称“女仆”，或称“乐妓”，都是指这般在婢、妾之间的奴隶）。历史上记载着像冯延鲁为了买民女为奴，曾擅改了当时不许民间“私卖己子”的法令；刘承勋“家蓄妓乐”将近数百人；韩熙载的朋友陈雍，虽然家贫，还要多蓄姬妾。皇帝李煜也和他们比赛着似的留下许多“风流话柄”：有个和尚在妓家饮酒，李煜隐瞒了皇帝身分去“闯宴”，记在陶谷的《清异录》中。恰好陶谷正在做周国的使臣，到南唐时，韩熙载使歌伎装作使馆听差人的女儿，和陶谷讲爱情，次日在公宴中陶谷摆大架子，这歌伎当筵唱出昨夜陶谷赠她的一首词，这个使臣的骄傲凌人的大架子，便完全垮了。韩熙载也曾为国家出过些保卫疆土和整顿财政的计划，但都不如他最早用“美人计”戏弄敌国使臣这件传奇性的故事被人传说得更热闹。这件快意的胜利，也许是他公开“荒谳”的借口之一吧？

历史上又说他家有“女乐”四十馀人，熙载许可她们随便出入和宾客们“聚杂”。宾客中有公然写出和她们恋爱的诗句，熙载也不嗔怪。熙载有时扮作乞丐，教门生舒雅“执板挽之”，到她们的房中乞食玩笑。熙载的风采很漂亮，有艺术才能，懂音乐，能歌舞，擅长诗文，会写“八分书”，也会画画。谐谑、讽刺的行动，很多被人传述。宾客来了，常教“女奴”们先出来调笑争夺，把靴笏等物都抢光了，熙载才慢慢地出来，特意看客人们的窘状。李煜曾派待诏周文矩和顾闳中到他家窥看他和门生宾客“荒谶”的情形，画成“夜宴图”据说是为来讽刺他，希望他“愧改”。没想到他见了竟自“反复观之宴然”——满不在乎。他对和尚德明说：“我这是避免做宰相。”我们不一定相信他自己所说的动机是完全真实，但从他的行动中看，至少他的任情享乐中，有不满当时现实的一些成分。

后来他又被贬官，最后做到“守中书侍郎、充光政殿学士、承旨”的官，在庚午年死了，即是宋太祖赵匡胤的开宝三年。

不论发动画这幅图的是李煜、是别人或是画家自己；不论动机是为讽刺、为鉴戒或只是好奇；也不论历史文字所记载的韩熙载某些行动是否便是这卷画面的直接资源。我们即具体的从画面上那些生动的形象来看，画家所体会到、表现出的韩熙载的心情的各个侧面，如果仔细去发掘和分析，前边的问题是不难解决的。我们现在不是为研究韩熙载这个人的历史，而是想借着可知的一部分文字史料作这卷名画的现实意义的旁证。同时感觉到这卷画便是用造形艺术手法所留下珍贵的南唐史料。

二 《夜宴图》的艺术性

绘画的艺术性，不会脱离它的现实性而孤立存在；同时若没有高度的艺术手法，也就无从表达。我们拿一些片段的文字材料和它印证，可以看出卷上每一个人物的行动都是那么恰合他们身份，虽然我们还不能完全确知他们的姓名事迹。尤其主角韩熙载的形象，更是作者集中力量所描写的。我们看他的性格，不必从文字材料所谈的那些概念出发，只向画面上看去，已经是非常生动、具体、有血有肉地摆在我们面前。大到整个布局，小到细微的点缀，都有着它的作用，都见到画家的“匠心”。(《人民画报》一九五四年三月号有彩印全卷。)

先从所画韩熙载的状貌看起：高高的纱帽，是他自创的新样，用轻纱制成，当时号称“韩君轻格”。他的容貌在当时不但被江南人到处传写，北方的皇帝还派过画家王霭去偷写过。现在图上长脸美髯的主角，完全与宋人所称的形状相合，（宋人有“小面美髯”的话，是对同时流传韩愈画像“肥面”而言的，非说熙载面小。）这无疑便是韩熙载的真像了。全卷中的韩熙载的表情似乎很沉郁，又似乎像“煞有介事”似的，而最末摆手时又那么轻松。他自己“反复观之宴然”，也许是“正中下怀”吧！我真惊异，画上不到指顶大的人脸，怎能表现出许多复杂的心情？——有些还是我们了解不到的，画家是怎样的深入体验，又怎样刻画出来的呢？

第一段床上红衣的青年，应该便是状元郎粲吧！弹琵琶的女子是教坊副使李嘉明的妹妹。她左边的人回着头不但听，还很关心她的手法，那岂不就是李嘉明吗？人丛中立着两个女子，一个分明看得出便是后面舞“六么”的那个人，当然便是“俊慧非常”的王屋山了。还有他的朋友太常博士陈雍和他的门生紫微郎朱铣。在这个场面中便应是长案两端的二人了。这些人物都明见宋元人记载的。

自屏风起，右边的第一段，人物是多的，场面是复杂的，背面坐的客人，椅子前移，离了桌案，屏后的女子，一手扶着屏风也挤着来听。床边的女子好像临时把琵琶放在床上，便静静地立在小鼓架旁严肃地来听演奏。可以看出演奏之前，全场是经过一度的动荡。现在所画的，则是演奏已经开始、全场空气凝注的一刹那。全场上每个人的精神都服从于弹琵琶人的动作。每个人都在听，而听法又各不同。不论他们坐着或站着，他们的视线主要的都集中在弹者的手上。这还不算难，“画人难画手”，古有名言。画家在这里不但把手画得那样好，而且借着各人的手，更多地写出他们内心的倾向。韩熙载的手松懈不经意地垂着，和他眼神的向前凝注是相应的；郎粲的左手紧抓住膝盖，保持身体重心的平衡，也衬出注意力的集中；李嘉明的右手扶着掀起袍袖的左腕，似乎正作随时可以伸出手来指点的那样跃跃欲试的准备。在这段正当中，偏偏写一个不用眼看而侧耳细听的人，也许即是朱铣吧？他两手叉起，表现了耳朵用力的专一，由于这一个人倾听，也就指明全场人在听觉上的共同注意。

我听到工艺美术专家谈起，画上的杯盘之类，颜色和形式都是五代时有名的越窑瓷器。盘中细小的果品，都那么清晰鲜明，作者的创作态度是如何的不苟！当然我们现在不是专提倡琐屑的真实，但其中的真实性却由此更得到了明证。

第二段写韩熙载站在红漆羯鼓旁边，两手抑扬地打鼓。郎粲侧身斜靠在椅子上，一方来照顾到韩熙载的击鼓；一方又来欣赏王屋山的舞姿。一个青年拿着板来打，那或者便是韩熙载的门生舒雅吧！因为舒雅是他表演唱歌乞食时的助演人，那么老师自己打鼓时，还能不来伴奏吗?

和尚参加夜宴，也出现在这个场面里。他是否便是那个有说“体己话”交情的德明呢?和尚在舞会中究竟有些不好意思。拱着手，却伸着手指。似刚鼓完掌，又似刚行完“合十”礼。眼看着“施主”击鼓而不看舞女。旁边拍掌的人，眼看韩熙载是为了注意节拍，而和尚的神情分明不同，这和郎粲的“平视”王屋山正相映成趣。

红漆桶的羯鼓，是唐代盛行的乐器。唐人南卓曾有《羯鼓录》专书来讲它。南卓说：“羯鼓鼜如漆桶，山桑木为之，下以小牙床承之，击用两杖。”这和画上的鼓形正合。羯鼓的打法是音节急促的，所谓“其声焦杀乌烈，尤宜促曲急破、戟杖连碎之声”。再看舞容呢，王屋山穿着窄袖的衣服，两手伶俐地叉着腰，抬着脚，随着拍子动作，和那些长袖慢舞的情形不同，这即是宋人题跋中所指的“六么”舞吧！韩熙载右手举起鼓棰，反腕向上，刻画出这一棰打下去时力量的沉重。再和拍板、击掌以及“踏足为节”的“六么”舞的动作联系起来，便能使我们从画面上听出紧促的节拍和洪亮的鼓声，不仅止看见了王屋山美妙的舞姿。这一场和前段安详的琵琶演奏又是一个对比。

第三段是休息的场面。韩熙载坐在床边洗手，和几个女子谈话。这时琵琶和笛箫都收了，一个女子扛着往里走。杯盘也都撤下来，一个女子用盘托着一同走去。红蜡烛烧了半截，床帏敞着，被褥堆着，枕头也放在一边，可以随时休息。这在夜宴过程中是一个弛缓的阶段。我们很容易联想到宋朝人豪华宴会的故事，他们把屋窗遮起，在里边歌舞宴饮，饮一些时略歇一歇，大家都奇怪夜长，及至掀帘向外看时，才知道已经过了两天。在画上这段之后，还有很多场面，这把宴饮的时间的悠长，无形中明白指出。

画家把琵琶倒着放在女子右肩上，把笛箫束在一起放在这女子左手里，教她和撤杯盘的女子一同走到半截红烛的旁边，在画面上，枕头恰恰排在琵琶和蜡烛之间，正不用等待展卷看到韩熙载的洗手，已经使人充分看出酒阑人倦的气氛了。

第四段是听管乐的场面。炎热的天气，韩熙载盘膝坐在椅子上，扇着扇子，吩咐一个女子什么话，拍板的也换了人，五个女子一排坐着吹奏管乐。宋人说韩熙载“每醉以乐聒之乃醒”。看这袒胸露腹、挥扇而坐的神气，正像是聒醒之后、馀醉未解而悠然自得的情形。五个作乐人横列一排，各有自己的动态，虽同在一排，但绝对没有排队看齐的板滞。

前边的筵席还有些衣冠齐楚之感，到了这里，便是完全脱略形迹，但并掩藏不了韩熙载兀傲的神态。在炎热的气候中，脱衣服惟恨不彻底，却又不能赤膊，于是袒胸露腹之外，领子往后松一些都似乎可以减少一些炎热，这种细微的反映，画家都把它抓到了。

末一段突出地、具体地写出韩熙载的“女奴”们和宾客们调笑的情状。韩熙载站在这一对对的中间，伸出左掌摆手，像是说个“不”字。他这“摆手”是制止她们的行动呢，还是教她们不要宣布他来了好借此戏弄客人呢？悄悄地站着，摆着的手伸出也不远，右手的鼓棰，握着中腰，也没想拿它作武器用。这分明是后者的用意。我们伟大的画家，精妙地把这些形象画出，使观者能够完全领会到画中人一动一静的作用，并没有任何一个字的说明！

从全卷来看，它的线条是“铁线描”居多，——这是中国人物画的一种最精练的技巧。不是说其他的描法不好，而是说用这种细线单描，很精确地找到物体和空间"间不容发"的一个分界是如何的困难。这细线不可能有犹豫、修改的馀地。古人说"九朽一罢",是说明创稿的认真,尤其在这种技法上,一条细线若不是经过多次的创稿和修改,是无法达到那样精确的。有了这样的骨干,再加上色彩的点染,便把每个人从面貌到感情、每件物从形状到质地,都具体而生动地写出来。这说明我们先民惊人的艺术才能,实在是他们勤苦劳动的成果。

在色彩方面:朱砂、铅粉、石青、石绿等重色是最难用的。这卷画上把各种重质颜料用得那么好,薄而匀,效果却是那么厚重。色调在错综变化中显得爽朗健康。

在结构上:这种连环图画式的手卷形式,对于故事画的布置是非常方便的。内容的安排,在这卷中更显出它的巧妙。屏风本是古代屋内一种常见的"装修",在这卷画面上,它起着说明屋子空间的作用,同时也起着说明故事发展的时间作用。如第一段末的插屏和第三段末的围屏都有这样的作用。而第四段末的插屏又给两个人"捉迷藏"作了重要工具,因而又起了"云断山连"的作用。画家手里的屏风,在要用它隔断时不觉割裂的生硬,而要用它联锁时也不觉得牵强。这不能不算是一种创造性的手法吧!

有人怀疑五个场面的次序问题。以为韩熙载洗手应该在吃饭听琵琶之后;右手执两个鼓棰的一段应该在击鼓一段之后;而袒腹一段应在最后。彷佛才觉顺序。其实这正说明这一夜的宴会是饮酒、击鼓、休息、听乐的更迭反复,也表现了同一个夜内各屋中娱乐活动的不同,而韩熙载是到处参加的。(所见若干摹本次序也不一致,可见古代许多原稿中对次序问题的态度。)完成这些作用,"屏风"实在有相当的功劳。

这卷夜宴图并不是没有缺点的。人物的面型,除了特别用力刻画的几个人之外,有些个人不免近于雷同,当然同一个人前后重复出场的不算。主角或重要角色的身量与配角身量的差度有时太大,虽然这里有人物年龄关系。另一方面,我们也不能忽略这是九百馀年前的创作。比这卷再早的绘画以至雕刻,拿大小来表示人物主宾的办法,也就更厉害。

此外即在技法的各方面讲，拿传摹的晋代顾恺之画，唐代的阎立本画等来比较，这卷的精工周密，实在是大进一步。它应该是符合了六法中“气韵生动”的标准，——姑不论“气韵”的确切涵义，至少生动是没问题吧！在今天创作方面，我们除了借鉴它的优点之外，还应当把它当作前届比赛成绩的纪录，努力去突破它！

三　关于这一卷画的几个问题

以韩熙载夜宴这个传奇性故事为题材的画，自南唐以来原样传摹或增删改写的都很多。原始创作的是周文矩和顾闳中俩人。但到北宋《宣和画谱》中，却只载顾闳中《韩熙载夜宴图》一件。（还有顾大中的《韩熙载纵乐图》一件。）元阳垕记他曾见周画二本，又见顾画一卷，顾画与周画稍异，“有史魏王浩题字，并绍勋印”（见《画鉴》）。又周密记所见顾画《夜宴图》一本，见《云烟过眼录》。又有一个祖无颇的跋本，跋载《佩文斋书画谱》。严嵩家藏顾画三本，见文嘉《严氏书画记》。这些本到明末清初时候都不见著录，消极的说明已不存在了。是都损失了呢？还是由于记载欠详，而实际上明末清初著录中所载各本便有前列的某卷在呢？现在都无法证明。又明末清初收藏著录中这个题材的作品，几乎都是顾闳中的画，周文矩和顾大中的画很少看见了。综计清初还存在号为顾闳中真迹的，有下列几件：（甲）绢本，有元人赵升、郑元佑、张简、张雨、何广、顾瑛的诗；月山道人、钱惟善的跋。见吴升的《大观录》等书。（乙）绢本，有“臣闳中奉勅进上”的款，后有周天球书陆游所撰韩熙载传。见《大观录》和安岐的《墨缘汇观》。（丙）即此卷，绢本、前绫隔水有南宋初期的题字，这条隔水下半截都损缺，只存“熙载风流清旷为天官侍郎以修为时论所诮著此图”二十一字。字体是宋高宗的样子。卷后拖尾有小楷书韩熙载事迹一篇，无写者名款，再后有元人班惟志题古诗一首，再后有“积玉斋主人”题识一段，再后有王铎题两段，见孙承泽《庚子销夏记》和《石渠宝笈初编》。

这是近三百年中流传有名的三卷。甲卷，自吴升著录以后我没见人再提到。丙卷中有“乾隆御识”提到得了这卷之后又得“别卷”，写有陆游所撰的韩熙载传。乙卷有陆游所撰韩传，好像乙卷也入了清内府。但写着陆游所撰韩传的不一定便是乙卷，那么乙卷的踪迹也不可知了。丙卷中“乾隆御识”说“绘事特精妙，故收之秘笈甲观”，“绘事特精妙”五字确是定评。

到了今天，这三卷中，又失踪两卷了！

还有关于现存的这一卷常听人谈起几个问题：（一）作者究竟是谁？（二）是南唐的原本还是宋人的临本？（三）《石渠宝笈》著录前流传的经过。（四）有无残缺？（五）顾闳中的事迹。

我试谈谈我个人对于这些问题的意见：

（一）唐宋古画，无款的最多，很多不得作者主名的，全要靠各项旁证。若在反证没被充分提出时，也就只好保留旧说，至多是存疑而不应轻率地武断。这一卷只从元人题跋中定为顾闳中，元人所见古画应该比我们所见的多些，总该有他的根据。

（二）这卷画从我们所常见到的古画技法、风格以及其他条件来比，它不会是北宋以后的画。从人物形象、生活行动以至衣服器物各方面来看，更不可能是凭空臆造的。就假如说它出自宋人手笔，也必定是临自原本。八百年前的人临摹九百年前的画，在今天实在没有足够的材料去分别它们的差异。至少我们相信这个创作底稿是出自亲见韩熙载生活的顾闳中。

（三）这一卷是宋元著录中的哪一本已不可知，但从卷前的半截隔水上的题字字体来看，起码是经过南宋人的收藏鉴赏。有人从许多痕迹上推测以为即是《画鉴》中所记的“有史魏王浩题字”的那一卷，而隔水题字可能即是史浩的笔迹，这也可备更进一步研究的线索。卷后拖尾第一段无款的韩熙载事迹，从字体上看，很像袁桷的笔迹，拿袁桷“和一庵首座四诗”和“徽宗文集序”的跋尾等真迹的笔势特点来看，是完全相同的。题诗的班惟志正是他的朋友。（绘画馆中同时陈列着的黄公望《九峰雪霁图》即是给班惟志画的。）这是元代鉴、藏的情况。明末清初归了王鹏冲。鹏冲字文荪，直隶长垣人，收藏很多，和王铎是亲戚，他的藏品多有王铎题字。孙承泽即从王鹏冲家见到，记在《庚子销夏记》中。在从王鹏冲家到清内府的中间，曾经归过梁清标，有他的藏印。又归过年羹尧。班惟志诗后空纸上有一段题识，款写“积玉斋主人”，那个“玉”字是挖改的，痕迹很明显。年羹尧的“斋名”是“双峰积雪斋”，所以他也有“双峰”的别号。这分明是进入石渠之前，有人因为年羹尧是“获罪”的，也许怕被认为是“逆产”，因此挖改一字，便可了事。其实笔迹字体都自己在那里清清楚楚地发言说：“我是年羹尧!”

（四）有人说，这卷第二段拍手的女子身后和第四段站在韩熙载面前听吩咐的女子的身后，绢上都有裂痕，可能中间有什么残缺。又最末二人，似乎不够作收尾的局势，或者后边还有什么场面。按古画的断裂，本是最普通的事，裂处也不一定便有遗失。一卷被割成两三卷的也是常有的。但“夜宴”本是一个短期间内的事，不比其他长大的故事，所以不可能太长，即前说（甲）、（乙）两卷，据著录记载，也只都不过七尺。而这卷一丈长，还算较长的了。所以这卷即使有残损处也不可能太多。再从这卷前边隔水保留残缺的情形来看，可以见到两个问题：一是绝对发生过撕毁破裂的事；二是断缺隔水既还被保留，那么画面本身即有残碎处似乎也不致随便被遗弃。除非在保留隔水的阶段以前有过割截，但那至少是三百年前的事了。（每段都用屏风作隔界，这卷如有残损，可能是第二、第三两段之间的一个屏风。）

（五）顾闳中的事迹，宋人记载很少。只《宣和画谱》说：“顾闳中江南人也，事伪主李氏为待诏，善画，独见于人物。”此后便叙他画《夜宴图》的经过。元夏文彦《图绘宝鉴》所记，是沿着《宣和画谱》的材料。他的作品除《夜宴图》之外，还有《明皇击梧图》《山阴图》（写许玄度、王逸少、谢安石、支道林等人的故事），又有李煜的道装像，这些作品也都早已不传了。这位伟大的画家生平事迹，就剩这样简单的几句话，是何等的可惜!

因此，想到我们先民若干的伟大艺术创作和他们生平辛勤劳动的事迹，不知湮没了多少。那么，我们今天对于这些仅存的宝贵遗产除了创作方面正确的吸取、借鉴之外，还应该如何尽流传保护的责任啊！

《平复帖》说并释文

西晋陆机《平复帖》，纸本，草书九行，前有白绢签，墨笔书“□□（晋平）原内史吴郡陆机士衡书”，笔法风格与《万岁通天帖》中每家帖前小字标题相似，知此签是唐人所题。又有月白色绢签，泥金笔书“□（晋）陆机《平复帖》”，是宋徽宗所题，下押双龙小玺，其他三个角上，各有“政和”“宣和”小玺。掭尾骑缝处还有“政和”连珠玺，知此即宣和内府所藏，《宣和书谱》卷十四著录的陆机真迹（明代人有以为写者是陆云，甚至推为张芝的，俱无确据，不复论）。

按陆机（公元二六一——三〇三年），字士衡，三国时东吴吴郡人，吴丞相陆逊之孙，大司马陆抗之子。史称他：“少有异才，文章冠世。”（《晋书》卷五十四本传）年二十，吴被晋灭，家居勤学十年，与其弟陆云被称为“二俊”。后入洛阳（西晋的首都），参加司马氏的政权，又受成都王司马颖的重用，为平原内史，又加后将军，河北大都督。为司马颖讨司马乂，兵败，受谗，与弟陆云同被司马颖所杀。著述甚多，今传有《陆士衡文集》。善书，为文名所掩。

唐宋以来，讲草、真、行书书法的，都上溯到晋人。而晋代名家的真迹，至唐代所存已逐渐稀少，流传的已杂有摹本。宋代书画鉴赏大家米芾曾说：“阅书白首，无魏遗墨，故断自西晋。”而他所见的真迹，只是李玮家所收十四帖中的张华、王濬、王戎、陆机和臣詹奏章晋武帝批答等几帖（见《书史》卷上。《宝章待访录》所记较略，此从《书史》）。其中陆机一帖，即是这件《平复帖》。宣和时，十四帖已经拆散不全。

明张丑《清河书画舫》子集引《宣和书谱》说："陆机《平复帖》，作于晋武帝初年，前王右军《兰亭谳集叙》大约百有馀岁。今世张、钟书法，都非两贤真迹，则此帖当属最古也。"（今本《宣和书谱》无此条，如非版本不同，即是张丑误记。）宋岳珂《宝真斋法书赞》卷二十跋《米元章临晋武帝大水帖》说："西晋字，在今岂可复得!"明董其昌跋说："右军以前，元常以后，唯存此数行，为希代宝。"其实明代所存，不但钟帖已无真迹，即二王帖，亦全剩下唐摹本了。按先秦和汉代的简牍墨迹，宋以前虽也偶有出土的，但数量不多，不久又全毁坏。可以说，在近代汉、晋和战国的简牍大量出土以前，数百年的时间，人们所能见到最古的，并非摹本的墨迹，只有这九行字。而在今日统观所有西晋以上的墨迹，其中确知出于名家之手的，也只有这九行。若以今存古代名家法书论，这帖还是年代最早的一件，以今存西晋名家法书论，这帖又是最真实可靠的一件。

这一帖称得起是流传有绪的。米芾《书史》记载检校太师李玮收得晋贤十四帖，原装一大卷，卷中有"开元"印和王涯、太平公主等人的藏印，卷前有"梁秀收阅古书"印，后有"殷浩"印。米芾说梁、殷都是"唐末鉴赏之家"，可知这一大卷的收集合装是在唐末。今《平复帖》第九行下半空处（八行"寇乱"二字之左）有"殷浩"朱文印，因而可知就是李玮所收的那一大卷中的陆机一帖。论起这《平复帖》的收藏者，就现在所知，最先的应推殷浩和梁秀。再据《书史》所记，那一大卷宋初在王溥家，传至其孙王贻永，转归李玮。后入宣和内府。但《宣和书谱》所载，并未完全包括那一大卷中的帖，可知大卷的拆散，是在李玮收藏的时候。此后靖康之难，宣和所藏尽失，《平复帖》踪迹不明。到元代曾经张斯立、杨肯堂、郭天锡、马昫等鉴赏，题有观款（见吴其贞《书画记》卷四)。还经陈绎曾鉴赏（见《清河书画舫》子集）。明代万历年间归韩世能，经董其昌题跋，传至其子韩逢禧。转归张丑，著录于《清河书画舫》《真迹日录》二集、《南阳法书表》各书。清初归葛君常，这时元人观款被割去。又归王际之。又归冯铨（见吴其贞《书画记》卷四)。转归梁清标，刻入《秋碧堂帖》。又归安岐。后入乾隆内府，进给太后，陈设在慈宁宫宝座旁（见《盼云轩帖》刻成亲王题秋碧堂本《平复帖》)。太后逝世后，颁赐遗念，这帖归了成亲王永瑆，刻入《诒晋斋摹古帖》，并有记载的诗文（见《诒晋斋集》卷一、卷五、卷八)，但未写入卷中。后展转流传于诸王府，三十年前由溥儒先生手转归张伯驹先生。一九五六年归故宫博物院。卷中各家藏印具在，流传经过，历历可考。详见《文物参考资料》一九五七年第一期王世襄先生《西晋陆机〈平复帖〉流传考略》。

这一帖是用秃笔写的草字。《宣和书谱》标为章草，它与二王以来一般所谓的今草固然不同，但与旧题皇象写的《急就篇》和旧题索靖写的《月仪帖》一类的所谓章草也不同；而与出土的一部分汉晋简牍非常相近。张丑《真晋斋记》（载在《真迹日录》二集）中只释了“羸难平复病虑观自躯体闵荣寇乱”十四字。安岐也说：“其文苦不尽识。”(《墨缘汇观》“法书”卷上。）我在前二十年也曾释过十四字以外的一些字，但仍不尽准确（近年有的国外出版物也用了那旧释文，随之沿误了一些字)。后得见真迹，细看剥落所剩的处处残笔，大致可以读懂全文。其中有些字必须加以说明，如：

第三行首二字略残，第二字存右半“隹”当是“唯”字。第五字“为”起笔转处残损。末一“耳”字收笔甚长，摇曳而下。

第四行首字失上半，或是“吴”，或是“左”。

第五行“详”下一字从“足”从“寺”，是“跱”字，“详”是安详，“跱”是竦“跱”。

第六行首“成”字，中直剥断。“美”字或释“异”。

第七行首字是“爱”，按《淳化阁帖》卷三庾翼帖“爱”字下半转折同此。又《急就篇》中“争”字之首，笔作圆势，可证“爱”字的“爪”头。“执”即“势”字。“恒”字“忄”旁残损，尚存竖笔上端。

第八行首字右上残留横笔的左端。右下“刀”中二横亦长出，知是“稱”(称）字。第三字张丑释“闵”，但“门”头过小“文”字过大，且首笔回转至中心顿结，实非“闵”字。按《急就篇》“夏”字及出土楼兰简牍之“五月二日济白”残纸一帖中“夏暮”的“夏”字，俱同此。第四字右半残损，存一小竖的上端，当是“伯”字。

第九行首字残存右半，半圆形内尚存一点，知是“问”字。

详观帖文，乃是谈论三个人，首先谈到多病的彦先。按陆机兄弟二人的朋友有三个人同字彦先（陆云与平原、与杨彦明书中也屡次谈到彦先，而且是多病的。见《陆士龙文集》卷八、卷十）：一是顾荣，一是贺循，一是全彦先（见《文选》卷廿四陆机诗李善注）。其中只有贺循多病，《晋书》卷六十八《贺循传》记述他羸病情况极详，可知这指的是贺循。说他能够活到这时，已经可庆，又有儿子侍奉，可以无忧了。其次谈到吴子杨，他前曾到陆家做客，但没受到重视，这时临将西行，又来相见，威仪举动，较前大有不同了，陆机也觉得应该对他有所称誉。但所给的评论，仍仅止是“躯体之美”，可见当时讲究“容止”的风气和作用，也可见所谓“藻鉴”的分寸。最后谈到夏伯荣，则因寇乱阻隔，没有消息。如果这帖确是写于晋武帝初年，那时陆机尚未入洛，在南方作书，则子杨的西行，当是往荆襄一带去了。

这一帖是晋代大文学家陆机的集外文，是研究文字变迁和书法沿革的重要参考品，更是晋代人品评人物的生动史料。

一九六一年九月，一九六四年修改

附　录

《平复帖》释文

彦先羸瘵，恐难平复。往属初病，虑不止此，此已为庆。承使□（唯）男，幸为复失前忧耳。□（吴）子杨往初来主，吾不能尽。临西复来，威仪详跱，举动成观，自躯体之美也。思识□量之迈前，执（势）所恒有，宜□称之。夏□（伯）荣寇乱之际，闻问不悉。

《兰亭帖》考

东晋永和九年（公元三五三年）三月三日，大文学家、大书家王羲之和他的朋友、子弟们在山阴（今绍兴县）的兰亭举行一次“修禊”盛会，大家当场赋诗，王羲之作了一篇序，即是著名的《兰亭序》。这篇文章，历代传诵，成为名篇。王羲之当日所写的底稿，书法精美，即是著名的《兰亭帖》，又是书法史上的一件名作。原迹已给唐太宗殉了葬，现存的重要复制品有两类：一是宋代定武地方出现的石刻本；一是唐代摹写本。

宋代有许多人对于《兰亭帖》的复制作者提出种种揣测，对于定武石刻本的真伪也纷纷辩论。到了清末，有人索性认为文和字都不是王羲之的作品。

这篇《〈兰亭帖〉考》是试图把一些旧说加以整理归纳，并对存在的问题进行一些分析，然后从现存的唐代摹本上考察原迹的真面目，以备读文章和学书法者作研究参考的资料。不够成熟，希望获得指正。

一

论真行书法，以王羲之为祖师，《兰亭序》又是王羲之生平的杰作，自南朝以来，久已成为法书的冠冕。这个帖的流传过程中，曾伴有种种传说，而今世最流行的概念，大略如下：唐太宗遣萧翼从僧辩才赚得真迹，当时摹拓临写的人，有欧阳询和褚遂良。欧临得真，遂以上石，世称定武本，算作正宗；褚临多参己意，算作别派。这种观念，流行数百年，几成固定的历史常识。但一经钩核诸说，比观众本，则千头万绪，不可究诘，而上述的观点，殊属无稽。如细节详校来谈，非数十万字不能尽，兹姑举要点来论，论点相同的材料，仅举其一例。

甲、唐太宗获得前的流传经过：（一）原在梁御府，经乱流出，为僧智永所得，又入陈御府。隋平陈，归晋王（炀帝），僧智果从王借拓不还，传给他的弟子辩才。（见唐刘悚《隋唐嘉话》卷下。）（二）真迹在王氏家，传王羲之七代孙僧智永，智永传他的弟子僧辩才。（见唐张彦远《法书要录》卷三载唐何延之《兰亭记》。）（三）“元草为隋末时五羊一僧所藏。”（宋俞松《兰亭续考》卷一引宋郑价跋。《兰亭续考》以下简称《俞续考》。）

乙、唐太宗赚取的经过：（一）“太宗为秦王日……使萧翊就越州求得之。”（《隋唐嘉话》卷下。）（二）唐太宗遣御史萧翼伪装商客，与辩才往还，乘隙窃去。（见《兰亭记》，赵彦卫《云麓漫钞》卷六引《唐野史》事略同。）（三）“武德四年欧阳询就越州访求得之，始入秦王府。”（宋钱易《南部新书》卷四。）

丙、隋唐时的摹拓临写：按双钩廓填叫做响拓，罩纸影写叫做摹，面对真迹仿写叫做临，其义原不相同。而古代文献，对于《兰亭帖》的摹本，三样常自混淆，现在也各从原文，合并举之。（一）智果有拓本。（见《隋唐嘉话》卷下。）（二）赵模等四人有拓本。何延之云：“太宗命供奉拓书人赵模、韩道政、冯承素、诸葛贞四人各拓数本。”（《兰亭记》。）（三）褚遂良有临写本。张彦远云：“贞观年，河南公褚遂良中禁西堂临写之际便录出。”（《法书要录》卷三载褚遂良《王羲之书目》后跋，“录出”者，指羲之各帖之文，其中有《兰亭序》。）（四）唐翰林书人刘秦妹临本。窦洎云：“兰亭貌夺真迹。”（《法书要录》卷六载《述书赋》卷下。）（五）麻道嵩有拓本。钱易云：“麻道嵩奉教拓二本……嵩私拓一本。”（《南部新书》卷四。）（六）汤普彻等有拓本。武平一云：“（太宗）尝令汤普彻等拓《兰亭》赐梁公房玄龄已下八人。”（《法书要录》卷三载唐武平一《徐氏法书记》。）（七）欧、虞、褚有临拓本。何延之云："欧、虞、褚诸公皆临拓相尚。"（《兰亭记》。）（八）陆柬之有临拓本。李之仪云："一时书如欧、虞、褚、陆辈，人皆临拓相尚。"（宋桑世昌《兰亭考》卷五引宋李之仪跋，按"陆"指陆柬之。桑世昌《兰亭考》以下简称《桑考》。）（九）智永有临本。吴说云："《兰亭修禊前叙》，世传隋僧智永临写，后叙唐僧怀仁素麻笺所书，凡成一轴。"（《桑考》卷五引宋吴说跋。）（十）王承规有模本。米友仁云："汪氏所藏《三米兰亭》……殆王承规模也。"（《桑考》卷五引宋米友仁跋。）另有太平公主借拓之说，乃是误传，不具列①。后世仿习临摹和展转传拓的，也不详举。

以上甲、乙、丙三项中多属得自传说和揣度意必之论，并列出来，以见他们的矛盾分歧。宋以后人的话，更无足举了。

丁、隋唐刻本：（一）智永临写刻石本。《桑考》云："隋僧智永亦临写刻石，间以章草，虽功用不伦，粗髣髴其势，本亦稀绝。"（《桑考》卷五，未注出处。又卷七引宋蔡安强跋谓智永本为正观中摹刻。）（二）唐勒石本。《桑考》云："天禧中，相国僧元霭曾进唐勒石本一卷，卷尾文皇署"勅"字，傍勒"僧权"二字，体法既臻，镌刻尤工。"（《桑考》卷五，未注出处。）（三）唐刻版本。米芾云："泗州山南杜氏……收唐

① 关于借拓之说，《唐会要》卷三十五："《兰亭》一本，相传云将入昭陵。又一本，长安、神龙之际，太平、安乐公主奏借出入（外）拓写，因此遂失所在。"宋董逌《广川书跋》卷六云："《兰亭序》在唐贞观中旧有二本，其一入昭陵，其一当神龙中，太平公主借出拓摹，遂亡。"按太平公主借拓的事，见韦述所记，《会要》及董逌所谓又一本的，大概是另一个摹本，或是由于误读韦述的话。《法书要录》卷四载唐韦述《叙书录》云："自太宗贞观中，搜访王右军等真迹……凡得真行二百九十纸，装为七十卷，草书二千纸，装为八十卷……其后《兰亭》一时相传云将入昭陵玄宫。长安神龙之际，太平安乐公主奏借出外拓写《乐毅论》，因此遂失所在。"盖真行七十卷，草书八十卷，是总述全数。其后拈出二种：一时相传将入昭陵的，是《兰亭》帖；奏借出外拓写而失的，是《乐毅论》。俱因其亡失而特加记述的。

刻板本《兰亭》。”（《桑考》卷五引宋米芾跋。）（四）褚庭诲临本。黄庭坚云：“褚庭诲所临极肥，而洛阳张景元劚地得阙石极瘦，定武本则肥不剩肉，瘦不露骨，犹可想见其风。三石刻皆有佳处。”（《桑考》卷六引宋黄庭坚跋。）这都是宋人所指为隋唐刻本的，并未注明根据，大概也多意必之见。至于后世展转摹刻，或追加古人题署，或全出伪造的，更无足述。而所谓开皇本的，实在也属这类东西，所以不举。

戊、定武本问题：定武石刻，宋人说得极多，细节互有出入，其大略如下。石晋末，契丹自中原辇石北去，流落于定州，宋庆历中被李学究得到。李死后，被州帅得着，留在官库里。熙宁中薛向帅定州，他的儿子薛绍彭翻刻一本，换去原石。大观中，原石自薛家进入御府（《桑考》卷三引宋赵桎、荣芑、何薳等跋，卷六引宋沈揆、洪迈等跋）。

这块石刻，宋人认为是唐代所刻，赵桎云：“此文自唐明皇（《桑考》云：“是‘文皇’之误。”）得真迹，刻之学士院。”（《桑考》卷三引赵桎定武本）周勋引《墨薮》云：“唐太宗得右军《兰亭叙》真迹，使赵模拓，以十本赐方镇，惟定武用玉石刻之。文宗朝舒元舆作《牡丹赋》刻之碑阴。事见《墨薮》，世号定武本。”（《桑考》卷六引宋周勋跋。功按“明皇”为“文皇”之误，已见赵桎跋，显宗当即玄宗，宋人讳玄所改者。）

定武石刻出自何人摹勒，约有以下种种说法：（一）出于赵模（见周勋跋）。（二）出于王承规（见郑价跋）。（三）出于欧阳询。李之仪云：“兰亭石刻，流传最多，尝有类今所传者，参订独定州本为佳，似是以当时所临本模勒，其位置近类欧阳询，疑是询笔。”（《桑考》卷五引李之仪跋）又楼钥云：“今世以定武本为第一，又出欧阳率更所临。”（《桑考》卷五引宋楼钥跋。）又何薳云：“唐太宗诏供奉临《兰亭序》，惟率更令欧阳询所拓本夺真，勒石留之禁中，他本付之于外，一时贵尚，争相打拓，禁中石本，人不可得，石独完善。”（宋曾宏父《石刻铺叙》卷下引何子楚跋，子楚，薳之字。）（四）出于褚遂良。米友仁云：“昨见一本于苏国老家，后有褚遂良检校字，世传石刻，诸好事家极多，悉以定本为冠，此盖是也。”（《桑考》卷五引宋米友仁跋。）又宋唐卿云：“唐贞观中……诏内供奉摹写赐功臣，时褚遂良在定武，再模于石。”（《俞续考》卷一引宋宋唐卿跋。）（五）出于智永。荣芑云：“定武《兰亭叙》，凡三本，其一李学究本，传为陈僧法极字智永所模。”（《桑考》卷七引荣芑跋）（六）出于怀仁。米友仁云：“定本，怀仁模思差拙。”（《桑考》卷五引米友仁跋）

从以上诸说看来，定武本是何人所模，也矛盾纷歧，莫衷一是，所谓某人临摹，某人勒石，同是臆测罢了。

定武石本，宋人已有翻刻伪造的，它的真伪的区别，自宋人到清翁方纲的《苏米斋兰亭考》，辨析已详，现在不加重述。而历代翻刻定武本，复杂支离，不可究诘，现也不论。

己、褚临本问题：《兰亭》隋唐摹拓临写的各种传说，已如上述，综而观之，不下十馀人。北宋时，指唐摹本为褚笔之说，流行渐多。米芾对于刻本，很少提到定武本，对于摹本，常题为褚笔。例如他对于王文惠本，非常郑重地题称：“有唐中书令河南公褚遂良，字登善，临晋右将军王羲之《兰亭宴集序》。”好似有十足的根据似的。但那帖上原无褚款，所据只在笔有褚法就完了。他说：“浪字无异于书名。”（见《宝晋英光集》卷七）浪字书名，是指“良”字。当时好事者也多喜好寻求褚摹，米芾又有诗句云：“彦远记模不记褚，《要录》班班记名氏。后生有得苦求奇，寻购褚模惊一世。寄言好事但赏佳，俗说纷纷哪有是。”（见《宝晋英光集》卷三）则又否定了褚摹之说，米氏多故弄狡狯，不足深辨。但从这里可见当时以无名摹本为褚笔，已成为一种风气了。

自此以后，凡定武本之外唐摹各本，逐渐地聚集而归列褚遂良一人名下。至翁方纲《苏米斋兰亭考》（以下简称《翁考》）卷二《神龙兰亭考》说：“乃若就今所行褚临本言之，则此所号称神龙本者，尚是褚临之可信者矣。何以言之？计今日所称褚临本，曰神龙本，曰苏太简本，曰张金界奴本，曰颍上本，曰郁冈斋、知止阁、快雪堂、海宁陈氏家所刻领字从山本，皆云褚临之支系也。”又说：“要以定武为欧临本，神龙为褚临本，自是确不可易之说。”功按化零为整，这时总算到了极端。欧褚这两个偶像，虽然早已塑成，但是“同龛香火”，至此才算是“功德圆满”！

综观以上资料，我们得知，围绕《兰亭》一帖，流行若干故事传说，而定武一石，至宋又成为《兰亭》帖的定型，自宋人至翁方纲，辨析点画，细到毫芒，而搜集拓本的，动辄至百数十种。但是一经钩稽，便看到矛盾百出。到了清末李文田氏，便连这篇序文和这帖上的字，都提出了怀疑，原因与这有一定的关系。现在剥去种种可疑的说法和明显附会无关重要的事，概括地说来，大略如下：

王羲之书《兰亭宴集诗序》草稿，唐初进入御府，有许多书手进行拓摹临写。后来真迹殉葬昭陵，世间只流传摹临之本。北宋时发现一个石刻本在定武，摹刻较当时所见的其他刻本为精，就被当时的文人所宝惜，而唐代摹临之本，也和定武石刻本并行于世。定武本由于屡经捶拓的缘故，笔锋渐秃，字形也近于板重；而摹临的墨迹本，笔锋转折，表现较易，字形较定武石刻近于流动；后人揣度，便以定武石刻为欧临，其他为褚临，《兰亭》的情况，如此而已。

我又曾疑宋代所传唐人钩摹墨迹本，自然比今天所存的要多得多，以传真而言，摹本也容易胜过石刻，何以诸家聚讼，单独在定武一石呢？岂是这一石刻果然超过一切摹本吗？后来考察，唐人摹本中的上品，宋人本来也都宝重，但唐摹各本中，亦有精粗之别。即看《桑考》所记，知道粗摹墨迹本有时还不如精刻石本，并且摹本数量又少，而定武摹刻精工，又胜过当时流传的其他的刻本，再说拓本等于印刷品，流传也容易广泛，能够满足学者的需求，这大概也是定武本所以声誉独高的缘故吧！

现在唐摹墨迹本和定武原石本还有保存下来的，而影印既精，毫芒可鉴，比较观察，又见宋人论述所未及的几项问题，以材料论，古代所存固然比今天的多，但以校核考订的条件论，则今天的方便，实远胜于古代，《兰亭》的聚讼，结案或将不远了。

二

清末顺德李文田氏对于《兰亭》的文章和字迹，都提出怀疑的意见，见于所跋汪中旧藏定武本①之后，跋云：

唐人称《兰亭》，自刘𫗧《隋唐嘉话》始矣。嗣此何延之撰《兰亭记》，述萧翼赚《兰亭》事如目睹，今此记在《太平广记》中。第鄙意以为定武石刻未必晋人书，以今见晋碑，皆未能有此一种笔意，此南朝梁、陈以后之迹也。按《世说新语》《企羡篇》刘孝标注引王右军此文，称曰《临河序》，今无其题目，则唐以后所见之《兰亭》，非梁以前《兰亭》也。可疑一也。

《世说》云：人以右军《兰亭》拟石季伦《金谷》，右军甚有欣色，是序文本拟《金谷序》也。今考《金谷序》文甚短，与《世说》注所引《临河序》篇幅相应，而定武本自“夫人之相与”以下多无数字，此必隋唐间人知晋人喜述老庄而妄增之，不知其与《金谷序》不相合。可疑二也。

即谓《世说》注所引或经删节，原不能比照右军文集之详，然“录其所述”之下，《世说》注多四十二字，注家有删节右军文集之理，无增添右军文集之理，此又其与右军本集不相应之一确证也。可疑三也。

有此三疑，则梁以前之《兰亭》与唐以后之《兰亭》，文尚难信，何有于字。且古称右军善书，曰“龙跳天门，虎卧凤阙”，曰“银钩铁画”。故世无右军之书则已，苟或有之，必其与《爨宝子》、《爨龙颜》相近而后可，以东晋前书与汉魏隶书相似，时代为之，不得作梁、陈以后体也。

功按：这派怀疑之论，在清末影响很广，因为当时汉、晋和北朝碑

① 汪中藏的定武本实是宋人翻刻的。有文明书局影印本。

版的发现，一天天地多起来，而古代简牍墨迹的发现还少，谈金石的，常据碑版的字怀疑行草各帖的字。各帖里固然并非绝无伪托的，况且翻刻失真的也很多，但不能执其一端，便一概怀疑所有各帖。现在先从《世说》注文说起。

《世说新语·企羡篇》一条云：

> 王右军得人以《兰亭集序》方《金谷诗序》，又以己敌石崇，甚有欣色。

刘竣注云：

> 王羲之《临河叙》曰：永和九年，岁在癸丑，暮春之初，会于会稽山阴之兰亭，修禊事也。群贤毕至，少长咸集。此地有崇山峻岭，茂林修竹。又有清流激湍，映带左右，引以为流觞曲水，列坐其次。是日也，天朗气清，惠风和畅，娱目骋怀，信可乐也。故列序时人，录其所述。右将军司马太原孙承公等二十六人，赋诗如左，前馀姚令会稽谢胜等十五人，不能赋诗，罚酒各三斗。

今传《兰亭》帖二十八行，三百馀字，乃王羲之的草稿，草稿未必先写题目，这是常事，也是常识。况且《世说》本文称之为《兰亭集序》，注文称之为《临河叙》，已自不同，能够说刘义庆和刘竣所见的本子不同吗？

至于当时人用它比方《金谷序》的原因，必有根据的条件，《世说》略而未详。但绝不见得只是以字数相近，便足使右军“甚有欣色”。譬如今天说某人可比诸葛亮，理由是因为他体重若干斤、衣服若干尺和诸葛亮有相同处，岂不是笑话！《世说》曰“人”曰“方”是别人的品评比况。李跋改“方”为“拟”，以为右军撰文，本来即欲模拟《金谷序》，真可以说差之毫厘谬以千里了。且诗文草创，常非一次而成，草稿每有第一稿、第二稿以至若干次稿的分别。古人文集中所载，与草稿不相应，和墨迹或石刻不相应的极多。且注家有对于引文删节的，也有节取他文或自加按语补充说明的。以当时的右军文集言，序后附录诸诗，诗前有说明的话四十二字，亦或有之，刘注多这四十二字，原不奇怪。何况右军文集《隋志》著录是九卷，今本只二卷，可见亡佚很多，刘峻所见的本子有这四十多字，极属可能。又汇录《兰亭诗》多有传本，俱注明某某若干人成诗若干首，某某若干人诗不成，罚酒若干。刘注或据此等传本而综括记述，也很可能。总之序文草稿（《兰亭帖》）对于全部修禊盛会的文件，仅仅是一部分，今本文集又不是全豹，注家又常有删有补，在这三种情况下来比较它的异同，《兰亭帖》和《世说》注的不相应，自是必然的事。抓住这一种现象来怀疑《兰亭序》文章草稿，在逻辑上，殊难成立。

以上是本证。再看旁证：三代吉金，一人同作数器，或一器底盖同有铭文，其文互有同异的很多；韩愈的文章，集本与石刻不同的也很多；欧阳修《集古录》，集本与墨迹本不同也很多，并且今天所见墨迹各篇俱无篇题；苏轼《定惠院寓居月夜偶出》诗二首，流传有草稿本，前无题目，第二首末较集中亦少二句，盖非最后的定稿。翁方纲曾考之，见《复初斋文集》卷二十九，这都是金石家、文学家所习知的事，博学的李文田氏，何至不解此例？于是再读李跋，见末记此为浙江试竣北还时所书。因忆当日科举考试，虽草稿也必须写题目，稿文必与誊正相应，否则以违式论，甚至科以舞弊的罪名。我才恍然明白李氏这时的头脑中，正纠缠于这类科场条例，并且还要拿来发落王右军罢了！

至于书法，简札和碑版，各有其体。正像同在一个碑上，碑额与碑文字体也常有分别，因为它们的作用不同。并且同属晋代碑版，也不全作《二爨》的字体。如果必方整才算银钩铁画，那么周秦金石、汉魏碑版俱不相符，因为它们还有圆转的地方。不得已，只有所谓欧体宋板书和宋体铅字，才合李氏的标准。且今西陲陆续发现汉晋简牍墨迹，其中晋人简牍，行草为多，就是真书，也与碑版异势，并且也不作《二爨》之体，越发可以证明，其用不同，体即有别。且出土简牍中，行书体格，与《兰亭》一路有极相近的，而笔法结字的美观，却多不如《兰亭》，才知道王羲之所以独出作祖的缘故，正是因为他的真、行、草书，变化多方，或刚或柔，各适其宜。简单地说，即是在当时书法中，革新美化，有开创之功而已。后来“崇古”的人，常常以“古”为“美”，认为风格质朴的高于姿态华丽的，这是偏见，已不待言。而韩愈诗说：“羲之俗书趁姿媚。”虽然意在讽讥，却实在说出了真相，如果韩愈和王羲之同时，而当面说出这话，恐怕王羲之正要引为知己的。

李跋称何延之记“事如目睹”，并且特别提出它收于《太平广记》中，意谓这篇《兰亭记》是小说家言，不足为据，遂并疑《兰亭帖》为伪。不知小说即使增饰故实，和《兰亭帖》的真伪是无关的。正如同不能因为疑虬髯客、霍小玉的事情是否史实，便说唐太宗、李益并无其人。

三

世传《兰亭帖》摹本刻本，多如牛毛，大约说来，不出五类：一、唐人摹拓本。意在存真，具有复制原本的作用。二、前人临写本。出于临写，字形行款相同，而细节不求一一吻合。三、定武石刻本。四、传刻本。传刻唐摹或复刻定武，意在复制传播，非同蓄意作伪。五、伪造本。随便拼凑，妄加古人题署，或翻刻，或临拓，任意标题，源流无可据，笔法无足取，百怪千奇，指不胜屈，更无足论了！

功见闻寡陋，所见的《兰亭帖》尚不下百数十种，足见传本之多。现就所见的几件真定武本和唐临、唐摹本，略记梗概于后。

一、定武本

甲、柯九思本

故宫藏，曾见原卷。五字已损，纸多磨伤，字口较模糊。隔水有康里巎巎、虞集题记，后有王黼、忠侯之系、公达、鲜于枢、赵孟頫、黄石翁、袁桷、邓文原、王文治诸跋。有影印本。

乙、独孤本

原装册页，经火烧存残片若干，今已流入日本。我见到西充白氏影印本。这帖五字已损，赵孟頫得于僧独孤长老的。帖存三片，字口亦较模糊。后有吴说、朱敦儒、鲜于枢、钱选跋，赵孟頫十三跋并临《兰亭》一本，又柯九思、翁方纲、成亲王、荣郡王诸家跋。册中时有小字注释藏印之文，乃黄钺所写。

丙、吴炳本

仁和许乃普氏旧藏，今已流入日本。我见到影印本。五字未损，拓墨稍重，时侵字口，还有后人涂墨的地方（如“悲也”改“悲夫”字，“也”字的钩；“斯作”改“斯文”，“作”字痕迹俱涂失）。后有宋人学黄庭坚笔体的录李后主评语一段，又有王容、吴炳、危素、熊梦祥、张绅、倪瓒、王彝、张适、沈周、王文治、英和、姚元之、崇恩、吴郁生、陈景陶、褚德彝诸跋。

其他如真落水本确闻还在某藏家手中，惜不详何人何地。文明书局影印一落水本，是裴景福氏所藏，本帖、题跋、藏印，完全是假的（其他伪本极多，不再详辨。这本名气甚大，故特提出）。

二、唐临本

甲、黄绢本

高士奇、梁章钜旧藏，今已流入日本。我见到影印本。其帖绢本，“领”字上加“山”字，笔画较丰腴，有唐人风格而不甚精彩，字形不拘成式[①]（如“群”字权脚之类），是临写的，非摹拓的。后有米芾跋，称为王文惠故物。首曰“右唐中书令河南公”云云，末曰“壬午八月廿六日宝晋斋舫手装”。款曰“襄阳米芾审定真迹秘玩”。再后有莫云卿、王世贞、周天球、文嘉、俞允文、徐益孙、王稚登、沈威、翁方纲、梁章钜等跋。

故宫藏宋游似所题宋拓褚临《兰亭》卷，经明晋府、清卞永誉、安岐递藏。原帖后连米跋，即是此段。但《兰亭》正文与此黄绢本不同。且“领”字并不从“山”。装潢隔水纸上有游似跋尾墨迹，云：“右褚河

① 定武程式中尚有“崇”字“山”下三点一事，按各摹临本“崇”字“山”下只有一横，并无一本作三点的，可知定武“山”下的左二点俱是泐痕。

南所摹与丙帙第三同，但工有功拙，远过前本尔。”下押“景仁”印，又有“赵氏孟林”印。可知黄绢之卷，殆后人凑配所成。不是米跋的那件原物。

乙、张金界奴本

故宫藏，曾屡观原卷。《戏鸿堂》《秋碧堂》等帖曾刻之。乾隆时刻《兰亭八柱帖》，列此为第一柱。原卷白麻纸本，墨色晦暗，笔势时见钝滞的地方，大略近于定武本，细节如“群”脚权笔等，又不尽依成式。帖尾有小字一行曰：“臣张金界奴上进。”后有扬益、宋濂、董其昌、徐尚实、张弼、蒋山卿、杨明时、朱之蕃、王衡、王应侯、杨宛、陈继儒、杨嘉祚诸家跋，前有乾隆题识。董跋云：“似虞永兴所临。”梁清标遂凿实题签曰：“唐虞永兴临《禊帖》。”此后《石渠宝笈》著录和《八柱》刻石，直到故宫影印本，俱标称为虞临了。《翁考》云：“至于颍上、张金界奴诸本，则皆后人稍知书法笔墨者，别自重摹。”其说可算精识。我颇疑它是宋人依定武本临写者。如“激”字，定武本中间从“身”，神龙本从“㑭”，此本从“身”，亦与定武本同①。

丙、褚临本

故宫藏，曾屡观原卷。此帖乾隆时刻入《三希堂帖》，又刻入《兰亭八柱帖》为第二柱。原卷淡黄纸本，前后隔水有旧题“褚模王羲之《兰亭帖》”一行，帖后有米芾题“永和九年暮春月”七言古诗一首。后有“天圣丙寅年正月二十五日重装”一款，乃苏耆所题，又范仲淹、王尧臣、米黻、刘泾诸家观款（以上五题共在一纸）。再后龚开、朱葵、杨载、白珽、仇几、张泽之、程嗣翁等题（以上各题共纸一段）。再后陈敬宗、卞永誉、卞岩跋。前有乾隆题识。此帖字与米诗笔法相同，纸也一律，实是米氏自临自题的。此诗载《宝晋英光集》卷三，题为“题

① 张金界奴，宛平人，张九思之子。元文宗建奎章阁时任为都主管工事，又曾任提调织染杂造人匠，其父子事迹见虞集所撰神道碑。金界奴即如僧家奴之类。王芑孙《题秋碧堂兰亭》曾为详考，见《惕甫未定稿》卷二十五。

永徽中所模《兰亭叙》"，末有"彦远记模不记褚"等句，知米芾并不认为这帖是褚临本。后人题为褚本，是并未了解米诗的意思。

《翁考》卷四云："此一卷乃三事也。其前《兰亭帖》及米元章七言诗为一事，此则米老自临《褚兰亭》，而自题诗于后。虽其帖前有苏氏印，然亦不能专据矣。此自为一事也。其中间天圣丙寅苏耆一题及范、王、米、刘四段，此五题自为一事，是乃真苏太简家《兰亭》之原跋也。至其后龚开等跋以后又为一事，则不知某家所藏《兰亭帖》之后尾也。"翁氏剖析，可称允当。他所见的是一个油素钩本，参以安岐《书画记》所记的。今谛观原卷，帖前"太简"一印，四边纸缝掀起，盖后人将原纸挖一小洞，别剪这印，衬入贴补。年久糊脱，渐致掀起。曾见古书画中常有名人收藏印甚至作者名号印都是挖嵌的，就在影印本里也可以看出。这都是古董家作伪伎俩。至于《兰亭帖》中"怏然"作"快（快慢之"快"）然"，米诗中"昭陵"作"昭凌"（从两点水旁），都分明是误字①，或者是米迹的重摹本。

其他宋代摹刻唐人临摹（或称褚临、褚摹）的《兰亭帖》，也有时见到善本，但流传未广，不再记述。至于明清汇帖中摹刻《兰亭帖》的更多，也不复一一详论。颍上本名虽较高，实亦唐临本中粗率一路的，《翁考》中已先论及了。

三、唐摹本

所谓摹拓的，是以传真为目的。必要点画位置、笔法使转以及墨色浓淡、破锋贼毫，一一具备，像唐摹《万岁通天帖》那样，才算精工。今存《兰亭帖》唐摹诸本中，只有神龙半印本足以当得起。

神龙本，故宫藏，曾屡观原卷。白麻纸本，前隔水有旧题"唐模《兰亭》"四字，郭天锡跋说这帖定是冯承素等所摹，项元汴便凿实以为

① "怏然自足"的"怏"字，《晋书》《王羲之传》已作快慢的"快"，但帖本无论墨迹或石刻，俱作从中央之"央"的"怏"，知《晋书》是传写或版本有误的。

冯临，《石渠宝笈》《三希堂帖》《兰亭八柱》第三柱，俱相沿称为冯临。帖的前后纸边处各有“神龙”二字小印之半。又有“副騑书府”印（这是南宋末驸马杨镇的藏印）。后有许将至石苍舒等观款八段；再后永阳清叟、赵孟頫题；郭天锡跋赞；鲜于枢题诗；邓文原、吴炳、王守诚、李廷相、文嘉、项元汴跋。前有乾隆题识。

这帖的笔法秾纤得体，流美甜润，迥非其他诸本所能及。破锋和剥落的痕迹，俱忠实地摹出。有破锋的是：“岁”“群”“毕”“觞”“静”“同”“然”“不”“矣”“死”各字；有剥痕成断笔的是：“足”“仰”（此字并有针孔形）、“游”“可”“兴”“揽”各字；有贼毫的是：“蹔”字；而“每揽”的“每”字中间一横画，与前各字同用重墨，再用淡墨写其馀各笔。原来原迹为“一揽昔人兴感之由，若合一契”，后改“一揽”为“每揽”。这是从来讲《兰亭帖》的人都没有见到的。

并且这“每”字在行中距其上的“哉”及其下的“揽”字，俱甚逼仄，这是因为原为“一”字，其空间自窄。定武本则上下从容，不见逼仄的现象。可知定武不但加了直阑，即行中各字距离亦俱调整匀净了。若非见唐摹善本，此秘何从得见！（影印本墨色俱重，改迹已不能见。）惟怀仁《圣教序》中“闲”字、“迹”字，俱集自《兰亭》，而俱有破锋，神龙本中却没有，可知神龙本也还不是毫无遗漏的。

这一卷的行款，前四行间隔颇疏，中幅稍匀，末五行最密，但是帖尾本来并非没有馀纸，可知不是因为摹写所用的纸短，而是王羲之的原稿纸短，近边处表现了挤写的形状。又摹纸二幅，也是至“欣”字合缝，这可见不但笔法存原形，并且行式也保存了起草的常态。若定武本界画条格，四平八稳，则这种情状，不复能见了。至于茧纸原迹的样子，今已不可得见，摹拓本哪个最为得真，也无从比较，但是从摹本的忠实程度方面来看，神龙本既然这样精密，可知它距离原本当不甚远。郭天锡以为定是于《兰亭》真迹上双钩所摹，实不是架空之谈，情理具在，真是有目共睹的。自世人以定武本为《兰亭》标准的观念既成之后，凡定武所未能传出的笔法细节，都以为是褚临失真所致。今观

“每”字的改笔，即属定武本所无，而不能说是褚临所改的，那些成见，可以不攻自破了。

这一卷明代藏于乌镇王济家，四明丰坊从王家钩摹，使章正甫刻石于乌镇，见文嘉跋中（卷中有“吴兴”及“王济赏鉴过物”诸印）。其石后归四明天一阁，近代尚存，拓本流传甚多，当是丰氏携归故乡的。摹刻很精，但附加了“贞观”“开元”“褚氏”“米芾”等许多古印，行式又调剂停匀，俱是美中不足。《翁考》纠缠于《兰亭》流传及太平公主借拓诸问题，至以翻本《星凤楼帖》所刻无印章的神龙本为正，都是由于丰氏这一刻本妆点伪印所误。今见原卷，丰氏的秘密才被揭穿（翁方纲之说又见《涉闻梓旧》所刻《苏斋题跋》卷下，他说翻本《星凤楼帖》的无印神龙本圆润在范氏石本之上，这是因翻本笔锋已秃，遂似圆润，比观自可见）。这卷由王氏归项元汴家，项氏之子德弘曾刻石，见朱彝尊跋（《曝书亭集》卷四十六）。未见拓本。

文嘉跋中，更推重荆溪吴氏所藏唐摹本，其帖有苏易简题“有若像夫子”一诗，并宋人诸跋，清初吴升尚见到，载在《大观录》。是明清尚存，并且确知是一个善本，可与神龙本并论的。不知原帖今天是否尚在人间？倘得汇合而比校，则《兰亭帖》的问题或者可以没有馀蕴了。

按语：二十世纪六十年代，启功先生曾奉命写过《〈兰亭〉的迷信应该破除》一文，该文观点与此篇文章相异，遵照启功先生生前的意愿，编委会决定该文不收入全集，有关详情，请参见《启功口述历史》。

唐人摹《兰亭帖》二种

一

王羲之的《兰亭序》文章，在骈俪盛行的六朝前期，是一篇不为风气所拘、具有特殊风骨的作品。他亲笔所写这篇文章的草稿，即世传的《兰亭帖》，字迹妍丽，也是钟繇以后的一个新创造、新成就。

我们从碑版和笺牍中看到汉魏之际的书法，逐渐融合并发展汉隶和草书的结构与笔势，形成了“真书”和“行书”，这要以钟繇的章疏字迹为代表，但他的结字和用笔都比较简单朴拙，或者说姿态不够华美。

到了东晋王羲之，在钟繇的创作基础上加工美化，无论恭楷的真书（像《旦极寒》等帖），或稍流动的行书（像《兰亭帖》《快雪时晴帖》等），或纵横的草书（像《十七帖》《淳化阁帖》中草书各帖），都表现了一种新颖姿媚的风格。试以近代西北出土的前凉张骏、张重华父子时西域长史李柏的书疏稿来看，这篇稿的书写时间，相当东晋永和初年，距离王羲之写《兰亭帖》时早不到十年，所用的“行书”形式，也是一类的，而笔法姿态远不如《兰亭帖》那样美观。这固然可以推到地区南北的因素上，但再看米芾所刻《宝晋斋帖》中谢安的《慰问帖》，与《兰亭帖》比，并无南北之分，却也不那么妍美。可见王羲之所以成为书法史上的一个祖师，实是由于具有特殊创造的缘故。唐代韩愈《石鼓歌》说：“羲之俗书趁姿媚”，这真说出了王羲之书法的特点。韩愈要以“古”为“雅”，那么即是李斯篆、蔡邕隶对于《石鼓》来说，也可以算作“俗书”了。这先不必去管他，只看“趁姿媚”的评语，虽然是从讽刺角度出发，却客观上道出了王羲之的风格特点。

清代有些人以晋代碑版上的隶书、真书来衡量《兰亭帖》，并怀疑《兰亭帖》不是晋人的字迹，以为只是陈、隋至唐代的人们仿写或伪造的。他们不想碑版和笺牍的体用不同，不能运用同样的体势。并且即使同属笺牍范围，王羲之的所以著名，也正在他创造了妍丽的风格，改变了旧有姿态。分清这一问题，王羲之在书法史的作用和《兰亭帖》的艺术特色，才容易了然。

王羲之的《兰亭帖》原迹已被殉葬在唐太宗的昭陵里，后世所传，只是一些摹拓本和石刻本。唐代名手精摹的本子，到了宋代已不易多得。北宋前期在定武军（今河北定县）地方发现了一块石刻《兰亭帖》，摹刻的又较其他刻本精致，拓本在当时自更易于流传，于是定武石刻便被人们认为是《兰亭帖》的真影了。后来定武石刻捶拓得逐渐模糊，便产生了是秃笔所写的错觉。所以赵孟頫《兰亭十三跋》里说：“右军书兰亭是已退笔。”后人又因它的笔画已钝，便说是欧阳询所临；而一些唐摹墨迹本笔画锋利流动，便说是褚遂良所临；又常有人把一些失名人所摹的《兰亭帖》随便指为唐代某家所摹，其实都是毫无根据的。清代有人又在欧、褚临摹这些讹传下，认为今传的《兰亭帖》只是欧、褚的字迹，不能代表王羲之，这大约都由于没有看到过精致的摹本所致。

究竟王羲之《兰亭帖》的本来面目应该是什么样子？现在的摹拓本或石刻本中哪种本子传摹得最精致，或说最有接近原本的可能呢？我们综合来看，要以《神龙本》为比较优异，即是《文物精华》所印的第一种。这卷是白麻纸本，高 24.5 厘米，宽 69.9 厘米，今藏故宫博物院。

二

现在初步把这一卷和其他唐代拓摹、定武石刻的本子相较，发现以下几项特点：一、这卷的字迹不但间架结构精美，行笔的过程、墨彩的浓淡，也都非常清楚，古人说“摹书得在位置，失在神气”，这卷却是有血有肉，不失神气的。例如拿唐代怀仁《集王圣教序》中摹集《兰亭》里的字和这卷相比，即最肥的《墨皇本圣教序》，也比这本还瘦，但那些字在这卷里，并不显得臃肿痴肥。二、这卷具有若干处破锋（例如“岁”“群”等字）、断笔（例如“仰”“可”等字）、贼毫（例如“蹔”字“足”旁），摹者都表现了谨慎精确的态度。三、墨色具有浓淡差别，改写各字，如“因”“向之”“痛”“夫”“文”和涂去的“良可”，都表现了层次的分明。还有两个字，即“每”字原来只写个“一”字，大约是因与下句“一契”的“一”字太近，嫌其重复，改为“每”字，这里“每”字的一大横，与上下文各字一律是重墨，而“每”的部分却全是淡笔，表现了改写的程序。还有“齐”“殇”二字一律是横放的间架，也全是重墨所写，中间夹了一个“彭”字，笔势比较收缩，墨色也较湿、较淡，可知是最初没有想好这里用什么字，空了一格，及至下文写完，又回来补上这“彭”字。从这两个字的修改，可以多知道些王羲之当时起草构思和修辞的情况，但这不但是石刻所不能表达，即是普通的摹拓本也绝对罕见这样的例子。四、这本的行气疏密，保存了起草时随手书写的自然姿态：前边开始写时较疏，后边接近纸尾时较密。这幅摹写用的纸，在末行左边尚有馀纸，可见末几行的拥挤并非由于摹写用纸的不够，而是依照底本的原式。至于定武石刻，把行款排匀，加上竖格后，这种现象便完全看不到了。

只从这几点来看，足知这卷保存《兰亭帖》原本的迹象。所以元代郭天锡跋这卷说是“于兰亭真迹上双钩”，又说“毫铓转折，纤微备尽，下真迹一等”，又说“宜切近真”。这并非一般的夸耀，实是受这些显证的启示。

或问：这卷中的破锋、断笔、贼毫等现象，是否出于唐代某一书家临写时信笔所致？怎能便认为是王羲之原迹上的现象？回答是：一、具有这些现象的唐摹本，不止这一卷，只是这卷里更多些；即定武石刻也还存在“群”下脚双杈的痕迹；又怀仁《集王圣教序》里也同样存在着一些这样的痕迹；可见这并非是源于唐代某一临写者自己偶然出现的手病。二、像“每”字的改笔，“彭”字的补填，信笔临写的人又何必多费这一道手续呢？因此可以判断它们是王羲之《兰亭帖》原迹里所有的。而这卷描摹的精确，也正足以取信于人。按唐摹《兰亭帖》有两方面的价值：一是书法艺术，足资临习借鉴；一是王羲之原本的面貌，足供研究探索。这卷《神龙本》，是堪称俱有的。

一般的石刻字迹，最容易出现一种“古朴”的艺术效果，因为字口经过刀刻，笔画中又无浓淡。这在刊刻印章的过程中，最易体会：用笔写在印石上的字迹，多半不如刻出来的字迹使人觉得“厚重”。在书法中也是一样。这卷摹拓的特色之一，既是注意墨彩的浓淡，当然不如石刻不分浓淡的那样“浑厚”，也恐不如有些平填浓墨的摹拓本那样“呆重”，这正是这卷的优点，而非缺点。

在明、清以来所存的摹本《兰亭帖》中，确出唐摹，传流有据的，约有三本，即这卷里文嘉跋尾所说：《宜兴吴氏本》《陈缉熙本》和这卷《神龙本》。今存的陈氏本，正帖已是后人重摹，附装原跋，现藏故宫博物院。《宜兴吴氏本》自清初吴升《大观录》卷一著录后，即无踪迹。吴升说那卷：“牙色纸本坚厚，自非唐以后物，字画锋韬锷敛，绝无尖毫纤墨一点败阙，而浓润之气，奕奕焕发，唐摹禊帖，此当称首。”从这些话来看，它必不能表现《神龙本》中的浓淡墨色，那么它“称首”的资格，也就大成疑问了。总之今天所见的唐摹《兰亭》，还没有一件能够胜过这“神龙”一卷的。

三

这一卷的流传经过是这样：唐初的精摹本，在当时已经非常珍贵，受赐的只有少数的贵爵和大臣，所以唐中宗在精摹本上钤了自己年号的“神龙”印章，以为收藏的标志。神龙年代以后，流传经过不可考。南宋初年，曾入绍兴内府，有“绍兴”印。相传宋理宗嫁周汉国公主给杨镇，取复古殿所藏的《神龙兰亭》为第一件妆奁，郭天锡跋这卷说“传是尚方资送物”，即指这事。所以这卷上有杨镇的“疏茧书府”印。

“疏”即“副”，“副茧”即“驸马”。元代柳贯说杨镇好蓄法书名帖，常把藏品刻石，凡刻过的底本都印上“副茧书府”的印，见《柳待制集》卷十九《题唐临吴兴二帖》。这卷上即有这方印，想当时必曾经杨镇摹刻，拓本今已不可考。到了元代，郭天锡从“杨左辖都尉”（即杨镇）家获得，自作长跋，并经鲜于枢题诗。到了明代，不知什么人把元人吴炳所藏的《定武兰亭》里的一部分宋元人题跋割下装入这一卷里，即是许将、王安礼、朱光裔、王景修、仇伯玉各条以及吴炳天历二年、至正丁亥两条和王守诚一条。这些题跋原在定武本后的记载见明朱存理《铁网珊瑚》卷一。至于永阳清叟、赵孟頫两跋，语气也看不出与“神龙本”有什么密切关系，连上这段纸尾邓文原一条，似乎也都是配入的。明代中期，这卷《神龙本》归于乌镇王济，有“王济赏鉴过物”印，丰坊曾为他摹刻入石，又曾请李廷相题跋。丰刻本流传有名，但行气调剂匀整，又加刻了些“贞观”“褚氏”“宣和”“米芾”等印，给后来考证者增加了许多麻烦。后来又归项元汴，曾请文嘉题跋。项氏因郭天锡跋中说“定是太宗朝供奉拓书人直弘文馆冯承素等奉圣旨于兰亭真迹上双钩所摹”，便抛开了“等”字，凿实指为冯承素的作品，还说“唐中宗朝冯承素奉敕摹”，又注“唐宋元明名公题咏”，冯承素是太宗时人，明见唐人记载，又把“神龙”印识充归“唐宋题咏”，都是明显的讹误。项氏曾刻石，拓本流传甚少。

这卷中的题跋与本帖还有一段离合的经过，因而引起过种种误会：清初吴其贞的《书画记》卷四“王右军兰亭记”条记卷后的题跋说：“熙宁元丰年石苍舒等十人题拜观，元鲜于伯机等四人题跋，王守诚等三人题拜观，明文文水等二人题跋，跋语皆浮泛无定指，闻此卷还有一题跋，是冯承素所摹者，为陈以谓（按“谓”为“御”之误，陈定字以御，是当时的一个大古董商）切去，竟指为右军书，而神龙小玺亦以谓伪增，故色尚滋润无精彩，惟绍兴玺为本来物也。”这事在顾复的《平生壮观》卷一“神龙兰亭”条也有记载，他说：“金陵陈以御从太平曹氏得之，拆去元人诸诗跋，云是右军真迹，高价以售延令季因是铨部，铨部亦居诸不疑，忻然以为昭陵殉物竟出人间也，后知其故，乃索诸跋而重装，今仍全璧，大幸大幸。”综观二人所记，知被陈定抽去的只是郭天锡一跋，因为郭跋中说是冯承素等所摹，吴其贞见到时郭跋尚未归还，遂连神龙小玺都疑是陈定所加，不知郭跋中早已提到。吴氏书中的记载，至晚到康熙十六年，顾氏书自序在康熙三十一年，可知郭跋的归还约在这段时间里。

这卷到清代入乾隆内府，把它和号称为虞世南临的《天历兰亭》，号称为褚遂良临的《米跋兰亭》，加上柳公权书《兰亭诗》和四卷柳书《兰亭诗》的临、摹本，共八卷，分刻在一个亭子的石柱上，称为《兰亭八柱帖》，这卷即居第三。又刻入《三希堂帖》，都仍冠以冯承素的名字。石刻本中，从前共推丰本为最精，但与墨迹本并观，距离之远，真是不可以道里计的。今天精印墨迹，不但笔法纤毫可见，墨彩浓淡也完全分出。诚如拨云见日，观者必将同感一快。

四

《文物精华》所印唐摹《兰亭帖》第二种，绢本，高 24.4 厘米，长 65.7 厘米，末行“斯文”之下有“芾印”“子由”二印，模糊不甚清。卷中有明代项元汴藏印甚多。前有明代董其昌题引首，残存“墨宝”二字。卷尾有明代许初、清代王澍、贺天钧、唐宇肩、朱承瑞、顾莼、梁同书、孙星衍、石韫玉诸跋。道光时为梁章钜所得，前后插有他的题识四处。咸丰时有李佐贤、韩崇光两跋。正帖在康熙时曾经朱承瑞刻石，卷中附装拓本一纸。这卷今藏湖南省博物馆。自宋以来，常把一些唐人摹拓本指称为褚遂良临摹，于是这卷失名人摹本也被称为褚临，现在只称为“唐摹”。

按《兰亭帖》的面貌，既已在神龙本里得到了许多启示，再遇到其他一些唐摹本或旧摹本中的优点和缺点，也就不难领略、印证。其中行笔结字，得神得势的地方，当然容易看出，即使有些不够自然的地方，也可以理解是如何描摹“走样”的，并且还可以推想如果未致“走样”，又应是个什么样子。

这一卷的摹拓技巧确实比不了神龙本那样精密，又因用的是绢素，有些纸上的效果不易传出，那许多破锋、贼毫等都没能表现出来，更无论墨色的浓淡了。但是主要的笔意、字形，仍然保存，尤其是笔与笔、字与字、行与行之间，都表现了映带关系和顾盼姿态。还有点划的肥瘦，牵丝的联系，都明白地使人看到书写时行笔的轻重、疾徐，可以说仅次于神龙本一等。

梁章钜曾得到两件唐摹《兰亭》，这卷之外还有一卷黄绢本，后附米芾小行书跋及许多明人题跋。流传影印本甚多。梁氏品评黄绢本在这一卷之上。按黄绢本“领”字作“岭”，是来自另一种系统的底本，文嘉为王世贞作跋说：“摹本虽得位置，而乏气韵，临本于位置不无少异，而气韵奕奕，有非摹本可及。”意在言外说明它是一种临仿所写，而非出于精确钩摹。用故宫博物院藏南宋游似旧藏宋刻本相校，知今天的黄绢正帖已不是米跋的原物。至于梁氏题现在湖南这一卷认为“锋棱颇露”，又在他的《退庵题跋》卷六里说：“此本轩豁刻露，过于黄绢本。”又说：“顾南雅跋所称虚和古拙者，尚未似也。”这固然由于他们二人审美的角度不同，更重要的恐怕是旧时人们见惯了定武石刻的秃锋，不但把那种现象看作《兰亭》的标准，甚至也看作书法艺术的标准，所以顾莼泛用“虚和古拙”来称赞它，而梁章钜却嫌它过露锋棱，其实尊古拙和嫌锋棱，同是来自上述原因，并不难于索解的。

碑帖中的古代文学资料

古代铭功纪事的石刻（包括墓志题名等）称为碑，尺牍书疏（包括诗文卷轴等）称为帖，也即是简帖的帖。把简帖摹刻上石，也称为帖。碑帖中的材料，门类不一，例如除可供研究文字学和书法艺术的资料之外，还有许多关于古代历史、文学史和工艺美术等方面的资料。现在只就其中有关古典文学方面的资料来谈谈。为了篇幅关系，只截取魏晋到唐宋这段时间，特别多取唐代的作家和作品为例。

这些材料大约可分三类：一、文学家所书自己的文学作品；二、书家所书他人的文学作品；三、有关作家和作品的考证资料。

第一类：现存魏晋时的，如钟繇和王羲之自写的表启、杂文和手札；南北朝的，如谢灵运、郑道昭的诗刻①；唐代名家撰写的碑铭和其他诗文很多，专就著名的大作家论，像李白、杜甫、白居易、刘禹锡、杜牧诸家，都传有他们自写的诗文。宋代学者、文人手写的作品原稿，所存又多多了。

第二类：现在流传的，晋人中如王羲之写的《乐毅论》《曹娥碑》等。唐人中如褚遂良书庾信的《枯树赋》等；韩愈著名的文章如《罗池庙碑》有沈传师写本，《南海神庙碑》有陈谏写本；李白和杜甫的诗，都有名家的写本；至于宋以后的名家书写其他名家的诗文就更多了，即从赵孟頫一人的写本来搜罗，现存的篇目恐怕早已超过百篇，现在只得

① 北魏郑道昭曾在云峰山刻石多处，其中有一部分是他题的诗。

从略了（其他名人碑铭和新出土的名家撰写的墓志还不计算在内）。

第三类：古代“仕宦显达”的著名作家，多有表墓的碑版或埋幽的墓志。有趣味的如左棻的墓志、王之涣的墓志等，不但可以考订生卒行履等，还可以印证某些作品中的故事内容。

从以上三类材料中看，大约具有四项作用：一、作品的校勘；二、集外作品的补编；三、作家、作品的史实考证；四、创作技巧的研究。前三项明显易见，第四项例如作家的手稿，涂涂改改，固然可以看到他创作的思路、修改的过程以及最后的去取；即以没有涂改、不是草稿的清写本言，除和今传的集本对校误字之外，还可以比较“异文”，看出修改的迹象。今在四项中各举一些例来谈谈。

一　有助于校勘的资料

王羲之的《兰亭序》各选本多依据《晋书》，“怏（从中央的“央”）然自足”误作“快（快慢的“快”）然自足”，还有些本子把徐僧权署名的“僧”字，误成“曾”字，成为“曾不知老之将至”。从唐摹本和定武本中都得到订正，这是前代人常谈到的。再如谢灵运的“石门新营所住”一诗石刻，虽然被后人在诗上加刻了大字题名，但没有掩住的字和集本仍有异同①。又如传为欧阳询写的《离骚》《九歌》②，李怀琳写的

① 谢书《石门新营所住》诗的异文，如题中有“修竹茂林”字样，今《文选》和《谢集》本都作“茂林修竹”，当是习惯于王羲之《兰亭序》中的句子因而误写的。中间还有异文。

② 欧书《离骚》，刻入《戏鸿堂帖》，见《文物参考资料》一九五七年第一期，史树青先生《谈法帖中所保存的历史资料》文中。欧书《九歌》，清代出土石刻残本，存六章。与今本有异文。

嵇康《与山巨源绝交书》[①]，陆柬之写的陆机《文赋》[②]，李商隐写的谢庄《月赋》[③] 等，虽然都无款字，也未必果属这些位书家的笔迹，但至少是宋以前的写本。其中字、句的异同，都有可校勘用处。

唐人诗歌方面的材料也很多，像巴州摩崖所刻严武和杜甫的诗，相传是杜甫所写（杜诗一首下有杜甫的名字），也有人疑为宋人所刻，至少也是一个宋本。苏轼所写的杜诗，像习见的《桤木诗》和《奉和严郑公厅事岷山沲江画图十韵》[④] 等，特别是后者，和集本异同很多，苏轼选取的字句，总该值得我们考虑吧！再如杜牧自书《张好好诗》[⑤]、颜真卿自书《竹山堂连句》[⑥] 等，都可供印证和校勘。晚唐诗人许浑的自书诗卷，现虽亡佚，尚有《宝真斋法书赞》录下原文。和许诗卷同类的，今传有李郢诗卷，一部分刻入《壮陶阁帖》，这卷墨迹共存诗四十一首，和《全唐诗》本相重只有七首（《全唐诗》和《补遗》共收李诗八十一首）。即以这七首校对，《全唐诗》本即有许多缺字和误字。其中一个缺

---

① 《与山巨源绝交书》，宋代刻于《元祐秘阁续帖》，明代如《郁冈斋帖》、《停云馆帖》都有刻本。有正书局曾影印一个旧摹本。这本不但与《文选》和《嵇集》本有异文，并且全篇也比较简括。似是一种古代的删节本（或说简本），而不纯是由于残缺。

② 近代学者校勘《文赋》，多用日本古写本《文镜秘府论》，那个写本时间相当南宋，陆本也是较早的。例如文章开始“喜柔条于芳春”，《文选》作“喜”，《文镜》本作“嘉”，陆写本即作“嘉”，其中异同还多。陆本墨迹，故宫所藏，有影印本。

③ 李书《月赋》刻于《淳熙秘阁续帖》，我曾见明代金坛翻刻本。异文例如“擅扶光于东沼”，李善注说“扶光，扶桑之光也”，实在不免迂曲。帖本正作“扶桑”。其他异文还多。

④ 苏书《桤木诗》即《堂成》诗，有墨迹影印本。《三希堂帖》曾刻石。《岷山诗》见宋拓《西楼帖》，有文明书局影印本。

⑤ 杜书此诗墨迹藏故宫，有影印本。《戏鸿堂帖》《秋碧堂帖》俱曾刻石。

⑥ 颜书此诗墨迹藏吴兴张氏。《秋碧堂帖》曾刻石。

字，墨迹中是“曙”字；还有一首中“欲晓”的“晓”字，墨迹中也是“曙”字。可以知道《全唐诗》所依据的底本，是传自一个宋英宗赵曙即位以后的写本（唐人荆叔题雁塔“汉国山河在，秦陵草树深”一诗，有的本子“树”作“木”。宋人摹刻雁塔题名中有此诗，作“树”不作“木”，知“木”字也是宋人避赵曙的“嫌名”而改的）。

再谈谈李白。宋刻帖里收有“镜湖流水春始波”一首、“处世若大梦”一首、“天若不爱酒”一首。胡震亨《唐音癸签》卷卅三，认为“天若不爱酒”一诗，出秘阁帖，是马子才伪作。按此诗早见《文苑英华》，也见敦煌唐写本。即使字迹是伪的，诗句仍有所据。各诗从题目到字句和集本都有异同。

还有南唐后主李煜所写《临江仙》词和李白诗三首，即陈鹄《耆旧续闻》所记，宋帖中曾刻之，宋帖拓本不可见，我只见到董其昌临本（《剑合斋帖》），兹将李白诗三首抄在下面：

好鸟巢珍木，高才列华堂。时从府中归，丝竹俨成行。但苦隔远道，无由共衔觞。江北荷花开，江南杨梅熟。正是纵酒时，怀贤在心曲。挂席向海色，当风下长川。多沽新丰醁，满载剡溪船。中途不过人，直到尔门前。大笑同一醉，取乐平生缘。

月色不可扫，客愁不可道。玉露生秋衣，严霜飞百草。日月终销尽，天地同枯槁。蟪蛄啼青松，安见此树老。金丹宁误人，昧者难精讨。尔非千岁翁，多恨去世早。饮酒入玉壶，藏身以为宝。

涉江弄秋水，爱此荷花鲜。攀条折其珠，荡漾不成圆。佳期彩云重，欲赠隔远天。相思无由见，怅望凉风前。

“好鸟”一首，集中是《叙旧赠江阳宰陆调》的后半，这里是作为独立的一首古诗。这首诗，集中有很多异文。“涉江”一首，集中重出（拟古十二首中收之，又有“折荷有赠”一首，亦此诗之异文）。得此又是一种新的异本。

其他像《忆旧游寄谯郡元参军诗》，有黄庭坚的草书写本，异同也不少。《蜀道难》诗萧士赟注曾引黄鲁直为周维深草书此诗，下注“讽章仇兼琼也”，可见黄书李诗很多，前人也曾用来校勘印证，而这“忆旧游”一诗，校注《李集》的人却还没有利用过。

再如后人常在古代诗人曾游的名胜处补刻上一些名作，李诗例如《登单父陶少府半月台》诗，有绍圣年间郑亿刻的碑本，也有异文，这类如以版本相比，也可称是北宋本。至于诗人刘禹锡自撰自书的《乘广禅师传》，也是直接校勘资料。

二　有助于补充的集外诗文资料

宋以前的这方面的资料，近代发现日益增多。即以石刻言，有大批新出土的墓志，其中有可资校订的，也有可资补充的。最突出的例如樊宗师是韩愈非常推重的古文家，他有文集二百九十一卷，但传至今天的只剩下《绛守居园池记》等两篇，都是几乎没法句读的怪文。近年出土的有《樊涗墓志》，是樊宗师撰文，文理平正通达，绝不那样艰涩。这个墓志，不但可以补充《樊绍述集》的不足，而且使我们见到唐代这位古文家的真面目，对他的文学成就，可以重新评定。

叶昌炽《语石》卷六说：“余欲取乡先贤之无集传世者，或有集而散佚者，都其文为一编……钱竹汀举云居寺两诗为《全唐诗》所未收，不知东南摹崖，唐人诗刻可采者尚不少，宋元明家如石胡、剑南、遗山诸诗，零玑碎璧，亦可补全集之遗。”按钱、叶两家之言，自然也是举例的，如果搜罗起来，并不止此。即如“石淙”“栖岩寺”“美原神泉”等处，各有成批的诗刻，对于《全唐诗》来说，有的可校，有的可补。

李白有《上阳台帖》墨迹一卷，词句是“山高水长，物象千万，非有老笔，清壮何穷。十八日上阳台书。太白”。乾隆题说：“太白此帖语，文集所不载。”但后来官编的《全唐文》仍然漏掉了。其他唐宋名家诗文集外的作品，还大有可采，不及详举了。

三　有助于作家作品史实考证的资料

晋人中，如《左棻墓志》里即载有她哥哥左思的两个女儿，即是《娇女诗》的两个主人。唐人方面更多了，先从作家的名字谈起，如孔颖达是字仲达还是字冲远，在《孔祭酒碑》中可以得到证明（碑中为“字冲远”），诗人张祜（从古今的“古”），又作张祐（从左右的“右”），《桂苑丛谈》和《云溪友议》等书，曾记“冬瓜生瓠子”的谐音字，可知张祜的名字应是和“瓠”字同音的“祜”。若举旁证，《绛帖》刻宋太宗赵光义草书唐诗，张祜的“祜”字正从古今的“古”字，这也是地道的北宋写本。又如近代出土的《王之涣墓志》，除可以订正补充诗人的名字、年龄、官职等外，即如“旗亭画壁”的故事，由于明人胡应麟对《集异记》提出怀疑（见《少室山房笔丛》卷四十一）[①]，后人对诗人这件盛传的遗事也发生了动摇。今观墓志上说：“尝或歌从军，吟出塞，皦兮极关山明月之思，萧兮得易水寒风之声，传之乐章，布在人口。”按“黄河远上”一诗，各本或题为《凉州词》，《乐府诗集》正作《出塞》，可见诗人这些题材的作品曾受人热烈赞赏和广泛传唱，《集异记》所说的，恐怕不能随便推翻，何况胡氏所举的理由还不尽充足呢？

《淳熙秘阁续帖》刻有白居易给刘禹锡的一封长信，不但是集外文，而且可以考证白居易和他朋友的种种关系，是一篇很重要的资料。抄在下面：

---

① 唐薛用弱《集异记》曾记诗人王之涣和高适、王昌龄同饮于旗亭（驿站附设酒楼），旁有歌伎唱时人的诗歌，三人互赌谁的诗歌被传唱得多，各在壁上划道记数，结果王之涣胜利了。这故事被称为“旗亭画壁”。明代胡应麟曾举三个反证来怀疑它，但那三证都很薄弱，例如他的一二两证都是根据高适五十岁才学作诗的说法，认为不能和少年同饮，其实从高适的作品考证，五十始作诗的说法即不确。其三证则因为《高集》没有与王唱和的诗，即认为不能有同饮的事，这更不值一辨了。

冬候斗寒，不审动止何似？居易蒙免。韦扬子（旁注“递中”二字）、李宗直、陈清等至，连奉三问，并慰驰心。洛下今年旱损至甚，蠲放太半，经费不充，见议停减料钱，公私之况可见，盖天灾流行也。承贵部大稔，流亡悉归，既遇丰年，又加仁政，否极则泰，物数之常。且使君之心，得以与众同乐，即宴游酣咏，当随日来。

前月廿六日，崔家送终事毕，执绋之时，长恸而已。况见所示祭文祭微哀辞，岂胜凄咽！来使到迟，不及发引。及虞之明日申奠，亦足以及哀。因睹二文，并录祭敦并微志文同往，览之当一恻恻耳！平生相识虽多，深者盖寡，就中与梦得同厚者，深、敦、微而已。今相次而去，奈老心何！以此思之，遂有奉寄长句。长句而下，或感事，或遣怀，或对境，共十篇，今又录往，公事之暇，为遍览之，亦可悲，亦可哂也。

微既往矣，知音兼勍敌者，非梦而谁？故来示有“脱膊毒拳，脑门起倒”之戏，如此之乐，谁复知之？从报白君駹榴裙之逸句，少有登高之称，岂人之远思，唯馀两仆射叹词？乃至金环翠羽之凄韵，每吟皆数四，如清光在前。或复命酒延宾，与之同咏，不觉便醉便卧。即不知拙句到彼，有何人同讽耶？

向前两度修状寄诗，皆酒酣操简，或书不成字，或言涉无端，此病固蒙素知，终在希君恕醉人耳。所报男有艺，雌无容，少嘉宾，多乞客，其来尚矣。幸有家园渭城，岂假外物乎？昨问李宗直，知是久亲事，常在左右，引于青毡帐前，饮之数杯，隅坐与语。先问贵体，次问高墙，略得而知，聊用为慰。即瞻恋饥渴之深浅可知也，复何言哉！沃洲僧往，又蒙与书，便是数百年盛事，可谓头头结缘耳。宗直还，奉状，不宣。居易再拜，梦得阁下。十一月日，谨空。

从这封信里可以看到诗人白居易交游聚散的踪迹，和论艺谈谐的风趣。崔群卒于大和六年，这信作于这年的冬日，白氏六十一岁。信里可资考证的事很多，现在只举几点来谈。像开篇谈到第一个作“寄书邮”的是另一韦应物（刘禹锡有《举扬子韦中丞自代表》。唐人写扬字“手”旁“木”旁常相混用）。其中还谈到已故的好友崔群（字敦诗）、李绛（字深之）和元稹（字微之），又说刘禹锡给他的信中有“脱膊毒拳，脑门起倒之戏”，这种戏谑，他们之间是常有的，如《全唐文》卷六七四有白居易《与刘苏州书》，也提到“书中有攘臂痛拳之戏”。

孙光宪《北梦琐言》卷六说：“白太傅与元相国友善，以诗道著名，时号元白……洎自撰墓志云：‘与彭城刘梦得为诗友。’殊不言元公，时人疑其隙终也。”宋人所撰白居易的年谱辩驳这个说法，以为与刘梦得为诗友的话是《醉吟先生传》中句，不是墓志中句，正如所举酒友，不及死的，此举诗友，亦属同例。其实如果看到这封信，那种臆说，已经不攻自破了。

还有一件小事，也见刘白两家的戏谑。钱易《南部新书》戊卷说：“白乐天任杭州刺史，携妓还洛，后却遣回钱唐。故刘禹锡有诗答曰：‘其那钱唐苏小小，忆君泪染石榴裙。’”这即是信中所谓“瓢榴裙之逸句”。刘诗见于《刘宾客集》卷二，题是《乐天寄忆旧游因作报白君以答》，结尾即此二句。自注云：“白君有妓近自洛归钱唐。”“泪染”《刘集》宋本正作“泪瓢”。此外从信中也可以看到诗人的生活、风度等，岂非重要的资料。

四　有助于研究创作技巧、修改过程的资料

从诗文手稿上看那些涂改的踪迹，可以悟出作家构思和写作的过程，这是前人久已提出过的，在法书碑帖中，还要从《兰亭序》说起。《兰亭序》中添注“崇山”“癸”三字；改写“因”“向之”“夫”“文”五字；涂“良可”二字；神龙本中还可以看到“一揽”改为“每揽”的痕迹。唐人中如颜真卿的“祭伯”“祭侄”文，“争坐帖”等，添注涂改，都是线索分明的。宋人如欧阳修、苏轼、黄庭坚、陆游、朱熹等，都有草稿墨迹流传，不及详举。

碑帖中有关文学的资料丰富，已如上述，搜罗的工作固然重要，而辨伪的工作，也是重要的先决条件之一。所谓“伪”，有几种情况：一、根本捏造的；二、古代的复制品；三、无名款的作品被题上姓名或张冠李戴的作品；四、用旧本拼凑添改的另制品。

上述第一二两种不待言；第三种情况在《淳化阁帖》中已经屡见。如果善于辨别，剥去伪题，还他本来面目，作品本身的价值，仍然存在。以唐人诗迹论，《淳熙秘阁续帖》刻有标题欧阳询的几个帖，其一云：

> 已惑孔贵嫔，又被辞人侮。花笺一向荣，七字谁曾许？不下结绮阁，空迷江令语。雕戈动地来，误杀陈后主。

胡震亨《唐音癸签》卷三十三说：“江令总，询父纥友也。纥之死，询当从坐，总以故人子，私养之，教以书记，得成名。恩义不薄，载询传甚明，乃忍出此等语耶？作伪者既漫不考，而董复信而收之（胡据董其昌刻《戏鸿堂帖》而言，董刻实翻自宋帖），可怪也！”其实此帖并无名款，乃失名的唐人诗帖，因字作欧体，遂被收入欧的名下，亦可作订补《全唐诗》的资料。

又如草书《圣母帖》，因有贞元九年的年款，又是草书，所以旧题为怀素书，其中故事的主角是一个女巫，事迹见《太平寰宇记》卷九十二、《舆地纪胜》卷九引刘遴之《神异录》① （又见《列仙传》《太平广记》等书）。内容全是神仙家言，“九圣”字样还抬写。文中又称“从叔父淮南节度观察使礼部尚书”，钱大昕考之为杜佑，而怀素俗姓钱，可知这篇文词并不是怀素作的②。怀素这个和尚虽然饮酒吃肉，但他在宗教上并没有兼跨道教。神仙家言何以要请和尚来写？也很可疑。所以这

① 故事内容是东晋时广陵县有一个姓杜的女子，貌美，有“道术”。县以为妖，桎梏之，忽变形不知去向。当地人给她立庙，号为“东陵圣母”。

② 撰和写原不必须是同一人，但并不能以此即为书写的人一定是怀素的证据。

个帖究竟是否怀素写的也大成问题。陆心源《唐文拾遗》收录了这帖，但仍列在怀素名下，是不无可商的。

第四种情况，《阁帖》中已有之，又前引《唐音癸签》同条还举出《戏鸿堂帖》《帝京篇》截去原序一半，冒作褚遂良语气。再如《汝帖》刻有唐明皇李隆基的《鹡鸰颂》，是据一残本，重行拼凑的。这些帖，如为欣赏笔法，固然无妨。而搜集文词，却为有碍了。

所以在利用这批材料时，审订真伪的工作，是十分重要的。

一九六一年

董其昌书画代笔人考

董其昌，字玄宰，号思白，华亭人，官至礼部尚书，谥文敏，是明末著名的书画家。他在创作和理论上，都曾起过极大的影响。成为三百年来美术史上的一个重要人物。他创作的优劣，理论的利弊，俱不是简单几句话所能说完的，现在不作详论。他的书画作品中，有许多是他自己委托别人代笔的，这对于他平生艺术成就的真相和评价，便发生了问题。本文专就他的“代笔人”方面作一些考索。谨具初稿，就正于读者。资料续有发现，再为订补。

董其昌以显宦负书画重名，功力本来有限，再加酬应繁多，所以不能不乞灵于代笔，图利的又乘机伪造，于是董氏书画，越发混淆莫辨了。有人问：时隔三百年，这事你是怎样知道的？回答是：我们从前代人记述直到董氏自作的书札中得若干条，再来印证他的书画作品，是分明易见的。因为一切技艺的事，造诣生熟，一览可见，在同一类的艺事中，已经真“能”或真“熟”的人，必不可能复有真“生”或真“拙”之作。至于书画，一个作者年龄的老幼，工具的好坏，兴会的高低，甚至遇病臂伤指之类，也都有其规律可寻，绝不能同一时期的作品，笔性竟全然如出两人之手的。在董氏的绘画则不然，今举通行影印本为例：如吴荣光藏《秋兴八景》册（文明书局影印）、《董香光山水册》十页（有安岐、王鸿绪、石渠宝笈、定府行有恒堂诸藏印，中华书局影印）等为一类，虽亦各有所长，但“生拙”之处，明显可见。而“峒关蒲雪”等没骨设色的画，以及烟云渲染极工致的画为一类，都精能熟练，与二册一类之笔，判若两人。若说“由熟返生，大巧若拙”，那么“返”必有其过程，“若”必带其本色，而董画这两类之间，并未见相通之处。再证以各条文献，其中消息是不难探索的。

我们又常见并世名画家之有代笔的（非经常的，或有其他一时原因的，不详论），不出二类：其一，自有本领，而酬应过多，一人的力量不足供求索的众多；其二，原无实诣，或为名，或为利，雇佣别人为幕后枪替。董氏的找人代笔，这两类原因中，是各有一部分的。

兹先举旁人所记的间接证据。

姜绍书《韵石斋笔谈》卷下“书家馀派”条：

元宰门下士则有吴楚侯。楚侯名翘，后改名易，以能书荐授中翰。为诸生时，思翁颇拂试之，书称入室弟子。崇祯癸酉，余游燕都，适思翁应宫詹之召，年八十馀矣。政务闲简，端居多暇。余时过从，而楚侯恒在坐隅。长安士绅祈请公翰墨无虚日，不异素师铁门限。公倦于酬应，则倩楚侯代之，仍面授求者，各满其志以去。楚侯之寓，堆积绫素，更多于宗伯架上焉。虽李怀琳之拟右军，不是过也。惟知交之笃，及赏鉴家，公乃自为染翰耳。

姜绍书《无声诗史》卷四：

赵左，字文度，云间人。画法董北苑、黄子久、倪云林，超然元远。与董思白为翰墨交，流传董迹，颇有出文度手者。两君颉颃艺苑，政犹鲁卫，若董画而出于文度，纵非床头捉刀人，亦所谓买王得羊也。

朱彝尊《论画绝句》：

隐君赵左僧珂雪，每替香光应接忙。泾渭淄渑终有别，漫因题字概收藏。

自注云：

董文敏疲于应酬，每倩赵文度及雪公代笔，亲为书款。（《曝书

亭集》卷十六《论画绝句十二首》）

顾复《平生壮观》“图绘类”卷十：

先君与思翁交游二十年，未尝见其作画。案头绢纸竹篚堆积，则呼赵行之泂、叶君山有年代笔，翁则题诗写款用图章，以与求者而已。吾故不翁求，而翁亦不吾与也。闻翁中岁，四方求者颇多，则令赵文度佐代作，文度没而君山、行之继之，真赝混行矣。

顾大申《董尚书画卷歌赠朱子雪田》：

尚书（原注：董文敏其昌）雅得钟王真，画通书理空前人。下笔森瘦秀彻骨，吴振赵左（原注：振字竹屿，左字文度，皆同时工画者）皆逡巡。左之淡逸得天趣，振也潇洒工枯树。董公墨妙天下传，润饰特资两君助。（李响泉先生浚之《清代画家诗史》甲卷下引）

程庭鹭《箬庵画麈》卷上：

曾见陈眉公手札与“子居老兄”，“送去白纸一幅，润笔银三星，烦画山水大堂，明日即要，不必落款，要董思老出名也”。今赝董充塞宇内，若沈子居、赵文度作，已为上驷矣。文度虽为香光捉刀，然其生秀处，能自成一家。

赵左、沈士充的画，流传较多，面目易见，董款画得精能的，大率是二君之笔。珂雪法名常莹，传画不多，有影印本的，如风雨楼印《绘林集妙》册中一页，水墨湿润，董款画中稍较疏拙的即似他的风格。吴振画曾见挂幅册页二件，近于赵、沈画派。

张敔园先生（玮）藏赵左纸本浅绛山水卷题云：

溪山无尽图。戊午秋九月，偶寓浦东寒花馆中，雨窗漫作，辄似利家山水也。赵左。

这卷笔墨，正是程庭鹭所谓“生秀”，以其略近董氏亲笔一路，所以用

"颇似利家山水"来自作解嘲，这在赵氏，实为故意弄笔的作品，譬如鲁智深装新妇，仍露英雄本色的"利家"又作"戾家"，即"外行"之义（余别有考）。

梁绍壬《两般秋雨庵随笔》卷一"代笔"条：

> 古书名家，皆有代笔……董华亭代笔门下士吴楚侯。

邓文如先生（之诚）《骨董琐记》卷四"董思白代笔吴易"条：

> 董思白门客吴楚侯，名翘，改名易，以能书荐授中书，思白官京师，率令楚侯代笔。

以上梁、邓二条，俱未著出处，实皆出于《韵石斋笔谈》。吴易画，"故宫周刊"第三五四期曾印一幅，题曰"涧户松涛"，字体既似董字的板重一路，画也似董画亲笔生拙的面目，吴易可能并不止书法代笔，董画"不搭调"一派的作品里，恐怕正有吴氏的笔迹在。

赵、沈之画，深造自得，实自成家，董氏请他们代笔，不过是在赵、沈画上自署董其昌名款罢了。至于吴易这样作风，捧心效颦，描摹董画的"稚态"，如果是为董代笔，还可以说是要必求似真，而自己出名书款的画，仍作这样面目，岂不可怜。但试看"侧帽""洛咏"，一时尚且成为风气，董氏达官画家，虽然病态也必有仿效的，那么吴易这样作风，也就无足怪了。

唐志契《绘事微言》"画要明理"条：

> 凡文人学画山水，易入松江派头，到底不能入画家三昧，盖画非易事，非童而习之，其转折处，必不能周匝。大抵以明理为主，若理不明，纵使墨色烟润，笔法遒劲，终不能令后世可法。①

---

① 唐志契生存年代不详，余氏《书画书录解题》卷十二"著者时代及著书年份表"于唐志契下云："四库列项穆、赵宧光前，约嘉隆时人。"功按《绘事微言》中"名人书画语录"条首引董其昌语，则至早是董氏同时的人。

这话很明显正是对董其昌而发的，“墨色烟润”而“画理不明”，既非“童而习之”的行家，自不能“转折周匝”，以今天的俗语来说，就是“客串”而已。

董其昌《画禅室随笔》卷二“画诀”类一条：

> 潘子辈学余画，视余更工，然皴法三昧，不可与语也。画有六法，其气韵必在生知，转工转远。

什么是皴法三昧，怎样便有气韵，是否必须不工而后才有气韵？俱不是片语所能尽的。惟这“潘子辈”的“工”与“不工”实是与董氏比较而言。潘子不知何名，画是什么样也不得而知。如果是作赵、沈一派的“工”，那么董氏的话便是自掩其拙之词；如果是作吴易一派以似董亲笔为“工”，那么邯郸之步，理应为董氏所笑。我们常见许多专仿某家的，往往只得一些皮毛习气，甚且变本加厉，使他们的师傅看见，反觉惭愧。所以“转工转远”之评，也可能是由于这类缘故。唐孙过庭《书谱》说：“或藉甚不渝，人亡业显；或凭附增价，身谢道衰。”赵、沈虽以佣画为董氏代笔，而他们的艺术实自有成就，所以至今其画其名，流播不替；而吴易辈的画，几乎不传，也是可以理解的。

倪灿《倪氏杂记笔法》：

> 余见董先生刊帖，戏鸿堂、宝鼎斋、来仲楼、书种堂正续二刻、鷦鷯馆、红绶轩、海沤堂、青来馆、蕙葭室（堂）、众香堂、大来堂、研庐帖十馀种，其中惟戏鸿堂、宝鼎斋为最。先生平生学力皆在此二种内，其馀诸帖妍媸各半，而最劣者则青来、众香也。此二帖笔意酷似杨彦冲，疑其伪作也。①

董其昌《容台别集》卷三：

---

① 《倪氏杂记笔法》，原书未题作者姓名，倪涛《六艺之一录》卷三所引“倪苏门书法论”各条出于此书，知其为倪灿撰。灿字闇公，号苏门，康熙时人。据他书中所记，早岁曾见过董其昌。

杨彦冲者，余友杨彦履宫谕之弟，庶常元章之叔。善诗画，尤好余书。常从余为玄真钓舫之游，所得余行楷甚真，又时有摹本，且十卷矣。余既入长安，而彦冲尽以入石，念余书多赝本，又懒役手腕，以此为马文渊铜马之式，命之曰铜龙馆帖云。

铜龙馆帖确属杨彦冲所刻，为倪氏所未谈及的。

现在再举董其昌自己笔下的直接证据。

曾见蒯若木先生（寿枢）旧藏董札一册，共四札，第二、第三两札云：

唐茂宰炫才无忌，不肖往年闻之，已知有不终之理，今果然矣。老侄嬶然自远，不及于议，尤见清谨，大用之基也。不肖将往长安，又闻辽警，恐道路为梗，尚在维谷。友人杨彦冲精于书画，尝为不肖代劳，今不肖且有远出，此君素善新安诸君子，是以游新安，若至休邑，幸老侄吹嘘于所知，彼以力自食，亦人所欲求，无奢望，不妄干也。幸老侄勿置无事甲中。不一。三月十三日，叔名正具。左冲。（此札首行存骑缝半印，文曰“其昌”。）

闻曹中丞且至，老父母必于月末集于金阊，冀得一奉光霁也。春间贵同年杨方壶曾以其族叔杨彦冲书画友奉荐，盖山人之谨慎有艺能者，向有远游，未曾伏谒，兹特造候，幸命阍者，并有培植。至于方医，虽索不佞八行，然其人虚诞，非杨生之流，不佞不敢不直告也。不一。名正肃。左冲。

这札后有翁方纲跋云：

此札内所云杨彦冲者，尝为董文敏代笔，盖当日书画，倩友代作者，非一二所能尽也。昔王右军尝亦倩人代书，其人姓任名静，今人罕有知之者矣。若此杨君者，非文敏自言，其谁知之。方纲。

按《无声诗史》卷七：

杨继鹏，字彦冲，松江人。画学师资于董思翁，颇能得其心印。思翁晚年酬应之笔，出于彦冲者居多。（《无声诗史》卷七：“方洛如，失其名，松江人。体质清癯，丰骨傲岸。精岐黄之术。写山水，林壑葱秀，气韵蔼然。”董札所云方医，殆即其人。）

董将远出，荐代笔者于他人，足见这位杨君平日生计仰给于董，他所代之作，定非少数。又翁氏说“其谁知之”，不知姜绍书、倪灿早已说过了。又见黄宾虹先生旧藏董札一册，一札云：

暑中以褦襶为嫌，不能相过从为念。久不作画，时以沈子居笔应求者，倘得子居画，不佞昌可题款，否则使者行期有误，奈何奈何！全幅奉纳，以省往来之烦。弟名正具。左冲。

撕开假面具，可并“润笔银三星”亦省，足见董的老辣手段，官僚与江湖的作风，兼而有之。至于这人求画必用“全幅”纸绢，所求又为达官，这是怎样的一个人，不问可知。这样人受到这样对待，也算是咎由自取的。

日本中村不折藏董札十通，与董书古诗卷合印一册，标题曰《董其昌书诗卷尺牍》（孔固亭真迹法书刊行会印），其中一札云：

米卷即携来看，汪丈索画大幅，足下过我一谈何如？寿甫丈，其昌顿首。

汪丈索画，而须寿甫来谈，实在也是找他代笔罢了。我曾疑“寿甫”是叶有年的字，确否尚待续考。

裴景福《壮陶阁书画录》卷十二，“明董香光寒林小帧”董自题云：

受之太史示余李营丘《寒林落日图》，精妙绝伦，因篝灯仿之，但不耐设色，留置案头，适文度过访，遂足成之。逊之玺卿于余画有昌独之嗜，并旧摹九册寄呈，尚有《泛泖图》，当续请教也。玄宰。

裴景福记云：“绢本，寒林浓翠欲滴，以胭脂烘落日，真奇丽之观。”功按这虽是代笔与亲笔的混合物，但足证绚丽设色的画多出捉刀人。

樊增祥《樊山集》卷十四题《赵文度为吴澈如画南岳山房图》七古一首，自注云："王伯谷、董文敏题。"自注又录董跋云：

> 文度作此图，三年始成，未书名款，亦如北宋诸名手，自负甚高，待人暗中摸索耳。庚午为拈出。

这件画大概也是"不必落款，要董思老出名"之物，王伯谷题之在先，乃设"权辞"自解的。还记得先师贾羲民先生（尔鲁）曾谈，董常购买沈士充的画而把它撕毁。当时没有请问出处，并且以为这仅是因为妒能。现在明白，可能是恨沈士充自署了名款。

缪曰藻《寓意录》卷四，《董元宰杜陵诗意图》董氏自题四段，其第三段云：

> 正字赵使君数征余画，久已阁笔，而伪本甚多，不敢以应。青溪雷山人大纶为公门下士，收得此图，俾题以赠。

书画的伪作与代笔不同，伪作是他人伪造某人之作，某人完全不知，也没有责任可负；代笔是请别人代作，而自己承名，责任应由承名的人自负。这条所谓"伪本甚多，不敢以应"，是说市肆流传伪本多，不敢收购来赠朋友吗？那么自己慎重鉴选，有何不可？如果并指代笔之作为伪本，那便是将自己应负责任的一并推卸。没想到实际已经自曝平日的欺人，"遁辞知其所穷"，此之谓也。

又钱谦益《列朝诗集》丁集下，董其昌小传，曾记他绘画代笔的事。世行各画家传记的书，很多都引了这一条，我从前读它，不甚明白，现在才有所理解。小传云：

> 玄宰天资高秀，和易近人，不为崖岸。庸夫俗子，皆得至其前，临池染翰，挥洒移日。最矜慎其画，贵人巨公，郑重请乞者，多倩他人应之。或点染已就，僮奴以赝笔相易，亦欣然为题署，都不计也。家多姬侍，各具绢素索画，稍有倦色，则谣诼继之。购其真迹者，得之闺房者为多。

钱谦益是董氏的朋友，即上文所见的“受之太史”。他的话自然不是无据的。

按贵人巨公所需要的画，必须是堂皇富丽之作，这是自古而然的。宋代党太尉命人画自己的像，画成一看，大怒，说：“我前画大虫，犹用金箔贴眼，我便消不得一对金眼睛?”（见宋江休复《邻几杂志》。）董氏画笔技能有限，为贵人巨公作画而请人代笔，是自有缘故的。当他的代笔面目既已行世了，而亲笔生拙之作，无论是为藏拙，还是为自珍，都不便于再公开拿出来了。而当深居技痒，或要“骄其妻妾”的时候，偶然亲自动手，却又没想到这里便是一个漏洞，终于流传出去，给人作了比较“工拙”的资料。

至于“欣然”在那些“赝笔”上“题署”，也必有一定的缘故。推测起来，可能有以下几种：一、市恩于“僮奴”；二、僮奴中有能为他代笔的，把他令僮奴代笔，说成了僮奴主动作伪；三、董氏被迫为人当面作画，但又不愿把真面目传出去，所以用代笔作品换掉亲笔作品，而使僮奴替罪挨骂。诸如此类，是不难从情理上想到的。

还有为“庸夫俗子”当面“挥洒”的事，按钱氏所记，很有分寸。我们看，董氏慷慨为人当面挥洒的，是书法方面。对于绘画，则是采取秘密行动的。这种分别，读起来不可忽略。当面写字的事，也有文献可征，同时也是个笑柄：

叶廷琯《鸥陂渔话》卷一“董思翁论书示子帖”条，记二事，其一引自康熙时肃张渊《淞南识小录》云：

> 新安一贾人欲得文敏书而惧其赝也，谋诸文敏之客，客令具厚币，介入谒，备宾主之礼。命童磨墨，墨浓，文敏乃起，挥毫授贾，贾大喜拜谢。持归悬堂中，过客见之，无不叹绝。明年，贾复至松江，偶过府署前，见肩舆而入者，人曰董宗伯也。贾望其容，绝不类去年为己书者。俟其出，审视之，相异真远甚，不禁大声呼屈。文敏停舆问故，贾涕泣述始末。文敏笑曰：君为人所绐矣！怜君之诚，今可同往为汝书，贾大喜再拜，始得真笔。归以夸人，而

识者往往谓前者较工也。

叶氏云："此又可见名家随意酬应之笔，常有反出赝本下者，可遽定真伪于工拙间乎？"

其二引自方兰坻《书论》云：

思翁常为座师某公作书，历年积聚甚多。一日试请董甲乙之，乃择其结构绵密者，曰：此平生得意作，近日所作，不能有此腕力矣。某公不禁抚掌曰：此门下所摹者也。乃相视太息。

叶氏说："此事正可与前事相印证，思翁自赏且如此，人安能以鉴别无讹自信乎！"

我从前颇疑这是传奇家言，未免增饰。后见张敔园先生藏董氏杂书一卷，有董自跋云：

此卷宫谕为史官时北上置余舟中，适余携至荆溪，书以赠别。宫谕不以覆酱瓿，而藏之书簏，今长公子固属余重题，以别于吾里之赝鼎，赝鼎多有胜余漫笔者，当重余愧耳。崇祯七年中秋，董其昌识。

伪作有胜于真迹的，叶氏按语已论及了。如以董氏的逻辑来讲，"赝鼎"包括"代笔"之作，则代笔胜于亲笔，在董氏原属常事，觉得叶氏所论还未免漏此一义。

《容台别集》卷二：

余书画浪得时名，润故人之枯肠者不少。又吴子赝笔，借余姓名，行于四方，余所至士夫辄以所收视余，余心知其伪而不辨，此以待后世子云。

这"吴子"不知是吴易、是吴振，还是其他吴姓的？从所知两个吴姓的来看，吴振没听说善书，这里书画并言，很像是指吴易。用之"代笔"，而诿称"赝笔"，这是董氏的狡狯。但又有可能，是不是吴氏由受命代笔进而自动伪造呢？至于"心知其伪而不辩"，就不免是为自家失于鉴别解嘲，这大概是为掩饰对他的座师“相视太息”的事情吧！

还有既非作伪，又非代笔，而董氏竟自坐享其名的。宝蕴楼（前古物陈列所）藏一明人缩摹宋元名画大册，摹了自李成、范宽至倪瓒二十馀幅，其中各图，我曾见过宋元原画的，像范宽《溪山行旅图》，巨然《雪图》，王蒙《林泉清集图》等。看到所摹的不但结构吻合，笔势也能在方寸之中表现原作磅礴淋漓之趣，而色泽墨彩更是相似的。册前有董其昌题“小中见大”四大字，每幅副页上又有董题，即宋元原画上董题之文，或楷或行，与原画上所题的也都一致。宝蕴楼影印行世，题为《董玄宰仿宋元名家山水册》，上下二册，共二十二图（以下简称“缩本大册”）。观者无不惊叹摹绘的逼真，而又疑董氏未必有这等妙技，也未必有这等的闲暇。

后见王保譿辑王原祁题画之作叫作《王司农题画录》的，其卷上“仿设色大痴巨幅李匡吉求赠”条说：

> 余先奉常赠公汇宋元诸家，定其体裁，摹其骨髓，缩成二十馀幅，名曰缩本，行间墨里，精神三昧出焉，此大父一生得力处也。华亭宗伯题册首云“小中见大”，又每幅重题赏鉴跋语，以见渊源授受之意。先奉常于丁巳夏初，忽以授余，其属望也深矣。余是年三十五，拜藏之后，将四十年。

才知道这个缩本大册乃王时敏所摹的。但新问题又出来了：我们看王时敏的著名真迹，像毕泷旧藏仿宋元六家山水九页一册，乃缩摹黄公望、王蒙、米友仁、吴镇、赵孟頫、倪瓒之作，副页并有王氏自记宋元原画之源流。其册后归张葱玉先生（珩）韫辉斋，经涵芬楼影印行世，题为：《王烟客山水册》。其中所摹赵孟頫《洞庭山图》《水村图》、倪瓒《幽涧寒松图》等，我都曾见赵、倪原画，王临的技巧和缩本大册比较，大有此生彼熟、此拙彼工之别。并且世传王时敏的作品，题款字迹确真无疑的，而画法笔性及技巧，工拙却往往各有不同，可见也多是请人代笔而自己题款的。因此可知缩本大册之是否果出王时敏手，也很可疑的。

后来见到王鉴仿宋元山水十二页一册，亦毕泷旧藏（今在上海博物馆），其中有八张画稿见于缩本大册里。后有王鉴自跋云：

> 董文敏尝谓书画收藏家与赏鉴家不同……前辈风流，零落欲尽，惟吾娄太原烟客先生，鲁灵光巍然独存，其清秘阁中，尚存墨宝，然不遇知者，亦不轻示。曾将所藏宋元大家真迹属华亭故友陈明卿缩成一册，出入携带，以当卧游。余今岁偶来南翔，缔交文庶社长……余因复临陈本赠之，枕中之秘，不敢独擅……壬寅嘉平月望三日。①

看这段跋才恍然知道缩本大册的真实作者是华亭陈明卿。

又王时敏"题陈明卿廉雪卷"云：

> 初以赵文度为宗，既从余家纵观宋元真迹，多有悟入，所诣益深。为余摹诸名图，以寻丈巨轴，缩为方册，能使笔墨酷肖，毫发不遗，真画史之绝技。

又"题陈明卿仿黄子久卷"云：

> 明卿为赵文度高足弟子，初至娄时，尚守其师法，既为余临宋元诸名迹，缩为小本，因此大有悟入，画格遂为一变。（此二条俱见《王奉常书画题跋》卷上。）

陈画流传不多，大概多致力于摹古了。我常慨叹明卿摹古直逼宋元，缩摹妙技，又那样精妙，而名姓却翳然不彰，因念古代良工埋没无闻的，正不知多少！宝蕴楼把缩本大册题为董作，是出于未考；王原祁的题画语，则是有意为他祖父攘人之善，而他祖父自己却并未自讳的。

又二十多年前我在琉璃厂画店见一大幅绢本设色山水，笔法颇像沈

① 王鉴此册中有四页画稿不见缩本大册中，知今存之缩本大册曾有散失之页。

士充，山的主峰在画上右方，左上角天空处题："花苑春云，叶有年。"下押二印。此题之右有董其昌题："故人家在桃花岸，直到门前溪水流。玄宰。"下押二印。这幅画实是叶画董题的。当时店中标为董画叶题，以求高价，《艺林月刊》第八十七期载之，题曰"明董其昌山水"，又注云"绢本立幅，右（原误，应作"左"）端有叶有年题'花苑春云'四字"。这是董其昌坐享意外之名的又一个例子。

平心而论，董其昌在书画一道中，自有他的特识。以功力言，书深，画浅。所以他平生的作品中，书之非亲笔的，别人伪造为多，董氏的责任较轻；画之非亲笔的，代笔为多，董氏的责任较重。至于后世射利伪作，又不在此论之列了。

一九六二年

从《戏鸿堂帖》看董其昌对法书的鉴定

古代没有影印技术，书画鉴赏家只得用文章记录下所见所藏的书画作品。今天存在古代对书画的记录，最早的有《贞观公私画史》，其次较详细的像《宣和书谱》《宣和画谱》，也不过是开列书画名目的账单，读者无从知道每件作品的面貌。米芾的《书史》《画史》等，则是夹有评论的账簿。到了清代高士奇的《江村销夏录》，始创详细记录书画之体例，但只能记录法书的正文、题跋、印章及名画的款字、题跋、印章，至于法书的笔法、风格，名画的描绘技巧，书画的一切形状，都无法加以表达。

自从北宋淳化时正式摹刻十卷法帖《淳化阁帖》，若干古代字迹才得以本身的面貌呈现于读者眼前。后来陆续出现摹刻的法帖，有私人刻自家藏品的，也有私人搜罗、借摹所遇的名品的。这种法帖常有若干卷（册），所以常被称为"丛帖""汇帖"或"集帖"。清代把内府所藏的古代法书摹刻成《三希堂帖》三十二卷、《墨妙轩帖》四卷，这无异于把《石渠宝笈》中法书部分的佳品向人展出。虽然看不到原迹上的一切细节，但至少字迹的书写形状还不太差。

所说私人刻帖，明代最著名的有文徵明的《停云馆帖》、董其昌的《戏鸿堂帖》、明末清初冯铨的《快雪堂帖》等。这些丛帖所收的底本，未必都是真品。冯刻的自藏之品居多，文、董刻的则明白显示是陆续搜罗借摹而来的，当时流行即很广，学书法的人见善即学，很少有人作详细评论的。至近代张伯英先生撰《法帖提要》，才有了最有系统的评帖专著。

法书摹刻成帖，等于有形的账簿，观者可以从笔迹风格上看它们的真伪优劣。一家所藏的可以看出藏者的鉴赏水平，有钱有势的藏家，多半不可能再有太高的鉴赏眼力和考订的知识。至于有学问、有修养的书画家像文、董诸人，选择底本时，应该有别于“好事家”的盲目乱收。我们也见到过他们明明收了伪品，例如《停云》收唐李怀琳草书《绝交书》，这是李怀琳伪造王羲之帖；由于李怀琳的书法水平本已很高，即算他个人的作品也值得宝贵，这不能算误收伪帖。又如《戏鸿》收的米芾《蜀素帖》，是一个钩摹的“复制品”，但刻拓出来的效果，也足以表达米字的形态。如果不是董氏自己在真迹卷内提出这件事，谁也无从看出《戏鸿》所刻的底本是一个“复制品”。这类情况，可以说是“虽伪亦真”或“虽伪亦佳”。

文、董二人都是大书家，都有湛深的学问和精美的书艺，都有鉴定的修养。文氏没留下什么专评书画的著作，《停云》帖中也没有很多的题识评语，《停云》帖中伪品也不太多。董氏则不但有《容台别集》等评论书画的专著，还在法书名画上随手题跋以评论真伪优劣，这是与文氏不同处之一；董氏的官职高、名声大，当时所写对古书画的评论真可说“一言九鼎”。后世更是“奉为圭臬”，至于他所评判的是否都那么准确无误，则属另一回事。当时人固然不敢轻易怀疑他；清初康熙皇帝又喜爱并临习他的字，在康熙一朝时，书法风格几乎全被“董派”所笼罩，这时其人虽逝，其馀威尚在，也就依然没有人敢怀疑他。其人生存时“居之不疑”，逝世后还能“在邦必闻”，他刻的《戏鸿堂帖》也就无人细核其各件底本的真伪了。

在三百年前的时代，用手工摹刻各种法书，绝非短促时间所能完成。一部丛帖中的许多件底本，也非同时所能聚集。主持编订的人如文氏、董氏，也绝非同时或短时便可决定全部底本的选择。那么刻帖的过程中，可能经历了一个人半生的时间。一个人的见解，前后会有差异，眼力也会有进退。一部大丛帖中夹杂了伪迹，并不奇怪，而且也是情理之中的事。但董其昌的《戏鸿堂帖》是他成名后所刻，出现了明显的失误，就不能不负鉴定眼力不高和学识不足的责任了，至少也要算粗心大意的！下面举帖内几件失误为例：

一、拼凑失误。卷三刻王献之《十二月割至帖》四行半，接着又取王献之《庆等已至》帖，去其起首“庆等”二字，续在下边。董氏自跋说：“宝晋斋刻此帖，‘大军’止，余检子敬别帖，自‘已至’至末，辞意相属，原为一帖，为收藏者离去耳。二王书有不可读者，皆此类也。”

按《十二月割至帖》中字体，绝大多数是行书，三十二字中只有“复”“得”“如何”“然”“何”六字是草体。所补二十一字自“已至”以下全是草体，并无行书。古代书疏，本有行草相杂之作，但少有自一半之后全用另外一体之例。此两半拼合之后，前后风格迥异，更极明显。又“大军”与“已至”之间空缺二字，曾见旧拓本，空处原有两字，后被刮去，刮痕尚清晰可见。后拓便全磨平，拓出便成完全黑色。《戏鸿》原有两次刻本，初刻是木版，再刻是石版，大约石版刻时，即只成空地，不见刮痕了。所谓“子敬别帖”乃《淳化阁帖》卷十中一帖，行首开端是“庆等已至”，《戏鸿》初刻即把“庆等已至”推移到行中，顶接“大军”之下，后来发觉“庆等”二字不能上接“庆等大军”，才将下半的“庆等”二字刮去，“大军”和“已至”虽然接上了，但中间却空了二字，如果有人问董氏，下半的“庆等”二字哪里去了？也能说是“收藏者离去”的吗？风格全不调和，一望可见，又属何故？

董氏在《中秋帖》墨迹卷尾又跋云：“又‘庆等大军’以下皆阙，余以《阁帖》补之，为千古快事……古帖每不可读，后人强为牵合，深可笑也。”现在看《戏鸿》所刻，真不知快在何处。所谓“可读”，只有补后的“大军已至”四个字可连，上下其他字句，实在不知说的是什么。究竟是谁“强为牵合”，又是谁“深为可笑”呢？

二、不管避讳缺笔。卷八刻草书《景福殿赋》，董氏自写标题“孙虔礼书景福殿赋”，帖是节摹的，自“冬不凄寒”至“兆民赖止”部分。其中“玄轩交登”的“玄”字缺末笔，因为是草书，连笔带过，不太明显，按全文中“眩真”“不眩”都明显缺末笔，“玄轩”“玄鱼”的“玄”也是不写末笔；“列署”的“署”字缺最下边的“日”字；“增构”的“构”字，缺右下边二小横划；“克让”的“让”字缺末笔一捺。凡此各字，都是明明白白的宋讳，难道孙过庭能预先敬避后一朝代的“圣讳”吗？这分明是一卷南宋人的草书，作伪的人伪造曾肇的题跋，冒充孙过庭的笔迹而已。

三、既不管避讳的改字，又公然诬蔑他人。卷七刻草书庾信《步虚词》等，帖前董氏自书“张旭长史伯高真迹”标题一行，帖文是几首五言古诗，第二首开端是“北阙临丹水，南宫生绛云”。按庾原文是“北阙临玄水，南宫生绛云”。宋真宗大中祥符五年十月戊午梦见他的“始祖”告诉他说自己的名字叫“玄朗”，次日早朝他告诉大臣，并令天下避讳这两个字（见宋李攸《宋朝事实》卷七）。古代避讳或用代字或缺笔，这里把玄水改写为丹水，就是代字。古代把五行分属四方，东方属木，是青色；西方属金，是白色；南方属火，是红色；北方属水，是黑色；中央属土，是黄色。这卷草书的写者把“玄水”改为“丹水”下句仍旧是“南宫生绛云”，岂不南北二方都属火，都成红色了吗？这当然是一位宋代书家在大中祥符五年十月以后所写的。铁证如山，董氏不注意也就罢了，却又在所刻帖尾题跋一段，说：

> 项玄度出示谢客（“客”是谢灵运的小字）真迹，余乍展卷即命为张旭，卷末有丰考功跋，持谢书甚坚。余谓玄度曰：“四声始于沈约，狂草始于伯高，谢客时都无是也。其东明二诗乃庾开府《步虚词》，谢安得预书之乎？”玄度曰：“此陶弘景所谓元常老骨，更蒙荣造者矣。”遂为改跋。文繁不具载。

这一段话，极不诚实。按此帖第十九行是“谢灵运王”四字，恰在一纸之尾，第二十行是“子晋赞”三字。在归华夏之前，“谢灵运王”一纸被移在卷尾，因“王”字最上一小横写得太短，可以令人误看作草体的“书”字，大约从前有人故意骗人，这样可以冒充谢灵运所书的字迹。

华夏请丰坊（即董其昌所称的丰考功）鉴定，丰氏跋中即指出这些矛盾，主要是谢灵运不可能预先写庾信的《步虚词》。至于是谁的笔迹，他猜测可能是贺知章，但仍不敢作确定结论，并无“持谢书甚坚”的任何表示。丰氏自写跋语之后，又有一段失名人用文徵明风格的小楷重抄丰跋一通。后边便是董其昌的跋语，只猜测是谁所写的。他认为“狂草始于伯高”，即定为张旭（字伯高）所书。此卷现藏辽宁省博物馆，有许多影印本。董其昌刻《戏鸿堂帖》时，大约认为一般人看不到原卷，自然不会知道丰坊是怎么鉴定的，便说他“持谢书甚坚”，然后显出自己眼力之高明。董氏不知自己的话，已犯了逻辑上的毛病：狂草始于张旭，不等于凡是狂草体的字迹便都是张旭所书，好比说仓颉造字，于是凡是字迹便是仓颉所书，岂非笑柄！

我们现在看看丰坊主要还有哪些论点，他说：“按徐坚《初学记》载二诗连赞，与此卷正合。”这是丰氏首先指出是庾信的诗赞，不是谢灵运的作品；接着丰氏还辨别“玄水”不能是“丹水”。关于书者可能是谁，丰氏以为唐人如欧、孙、旭、素皆不类此，“唯贺知章《千文》《孝经》及《敬和上日》帖气势仿佛”。这是他不相信谢灵运书的正面论断。丰氏还从周密的《云烟过眼录》中看到记载赵兰坡（与懃）藏有贺知章《古诗帖》，曾猜想到“岂即是欤”？但丰氏最后还是持存疑的态度说：“而卷后亦无兰坡（赵与懃）、草窗（周密）等题识，则余又未敢必其为贺书矣。”难道这种客观存疑的态度便是“持谢书甚坚”吗？更可笑的是董其昌把丰氏自书跋尾后边那篇用文徵明小楷字体重抄的丰跋认作文徵明的跋，在他自我吹捧的那篇跋尾中说：“丰考功，文待诏（徵明）皆墨池董狐，亦相承袭。”所谓“承袭”，即指共同认为是谢灵运书，这种无中生有的公开造谣，至于此极，竟自骗得鉴赏权威的大名，历三百年而不衰，岂非咄咄怪事。

四、把临本《集王羲之圣教序》认为是怀仁刻碑的底本。卷六刻《圣教序》一段，自“皇帝陛下”至“比其圣德者哉”，行笔比碑上刻的流畅些，也油滑些，字比碑字略小，是出于某人用黄绢一手所临。刻帖收好手临本，本无妨碍，但董氏据这卷临本即指碑上字是怀仁习王羲之字体而成，便又发生了逻辑的错误。董氏跋中否定宋代人记载怀仁集摹王字成文刻碑的事，根据是，他藏的这卷临本比碑上字“特为姿媚”。并说他藏有《宋舍利塔碑》，署款是某人“习王右军书”。我得到一本宋大中祥符三年建的《汧阳县龙泉山普济禅院碑》，书者是“京兆府广慈禅院文学沙门善儁习晋右将军王羲之书并篆额”。不知是董氏随手误书“禅院”为“舍利塔”，还是另有舍利塔碑。如非笔误，则可见宋人“习王书”写碑的很多。我们已知宋代“集王书”的碑不止一个，虽然摹刻得远逊《圣教序》《兴福寺碑》，但毕竟和“习王书”的并不相同。按“习书”正如画家题“仿某人笔意”，怎能说“习”当“集”解释呢？又“集句诗”怎能解为“习句诗”呢？宋人自称“习王书”，正可见书家的忠实，绝不以仿学冒充“集字”，董氏随便造谣，竟至捏造训诂，真可谓无理取闹了！我曾见两本宋拓碑本《圣教》有董氏题，都搬出他藏的这卷黄绢临本，来判断碑上刻的字是怀仁一手所写，不是逐字摹集而成的。但我们看碑上有许多相同的字，不但字形一样，大小分寸一样，即破锋贼毫处也一样，试问放手自写，能够那么一致吗？董氏有些措词闪烁的地方，好像说碑上的字即自这卷上摹出，再量度字形分寸，碑上的大些，卷上的小些，那么刻碑时又是怎么逐字放大的呢？总之，怀仁集字，实在巧妙，不免令人发生疑问，以为是怀仁一手所临。又怀仁所集有许多王羲之的“家讳”字（如“旷”字、“正”字），王羲之不可能自己写，怀仁又从何处集来的？退一步说，怀仁所集，即使搀有伪迹，也不会是摹自董氏所藏的这一卷，这是绝无疑义的。

五、楷书《千字文》不是欧阳询的原迹。卷四刻楷书《千字文》，后有南宋末叶书家金应桂的题跋，说：“右率更令所书千文，杨补之家藏本，咸淳甲戌岁九月三日，钱唐金应桂。”按金应桂字一之，擅长楷书，今传姜夔《王献之保母砖志》长跋卷每纸都有金应桂的印章，即是金氏手录本。还有廖莹中所刻世彩堂本《韩昌黎集》《柳河东集》，相传都是金氏手写上板的。那些字迹，都和这本《千字文》非常相似。《千文》中没见宋讳，金应桂名下也没有“临”字，使人不免疑惑这本《千文》已是从金氏临本上再摹出的，所以宋讳添全了缺笔，金氏名下删去了“临”字。即使退几步讲，这本果然是杨补之藏的原本，但拿它和《九成宫》《皇甫诞》《温虞公》《化度寺》诸碑比起来看，真如幼儿园中的小孩和“千叟宴”中的老人站在一起，老嫩悬殊，不难有目共睹。

六、其他笔迹风格有疑点的。《戏鸿》帖中所刻的名家字迹还有许多风格不相近的，前举欧阳询《千文》之外，还有《离骚》。褚遂良的帖如《乐志论》《帝京篇》等，虽然没有充足的证据，也可存疑。至于张旭的《秋深帖》“秋深不审气力复何如也”等字，世传有米芾临写本，比此帖笔力遒劲流畅得多。当然米氏临古帖，常比原帖生动，像《宝晋斋帖》所刻米临王羲之诸帖，就比刻本王帖精彩。但《戏鸿》所刻《秋深帖》中许多字极似赵孟頫，张旭帖像起赵孟頫来，就未免有些奇怪了。还有米芾的《易义帖》也漏洞很多，书法艺术水平很差，不用多加比较，只和《戏鸿》帖中所刻其他米帖对看，其结字用笔的不合米氏分寸处，即已不胜枚举，这里也不必详说了。

董氏刻《戏鸿堂帖》的马虎，还在当时留下过笑柄。沈德符所撰的《万历野获编》卷二十六《小楷墨刻》条曾记一事说：“董玄宰刻《戏鸿堂帖》今日盛行，但急于告成，不甚精工。若以真迹对校，不啻河汉。其中小楷，有韩宗伯家《黄庭内景》数行，近来宇内法书，当推此为第一。而《戏鸿》所刻，几并形似失之。予后晤韩胄君（即长子）诘其故。韩曰：‘董来借摹，予惧其不归也，信手对临百馀字以应之，并未曾双钩及过朱，不意其遽入石也。’因相与抚掌不已。”按韩宗伯名世能，其子名朝延。沈氏所记“数行”“百馀字”未确，实为十七行，殆记述时回忆有误。今天我们不能因其字数有误便疑此事是虚构的。

总之，董其昌官职高，名气大，书法和文笔都好。评书论画有专著，古书画上也多有题跋，于是即使偶有失误，也没有人敢于轻易怀疑，更谈不上提出指摘了。现在古代法书陆续公之于世，有不少的影印本流传，欣赏法书的人获得很多的比较机会，于是董氏所刻的《戏鸿堂帖》中的问题也就逐渐被人发现。除了乱拼王献之帖、硬把“集”字解为“习”字、捏造丰坊的言论外，其他差错都可算容易理解的，这对于他做一派的“祖师”还是并无太大影响的。

戾家考

——谈绘画史上的一个问题

今人对于技艺的事，凡有师承的、专门职业的、技艺习熟精通的，都称之为“内行”，或说“行家”。反之叫作“外行”，或说“力把”（把，或作“班”“笨”“办”），古时则称之为“戾家”（戾，或作“隶”“利”“力”）。

“行”“戾”的标准，约有三类角度：“行”指行业，“行家”指属此行业的人，相对的“戾家”，则指非此行业的人，这是最初的命义，乃甲类角度；专业的人，技艺必自习熟，而有师承法则，所以引申之以称具有此等修养的人，所以俗语说：“行家不是力把干的”，又说：“行家看门道，力把看热闹。”店铺、作坊的学徒称为“小力把儿”。学徒在职业上，已算入行，但仍蒙“力把”之名的缘故，也是因为他尚未学成罢了，这是乙类角度；还有以技艺流派的来源是属于“行”或属于“戾”而分的，这是丙类角度。

在前代文学技术理论中，这三类角度的采取，常有不同，于是哪家为“行”哪家为“戾”，遂致发生歧异的争论。更有由于不解“戾家”一辞的意义而妄生附会的。现在试就见闻所及，略为考索如下。

按“戾家”一辞，宋代已有，张端义《贵耳集》卷上说：

> 掖垣非有出身不除……自嘉泰、嘉定以来，百官见宰相，尽不纳所业……三十年间，词科又罢，两制皆不是当行，京谚云“戾家”是也。

"非词科出身"，是行业角度的"戾家"，属前举的甲类；"不纳所业"，是修养角度的"戾家"，则属前举的乙类。

元代戏曲行业中也有"行家""戾家"之称，职业演员的团体谓之"行院"，引申以称职业演员，也说"行家"；子弟客串的则称为"戾家"。《永乐大典》卷一三九九一"宦门子弟错立身"戏文，题目是："冲州撞府妆旦色，走南投北俏郎君，戾家行院学踏爨，宦门子弟错立身。"剧中写宦门子弟完颜延寿因恋散乐王金榜，为父所责，逃出与王金榜同走江湖卖艺。其题目所云"戾家行院学踏爨"者，乃谓子弟在行院中学踏爨的事。而当时文人士夫却曾有翻案的议论，认为当时社会上称职业演员为"行家"的说法不对。《太和正音谱》卷上"杂剧十二科"条说：

> 杂剧，俳优所扮者，谓之倡戏，故曰勾栏，子昂赵先生曰："良家子弟所扮杂剧，谓之行家生活，倡优所扮者，谓之戾家把戏。良人贵其耻，故扮者寡，今少矣。反以倡优扮者谓之行家，失之远也。"或问其"何故哉"？则应之曰："杂剧出于鸿儒硕士骚人墨客所作，皆良人也。若非我辈所作，倡优岂能扮演乎？推其本而明其理，故以为戾家也。"

这里"以倡优扮者谓之行家"的话，是社会上已流行的普通论点，"问其何故"的话，是怪其与普通论点不同，这类普通的原有论点，乃是甲类的角度；"失之远也"的话，是赵子昂对旧说之反驳。赵氏所持的角度，略近乙类角度，但有私见存在里边，他意在抬高子弟所演的剧，并以剧本创作的功劳来替子弟标榜，不过想为士夫增重而已。按士夫对于戏剧，固然未必没有胜于行院中人之处，如果能具体分辨工拙，品评优劣，也可以取信于人，必要自争"行家"之名又推却"戾家"之名，未免无聊。但也可见"行家"荣誉的可重了。

明臧晋叔《元曲选·序》又扩大赵氏这种论点说：

> 曲有名家，有行家。名家者，出入乐府，文彩烂然，在淹通闳

博之士，皆优为之。行家者，随所妆演，不无摹拟曲尽，宛若身当其处，而忘其事之乌有，能使人快者掀髯，愤者扼腕，悲者掩泣，羡者色飞。是惟优孟衣冠，然后可与于此。故称曲上乘者，首曰当行。不然他虽穷极才情，而面目愈离，按拍者既无绕梁遏云之奇，顾曲者复无辍味忘倦之好。此元人所唾弃而戾家畜之者也。

这是以士夫为“名家”，以演员优秀的为“行家”，而以演员的技艺不高的为“戾家”。他的用意，不外是想为士大夫摆脱“戾家”之名，而把这种恶谥转嫁给技艺不高的演员。这种论点，与赵子昂似异而实同。大概他也感到赵氏翻案失于勉强，所以另立“名家”一称，以资弥缝罢了。

赵子昂不但在戏剧方面持论如此，在绘画方面亦曾替士夫争“行家”之名。《唐六如画谱》有标题“士夫画”一条，下题“王绎”，(《唐六如画谱》，乃明人抄集旧说的劄记，无真伪之可言，只是唐六如序或是后人伪加的。王绎论写像之文章，见于《辍耕录》，其中无此条，王绎亦未闻有别种论著，大概是抄集传写时误注王绎之名。）这段话说：

赵子昂问钱舜举曰：“如何是士大夫画?”舜举答曰：“隶家画也。”子昂曰：“然，观王维、徐熙、李伯时皆士夫之高尚画，盖与物传神，在尽其妙也。近世作士夫画者，其谬甚矣。”

按“隶家”即是“戾家”。钱氏所取是哪类角度，虽然不易看出，但这里并非尊重之意，则可以领略，所以赵氏给他另下转语。但赵对于钱，似不敢明说他“失之远也”，只可为之抽梁换柱，历举古代士夫中技艺精妙的，再评“近世作士夫画者”之“谬”。话很委婉，而意实反驳。简单说来，即是说“隶家”的士夫画并非“高尚”的士夫画，乃是“作士夫画者”所为。譬如假李逵为真李逵招致谤议，并非真李逵之罪，这实际上和他在戏剧方面的议论，同一动机，想为士夫洗刷“戾家”之名，不过是彼为明驳，此为暗换而已。

画家“行”“戾”之辨，明何良俊《四友斋丛说》中所谈的最为明晰，举其三条如下：

我朝善画者甚多，若行家当以戴文进为第一，而吴小仙、杜古狂、周东村其次也。利家则沈石田为第一，而唐六如、文衡山、陈白阳其次也。戴文进画尊老用铁线描，间亦用兰叶描。其人物描法，则蚕头鼠尾，行笔有顿跌，盖用兰叶描而稍变其法者，自是绝技。其开相亦妙，远出南宋以后诸人之上。山水师马、夏者亦称合作，乃院体中第一手。

戴进、吴伟诸人，是职业画家，称之为“行家”，是甲类角度；赞其绝技，是兼乙类角度；而溯其师法马、夏。按马、夏为画院中人，那就是丙类角度了。

又说：

石田学黄大痴、吴仲圭、王叔明皆逼真，往往过之，独学云林不甚似。余有石田画一小卷，是学云林者，后跋尾云：“此卷仿云林笔意为之，然云林以简，余以繁。夫笔简而意尽，此所以难到也。”此卷画法稍繁，然自是佳品，但比云林觉太行耳。

“太行”等于说“太能”，这是属乙类角度的。

又说：

衡山本利家，观其学赵集贤设色与李唐山水小幅皆臻妙，盖利家而未尝不行者也。戴文进则单是行耳，终不兼利，此则限于人品耳。（三条俱见卷二十九。）

大小李将军及赵伯驹、伯骕兄弟，是院派所从出，赵集贤设色的画实是学他们；李唐更是画院中人；文衡山以“外行”身份学他们，遂成了以“利”兼“行”，这是丙类角度。看这条所论，除了说戴进“限于人品”似稍薄“行家”外，其馀的话，对“行”“戾”都无所抑扬。

明王世贞《弇州山人四部稿》卷一五五有一条说：“画院祇候，至宣宗朝始盛。宣宗亦雅善绘事，而是时戴文进被征，独见谗放归，以穷死。文进名琎，钱唐人，死后人始重之，至以为国朝第一。文进源出郭熙、李唐、马远、夏圭，而妙处多自发之，俗所谓行家兼利者也。”源出宋代行家，而称之为“行家”，是丙类角度，“妙处多自发之”，是其“兼利”的条件，因此也可证明“利”的特点“自发”是其一项。

明詹景凤跋元饶自然《山水家法》一书说：

> 清江饶自然先生所著山水家法，可谓尽善矣。然而山水有二派：一为逸家，一为作家，又谓之行家、隶家。逸家始自王维、毕宏、王洽、张璪、项容，其后荆浩、关仝、董源、巨然及燕肃、米芾、米友仁为其嫡派。自此绝传者，几二百年，而后有元四大家黄公望、王蒙、倪瓒、吴镇，远接源流。至吾朝沈周、文徵明，画能宗之。作家始自李思训、李昭道及王宰、李成、许道宁。其后赵伯驹、赵伯骕及赵士遵、赵子澄皆为正传，至南宋则有马远、夏圭、刘松年、李唐，亦其嫡派。至吾朝戴进、周臣，乃是其传，至于兼逸与作之妙者，则范宽、郭熙、李公麟为之祖，其后王诜、赵□□、翟院深、赵幹、宋道、宋迪与南宋马和之，皆其派也。元则陆广、曹知白、高士安、商琦庶几近之。若文人学画，须以荆、关、董、巨为宗，如笔力不能到，即以元四大家为宗，虽落第二义，不失为正派也。若南宋画院诸人及吾朝戴进辈，虽有生动，而气韵索然，非文人所当师也。大都学画者，江南派宗董源、巨然，江北则宗李成、郭熙，浙中乃宗李唐、马、夏，此风气之所习，千古不变者也。时万历甲午秋八月。

按这条议论实是董其昌所标“南北宗”说的先河，而又加“兼逸与作”的折中一派。这不是本文范围的事，当另作讨论。现在所注意的，在其“行家”“隶家”之说。按他行文排列次序看来，前列“逸家”“作家”，后列“行家”“隶家”，好似以“逸家”为“行家”，有如赵子昂在戏剧方面的以子弟为“行家”那样论点。及观下文“逸家始自王维”及“文人学画，当以荆、关、董、巨为师”云云，乃知他所谓的“逸家”乃指士夫。又詹氏在他所著的《东图玄览》卷二曾说：

北宋人画人马二筴（策，即册），不着色，其描法精能，本自作家。衣折用浓墨，而傍写枯木一株，弱柳五六株，乃纯用淡墨，草草不着意点成，乃又力家。可谓文矣。

又可知他所谓“力家”乃指“用淡墨”“不着意”的“文”派，可证跋中的“逸家”即“隶家”，而“作家”即“行家”了。他对于南宋画院及明朝戴进的画，虽说“非文人所当师”，而于大小李将军等“作家”一派，也没有明显的鄙薄。

至于明赵左，则以“行家”身份，曾暗讽“利家”。张敌园先生家藏纸本山水卷，题云：

溪山无尽图，戊午秋九月，偶寓浦东寒花馆中，雨窗漫作，辄似利家山水也。赵左。

这卷画笔法疏淡，近于董其昌亲笔生拙一路，可知他所谓“利家”山水，即指这样画风。看他的语意，实是自己解嘲的态度，并不是以得似“利家”为荣的。

更有虽不明抑“行家”，但自独尊“隶家”的。明屠隆《画笺》“元画”条说：

评者谓士大夫画，世独尚之，盖士气画者，乃士林中能作隶家画品，全法气韵生动，不求物趣，以得天趣为高。观其曰写，而不曰画者，盖欲脱尽画工院气故耳。此等谓之寄兴，但可取玩一世，若云善画，何以上拟古人，而为后世宝藏？如赵松雪、黄子久、王叔明、吴仲圭之四大家，及钱舜举、倪云林、赵仲穆辈，形神俱妙，绝无邪学，可垂久不磨，此真士气画也。虽宋人复起，亦甘心服其天趣，然亦得宋人之家法而一变者。

“隶家”一辞的意义，此后渐不为人了解，于是望文生义，歧误愈多。《佩文斋书画谱》卷十六引明董其昌《容台集》一条（为今通行四卷本《容台别集》所无，或在五卷本中，待再觅校），题为“元钱选论画”

（按这条乃是董引钱语而加以申论的，这标题不恰当）说：

赵文敏问画道于钱舜举，何以称士气？钱曰：隶体耳。画史能辨之，即可无翼而飞，不尔便落邪道，愈工愈远。然又有关捩，要得无求于世，不以赞毁挠怀。吾尝举似画家，无不攒眉，谓此关难度，所以年年故步。

此条所称赵子昂、钱舜举问答之语，即《唐六如画谱》中所载者。而"隶家"一辞，误为"隶体"，又再引申附会，因而更加纷淆。

后来清王翚又误为"隶法"。历史博物馆藏山水直幅，款云："霄雨初晴，岁次壬午中元前三日奉赠东皋先生清鉴，海虞耕烟散人王翚。"自题云：

子昂尝询钱舜举曰："如何为士大夫画？"舜举曰："隶法耳。"隶者以异于描，所谓"写画须令八法通"也。元人以米元章父子与高房山侍郎画为士夫画，然倪元镇尝为米颠配享，虽功力不同，远韵则一。大都元季皆以董、巨为师。如陆天游、赵善长、柯九思、徐幼文，泼墨点染，各有秀色；如姚彦卿、唐子华、朱泽民学郭河阳者，不能与逸品争长矣。

又清钱杜《松壶画诀》说：

子昂尝谓钱舜举曰："如何为士大夫画？"舜举曰："隶法耳。"隶者有异于描，故书画皆曰写，本无二也。

其误与王翚相同。此后又有人从而穿凿，再在"写"字上发挥。清王学浩《山南论画》说：

王耕烟云：有人问："如何是士大夫画？"曰："只一写字尽之。"此话最为中肯。字要写，不要描；画也如之。一入描，便为俗工矣。

不但"隶家"演变为"写"字，钱舜举且为王耕烟所代替了。

至于力图分辨"士夫画家"非"外行"者，赵子昂之后，明、清亦多有其人。明沈颢《画麈》“遇鉴”条说：

> 今人见画之简洁高逸，曰士夫画也，以为无实诣也。实诣，指行家法耳。不知王维、李成、范宽、米氏父子、苏子瞻、晁无咎、李伯时辈，士夫也，无实诣乎？行家乎？

又“位置”条说：

> 行家位置稠塞不虚，情韵特减，倘以惊云落霭，束峦笼树，便有活机。米芾谓王维画见之最多。皆如刻画，不足学，惟以云山为墨戏，虽偏锋语，亦不可无。

这虽意在为士夫争“行家”的荣誉，但在他的言论中，正足以窥见当时社会上一般见解，原是以士夫画为“无实诣”“非行家”“不稠塞”的。又方薰《山静居论画》也说：

> 士人画多卷轴气，人皆指笔墨生率者言之，不禁哑然。盖古人所谓卷轴气，不以写意、工致论，在乎雅、俗。不然摩诘、龙眠辈皆无卷轴矣。

从这里也可窥见当时社会上曾以“笔墨生率”为士夫画的特点。方氏这里说士夫画原不生率，而人自误指生率的为士夫画，这与赵子昂的抽梁换柱，是同一手段。俱足见士大夫自争“行家”荣誉、洗刷“戾家”恶谥的苦心。

总之，在艺术事业中，“隶家”与“行家”，各有短长，决不是片言所能尽。其中究竟何优何劣？士夫画究竟有无实诣？实诣的程度及范围又应如何划定、如何理解？都有待于进一步的考辨。又每一画家的造诣既各不同，其每一作品的优劣，亦复不同。“行”“戾”互有交叉，殊难笼统著论，并且不是此文范围所及，现在都不谈。只是元、明以来，世人常把士夫画家归于“隶家”这一事，以及元、明以来士夫为此而发的断断争辩，则从以上资料中可得证明，或足为绘画史研究之一助吧。

一九六三年

读《红楼梦》劄记

《红楼梦》一书写了四百多个人物，写了一个封建大家庭十几年过程的生活史，中间有无数离合悲欢，矛盾冲突。它的形象鲜明，能使读者眼前呈现着荣、宁二府和大观园的巍峨景物，以及那些男男女女、老老少少的音容笑貌。书中也直接写出了许多生活制度、人物服饰、器物形状等。特别是清代旗籍里上层人物的家庭生活，更写得逼真活现。

但是如果仔细追寻，全书中所写的是什么年代、什么地方，以及具体的官职、服装、称呼，甚至足以表现清代特点的器物等，却没有一处正面写出的。这不能不使我们惊诧作者艺术手法寓真实于虚构的特殊技巧。所以从程伟元、高鹗所刻一百二十回本的插图以来，若干以《红楼梦》人物故事为题材的图画、雕刻等艺术品，所描写的服装都不能确切一致，有些方面，简直可以说无法画出，还有一些戏剧服装，也同样感到难于处理。

由于时代的变迁，以及对于清代旗籍人生活习惯的不熟习，对于书中所写的生活事物，究竟哪些是真实，哪些是虚构，也不太容易分出。从前有些人曾感觉到书中没有确切写出地点是南京还是北京，如果是北京，何以有妙玉栊翠庵中那种大树红梅？如果是南京，却又分明常提从南京来、到金陵去，等等的话。还有人觉察出书中从来没写出人物的脚，那些妇女究竟是缠足的还是不缠足的？其实作者不但没有正面写地方，也没有正面写年代；不但没有写脚，也没有写头。虽然有三次写到宝玉的辫子，但都非常具体地交代出是小孩辫发的特征，小孩的辫发，便不仅清代专有的了。诸如此类，真是不胜枚举。

后四十回出于续作，似乎已成定论，但也还有人怀疑其中可能有曹雪芹的某些残稿、资料或创作提纲，我也觉得还有这样探索的馀地。并且还觉得前八十回中也不见得毫无后人修补甚至改动的笔墨。即使后四十回全出于后人续撰，其撰者也并不止高鹗一人，这不属于本篇所谈的范围，所以暂不详及。现在只就这种有意回避的方面看，前八十回是相当严格的。后四十回就不免有露出马脚的地方。虽然如此，后四十回的撰者实已领会了曹雪芹在这方面的意图，所以在这方面绝大部分能和前八十回合拍。本篇既探索曹雪芹这种手法的精神，也一并举出后四十回里的例子。它的前后相一致处或露马脚处，也可以供研究前八十回修补和后四十回续撰问题的资料。

现在即从书中所写关于年代、地方、官职、服装、称呼及其他几点生活细节几个方面来举例说明。

一　年代与地方

古代许多小说，无论唐代传奇、宋元话本、明清一些长篇或短篇小说，常常首先交代故事出于某朝某代，某郡某县，甚至还要提出是作者亲历亲见亲闻，以资取信于人。当然其中也有许多可能是真实的和写得好的，但也确实有些作品的故事内容、生活制度、人物形象与那些时间地点的特色并不吻合，徒然成了一套“例行公事”，不起什么作用。《红楼梦》一书却不然，它首先提出“年代无考”“真事隐去”，但从书中的人物形象中却十足鲜明地表现了时代特征。作者在第一回写“太虚幻境”的石坊对联说：

假作真时真亦假，无为有处有还无。

这恐怕也是作者为自己这种寓真实于虚构的写作手法来发的一个声明吧！

先看书中所写的年代：

第一回假托僧道二人与顽石对答中提到：

只是朝代年纪，失落无考。

又说：

第一件，无朝代年纪可考。

到了七十八回《芙蓉诔》中，因为文体的格式关系，不得不具备年月日，于是提出：

太平不易之元，蓉桂竞芳之月，无可奈何之日。

这一方面表现宝玉对晴雯悲念追悼的心情，又好似游戏文章用不着郑重写出年月的样子，其实仍然是巧妙地避开真实年代。

至于第七十八回贾政述说恒王的事迹时，只说：

当日曾有一位王爵，封曰恒王，出镇青州。

这恒王分明是明代的王爵，何以不说“明朝”，而只说当日呢？这只要看了下文便好明白。下文述说异代之后朝廷“褒奖”前代人物时说：

昨日因又奉恩旨，着察核前代以来应加褒奖而遗落未经奏请各项人等。

在明代之后，当然是清代。这里前边用“当时”，后边用“前代”，这两朝关系便无形地交代过去了。

至于地方，常是真假参半。有些著名地方，并不只清代特有的，常用真名。例如：

苏州城（第一回）、苏州（第五十七回）

湖州（第一回）

金陵（第二回）、南京（第七十五回）

京口（第六十九回）

大同府（第七十九回）

元墓（第一一二回）

还有明代特有的地方建置，清代已然改变了的，例如：

金陵应天府（第三回）、应天府（第三回）

还有根本即假的，例如：

大如州（第一回）

铁网山（第十三回，脂本作“潢海铁网山”）

孝慈县（第五十八回）

平安州（第六十六回）

太平县、李家店（第九十九回）

急流津（一〇三回）

即书中那些地名真实的地方，其地理位置也非常含糊。

在佛教经典中，认为世界有四大部洲，中国属于“南赡部洲”，所以道场中写给神像的疏表，必须写出是世界上哪一部洲、哪一国家，然后才写什么年月，这是那些疏表的特有格式，在第十三回秦可卿丧事的疏表中写道：

四大部洲至中之地，奉天永建太平之国。

仍然没有“大明”或“大清”等类具体的朝代字样。

还有书中屡次提到“京城”，但一律都用“长安”。例如：

长安城中（第六回）、长安县（第十五回）

长安都中（第五十六回）

长安（第七十九回）

此外也有很多处提到“进京”“来京”等话的地方，但翻遍了全书，从来没有一个“京”字上有“北”字的。因为单提一个“京”字便相当地笼统，如说“北京”，则标识了清代的首都。固然明代的首都也是北京，未尝不可以强辩，但作者终于把它躲开了。

二 官 职

《红楼梦》一书中所有的官职名称，有历史上曾经有过的，也有完全信手虚构的。即以历史上曾经真有的官名来说，却常常不是同一朝代的，或者那个官职，在古代并不管辖那种事务。也有清代的官名，但那些往往是清代沿用前代的官名，并非清代所特有的。例如：

兰台寺大夫（第二回）

钦差金陵省体仁院总裁（第二回）

九省统制（第四回）

龙禁尉（第十三回）

永兴节度使（第十三回）

六宫都太监（第十六回）

都尉（第二十六回）

京营节度使（第四十四回）

九省都检点（第五十三回）

粤海将军（第七十一回）

镇海总制（第一百回）

总理内庭都检点太监（第一〇一回）

云南节度使（第一〇一回）

太师、镇国公、苏州刺史（第一〇一回）

京兆府尹（第一〇三回）

枢密院（第一〇七回）

镇海统制（第一一四回）

这都是些信手拈来、半真半假或名称残缺不全的官名。读者也可能由某一官名联想到清代某一官名，以为作者有意影射，但那只是读者的事，作者并不负责的。明清实有的，例如：

盐政（第二回）

额外主事（第二回）

员外郎（第二回）

国子祭酒（第四回）

通判（第三十五回）

太医院（第四十二回）

大司马（第五十三回，周官，历代借称）

礼部（第五十三回）

光禄寺（第五十三回）

太傅、翰林掌院事（第十三回）

都察院（第六十八回）

翰林、侍郎、员外（第七十八回）

指挥（第七十九回）

锦衣、刑部（第八十一回）

太医院御医（第八十三回）

巡抚（第八十五回）

工部郎中（第八十五回）

吏部尚书、兵部尚书（第九十二回）

内阁大学士（第九十五回）

江西粮道（第九十六回）

府尹（第一〇七回）

以上这些，有的是明代官名（例如锦衣），其他大多数是明清同有的，甚至是古代通有官名。

还有“营缮司郎中”（第八回），脂砚斋本作“营缮郎”，一百二十回本改成“营缮司郎中”，乍看去好似一个清代内务府七司中的官名，但清代内务府只有“营造司”。明代工部却有“营缮清吏司”“营缮提举司”。又“知贡举”（第一一九回）虽是清代也有的官名，但书中却说：

知贡举的将考中的卷子奏闻，皇上一一披阅。

清代知贡举只是古代监临官的职务，并不能直接奏呈皇帝，这里只是作为主管科场考试的官员来称呼的。

第一〇七回有“台站”一称，略着清代迹象，但已是后四十回中的话了。

其他像宫主、郡主、才人、赞善、太妃、少妃、皇亲、驸马、国君、太君、夫人等，也都在若即若离之间。只有一些“亲王”“郡王”，确是清代封爵中头两等，但书中所写的那些“亲王”“郡王”的封号，却又是无一真实，如什么“忠顺亲王”“北静郡王”之类。在第十一回、十四回等处，曾集中地写一批王、侯，但第十一回中只写郡王，第十四回中只写公侯，仍然看不出亲王在前、郡王在后的痕迹。又如“镇国公”确是清代曾有，但与太师、苏州刺史合并提出，便又落空了。

又如“侍卫”官，明清两代都有，但是“防护内廷紫禁道御前侍卫龙禁尉”便哪一朝也没有。作者似乎还嫌“御前侍卫”这一官名太真，所以在第十三回里两次写“侍卫”，第五十四回里一次写“侍卫”，但第十四回里旧抄本却作“侍值”（甲戌、庚辰、乾隆抄本一百二十回本），这不见得是偶误，按照以上规避真实官名的例子来看，恐怕“值”字却是原稿所有，“卫”字反是整理者所改的，也未可知。

还有王府属官，清代有王府长史，第三十三回中只提“忠顺府长府官”，仍然含混，而第一〇五回、一〇六回却提出“王府长史”，这也仍在后四十回的范围中了。

三 服 装

本书中人物的服装，有实写的，有虚写的。大体看来，是男子的多虚写，女子的多实写。女子中又是少女、少妇多实写，老年、长年妇女多虚写。女的官服礼服更多虚写，实写的只是些便服。宝玉虽是男的，但书中所写他的年龄，只不过是几岁到十来岁的小孩。凡能代表清代制度的官服，一律不见。

先看那些虚写的。第一回县令贾化是“乌帽猩袍”。第六回贾蓉是“美服华冠，轻裘宝带”。第五十三回“荣宁二祖遗像，皆是披蟒腰玉”。第八十五回“北静王穿着礼服”。这些已然令人无法捉摸，写了等于没写。

还有提到官服时，写得更为似具体而实笼统。第十六回贾母等入朝时，是“都按品大妆起来”。第十八回贾母等迎接元妃时，也是“俱各按品大妆”。第四十二回王太医是“穿着六品服色”。第五十三回新年祭宗祠之先，“由贾母有诰封者，皆按品级着朝服”，进宫朝贺行礼。又同回写“元旦日五鼓，贾母等人按品上妆”进宫朝贺。第七十一回贾母寿辰，北静王等人来贾府祝贺，“贾母等皆是按品大妆迎接”。第六十三回还写“按礼换了凶服”。凡此等等的“按品大妆”“按礼凶服”究竟是什么样子，作者一字未加描述。读者却也不难体会到是一片华美庄重的官服和各种特定制度的丧服。

实写的是一些少妇、姑娘、丫环、小孩。第三回写王熙凤的装束是：

> 头上戴着金丝八宝攒珠髻，绾着朝阳五凤挂珠钗，项上戴着赤金盘螭缨络圈，身上穿缕金百蝶穿花大红云缎窄裉袄；外罩五彩刻丝石青银鼠褂，下着翡翠撒花洋绉裙。

第八回宝钗装束是：

> 头上挽着黑漆油光的鬓儿，密合色的棉袄；玫瑰紫二色金银线的坎肩儿，葱黄绫子棉裙。

第四十九回黛玉、李纨、宝钗、邢岫烟在雪天里的服装是：

> 黛玉换上掐金挖云红香羊皮小靴，罩了一件大红羽纱面白狐狸皮的鹤氅，系一条青金闪绿双环四合如意绦，上罩了雪帽，二人一起踏雪行来，只见众姊妹都在那里，都是一色大红猩猩毡与羽毛缎斗篷，独李纨穿一件哆啰呢对襟褂子，薛宝钗穿一件莲青斗纹锦上添花洋线番羓丝的鹤氅。邢岫烟仍是家常旧衣，并没避雨之衣。

第五十一回写凤姐看袭人的装束是：

> 头上戴着几支金钗珠钏，倒也华丽。又看身上穿着桃红百花刻丝银鼠袄，葱绿盘金彩绣绵裙，外面穿着青缎灰鼠褂。

例子不必多举，这里边的服装大部分是具体的。因为清代初期的服装，有很多部分沿袭或局部改变明朝的形式，而妇女的便服中像大坎肩、外褂、衬裙等，都分明是明代习惯，这在清宫某些妃嫔、宫人的便装画像里还能看到，只是一样，绝对没有右掩大领和宽袖的。我们不难理解《红楼梦》里这些妇女服装的风气。同时这种装束，也常常只是少妇少女所用，书中贾母除了第五十回写“围了大斗篷，带着灰鼠暖兜”之外，并没有正面描述过什么穿戴。不但贾母，即王夫人、邢夫人、李纨（前举第五十回所述，只是说明临时防寒防雪衣物）、尤氏等，也一律未曾有过关于装束的全面描写。即凤姐等人装束那么具体，其中仍有迷离之处。例如清代妇女在“钿子”上插挂珠小凤钗，皇族命妇用九个，其他命妇用五个，号称“九凤朝阳”和“五凤朝阳”，这里略微一露，仍又含混其词。

至于宝玉的服装，第三回写道：

> 头上戴着束发嵌宝紫金冠，齐眉勒着二龙戏珠金抹额，一件二色金百蝶穿花大红箭袖，束着五彩丝攒花结长穗宫绦，外罩石青起花八团倭缎排穗褂，登着青缎粉底小朝靴。

第四十五回又写道：

> 黛玉看他脱了蓑衣，里面只穿半旧红绫短袄，系着绿汗巾子，膝上露出绿绸伞花裤子，底下是掐金满绣的绵纱袜子，靸着蝴蝶落花鞋。

还有其他若干次写宝玉的装束，也是红红绿绿，绝不似成年男子的服饰，何况还写他戴着“寄名锁”“护身符”（第三回），“长命锁”“记名符”（第八回），也更标识了是娇养的小孩。“紫金冠”又名“太子冠”，也是小孩游戏装束，所以后边第二十一回说：“宝玉在家并不戴冠”，即是这个缘故。后世许多图画上、舞台上，宝玉必戴太子冠，似与书中所说不符，但也实在没有其他办法的。

还有发辫是清朝特有的装束，但小孩的发辫却不止清朝独有。本书中曾有三处写辫子。第三回写宝玉：

> 一回再来时，已换了冠带：头上周围一转的短发，都结成小辫，红丝结束，共攒至顶中胎发，总编一根大辫，黑亮如漆，从顶至梢，一串四颗大珠，用金八宝坠脚。

第二十一回湘云为宝玉梳头：

> 湘云只得扶过他的头来梳篦，原来宝玉在家并不戴冠，只将四围短发编成小辫，往顶心上归了总，下面又有金坠脚儿。

第六十三回写芳官：

> 只穿着一件玉色红青驼绒三色缎子拼的水田小夹袄，束着一条柳绿色汗巾，底下是水红洒花夹裤，也散裤腿，头上齐额编着一圈小辫，总归至顶，结一根粗辫，拖在脑后，……越显得面如满月犹白，眼似秋水还清。引得众人笑说：他两个倒像一对双生的兄弟。

宝玉的衣裤这段前边已经表过，宝玉的辫子，前些回已写过，这里所说，自然不仅止是二人面貌相似，自然也包括装束的相似了。

按清代辫发制度是小孩初生，先剃胎发，中间留一个小小的辫顶，日后头发逐渐长长了，又把小辫顶以外其馀的头发梳成许多短的小辫，但这圈小辫之外，仍然剃去一圈。当四周小辫再长长了，归到一总，最后梳成大辫。这个过程，女孩和男孩一样，只是女孩在年龄渐长，发已长长后，便不再剃最外周围的一圈，这叫做“留满头”，再大到成年待嫁时，便梳起发髻，不再梳辫了。

本书中只有这几处正面写出发辫，写得也似非常具体，但其中仍然藏头露尾，并不写全。首先说男孩宝玉有发辫，但又说女孩芳官和他一样。既写了发辫，又仅只是小孩的发辫，成年男人的头发如何？却一字未提。又虽详写了小孩的发辫，而并未提四周的剃发。真所谓“故弄狡狯”了。书中果然没写剃发吗？却又写了，在第七十一回说：

> 未留发的小丫头。

所谓未留发绝不等于剃“光头”或剪“背头”，只是指未“留满头”而言的。因为这在从前口耳相传的语汇中，“留头”“留发”“留满头”，是人所共喻的。又有小男孩发未长长时，留一辫顶，欲称“杩子盖”，第六十一回柳家的对一小么儿说“别叫我把你的杩子盖揪下来”，即指这种发型。

又第七十八回写宝玉：

靛青的头。

头发颜色是乌黑、黑亮，不是靛青，这里所说，正是指剃去的周围。但是这些描写地方并不在一处，而相离故意很远，读者可以总看全貌，而得“心照”，但作者是并不负实写之责的。

本书中既把清代特有的服装回避得如此干净，但北静王这个人物又不能忽略不详写。所以作者便给他一身“戏装”。第十五回：

北静王世荣头上戴着净白簪缨银翅王帽，穿着江牙海水五爪龙白蟒袍，系着碧玉红鞓带。

这与第一回的“乌帽猩袍”正是同一手法。再次书中究竟写没写缠足呢？一百二十回本中只有一处透露了一件事，即第六十二回写香菱：

连小衣、膝裤、鞋面都要弄上泥水了。

按“小衣”即裤子，又称“中衣”。“膝裤”即缠足妇女在小胫上系的一种饰物，又称“裤腿”，这是缠足装束所特有的。脂本第六十九回曾写鸳鸯揭起尤二姐的裙子给贾母看；第七十回曾写晴雯的睡鞋；一百二十回本全部删去。即使不删，也并无妨，因为清代旗人妻女虽严禁缠足，但婢、妾是不在此限的。

又第三十三回写湘云看见袭人做鞋，以为是袭人自己的，经袭人说明，知是宝玉的。清代青少年男子穿花鞋的原是常事，这里也透露了袭人并非缠足的。

四　称　呼

《红楼梦》中的亲属称呼都很通俗，也是北方普通的习惯。例如：

哥哥、兄弟、姐姐、妹妹、姨妈、舅舅、婶子、姥姥等。

只有对于直系尊亲属的称呼，始终含糊。例如：王熙凤、贾蓉等称贾母为“老祖宗”；贾政、贾琏、宝玉、黛玉、秦氏、贾兰等称贾母为“老太太”。尤氏称贾敬为“老爷”。王夫人、贾珍、李纨、贾琏、宝玉等称贾政为“老爷”。王熙凤、秦氏、探春、宝玉等称王夫人为“太太”；贾琏称邢夫人为“太太”；史湘云称她自己的母亲为“太太”。

还有贾母对宝玉说他父亲贾政、他母亲王夫人时，常说“你老子”“你娘”，这是祖母对孙子称述他的父母的常事，但也竟自有说“你老爷”“你太太”的时候。还有贾母令宝玉对王夫人说话时，教他说：“你说：太太……”又贾代儒对宝玉称贾政时也说“你老爷”。

这种种地方，看来似乎平常，但仔细推敲，便容易发现它的不合情理。按前代封建官僚家庭中的称呼是非常严格的。子女对父母或是称“爸爸”“妈妈”，或是称“爹”“娘”；对祖父母多是称“爷爷”“奶奶”，总之都不许用“官称”，何以本书中却一律用“官称”呢？我曾怀疑这里边必定关涉到清代制度、习惯的特点问题。

按清代旗下人，包括汉军、内务府，称呼父母多用满语，即称父为“阿玛”，称母为“额涅”（用汉语时称“奶奶”），称祖父为“玛法”（用汉语时称“爷爷”），祖母为“妈妈”（用汉语时称“太太”），与汉人普通称呼不同（也有小孩偶然称父亲为“爸爸”的，也有妾生子女称其生母为“娘”、为“妈”以别于嫡母的）。在后期大致上对于小孩要求不严，对成年的晚辈，即不许违背习俗。

像本书作者曹雪芹的家庭，是皇帝亲近的内务府人员。远祖虽是明臣，但降清编入旗籍，在辽东已有相当长的时间，随清入关，又几代做了内务府旗人特定的重要官职。他们家庭中的称呼，作者耳濡目染的，必定是旗人的习惯。书中所写的既是当时旗籍中上层人物的生活，称呼自然不能采用非旗人的习惯，但如果用旗人的习惯称呼，又必然露出清代的特点。他之尽量采用“官称”，想必与此问题有密切的关系。这虽是出于揣度，但也只有这一种理由为最有力。

有人说这是否大官僚家庭中对于主要的家长所施的尊称呢？我觉得这不太可能的。因为清代大官僚家庭习惯既如上述，即使清初与后来偶有不同，但绝不会无故地混淆了行辈或等级。试看宋代皇子称他正在做着皇帝的父亲为“爹爹皇帝陛下”（见宋陈世崇《随隐漫录》卷四），清代皇子称父皇为“汗阿玛”，可见皇帝虽号称为“至尊”，甚至如果他是继承了伯叔的皇位的，他的本生父对他也要称臣，似乎是只有“国”或“公”的关系、没有“家”或“私”的关系了，但他的儿子称他时，在“皇帝”之上还要加上“爹爹”，在“汗”之下仍要加上“阿玛”，难道大官僚家庭中便可以有“老爷”无“爸爸”了吗？

再说贾蓉称述他的外祖父母时说“我老爷、我老娘”（第六十四回），这正是北方普通的称呼，外祖母又称“姥姥”，即如书中刘姥姥也是因她的女婿和王家认同宗，她便被指着板儿称为“刘姥姥”。又奴仆对老一辈的男女主人称“老爷”“太太”，这种“官称”在封建大官僚的家庭中，子女和其他晚辈如果一律称呼，便混淆了行辈和等级的关系，所以常有严格限制的。由于这样缘故，所以我们不难看出作者在书中称呼方面，也用了前边所举的同样手段。

五 其 他

清代旗下人，见面礼节，称为“请安”（大礼是叩头）。男子见面的礼节形式有两种：皇族对直系尊长是双膝跪下（又称“跪安”）；一般人则是单膝半跪（又称打千，即打跧）。但无论半跪全跪，原是古代都有的，所以书中屡次提到“半跪”“打千儿”。

旗下妇女的见面礼节都是扶膝半蹲。行大礼时是跪下举右手扶发髻的右翅，俗称磕“达儿头”。《红楼梦》中写贾珍对凤姐作揖，写凤姐只说“还礼”，并未写如何还礼。其他地方也从没详写过贾家妇女行礼的形式。

清初诸王极其尊贵，大臣见他们也要行“长跪请安”的礼节，后来曾有明令废止。书中第十四回写贾珍和贾赦、贾政见北静王时“以国礼相见”，究竟“国礼”是什么？也不具体写出，这与“按品大装”是一样手法。

旗人习惯对生存的长辈行大礼时一跪三叩（皇族对直系尊辈两跪六叩，祀祖先时三跪九叩）。百日丧服之内的孝子对人是一跪一叩，而谢赏时也只一跪一叩。所以第七十五回宝玉给贾母谢赏“磕了一个头”。无论何时从不用四叩，而写当宝玉出家以后，在船外向贾政“拜了四拜”，这却是第一百二十回里的事。

又全书中绝不露满语词汇，只有后边写莺儿端了一盘给贾母上供之后撤下来的供品瓜果，说“这是老太太的克什”。按“克什”是满语“恩赐”的意思，也指“馂馀”，所以祭神、祭祖所撤下的供物，叫做“克什”，甚至皇帝撤赐的“御膳”也称“克什”。这在全书中几乎是唯一的孤例，也是在后边第一百十八回中出现的。

书中所写的许多事物使人迷离，例如又有大树梅花，又“笼地炕”（第四十九回），地方南北，使人莫辨，这是读者常常感到的。但不着痕迹的地方，还有许多。例如，书中两次写贾母坐了“八人大轿”（第二十九回、五十三回）。按清代民间嫁娶可用八人轿外，在京官员最大只许四人轿，小则二人小轿，外省官员可用八人轿。不但后期如此，即雍乾时代也是这样（可参看清福格《听雨丛谈》）。那么贾母的坐八人大轿，又是在什么地方呢？

读者看到太虚幻境、十二钗册、秦氏之死、真假宝玉等地方，都极容易感到作者手法的迷离惝恍，其实作者这种手法，并不止于这些地方，而是随处俱有，屡见不鲜的。当然，以上所谈的各部各条里，也不见得没有作者出于信手拈来的地方，不能条条字字都认为是有多大的“深文奥义”；但作者这种用心的倾向，在书中实是极其明显的。

作者为什么必须要这样费尽苦心来寓真实于虚构呢？我初步推测可能有以下几种原因：

一、自古的统治者都不肯让人知道他们的真实生活，所以汉代孔光口不言温室树，宫庭院中的树都不敢说出，那么皇帝的其他生活之保密可知。至于和皇帝最亲近的皇族贵爵们，某些生活也和皇帝有共同之处，如果有人无意写出，也会引起误会，何况其中原本具有讽刺意味的呢？所以白居易的《长恨歌》分明是写唐明皇，但开头必须写“汉皇重色思倾国”，道理是一样的。

二、作者生存在清代康熙后期到乾隆初期，这时正是清朝政权盛衰的关键阶段。历史告诉我们，封建统治者们愈到衰弱的时期，忌讳愈多。官僚贵族的生活，完全写出，已经要遭忌，何况本书又有若干揭露、批判和谴责，那么祸患必然是会招致的。在当时所谓“文网严竣”的时期，作者何至于那么必要自投罗网呢？

三、作者既以他自己的家族、亲戚的生活为主要模型来创作这部小说，作者在狠狠地揭露、批判和谴责的背后，实在还有一定程度的惋惜和“恨铁不成钢”的心情。甚至作者似乎有意站在荣府一边，提出“祸首”是宁府，而处处加重谴责他们。因此在“吐之为快”的同时，又不愿十分露出模型中的真人真事。

四、在封建社会里，撰写通俗的小说、戏曲已然被认为是“背礼伤教”，至少是“不登大雅之堂”的事，再说小说、戏曲如果涉及妇女生活，更要被骂为“议人闺阃”“应下拔舌地狱”，何况又是以自己家人亲戚作模型呢？

作者在这种种的封建压力之下，所以不得不屡次声明是“假语村言”（第一回），又郑重提出“将真事隐去”（第一回），都是这个原因。现在所举各例，正是作者“隐去”“真事”中最巧妙不易察觉的地方，探索出来，对于曹雪芹艺术手法的研究上，或者可以增加一些资料吧！

一九六三年

谈南宋院画上题字的“杨妹子”

一　引　言

鉴定古代书画的真伪，所须辨别的，不止一端，应当最先着眼处，无款的辨别时代，有款的辨别姓名。倘若不知道款字是谁，又怎能判断它的真伪？即使能判断时代，也无法判断是这个人的亲笔还是别人伪充。宋元以来，名作如林，竟自有流传数百年，款印俱在，那些人也并不是潜耀埋名之士，况且累经名家鉴藏题跋，却一直地以讹传讹，终不能知道究竟是个什么人，像南宋“杨妹子”就是其中显著的一例。

世所传南宋画院马远、马麟的画迹中，常有宫人杨氏的题字，这人是谁，前代各家著录题跋每指称之为“杨妹子”，并且多说是宁宗皇后杨氏之妹，其名为“娃”。又或指题字为杨后。及至细考各件的题字印章以至各书记载，那些所谓“杨娃”“杨妹子”的说法，多属展转传说，竟在模糊影响之间，本文试申其所疑。

二　书画文献中关于“杨妹子”的记载

最早提出的是元人吴师道，他的《仙坛秋月图》诗见《礼部集》卷五，自注云：

> 宫扇，马远画，宋宁宗后杨氏题诗，自称杨妹子。

这是说“杨妹子”即是杨皇后。后来明初陶宗仪《书史会要》卷六，先出“恭圣仁烈皇后杨氏”小传，又出“杨氏”小传一条云：

宁宗皇后妹，时称杨妹子，书法类宁宗。马远画多其所题，往往诗意关涉情思，人或讥之。

这是说“杨妹子”是杨后之妹。明代王世贞又提出“杨娃”之说，《四部稿》卷一三七跋马远画水十二帧云：

画凡十二帧……其印章有杨娃语，长辈云，杨娃者，皇后妹也……按远在光宁朝后先待诏艺院，最后宁宗后杨氏承恩执内政，所谓杨娃者，岂即其妹耶？

看他说“印章有杨娃语”可见是据印文释为“杨娃”。又云：

题画后，考陶九成《书史会要》，杨娃者，果宁宗恭圣皇后妹也，书法类宁宗。

《书史会要》并没称杨娃，这是王世贞据印文与陶氏所记合而言之的。又厉鹗《南宋画院录》卷七引明项鼎铉《呼桓日记》云：

马远单条四幅，俱杨妹子题……其一绿萼玉蝶……再题“层叠冰绡”四字，后有杨娃之章一小方印。

这也是释印文为“杨娃”的。

至于认为题字即是杨皇后的，像前引元人吴师道诗注为最早，其后明人凌云翰有题“马麟《长春蛱蝶》并杨太后《扑蝶图》二小幅成一卷”七绝一首，见《南宋画院录》卷八引《柘轩集》。《长春》《扑蝶》二图，载在汪珂玉《珊瑚网》名画卷五。吴升《大观录》名画卷十四，俱未记画上款印，而图后有宋濂跋云：“旧时曾在宫掖，故其间有上兄永阳郡王及杨妹子之字。”可以见其题款大概。凌云翰既称《扑蝶图》是杨太后作，便是认为款字是杨后所题，也就是认为杨妹子即是杨后，这是近于吴师道之说的。清人王士禛《香祖笔记》卷四复驳吴师道诗注说：“以杨妹子为杨后，误。”吴其贞《书画记》卷一记马麟雪梅图云：

上有杨妹子题五言绝句一首，有坤卦印，此乃杨后印，后即妹子姊也。

又卷三记马麟《梅花图》云：

> 上有楷书题五言绝一首，用坤卦图书，盖杨妹子奉杨后所题也。

又卷五记马麟《梅花图》云：

> 上有楷书诗句，用坤卦图书，不知是杨后、杨妹子也。

合三条来看，吴氏似乎也没明白妹与姊的字迹分别究竟何在？文献中关于杨氏的说法，至此可算纷纠到了极点了。

三　杨氏的题字和印章

马远画水十二帧，现藏故宫博物院，即王世贞所鉴藏题跋的。每页题四字，如"云生沧海"等，四字后各有小字一行，作"赐大两府"，这行小字的上端，钤"壬申贵妾杨姓之章"朱文长方小印一，篆文多不合《说文》，才知王世贞致误之由，看他只说"其印章有杨娃语"，而不详记印文，大概他是不能完全认识印文奇字。印中"姓"字"生"旁笔画较繁，近似"圭"字，以致误为"娃"字。按宋人好称某姓，米芾的题跋及印章中每自称米姓，可以为证。

又曾见宋院画长方小横册八片，合装一册，方浚颐旧藏，《梦园书画录》卷二著录。册中五片有题字，多是先题四字或五字的图名标目，如"绿茵牧马"等，后各书小字一行，都是"上兄永阳郡王"，在这六字的字迹上，罩盖"癸酉贵妾杨姓之章"朱文长方小印。

又故宫藏马麟画梅花直幅，上有杨氏题诗，另有"层叠冰绡"四字标题，诗后有"赐王提举"小字一行，这行上端钤"丙子坤宁翰墨"朱文长方印，这行下端钤"杨姓之章"朱文方印。

其他题画之作还很多，并且有本是别人题字而被人误认为是杨氏题的，俱不一一列举。

即就以上数件的字迹看来，笔法一致，不似出自两手。其中壬申、癸酉、丙子等干支，以南宋宫廷题字习惯看去，乃是记载作书之年，常见南宋诸帝书字，在“御书”一印外，常有干支一印，足为旁证。诸件中究竟哪件是姊书，哪件是妹书，恐怕是没人能够分出的。

四 杨氏的身世

考《宋史》卷二四三《恭圣仁烈杨皇后传》说：“少以姿容选入宫，忘其姓氏，或云会稽人……有杨次山者，亦会稽人，后自谓其兄也，遂姓杨氏。”又以《宋史》本传及《朝野遗记》《四朝闻见录》《齐东野语》诸书合看，杨氏本是宫廷乐工张氏的养女，十岁入宫为杂剧孩儿，受到吴太后的宠爱，把她赐给宁宗，历封郡夫人、婕妤、婉仪、贵妃。宁宗的韩后死后，继立为皇后，理宗立，尊为太后。她工于权术，杀韩侂胄，用史弥远，以持朝政。其初自耻家世卑微，引杨次山为兄，周密《齐东野语》卷十说：“密遣内珰求同宗，遂得右庠生严陵杨次山，以为侄（按此“侄”为“兄”之误），既而宣召入见，次山言与泪俱，且指他事为验，或谓皆后所授也。”后初姓某，至是始归姓杨氏焉。次山随即补官，循至节钺郡王云。又《宋史》称次山二子，长名谷，次名石，俱位致通显，而没有人谈到杨后有妹的。那么这“妹子”之称，究从何来？我反复寻绎，明白了她既引杨次山为兄以自重，赐画题字，都称“上兄永阳郡王”，那种尊崇的情况可见，那么所谓“妹子”，就是自其兄杨次山推排行第而言的。是“兄妹”之妹，不是“姊妹”之妹。吴师道的说法并未错。陶宗仪望文生义，以“妹子”为皇后的妹妹，于是沿讹了数百年，其间王士禛以吴师道的不误为误，吴其贞又由妹来推姊，都是“妹子”一称所造成的混乱。

所谓“大两府”，乃指她的长侄杨谷，宋人以中书、枢密为两府，杨谷的官阶，《宋史》只说“至太傅、保宁军节度使、充万寿观使、永宁郡王”。中间必曾经历两府的职衔。杨氏题画，对于兄说“上”，对于侄说“赐”，尊卑的表示，是很清楚的。

壬申是嘉定五年，癸酉是六年，丙子是九年。这时已在开禧三年杀韩侂胄之后，所以杨次山获郡王之封，而杨谷位至两府。《宋史》称杨后卒于绍定五年，年七十一，那么壬申年题画水时年五十一。

五　前代人对于“永阳郡王”的误认

“上兄永阳郡王”的款字，曾引起许多误解：马麟《蝶戏长春图》，上有“上兄永阳郡王”的字样，已见前引宋濂跋语中，这卷中还有元人张愚题诗云“亲王墨未干”；杨维桢题诗云“留得亲王彩笔题”；至于宋濂所云“旧时曾在宫掖，故其间有上兄永阳郡王及杨妹子之字”，也是认“永阳郡王”为赵氏的诸王之一。

清钱大昕《潜研堂文集》卷十八，有《记赵居广画》一则，略云：“观宋元人画二十馀种汇为一册，着色皆工妙，中有《樱桃黄鹂》横幅，长不盈尺，广半之，题云‘上兄永阳郡王’，覆以长印，不著年月。或询以永阳为何人，予偶忆周益公《玉堂杂记》有淳熙三年……永阳郡王居广并加食邑事，因举以对。归检益公集，则有乾道六年……皇兄岳阳军节度使……永阳郡王……制，又有乾道七年赐皇兄……永阳郡王居广生日勅。宋时封永阳郡王者固非一人，此称上兄，其为居广无疑矣。”又云：“宋之宗室能画者，如令穰、伯驹、伯骕辈，世多称之，独居广不著于陶宗仪、夏文彦之录，一艺之传，亦有幸有不幸哉，予故表而出之。”按画上所题“上兄”，乃是“上给兄”，不是“上的兄”，由此一读之误，竟使居广忽得能画之名，可算是“不虞之誉”，但这错误也是自元人开始的。

《樱桃黄鹂图》，现在上海吴湖帆先生家，印文也是“癸酉贵妾杨姓之章”，潜研只说“覆以长印”，大概也是因为印文的字怪难辨吧？画无款，作者当仍不出马氏父子之外。

杨后能诗，有宫词一卷，毛晋刻在《五家宫词》中，缪荃孙曾见元人抄本一卷，与刻本颇多异同，见《云自在龛随笔》书画类中。黄丕烈士礼居曾校元人钞、毛氏刻重刻一卷。我曾想她的题画之作可能有见于宫词中的，容再校对。

一九六四年

孙过庭《书谱》考

唐孙过庭《书谱》，议论精辟，文章宏美，在古代艺术理论中，可称杰构。其所论，于其他艺术，亦多有相通之理，不当专以书法论视之。原稿草书，笔法流动，二王以后，自成大宗。惟作者生平，各书记录甚略，名字籍贯，更多纷歧。其《书谱》卷数之存佚分合，墨迹与刻本孰真孰伪，种种问题，常有聚讼。至于释文定字，亦有异同，于文义出入，所关甚大。功不揣谫陋，试加考索，兼抒管见，著为是篇。敬俟读者予以指正。

一　作者之事迹

唐窦臮《述书赋》下，窦蒙注云："孙过庭，字虔礼，富阳人。右卫胄曹参军。"唐张怀瓘《书断》下《能品》云："孙虔礼，字过庭，陈留人，官至率府录事参军。博雅有文章，草书宪章二王，工于用笔，儁拔刚断，尚异好奇。然所谓少功用，有天材。真行之书亚于草矣。尝作《运笔论》，亦得书之指趣也。与王秘监相善，王则过于迟缓，此公伤于急速，使二子宽猛相济，是为合矣。虽管夷吾失于奢，晏平仲失于俭，终为贤大夫也。过庭隶行草入能。"《四库提要》卷廿一，论及窦、张二书关于孙氏名字问题云："二人相距不远，而所记名字爵里不同，殆与《旧唐书》称房乔字元龄，《新唐书》称房元龄字乔，同一讹异。疑唐人多以字行，故各处所闻不能尽一。"功按：王秘监即王绍宗，字承烈，江都人。《书断》亦列之于能品，其名紧列过庭之前。又唐陈子昂撰有

《孙君墓志铭》，虽简而可珍，录其全文如下（《陈伯玉集》卷六，《四部丛刊》景印明刻本）：

率府录事孙君墓志铭并序

鸣乎！君讳虔礼，字过庭，有唐之□□人也。幼尚孝悌，不及学文；长而闻道，不及从事禄。值凶孽之灾，四十见君，遭谗慝之议。忠信实显，而代不能明；仁义实勤，而物莫之贵。陻厄贫病，契阔良时。养心恬然，不染物累。独考性命之理，庶几天人之际。将期老有所述，死且不朽。宠荣之事，于我何有哉！志竟不遂，遇暴疾卒于洛阳植业里之客舍，时年若干。

鸣乎！天道岂欺也哉！而已知卒，不与其遂，能无恸乎！铭曰：

嗟嗟孙生！见尔迹，不知尔灵。天竟不遂子愿兮，今用无成。鸣乎苍天，吾欲诉夫幽明！

陈子昂又有《祭孙录事文》（《陈伯玉集》卷七），并录如下：

祭率府孙录事文

维年月日朔，某等谨以云云。古人叹息者，恨有志不遂，如吾子良图方兴，青云自致。何天道之微昧，而仁德之攸孤！忽中年而颠沛，从天运而长徂。惟君仁孝自天，忠义由己；诚不谢于昔人，实有高于烈士。然而人知信而必果。有不识于中庸，君不断于贞纯，乃洗心于名理。无常既没，墨妙不传。君之逸翰，旷代同仙。岂图此妙未极，中道而息。怀众宝而未摅，永幽泉而掩魄。鸣乎哀哉！平生知己，畴昔周旋。我之数子，君之百年。相视而笑，宛然昨日。交臂而悲，今焉已失。人代如此，天道固然。所恨君者，枉夭当年。嗣子孤藐，贫窭联翩。无父何恃，有母茕焉。鸣乎孙子！山涛尚在，嵇绍不孤。君其知我，无恨泉途！鸣乎哀哉，尚飨！

据志铭及祭文，约略可见孙过庭出身寒微，四十始仕，遭谗失职，述作未遂，卒于洛阳，寿仅中年。其官职与《书断》同。其死因则曰暴疾，曰枉夭，似非善终者。所惜生卒年月，未有明文。

按《宣和书谱》卷十八《孙过庭传》云："文皇尝谓：过庭小字（或作"小子"），书乱二王。盖其似真可知也。"是其曾及见太宗。再观所谓"将期老有所述，志竟不遂"，参以《书谱》卷上，是其已有撰述，但尚未完成。又云"中年"、云"枉夭"。假定撰写《书谱》卷上之后即逝世，其年岁姑且从宽以六十岁计，则当生于贞观二年。此不过约略估计，以见孙氏生存大约当此一段时间而已。

或谓《书谱》自云："余志学之年，留心翰墨。"又云："极虑专精，时逾二纪。"以为撰《书谱》时，仅过三十五岁。推其生于高宗永徽三、四年间，于《宣和书谱》所称文皇之语，以为传闻之误。功按《宣和书谱》引文皇之语，固未必可凭，惟《书谱》之撰写，似非三十馀岁之人所作。盖其中论列少年、老年之甘苦，如非亲有比较体味，不能鞭辟入里。且如撰谱在三十馀岁，是其"有述"不待"期"诸老年。至于"二纪"之说，当指其集中精力，锐意用功之年，此"二纪"之后，至撰写《书谱》之前，固可容有相当之时间。略记于此，以俟商榷。

《书谱》末段曾慨叹知音难遇，又自解以为"岂可执冰而咎夏虫"。余初读之，以为不过文士之牢骚常谈，继观《述书赋》曰："虔礼凡草，闾阎之风，千纸一类，一字万同。如见疑于冰冷，甘没齿于夏虫。"正是针对《书谱》之言而发。或孙氏所致慨者，与窦氏一流有关，故作赋在七十年后，尚有意反唇相诬。今诵陈撰志铭，再合《书谱》之语观之，更悟孙氏必以寒微见轻，又以愤激遭嫉。窦氏指为凡草，轻为闾阎，正代表当时豪贵门第之见，则志铭虽略，亦自有其可贵之史料价值在。

至于孙氏自题"吴郡孙过庭撰"，吴郡当是郡望，过庭或是以字行。唐人习惯，常以字行，他人不察，又以其名为字。《述书赋》与《书断》所记互倒，殆由于此。至于官职里贯，窦、张、陈三书不同。但《书断》所记名字、官职等与志铭多合，则陈留之里贯，或者可据！

二 《书谱》之名称问题

《书谱》之名，不见于唐人著录。《书断》卷下称孙氏尝著《运笔论》。然观其卷末总评有云："孙过庭云：元常专工于隶书，伯英犹精于草体。彼之二美，而羲、献兼之。并有得也。"其语见于《书谱》，知张怀瓘所言之《运笔论》，即是《书谱》。

《宣和书谱·孙过庭传》云："作《运笔论》，字逾数千，妙有作字之旨，学者宗以为法，今御府所藏草书三：《书谱序》上下二；《千文》。"盖以《运笔论》与《书谱》二名互用者。

《佩文斋书画谱》卷廿六《孙过庭传》引明王鏊《姑苏志》云："过庭书至能品，尝著《书论》，妙尽其趣，即《书谱》也。"按《书论》之名更少见，不知所据为前代何人所题之别名。

孙过庭自称："撰为六篇，分成两卷。"其六篇之目，今已不传。包世臣《艺舟双楫》卷二《自跋删拟书谱》曾推测为"执使转用拟察"六目，亦仅为臆测。汪珂玉《珊瑚网》卷廿四上所节录之一段，标曰《执要篇》，乃明人妄题，不足为据。

三 《书谱》墨迹之流传

《书谱》墨迹在唐代之流传，已不可考。只见张怀瓘《书断》曾引用，日本僧空海曾传录。至宋，米芾《书史》于墨迹始有记述，其后流传，则大略可知。兹就载籍所见，罗列如下：

一、北宋时初在王巩家，转归王诜家。见米芾《书史》。

二、后入宣和御府。见《宣和书谱》。

三、元初在焦达卿家。元周密《云烟过眼录》卷上云："焦达卿敏中所藏唐孙过庭《书谱》真迹上下全。徽宗渗金御题，有政和、宣和印。"

四、经虞集手。孙承泽《庚子销夏记》卷一，记《书谱》墨迹，称所缺之若干字，"虞伯生临秘阁帖补之"。

五、明代上半卷为费鹅湖（宏）藏，下半卷为文徵明藏。见文嘉《钤山堂书画记》。

六、入严嵩家，两半卷合为一轴。见《钤山堂书画记》及《天水冰山录》。

七、严氏籍没后展转归韩世能。张丑《清河书画舫》卷三云："孙过庭《书谱》真迹亦藏韩太史家，严分宜故物也。"又张丑《南阳法书表》云："孙虔礼《书谱》，前有断缺，宣和政和小玺。"

八、清初在西川士大夫家，见孙承泽《庚子销夏记》卷一。

九、自西川士大夫家归孙承泽。见《庚子销夏记》。今卷中有孙氏藏印。

十、孙承泽藏后，归梁清标，有梁氏藏印。

十一、自梁氏归安岐，曾摹上石。安岐跋其石刻后云："丙戌岁，从真定梁相国家得此真迹。"

十二、安岐藏后，入乾隆御府。刻入《三希堂帖》。后归故宫博物院。

四　记墨迹本

今传《书谱》墨迹本，前绫隔水上端有宋徽宗瘦金书签"唐孙过庭书谱序"，接押双龙圆玺；下端押"宣""和"二字联珠玺，又一大方印不可辨。后绫隔水上端押"政和"二字长方玺，下端押"宣和"二字长方玺。本身纸上前后尚有宋印二方，文不可辨（后一似是"李氏书印"。）尚有孙承泽、梁清标、安岐诸藏印及清代三朝宝玺。

本身首行标题"书谱卷上"下书"吴郡孙过庭撰"，次行正文自"夫自古之善书者"起。其后自"也乖合"至"湮讹顷见"十三行，共一百三十一字，误装于"心遽体"之下（故宫第一次影印曾移还原处）。再后"汉末伯英"以下，缺一百六十六字。再后"心不厌精"以下，缺三十字。最末题"垂拱三年写记"一行。

卷身纸本，每纸高约今市尺（每市尺相当三十三厘米又三毫米）八寸馀，每纸边有朱印边栏痕迹，纸长今市尺一尺三寸。第一纸十三行，以下十六行至十八行不等。正文首行十一字，以下多者十二字，少者八字，每幅纸边常残存合缝印之边栏。“汉末伯英”以下，以字数计之，且从曹本、薛本审视字形行气，知所缺为十五行，中有夹缝添注小字十字不以行计，“心不厌精”以下，所缺为三行。大略如此。

孙承泽《庚子销夏记》卷一《孙过庭书谱墨迹》条云：

> 甲申忽睹此卷，惊叹欲绝，以市贾索价太昂，不能收，惜惋竟日。卷上有宋高宗、徽宗双龙玺及宣和小玺。卷中“五乖也”下少一百三十字；“汉末伯英”下少一百六十八字，虞伯生临秘阁帖补之。后越六年，复见于西川士大夫家，以予爱之特甚，乃许购得，已将虞所补并后跋割去，时一披阅，觉宋人所刻尚在影响之间，而停云不足言也。

按“五乖”下原缺之一段，今卷中已重补还。且此段实为一百六十六字。“汉末伯英”下实少一百六十六字。记数俱有小误。其后“心不厌精”以下原缺三行，孙氏漏记，不得因此小异而疑孙藏之非此卷也。

由于翻刻诸本流行既久，遂有疑今传墨迹本为摹本者，如有正书局石印刘铁云藏拓本题为《宋拓太清楼书谱》（实为明曹骖刻本，辨详后）。王宝莹跋，据曹本而疑安刻底本（即墨迹本）为宋人模写者。余绍宋《书画书录解题》卷三著录《书谱》，亦谓墨迹本为摹本。按墨迹本有特点数端，试略言之。

一、宣和签题玺印完具。

二、笔锋墨彩，干湿浓淡，处处自然，毫无钩描痕迹。

三、笔法有一种异状，为临写所不能得者。即凡横斜之笔画间，常见有一顿挫处，如竹之有节。且一行中，各字之顿挫处常同在一条直线之地位，如每行各就其顿挫处画一线，以贯串之，其线甚正而且直。又各行之间，此线之距离，又颇停匀。且此线之一侧，纸色常有污痕，而其另一侧，则纸色洁净。盖书写时折纸为行，前段尚就格中书写，渐后笔势渐放，字渐大，常骑在折痕之上写，如写折扇扇面，凸棱碍笔，遂成竹节之状，亦初非有意为顿挫之姿，其未值凸棱之行，则平正无此顿挫之节。纸上污痕，亦由未装背时所磨擦者。今敦煌出土之唐人白麻纸草书《法相宗经论》，所折行格之痕，有至今尚在者。明乎此，则顿挫竹节之异状，可以了然。明代翻刻之本，或由不解其故，或由摹勒粗率，遂至失之。（节笔之说，日本松本芳翠有《关于孙过庭〈书谱〉之节笔》一文，见《书苑》第一卷第七号。）

再观墨迹行笔甚速，与《书断》所言“伤于急速”之说相合，如谓此卷为面对真迹临写而成者，则行笔既速，笔笔顿挫处又恰尽在同一直线处，殊不可能。如谓为双钩廓填者，其顿挫位置固易准确，但其墨之浓淡及侧锋枯笔，何以如此之活动自然？双钩古帖，虽精工如《万岁通天帖》，其墨色浓淡、行笔燥湿处，亦终与直接写成者有别。如谓为宋人折纸为行以临者，其顿挫固可同在一行，行笔亦可不同于钩填，但宣和签印，事事的真，宣和何至误收当代临本。可知宣和御府所收，即为此本。

近年见真宋刻残本，其字形、顿挫，俱与墨迹吻合，知宣和入石，即据此墨迹。

五　其他墨迹异本

清吴升《大观录》卷二曾记三种《书谱》墨迹本，其原物今皆未见，考其所言，盖是临摹之本，以尚未经目验，姑用存疑，只称之为“异本”。吴升曰：

> 孙过庭《书谱》真迹，牙色纹纸本，七接，首有痕如琴之断纹，古气奕奕，草书指顶大，墨彩沉厚，而结体运笔，俱得山阴正脉。吴傅朋长跋六百馀言，小楷精妙，不负南渡书名第一。后宋元明题识历历。接纸处及前后隔水，傅朋收藏诸印粲列，骑缝又有秋壑封字方印，拖尾宋光笺极佳，北平孙少宰收藏物也。按此迹宣和曾经刻石，傅朋得之，又镵置上饶署中。入明，黔宁王沐昕亦有刻

本，字体小弱，与此迥异。别见黄信纸不全墨本，虽宋初人所临，然殊精彩有骨力。又有黄笺一本，乃元人临者，纸嫩薄，墨浮花，较对真迹，总若河汉耳。

按其所记之第一本，只有吴说（傅朋）藏印跋尾，及贾似道（秋壑）藏印，虽言宋元明题识历历，独未有宣和签印，其非《宣和书谱》之本甚明。至云为孙少宰（承泽）收藏之物，倘非吴升误记，则孙承泽曾并藏两卷，而其《销夏记》不著录此吴说旧藏之本，其故亦颇可研究。今试推测，此盖为一摹本。所谓笔法得“山阴正脉”者，殆与阁帖面目相近而已。《大观录》于此段记述之后，继录《书谱》本文，自“书谱卷上”起，至“写记”止，与其他各本无异。释文字有异同不足论。古跋一无所录。其所记第二本，所谓不全而有骨力者，余窃疑即今之墨迹本。彼以所谓“山阴正脉”者为真，则当然视此为临本。即如清季王宝莹曾以曹、薛之本为中锋、为真本，以安刻本为偏锋、为摹本，殆属同类。所惜吴氏之言过简，一时难得确证。

清吴其贞《书画记》卷五记《孙过庭绢本书谱一卷》云：“前段缺去六行，系后人全者。书法纵逸，多得天趣，为神品之书。识曰‘垂拱元年写记’。此书已刻入停云馆。”按是另一种绢上摹本。

六　宋内府摹刻书谱之情况

《书谱》摹刻上石，最初在宋徽宗大观年间。宋曹士冕《法帖谱系》、赵希鹄《洞天清禄集》、曾宏父《石刻铺叙》、陈思《宝刻丛编》、元袁桷《清容居士集》（卷四十七《兰亭跋》）等俱有记述，而以陶宗仪《辍耕录》所记最为简明扼要。兹录陶氏之说，以概其馀：

初，徽宗建中靖国间，出内府续所收书，令刻石，即今《续法帖》也。大观中又奉旨摹拓历代真迹，刻石于太清楼，字行稍高，而先后之次，与《淳化》则少异。其间数帖，多寡不同。各卷末题云：“大观三年正月一日奉圣旨摹勒上石。”此蔡京书也。而以建中靖国《续帖》十卷，易去岁月名衔，以为后帖。又刻孙过庭《书谱》及贞观《十七帖》。总为廿二卷，谓之《大观太清楼帖》（卷十五《淳化阁帖》条）。

今再排列其目于后以便观览。

大观间太清楼所刻帖：

一卷至十卷，用《淳化阁帖》之原底本重新摹刻，略加改动。即世所称之《大观帖》。

十一卷至二十卷，以建中靖国《续帖》十卷，磨改旧题，以为《大观帖》之《续帖》。（此十卷摹刻始于元祐时，欲为《淳化》之《续帖》，至建中靖国时毕工。原为刘焘题签，后经磨改，由蔡京重题。）

二十一卷，孙过庭《书谱》。

二十二卷，《十七帖》。（他书或列《十七帖》为第廿一卷，《书谱》为第廿二卷。）

据此知《秘阁续帖》中并无《书谱》，后世凡称秘阁本《书谱》者，或由误于未考；或由概称宋内府太清楼为秘阁；又或出于伪造及妄题。

宋内府摹刻之外，尚有吴说于上饶翻刻之本，见吴升《大观录》，惜未见传本。其馀大率以一再翻摹之本妄充太清楼刻，甚至伪造“元祐二年河东薛氏模刻”之款，以炫其更早于太清楼。

七　所见之各种摹刻本

一、宋太清楼刻本　《庚子销夏记》卷一《宋太清楼书谱》条云：“太清楼《书谱》，视《秘阁》稍瘦（按《书谱》刻石，次于《秘阁续帖》之后，已见前，孙氏此说误），其率意处，无不与墨迹相合。道君与蔡元长皆精于书法者，故工致至此。”此种真本，流传极少。抗日战争时，保定人家出残本十四片，每片八行（其中一片七行），自“暗于胸襟”起，至“重述旧章”止，共一百一十一行，纸墨俱古，隔麻淡拓，笔锋点画，出入分明，刻法与《大观帖》同样精工，石高亦与《大观帖》及河南本《十七帖》（又称汴本，即太清楼中《续帖》后附之本，流传者，以刘世珩旧藏本为最知名）相同，故较墨迹行款略有移动。（《淳化阁帖》板式稍矮，以致误将张芝帖中草书“处”字分在两行，成为“不可”二字，《大观帖》刻石，为之改正，帖石高度遂以此帖此行为标准，此是翁方纲说，甚确。按太清楼《书谱》与河南本《十七帖》既与《大观帖》石同高，故每行移多二三字。）张伯英先生一见惊喜，考为太清楼真本。其笔法转折顿挫，俱与墨迹本无异（孙承泽所谓率意处，殆即不解顿挫现象之故，而称之为率意）。此残本旋归吴乃琛，转归韩德清，后在陈叔通先生家，今藏故宫博物院。或谓此残册字与墨迹既同，安知非近时用墨迹摹刻伪造者？答曰：姑且不言纸墨之旧，即起首“暗于胸襟”等十七字，真迹已缺（《停云》刻石时，此处三行真迹已缺），刻者何从依据。如云据明刻补成，何以补字竟与其他诸字完全一类？如云帖是明初人据真迹所刻，何以又必依《大观帖》石之高度？据此可知，诸疑俱难成立。故在今日谈宋内府所刻《书谱》，当必以此十四片为真龙。今有文物出版社影印本。

二、明顾从义旧藏宋拓本　今藏日本中村不折家，有晚翠轩影印本。首题“书谱卷上”，下署“吴郡孙过庭撰”，后至“写记”止。正文首行十二字。刻法笔迹较方，亦间有误刻之笔（如“少不如老”之“老”字等）。尾有沈曾植、王瓘跋。沈跋疑为金源旧刻，然亦无显据。

三、江阴曹骖刻本　石高与《大观帖》相等，首有小楷一行曰：“唐孙过庭书谱。”帖文首行十四字，行式与宋太清楼刻真本残册相同，推知源于宋刻。册之首尾各有蛀损痕迹，皆以细线钩出，蛀痕呈对称状，知底本为半页五行之裱册本。中有因笔画残损而成误字者，如“务修其本”之“本”字，竖划下半未刻，遂成草体“书”字，此盖由底本墨淹不明所致。惟尾无“垂拱三年写记”一行，后有嘉靖二十二年江阴曹骖小楷跋一段。曹骖跋泛论书法，未言底本出处。其中“得意忘言”后，石缺一角。“忘怀楷则”起六行之间有斜泐一道。有正书局曾石印刘铁云藏本，题称《宋拓太清楼书谱》即此石也。缺泐全同，但撤去曹骖一跋（以下简称曹本）。道光间僧达受《小绿天庵遗诗》卷下《宋拓书谱歌》注云："曹氏本末行'垂拱三年写记'佚，后跋亦未说及。今石在吴门。近人割去曹跋，伪宋刻也。"惟对其所题之本，只作泛咏，未言及有何特点，真伪不可知矣。

四、薛刻本　全帖与曹本俱同，惟尾多"垂拱三年写记"一行。末有"元祐二年河东薛氏模刻"款字一行。此本笔画僵直且瘦，顿挫俱无。元祐伪款，殊不值一辩（以下简称"薛本"）。

张彦生先生相告云，薛本第三十三行"实恐"之"实"字，"宀"之右钩接连"宀"头之首点，误成一小圈，于后补刻更正之字。一般裱本，多未将更正之字裱入。曹本中此"实"字不误。再以太清楼残本校之，曹本是而薛本非者尚多，足证薛本翻自曹本，或同出一底本，曹工精而薛工粗也。惟薛本有"垂拱"一行尾记，而曹本无之，余窃意曹本之石并非曹氏所刻，殆如书籍板片，刻后易主，新主常改刻己名。曹骖跋语全是空论，于本帖无关。知其不过附庸风雅者。且末行正当一石之首，其后殆有原刻者之跋，曹氏删之遂失尾款一行耳。

五、《停云馆帖》本　明文徵明集刻法书，卷三为《书谱》，前半卷与曹、薛之本相同，凡曹、薛之缺字，此无不缺（"本"字亦误）。而曹、薛"本"之残存半字处，此俱删之，篇首残存"卷上"二字之标题亦删。度其用意，似待觅别本补足者。正文首行十二字，行式移动，与墨迹及曹、薛本俱不同。自"约理赡"起，行式、残字，以至笔法顿挫处，无不与墨迹本相同。尾有"政和""宣和"二长方印，其后又有"政""和"二字连珠印及"内府图书之印"九叠文大方印，盖原卷后拖尾上所钤，今墨迹本后隔水左边尚存连珠印之右边栏，而拖尾已失去。"心不厌精"之后三行（三十字）墨迹所缺，此刻亦是用曹、薛一类之本补成者。今日墨迹中纸边损字又复增多，而《停云》入石时尚间有存者。其帖刻于嘉靖三十七年，在曹刻之后。明章藻重刻停云本将原刻缺字俱补足，后半摹法亦失真。

六、《玉烟堂帖》本　明海宁陈氏集刻古法书，中收《书谱》，出于曹、薛一类之本，卷首标题全删，其后各字及残缺处与曹、薛之本俱同

（“本”字亦误）。尾有“垂拱”一行。正文首行十一字。全卷移行，笔法更失。翻刻本中，此为最下。其帖刻于万历四十年。

七、安刻本　清安岐得墨迹本，精摹木板，当墨迹影印本未流行时，此拓最称善本，然亦有失漏处，例如“悬隔者也”等处行式取直，顿挫之笔，遂失其一线之位置。“五十知命”下删去旁注之“也”字。“心迷议舛”之“议”字，删去旁添之“言”旁。“诱进之途”之“途”字及“垂拱三年”之“三”字各改笔痕迹俱删去。不能谓为毫无遗憾者。附有陈奕禧释文。

八、《三希堂帖》本　据墨迹本入石，行式全改，笔意尚存。

九、翻安刻本　余所见有四本：甲、嘉庆庚午年长白毓兴（字春圃）刻于扬州转运使署者，乃嘱钱泳所摹，附有钱氏所书释文。钱跋称校正陈香泉（奕禧）释文，然亦有再误者。乙、嘉庆己卯仁和黄至筠刻本。丙、道光二十三年包良丞刻本，并模陈书释文。包跋称引姚鼐批本所论释文异同之字，可广异闻。以上俱明著出处者。至于射利翻摹伪充安刻原本者，不具论。

十、《契兰堂帖》本　谢希曾所刻丛帖，中摹《书谱》一卷，未言出处，谛观乃翻自安刻。

十一、杨守敬激素飞青阁木刻书册本，未言所据，校对知出于安刻，但翻白字为黑字耳。

八　未见之各种摹刻本

一、误题《秘阁续帖》本　明王世贞《弇州山人四部稿》卷一三五《墨刻跋》《孙过庭书谱》条云：“《秘阁续帖》末未有宣政印记者，最为完文，今不可复得矣。”又《庚子销夏记》卷一《宋秘阁续帖书谱》条云：“《书谱》石本以《秘阁》为胜，视墨迹稍肥，然神韵宛存，非他刻所能及也。予觅之经年，始得此本，惜首缺十馀行。”按宣和所刻《书谱》，乃与《秘阁续帖》同存太清楼中，《秘阁续帖》中并无《书谱》。王氏所言，似误称《太清楼本》为《秘阁》；至于孙承泽已收有《太清楼本》，并见《庚子销夏记》著录，此既稍肥，自是宋代一种别刻。

二、南宋吴说刻本　见吴升《大观录》卷三《书谱》条。

三、明翻宋刻本　王世贞跋同上条云："余游燕中，有伪作古色以鬻者，其刻亦佳，而中有两讹字，盖《秘阁》之帖遗于后，而纸敝墨渝，刻者承之，赖以辨耳。"

四、明内府藏石刻本　王世贞同上条跋云："其一末有宣政印记，而前缺一二十字，盖自内府出，而卷首稍刓破，然自真迹上翻刻，故独佳。中间结构波撇皆在。"按此所谓自内府出者，谓其所见拓本是内府所藏而今流出者，抑谓石为内府所刻因而拓本出自内府者，语义不明。所言缺字刓破，指拓本纸缺，抑指原石损泐，亦俱不明。王世贞又云："孙过庭《书谱》……石刻亦有二种，皆佳。其一宋时拓本，然再经石矣，故无缺文而有误笔；其一国初从真迹摹石者，以故无误笔而有缺文。"见《四部稿》卷一五四。按所言第一种当即前条"有两讹字"之本，第二种当即此内府本。

五、明沐昕刻本　见吴升《大观录》卷二《书谱》条。

六、孙鑛所见旧本　《王氏书画跋跋》卷二云："在礼部时，沈瑞伯持一旧本见示，是背成册叶，首缺数幅。构体绝劲净，与《江阴》《停云》两本绝不同。云是佳帖，余则尚恨其乏流动意。"

七、武进横野洲郑氏本　清王澍《竹云题跋》卷三《孙过庭书谱》条云："曩于武进见横野洲郑氏本，神精韵古，为《书谱》石刻第一。"按此本不知为郑氏所藏之旧拓本，抑为郑氏勒石之本。欧阳辅《集古求真》卷八举明刻本中有此郑氏本，殆亦曹、薛一类之本。

此外日本韩天寿复刻薛本，贯名海屋木板复刻薛本，三井子钻复刻薛本。清代扬州、涿州复刻安本。耆英复刻薛本，并未见。实亦俱无关考订者。

九 《书谱》已见各本系统表

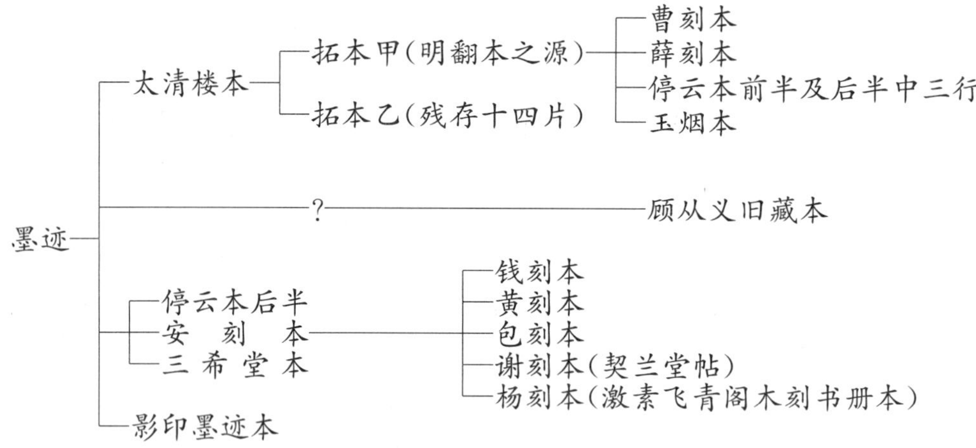

十 历代引据传录临仿及释文各本

一、唐张怀瓘《书断》卷下总评中引文“元常专工于隶书”等四句，共二十三字（见前第二节）。

二、唐日本僧空海临本　日本阳明文库藏断简。自“五十知命”起，至“时然后”止，共三行。草书，是临写，但不甚逼似。其中“知命”下无“也”字，缺“夷”字，“险”字“阝”旁误为一直笔。

三、空海传录本二段　甲、日本御府藏，自“互相陶染”起，至“假令薄解”止，共十三行，字体行草相间，乃录文，非临摹也。“不悟所致之由”之“不悟”，此作“岂悟”，馀俱无异。见《书道全集》第十一卷（平凡社旧版）。乙、日本宽政年间北条铉刻《集古法帖》，有空海写本《书谱》，字与前本一类，殆同卷中分散者。《书道全集》第八卷《昭和三十二年新版》节印六行，自“形质使转为情性”起，至“草乖使转不”止，其中较中国传本，“使转为形质”下多六句，为：“草无点画，不扬魁岸；真无使转，都乏神明。真势促而易从，草体赊而难就。”共二十八字。《书道全集》特以其异文而节载之，未知原刻共存若干行。今日所知唐人征引《书谱》者，惟张怀瓘《书断》；而唐人临写传录者，则当以空海诸段为最早矣。且见过庭著作，唐代已流传海外，固非窦泉辈一手所能掩。至于张怀瓘引文有异字及空海录文多出二十八字之问题，并不足异。古代诗文，其编集之本与手稿之本多有异同，今日所传之墨迹本，不知为作者第几次稿，怀瓘所引、空海所录，亦不知各据作者第几次稿本，其二十八字亦不知为作者后增抑为作者所删（《书断》尚有传刻板本讹误之可能）。

四、宋刻楷书本（未见）　孙承泽《庚子销夏记》卷一著录《宋刻楷书书谱》云："孙虔礼《书谱》余所见墨迹及宋人刻本，皆草书也。然又有正书本，字法劲秀，大有钟、王遗意，前人所绝未语及也。后有嘉定字，岂彼时上石乎？虔礼书有讹字，皆从旁注之。吴说一跋，书亦工，惜不全。"按此是宋刻一种楷书释文本。所谓讹字，乃误释之字。吴说跋是墨迹抑是帖后所刻，其语不明，所谓不全，亦未知指正文抑指吴跋。

五、明顾从义旧藏宋刻楷书释文本　小楷书，字体似宋人传刻所谓"晋唐小楷"一路，首题"书谱卷上"，下署"吴郡孙过庭撰"，后至"写记"止。中有误释之字，如"钟、张云没"之"云"作"亡"；"伯英尤精草体"之"尤"作"犹"等。自"体权变之"以下，拓本残失六百四十四字，前有王文治、王瓘题签。其帖今在日本中村不折家，附于顾藏旧刻草书《书谱》之后。有晚翠轩影印本。

六、南宋姜夔《续书谱》"情性"条引孙过庭曰："一时而书"至"违钟、张而尚工"一段（此据《百川学海》本）。

七、桑世昌《兰亭考》卷九《法习类》引"右军之书，代多称习"，至"阳舒阴惨，本乎天地之心"一段，下注"孙过庭《书谱》"。

八、陈思《书苑菁华》卷八录《书谱》一通。首题"书谱"，下署"孙过庭"，后至"写记"止。

九、宋末左圭辑《百川学海》丛书，中收《书谱》一卷，首题"书谱"，下署"吴郡孙过庭撰"，后至"写记"止。正文有讹字，下加校注。如"钟、张云没"讹作"亡没"，下注曰："改作云。""伯英尤精于草体”讹作“犹精”，下注曰：“改作尤”等。末记一行云：“嘉定戊辰冬改正三十五字。”此书录文所据之底本，殆即孙承泽、顾从义所藏之楷书本。兹以三者合参，知孙承泽所云之嘉定字，乃校读人之题识。孙藏之本，如非即左圭所见之一册，则孙藏与左据之本必有其一为过录校本。且顾藏本与孙、左二本如非同拓自一石，亦必同出一源也（余颇疑此种楷书释文本，即是吴升所记吴说在上饶所刻者，姑记于此，以待更新之证验）。

十、元虞集临补墨迹本缺文（已佚）。见《庚子销夏记》。

十一、明初陶宗仪辑《说郛》，收《书谱》一卷。

十二、明初宋克节录本　文明书局影印。原迹首残，自“体彼之二美”起，至“恬澹雍容”止。字作真、行、章草各体，间杂书之。末有自跋六行，后有孙克弘跋。

十三、明詹景凤编《王氏书苑补益》，收《书谱》一卷。

十四、明汪砢玉《珊瑚网》卷二十三上，录一段。题曰《孙过庭书谱》，自“趋变适时”起，至“违钟、张而尚工”止，又卷二十四上，录一段。题曰《孙虔礼执要篇》，自“今之所陈”起，至“安有体裁”止，共二段。

十五、清《佩文斋书画谱》收《书谱》一通，出于《百川学海》本，注有改释之字，删去嘉定尾款一行。

十六、《图书集成·字学典》卷八十七收《书谱》一通。

十七、卞永誉《式古堂书画汇考》收《书谱》一通。

十八、冯武《书法正传》收录《书谱》一通。

十九、陈奕禧书释文本。附安岐摹刻《书谱》后。

二十、吴升《大观录》著录《书谱》，录释文一通。

二十一、《四库全书·子部艺术类》收《书谱》一卷。

二十二、《三希堂帖释文》录《书谱》一通。

二十三、戈守智《汉溪书法通解》卷八录《书谱》一通。

二十四、朱履贞《书学捷要》录《书谱》一通。

二十五、钱泳楷书释文本。附于其重摹安刻本后。

二十六、包世臣《删定吴郡书谱》。有二种本：一为包氏草书本（有石刻本及影印墨迹本），二为《艺舟双楫》中录其删定之文。

二十七、伪蔡襄临本　石刻本，笔法僵直，所临者为曹、薛一类之石刻本，“本”字亦讹作“书”字，后有伪苏轼、米芾等跋。再后附宋克释文乃作王宠笔体，并有祝允明跋，全属伪造。前后刻有清代“天水赵氏咨雪堂”及“春岩审定珍藏”各印，知即赵氏摹刻入石者。此卷底本之伪造，不早于明清之际。

二十八、任恺临本　同治十二、十三年宁夏任恺两次摹刻其自临《书谱》于南阳。其第二刻并于每行之右附小楷释文。自跋称未见太清、停云之本，所据乃安刻本，安本所缺之三百馀字，乃“参以二王笔意补之”。又云：“秘阁停云而外，不但石刻法帖不可多觏，即原文亦多未识。”而自以所刻可备“临池之楷模”，实一谫陋之本。

二十九、王宝莹小楷释文本　附于有正书局石印刘铁云藏《宋拓太清楼书谱》（即曹本）后。以陈奕禧、朱履贞二本合校，有王宝莹自跋。

三十、日本平久信撰《孙氏书谱证法》。日本天明七年（乾隆五十二年）撰。日本刻本。《书苑》第二卷之各册中曾分载之。近代坊间影印薛本、影印墨迹本，多附释文，大致展转钞录，无关考订，不复详及。其他书家随手临写之本尚多，其无所考订或无释文者，亦俱不录。

十一　卷数问题

今传《书谱》，无论墨迹、石刻，以及录文，俱自“书谱卷上”四字标题起，至“垂拱三年写记”六字尾记止，未见所谓下卷也。而此篇之末，作者自称“撰为六篇，分成两卷”，是固应有下卷。其下卷之文如何，何时亡佚？昔人所称，每有不齐。

《宣和书谱》曰：“唐孙过庭《书谱序》，上下二。”或据此谓下卷北宋时尚存。

南宋陈思《书苑菁华》录《书谱》之文亦仅自首至“写记”止。或据此谓下卷亡于南宋之初。见包世臣《艺舟双楫，论书二》、余绍宋《书画书录解题》卷三。

元初周密《云烟过眼录》卷上，记焦达卿藏“真迹上下全”。或据此谓下卷元初尚存。张丑《清河书画舫》卷三云：“元初焦达卿敏中所藏，上下两卷全，今已缺其一，上卷亦不能全。”余氏《书画书录解题》卷三信此说。余嘉锡先生《四库提要辨证》卷十四亦信之。

按以上三说，俱有可疑，北宋刻石及所传翻刻及记录，从未见序文以外之下卷。张丑亦云：“此帖宋时已刻石，亦只此一卷。”如宣和并藏序及序以外之下卷，何以只刻序文一卷？如其下卷至元初尚存，何以宋元人记录无一言及序文以外之下卷内容者？且吴升所记三本中，亦未言与今本有殊，可知亦俱为序文一卷。

余反复详观墨迹本及《宣和书谱》，恍然悟得其故，试申言之：

今本一篇，叙述书法源流及撰写《书谱》之旨，篇末自称“撰为六篇，分成两卷”，实为序言之体。其下卷当为种种之谱式。故《宣和书谱》称之为“序”；瘦金题签亦称之为“序”；所谓“序上下二”者，谓此篇序文分装上下二轴。故不言“谱上下二”，以别于“序”与“谱”之二卷。

今墨迹本自“汉末伯英”之下断缺一段，恰是半卷之处，其下“约理赡”等三行，纸色既污，每行下脚又各缺二三字。观于敦煌所出古写卷子，其起首之处，纸常污损，盖舒卷所致者。又墨迹本此处有骑缝印，边栏独宽，与卷内各骑缝印边栏不同，因知上下二轴实自此处分开者。或问整篇之文，中分为二，有无他例？应之曰：唐许浑自书其诗五百馀篇，蝉联写去，不分卷第。至宋米芾、刘泾、杜介、王诜诸人，分而藏之。《宣和书谱》卷五载“今体诗上下，乌丝栏”不记篇数。至南宋岳珂得其一百七十一篇，分装为上下二卷，皆有绍兴御玺。语见宝真斋《法书赞》卷六。俱是因篇幅过长而分为上下者，此例一。又《宣和书谱》卷二十，于僧翰条：“今御府所藏八分书二：千文上下。”当是因字大卷长而分轴者。此例二。又唐窦臮《述书赋》二卷，《四库提要》

谓其下卷“文与上编相属，盖以卷帙稍重，故分为二耳。”此例三。俱足为《书谱》分轴之旁证。宣和所藏墨迹，分装二轴，而摹勒入石，则无需再分，故所传石刻俱合成一卷。陈思熟于金石，曾撰《宝刻丛编》(其中亦著录《书谱》)，其《书苑菁华》之录《书谱》，当据石刻，非必见墨迹始能录文。至于元初，《书谱》二字早已成此篇序文之定名，故不待加“序”字已为人所共喻。即如陈思所录，前亦只标《书谱》二字，并“卷上”二字俱已删之。且焦氏所藏，明著有“徽宗渗金御题”及“政和宣和印”，是即宣和之本无疑。则其所谓“上下全”者，即《宣和书谱》之“序上下二”。余嘉锡先生谓《宣和书谱》衍“序”字，今按实是周密省“序”字耳。

《停云馆帖》刻本，拼凑之迹，已如前述。张丑云：“前半真迹已亡，翻刻入石；后半真迹具存，勾填入神，故《停云》所刻，笔气相隔若此。”按《停云馆帖》后半卷自“约理赡”以下，恰与墨迹本全合，知张丑之说不谬。再按文嘉于嘉靖四十四年检阅官府籍没严嵩家藏书画，著为《钤山堂书画记》。其记《书谱》云：“孙过庭《书谱》一，上下二卷全，上卷费鹅湖本，下卷吾家物也。纸墨精好，神采焕发，米元章谓其间甚有右军法，且云唐人学右军者无出其右，则不得见右军者，见此足矣。”(据《知不足斋丛书》本)又《清河书画舫》卷七附载文嘉别本《严氏书画记》，其《书谱》条云：“孙过庭《书谱》一，真本，惜不全。”当时籍没严氏财物之账簿题曰《天水冰山录》者亦云：“孙过庭《书谱帖》一轴。”(《知不足斋丛书》本)可证所谓“上下二卷”者，即指分装二轴。所谓“《书谱》一”者，此时已合装为一轴。所谓“惜不全”者，殆指卷中有缺文耳。《停云》刻石在嘉靖三十七年，盖刻后不久，真迹下轴即入严家，而二轴合装为一，即出严氏之手。张丑所谓“焦达卿敏中所藏，上下两卷全，今已缺其一，上卷亦不能全”者，盖只见文氏所藏，未见费氏所藏，更未见严氏合装者也。

又今墨迹卷前宋徽宗瘦金题签“唐孙过庭《书谱序》”，“序”字之下隐约有“下”字痕迹，当是合装时上轴之签或失或残，故将下轴之签刮去“下”字，移装于前。

至于日本平安时代所编之《日本国见在书目》，曾云“《书谱》三卷”，此或为唐人抄录之本，卷数别经析出，惟“分成两卷”，明见原文，此处“三”字或直是“二”字之误。

余颇疑孙过庭此序以外之下卷，或竟未成书。盖唐宋人写录记述既无一言及下卷，而《书断》又为之更名曰《运笔论》，殆以既无谱式而称之为谱，义有未合，故就序文所论，为立此名，俾符其实而已。《墓志铭》称“将期老有所述，志意不遂”，则其撰而未竣，仅成一序，亦非毫无可能者。

十二　墨迹缺失诸行之臆测

今墨迹本自“汉末伯英”以下缺一段，“心不厌精”以下缺一段。尝思“约理赡”以上虽为分轴处，而“汉末伯英”处，并未见断烂之痕。且其前自“又云”起为一纸，此纸今仅存字二行。分处甚齐，明为割截馀此二行，其故何在？按宋人每割晋唐法书以相博易，如米芾《书史》等书所记甚多。然此卷全文，不比简札之易分，割则两败，想好事如焦达卿未必如此鲁莽（米芾虽曾割许浑诗卷，但诗以首分，尚可自为起止，与此整篇之文不同）。偶为排比其纸数行数及字句文义，始得其故。姑申管见于下。

按未缺之原卷，自首行至“贵使文”止，为宣和所装之上轴，共一百九十九行。自“约理赡”至末行“写记”止，为下轴，共一百七十行。当时以原纸缝为分轴处，以致“贵使文约理赡”一句分在两处，殊不整齐。古代某一藏者嫌其文句分裂，思为调剂，乃自上轴之末割十五行以附下轴，则上轴为一百八十四行，下轴为一百八十五行，且上轴至“若汉末伯英”，文词恰为一句，行数亦复停匀。但不知是否黏附下轴之后脱落，抑或割而未黏。至于“心不厌精”以下，何以失彼三行，则殊难测。惟此处前后各行，纸颇有断烂处，或由舒卷扯断，或由偶遭污损，因而割截取齐，俱未可知。

至于前半"五乖三合"之处十三行何以错简？按《庚子销夏记》谓"'五乖也'下少一百三十字"，今观"五乖"之下，自"也乖合"起至"湮讹顷见"止十三行，共一百三十一字，误装于前。此段即孙承泽所记之缺文。盖孙藏之时尚缺，其后为某一藏家获得，归入卷中。惟原应插入"五乖"之下，而误插入"心遽体留"之下耳。然如装时不误插，则未有不疑孙承泽为误记者矣。亦或由孙氏只注意到此处少十三行，因而记之，未注意其误装于前也。

十三　论添注涂改剥损诸字

《书谱》中有作者用墨笔即时删点添注及改写之字，不具论。又有淡色笔添改之字，自影片观之，其字与本文各字颜色不同，当是朱书。廿年前虽曾见墨迹原卷，惜已不能记忆。此类字，有属释文性质者，如"龟鹤花英之类"之"类"字；"稽古斯在"之"稽"字；"更彰虚诞"之"彰"字；"恬淡雍容"之"雍"字等，皆有淡笔楷字旁注，乃出他人手，亦俱无关于文义。此外尚有数处须特论者：

一、"心迷议舛"之"议"字，原写"义"字，左旁添一大竖（草书"言"字旁），今此笔画上半磨损，下半纸破一块，然全笔之形固在。此笔安刻已删，安氏之前各种刻本俱有之，宋人录文及引文亦作"言"旁之"议"。

二、"五十知命也，七十从心"之"也"字，是小字从旁添注于"命""七"二字之间，宋刻及明翻宋刻各本俱有，空海三行断简中无，宋人录文俱有。今墨迹本此小"也"字已磨损中间竖划，仅存"乜"形。安刻遂删之，而珂罗版各本，亦有修改涂失者。

三、"包括篇章"之"章"字，因继草头"篇"字之后，遂亦误书一草头"艹"，后又在"丷"上横改一大横，其顶上再加一点，乃成草书"章"字之起手二笔。惟明刻本大横较细，遂成"开"形，故或释为"乘"。今墨迹分明，是"章"非"乘"。

四、墨迹尚有因纸质剥损而笔画断缺者，如"奇音在爨"之"爨"

字，中间“林”字部分，纸伤一横痕，转折之笔遂断，宋明以及安刻本此笔俱未损。或有误认墨迹此字为讹字，因而疑墨迹为赝本者，谛观影片，剥痕自见。正如“思虑通审”之“通”字中“甬”字上半，因纸裂而移动，其字竟不成形，俱此类之显例。

五、又有墨迹败笔，而翻刻致误者，如“少不如老”之“老”字，其长撇因值纸棱而下端特肥，且笔画中间墨色剥落，宋刻真本尚能传其剥落情状。而翻刻本便成撇笔向上回折，遂成长圈。顾从义藏本如此，曹薛本亦如此。

六、又“知与不知也”之“也”字，末笔自左上向右下斜划时，中遇纸棱，其笔遂转而向下，成一细直线。又重自左上再写一笔，竟成长圈。宋刻真本此处甚分明，与墨迹一致，而曹薛翻本因见所据宋刻底本此字适当行末，误以为是收束之笔，刻作向上回锋，遂成长圈。此俱纸棱所致之败笔，而为案验刻本之佐证。

十四　论释文异同诸字

《书谱》释文，各家大致相同，惟有廿馀字互有歧异，兹略论之。不详举某家释作某字，以省篇幅。

“私为不忝”之“忝”字，各家多释为“恶”，按墨迹第二笔紧顶横划中间，实为“天”字，加“心”为“忝”。

“有乖入木之术”之“术”字，陈奕禧释文并列“微、术”二字，且谓“本是术字，于文理作微为顺”。模棱无当。

“殊衄挫于毫芒”之“衄”字，或释“剑”，误。

“讵若功宣礼乐”之“宣”字，或释“定”，按释“宣”是也。字形既是“宣”字（卷中“宣”“恒”等字下部与此同），且于文有征：“功宣于听”（《宋书·武帝纪》），“世弥积而功宣”（《头陀寺碑》），“功宣一匡”（《晋书·陶侃传》），“功宣清庙”（《旧唐书·刘仁轨传》）等皆是。

“互相陶染”之“染”字，或释淬锻之“淬”。按日本藏智永《千文》墨迹本“墨悲丝染”之“染”字，真书作“淬”，草书与《书谱》同。

“自阌通规”之“阌”字，陈谓“字是阌而文应是阙”，按非但字形是“阌”，且“阌”① 则不通，于文义亦不应作“阙”。

“趋变适时”之“变”字，或释“事”或释“吏”，俱非。按此字是改写而成者，且纸有破痕，故点划不甚明晰，实为“变”字。

“题勒方畐”之“畐”字，借作“幅”，或释作“富”，非。

“殆于专谨”之“谨”字，或释“涂”，谓借为“途”。按智永《千文》“劳谦谨敕”之“谨”字草书，唐林藻《深慰帖》末“谨空”之“谨”字，唐人《月仪帖》中“谨”字，俱与此同。且《书谱》中“道途”之“途”字俱作从“辵”之“途”，不作从“土”之“涂”。

“包括篇章”之“章”字，或释“乘”，误。辨已见前。

“义无所从”之“义”字，或释“蒙”，据上文“手蒙”“笔畅”之文义而言也，按字形实是“义”字。

“中画执笔图三手”之“手”字，或释作“年”，非。手者，所画执笔之手形也。

“徒彰史谍”之“谍”字，释文或书作“片”字旁，非。

“历代孤绍”之“孤”字，或释为“脉”，非。按孤绍犹言“专宗”，谓右军成为唯一之宗师也。其前之崔、杜，后之萧、羊，多已散落，惟右军之法独行耳。

“心迷议舛”之“议”字，应有“言”旁，辨已见前。

“规矩暗于胸襟”之“暗”字，借作“谙”。

“断可极于所诣矣”之“诣”字，或释“临”，或释“论”，俱不合。或释“治”，“治”为唐讳，更误。又或释“诒”。按章草《急就篇》之“诣”字，正如此作。

“终爽绝伦之妙”之“爽”字，或作“奏”，非。宋人引文及录文各本俱作“爽”。按《阁帖》卷六末右军《二谢帖》云：“知丧后问”之

① 编者按：据上下文似当作“阙”。

"丧"字，与此形同，疑是"丧"字。姑拈于此，以待续考。

"轻琐者染于俗吏"之"染"字，与前"陶染"之"染"字相同，或释"流"。按卷中各"流"字俱不如此作，仍应释"染"。

"便以为姿质直者"之"便"字，近人柯逢时先生释文遗稿，释为"浸"，其说可从。

"垂拱三年"之"三"字，中有一斜划，乃误笔，似初欲写"元"字，未写末钩，已觉其误，遂改为"三"。曹骖刻本虽缺此一行，而其跋中称"作于垂拱之五年"，是误释"三"为"五"也。

一九六四年

论淳熙续帖白香山书之伪

二月廿一日《艺林》刊有袁百居之《白香山集外文》：谓出自《淳熙秘阁续帖》。余曰：此伪也。文似杂糅成篇，白氏应无此。谨寻绎帖中词意及其事实年代，略为条分如下：

据《白氏长庆集》卷第六十八，有与《刘苏州书》，文长三百数十字，不备录，兹摘其短语，厘为三节，与续帖所载《白伪帖》文字略同、事亦非异者为比：

（一）白氏原集云：

覆视书中，有攘臂痛拳之戏。笑与忭会，甚乐甚乐，谁复知之。

帖文则云：

采示有脱膊毒拳、脑门起倒之戏。如此之乐，谁复知之。

（二）集文云：

兼惠答忆春草、报白君，以下五六章。

帖文：

从报白君，鞔榴裙之逸句。

（三）集文云：

嗟乎微之，先我去矣，诗敌之勍者，非梦得而谁。

帖文：

微既往矣，知音兼勍敌者，非梦而谁。

以上《香山集》，既先书与刘苏州，而此帖文论事一同。何烦重叠复沓乃尔，其伪甚矣！

次则帖文云："洛下今年旱损至甚，蠲放太半，经费不充，……盖天灾流行也。承贵部大稔，流亡悉归。既遇丰年，又加仁政。……"袁君释之云："禹锡大和六年（余按六应作五）冬，除苏州刺史，过洛留十五日，而札中首言连奉三问，又报洛下今年旱损，当是禹锡尚未过洛之时。所谓贵部大稔，殆指刘在和州之任也"诸语。余按此处袁君之误，以时日先后计之，殊乖舛。兹举出如下事实，则益可见帖文之为赝迹矣。

寻梦得任和州刺史，为长庆四年冬，由夔转任，迄宝历三年冬罢去。而刘之为苏州，则在大和五年，如袁君所云："贵部大稔，指刘在和州之任"，则宾客集："和州刺史谢上表"文内称"灾旱之后，绥抚诚难"，即不合于白帖"贵部大稔，流亡悉归"之赞词，此极为显明者。盖刘在和之上表，灾旱是实耳。抑如或以白之伪帖易为梦得苏州任内事，试读刘集：有"大和六年二月苏州谢上表"，文云："伏以水灾之后，物力素空。"而同年三月"苏州谢振赐表"，更有敕赐米一十二万。表末有"特赐振恤，救其灾荒。苍生荷再造之恩，俭岁同有年之庆。臣忝为长吏，倍万常情"等语，则白帖"贵部大稔"，形同虚牝，将一无所着落矣。又倘引伪帖作于刘在和州，应为宝历年间事，固矣。然据帖"就中与梦得同厚者，深、敦、微、而已。今相次而去，奈老心何。"吾重复帖语，时日更相径庭。袁君尝考"崔群（即敦诗）卒于大和六年，元稹（即微之）卒于大和五年，李绛（即深之）遇害于大和四年"，均不误。抑知刘为和州，时在宝历。而此崔、元、李三君子者，斯时均尚健在。大和与宝历，相距六七年。为问伪帖能先事拳拳于朋友死生之情，岂不更彰显误耶。

以上粗举淳熙白帖年月事例，均于刘公出处，有未尽符合者在。然帖语翻有可合于刘白诗事者，得非伪帖杂揉之根据乎。如云"从报白君䵳榴裙之逸句，及少有登高之称，岂人之远思，唯馀两仆射之叹词。乃至金环翠羽之凄韵”等是。兹请先论“䵳榴裙之逸句”，此袁君尝引(钱易《南部新书》)为不误。所小差者，即《南部新书》之，作“染”作“䵳”，字义不同。如不加以说明，颇使读者无能判别其道之安在。(其实《南部新书》称“泪染正作泪䵳”，二字本不同，何可云“正作”耶，此钱易已误在先矣。)忆吾校录刘宾客集，得日人《崇兰馆影本》，其书外集卷二：“乐天寄忆旧游，因作报白君以答”诗末二句，其奈“钱塘苏小小，忆君泪䵳石榴裙”句作“䵳”，此宋刻本也。至“䵳”改作“染”，则朱氏“结一庐本”“全唐诗本”皆同。寻刘集诗文，颇多为后人改窜，无论宋明铅椠或通行本，均舛误百出。吾校录本文，知“染”“䵳”二字，大有深浅。故刊落从宋刻作“䵳”。此袁君踵《南部新书》之失，实不可不加以说明之。

又刘外集卷七，有“和西川李尚书，伤韦令孔雀及薛涛之什”。诗曰：“玉儿已逐金环葬，翠羽先随秋草萎。唯见芙蓉含晓露，数行红泪洒清池。”(下注云：“后魏元树，南阳王禧之子。南奔到建业，数年后北归，爱姬朱玉儿脱金指环为赠。树至魏，却以指环寄玉儿。示有还意。”)此诗即帖“金环翠羽”之所从出也。而帖评之为凄韵云。至伪帖有“唯馀两仆射之叹词”，接上“少有登高之称，岂人之远思”句。吾意为白傅自明作官未达之慨。“白长庆集”卷三十四，有“余与山南王仆射、淮南李仆射，事历五朝，逾三纪。海内年辈，今唯三人，荣路虽殊，交情不替。聊题长句寄举之(即王仆射起)、公垂(即李仆射绅)二相公”，诗曰：“故交海内只三人，二坐岩廊一卧云。老爱诗书还似我，荣兼将相不如君。百年胶漆初心在，万里烟霄中路分。阿阁鸾凰野田鹤，何人信道旧同群。”上引“䵳榴裙”“金环翠羽”，皆刘梦得诗中语。而此之所云“登高之称，唯馀两仆射之叹词”，则白香山之自述耳。是故伪帖称：“每吟皆数四，如清光在前……即不知拙句到彼，有何人同讽耶。而前两度修状寄诗”云云。按此系均两人诗篇言之，而刘梦得一生，无“两仆射”可与对举，如白诗题所称者。况“两仆射”中之一，只香山生身亲见之，故寄王、李诗云然。此可为白帖伪迹之旁证。

右综计白帖前后，均有年代事迹大相参差处。而宾客集除诗外，一无记录。故此帖予决为后人所杂糅白书、刘诗而成者。盖从来丛帖、伪迹及集字、仿书，始自南唐“澄清堂”之祖刻，以逮《淳化阁》，伪帖触目，本无足怪。此帖大体具白集“与刘苏州书”，抑何可取其伪而竟据而信之哉。又舍此帖迹而论文，如连称“梦”“深”“敦”“微”诸义，此亦少概见。白集他处，有“崔、李、元、庾十馀人”皆各举其姓，又时有“乐天见微之、敦诗、晦叔三君子”等文，此皆不同于帖之为也。

一九六五年三月

旧题张旭草书古诗帖辨

法书名画，既具有史料价值，更具有艺术价值。由于受人喜爱，可供玩赏，被列入“古玩”项目，又成了“可居”的“奇货”。在旧社会中，上自帝王，下至商贾，为它都曾巧取豪夺，弄虚作假。于是出现过许多离奇可笑的情节，卑鄙可耻的行径。

即以伪造古名家书画一事而言，已经是千变万化，谲诈多端。这里只举一件古代法书的公案谈谈，前人作伪，后人造谣，真可谓“匪夷所思”了！

有一个古代狂草体字卷，是在五色笺纸上写的。五色笺纸，每幅大约平均一尺馀，各染红、黄、蓝、绿等不同的颜色，当然也有白色的。所见到的，早自唐朝，近至清朝的“高丽笺”，都有这类制法的。这个卷子即是用几幅这种各色纸接连而成的。写的是庾信的诗二首和谢灵运的赞二首。原来还有唐人绝句二首，今已不存。也不晓得原来全卷共用了多少幅纸，共写了多少首诗，也没保留下写者的姓名。

卷中用的字体是“狂草”，十分纠绕，猛然看去，有的字几乎不能辨识，纸色又每幅互不相同，作伪的人就钻了这个空子。

为了便于说明，这里将现存的四幅按本文的顺序和写本的行款，分幅录在下边，并加上标点：

第一幅：

东明九芝盖，北
烛五云车。飘

飙入倒景，出没

上烟霞。春泉

下玉溜，青鸟下金

华。汉帝看

桃核，齐侯

第二幅：

问棘（枣）花。应逐

上元酒，同来

访蔡家。

北阙临丹水，

南宫生绛云。

龙泥印玉荣（策），

大火炼真文。

上元风雨散，

中天哥（歌）吹分。

虚驾千寻上，

空香万里闻。

谢灵运王

第三幅：

子晋赞

淑质非不丽，

难之以百年。

储宫非不贵，

岂若上登天。

王子复清旷，

区中实哗（此字误衍）

䮽（嚣）喧。既见浮

丘公，与尔
共纷繙。

第四幅：

岩下一老公
四五少年赞：
衡山采药人，
路迷粮亦绝。
回息岩下坐，
正见相对说。
一老四五少，
仙隐不别
可（可别二字误倒）。其书非
世教，其人
必贤哲。

作伪者把上边所录的那第二幅中末一个“王”字改成“书”字。他的办法是把“王”字的第一小横挖掉，于是上边只剩了竖笔，与上文“运”字末笔斜对，便像个草写的“书”字。恰巧这一行是一篇的题目，写得略低一些，更像是一行写者的名款。再把这一幅放在卷末，便成了一卷有“谢灵运书”四字款识的真迹了。

这个“王”字为止的卷子，宋代曾经刻石，明代项元汴跋中说：

余又尝见宋嘉祐年不全拓墨本，亦以为临川内史谢康乐所书。

卷中项跋已失，汪砢玉《珊瑚网》卷一曾录有全文。又丰坊在跋中也说：

右草书诗赞，有宣和钤缝诸印……世有石本，末云“谢灵运书”。《书谱》[1] 所载“古诗帖”是也……石刻自“子晋赞”后阙十九行，仅于“谢灵运王”而止，却读“王”为“书”字，又伪作沈传师跋于后。

按现在全文的顺序，“王”字以后还有二十一行，不是十九行，这未必是丰坊计算错误，据项元汴说：

可惜装背错序，细寻绎之，方能成章。

那么丰坊所说的行数，是根据怎样的裱本，已无从察考。只知道现在的这一卷，比北宋石刻本多出若干行。它是怎样分合的？王世贞在《王弇州四部稿》卷一五四《艺苑卮言》中说：

陕西刻谢灵运书，非也，乃中载谢灵运诗耳。内尚有唐人两绝句，亦非全文。真迹在荡口华氏，凡四十年购古迹而始全，以为延津之合。属丰道生鉴定，谓为贺知章，无的据。然遒俊之甚，上可以拟知章，下亦不失周越也。

华夏字中甫，号东沙子，是当时有名的“收藏家”，丰坊字道生，号人叔，又称人翁，是当时著名的文人，做过南京吏部考功主事，精于鉴别书画，华家许多古书画，都经过他评定的。从王世贞的话里可以明白，全卷在北宋时拆散，一部分冒充了谢灵运，其馀部分零碎流传。华夏费了四十年的工夫，才算凑全，但那两首残缺的唐人绝句，华夏仍然没有买到。不难理解，华夏购买时，仍是谢灵运的名义，买到后丰坊为他鉴定，才提出怀疑的。卖给华夏的人，如果露出那二首唐人绝句，便无法再充谢书，所以始终没有再出现。华夏购得后，王世贞未必再见。至于是否王世贞误认庾谢诸诗为唐人句呢？按卷中现存四首诗，第一首十句，其他三首各八句，并无绝句。又都是全文，并无残缺。王世贞的知识那样广博，也不会把六朝人的一些十句和八句的诗误认为唐人绝句。

① 《书谱》指《宣和书谱》。

根据这些理由，可以断定是失去两首残缺的唐人绝句。

这卷草书在北宋刻石之后，曾经宋徽宗赵佶收藏，《宣和书谱》卷十六说：

谢灵运，陈郡阳夏人……今御府所藏草书一：《古诗帖》。

从现存的四幅纸上看，宋徽宗的双龙圆印的左半在“东明”一行的右纸边，知为宣和原装的第一幅。“政和”、“宣和”二印的右半在“共纷缗”一行的左纸边，知为宣和原装的末一幅。可见宣和时所装的一卷已不是以“王”字收尾的了。这可能是宣和有续收的，也可能宣和装裱时次序还没有调整。总之，自北宋嘉祐到明代嘉靖时，都被认为是谢灵运的字迹。

以上是作伪、搞乱、冒充的情况。

下面谈董其昌的鉴定问题。

在这卷中首先看出破绽的是丰坊，他发现了卷中四首诗的来源，他说：

按徐坚《初学记》载二诗二赞，与此卷正合。

又说：

考南北二史，灵运以晋孝武太元十三年生，宋文帝元嘉十年卒。庾信则生于梁武之世，而卒于隋文开皇之初，其距灵运之没，将八十年，岂有谢乃豫写庾诗之理。

当时又有人疑是唐太宗李世民写的，丰坊说：

或疑唐太宗书，亦非也。按徐坚《初学记》……则开元中坚暨韦述等奉诏纂述，其去贞观，又将百年，岂有文皇豫录记中语乎？

这已足够雄辩的了。他还和《初学记》校了异文，只是没谈到“玄水”写作“丹水”的问题而已。

古代诗文书画失名的很多，世人偏好勉强寻求姓名，常常造成凭空臆测。丰坊在这方面也未能例外，他说：

唐人如欧、孙、旭、素，皆不类此，唯贺知章《千文》《孝经》及“敬和”“上日”等帖，气势彷佛。知章以草得名……弃官入道，在天宝二年，是时《初学记》已行，疑其雅好神仙，目其书而辄录之也。又周公谨《云烟过眼集》[①] 载赵兰坡与懃所藏有知章《古诗帖》，岂即是欤?

他历举欧阳询、孙过庭、张旭、怀素的书法与此卷相较，最后只觉得贺知章最有可能，恰巧周密的《云烟过眼录》中曾记得有贺知章的《古诗帖》，使他揣测的理由又多了一点。但他的态度不失为存疑的，口气不失为商量的。但“好事家”的收藏目的，并不是为科学研究，而是要标奇炫富。尤其贵远贱近，宁可要古而伪，不肯要近而真。丰坊的揣测，当然不合那个富翁华夏的意图，藏家于是提出并不存在的证据，使得丰坊随即收回了自己的意见，说：

然东沙子谓卷有神龙等印甚多，今皆刮灭……抑东沙子以唐初诸印证之，而卷后亦无兰坡、草窗等题识，则余又未敢必其为贺书矣。俟博雅者定之。

这些话虽是为搪塞华夏而说的，但他并没有翻回头来肯定谢书之说。丰坊这篇跋尾自己写了一通，后又有学文徵明字体的人用小楷重录一通，略有删节，末尾题“鄞丰道生撰并书”。

这卷后来归了项元汴，元汴死后传到他的儿子项玄度手里，又请董其昌题，董其昌首先说：

唐张长史书庾开府步虚词，谢客[②]王子晋、衡山老人赞，有悬崖坠石急雨旋风之势，与所书“烟条”“宛谿诗”同一笔法。颜尚书、藏真[③]皆师之，真名迹也。

① “集”是“录”的误字。

② “客”是谢灵运的小字。

③ 藏真，即怀素。

这段劈空而来，就认为是张旭所写，随后才举出“烟条”“宛豀”二帖的笔法相同。但二帖今已失传，从记载上知道，并无名款，前人也只是看笔法像张旭而已。董其昌又说：

> 自宋以来，皆命之谢客……丰考功、文待诏皆墨池董狐，亦相承袭。

后边在这问题上他又说：

> 丰人翁乃不深考，而以《宣和书谱》为证。

这真是瞪着眼睛说瞎话！丰坊的跋，两通具在，哪里有他举的这样情形呢？又文徵明为华夏画《真赏斋图》、写《真赏斋赋》和跋《万岁通天帖》时，都已是八十多岁了，书法风格与这段抄写丰跋的秀嫩一类不同。即使是文徵明的亲笔，他不过是替丰坊抄写，并非他自己写鉴定意见，与“承袭”谢书之说的事无关。董其昌又说：

> 顾《庾集》自非僻书，谢客能预书庾诗耶？

他只举《庾开府集》，如果不是为泯灭丰坊发现四诗见于《初学记》的功劳，便是他以为《初学记》是僻书了。他还为名款问题掩饰说：

> 或疑卷尾无长史名款，然唐人书如欧、虞、褚、陆，自碑帖外，都无名款，今《汝南志》《梦奠帖》等，历历可验。世人收北宋画，政不需名款乃别识也。

按欧阳询、虞世南、褚遂良都有写的碑刻流传，陆柬之就没有碑刻流传下来。陆写的帖，《淳化阁帖》中所刻的和传称陆写的《文赋》《兰亭诗》，也都无款。“自碑帖外”这四字所指的人，并不能包括陆柬之。他还不敢提出“烟条”二帖为什么便是衡量张旭真迹的标准，而另以其他无款的字画解释，实因这二帖也是仅仅从风格上被判断为张书的。他这样来讲，便连二帖也遮盖过去了。

董其昌又说：

夫四声始于沈约，狂草始于伯高，谢客皆未有之。

“始于”不等于“便是”，文字始于仓颉，但不能说凡是字迹都是仓颉写的。沈约撰《宋书》，特别在《谢灵运传》后发了一通议论，大讲浮声切响。可见谢灵运在声调上实是沈约的先导。这篇传后的论，也被萧统选入《文选》，董其昌即使没读过《宋书》，何至连《文选》也没读过？不难理解，他忙于要诬蔑丰坊，急不择言，便连比《庾开府集》更常见、更非僻书的《文选》也忘记了。

董其昌后来在他摹刻出版的《戏鸿堂帖》卷七中刻了这卷草书，后边自跋，再加自我吹嘘说：

项玄度出示谢客真迹，余乍展卷即定为张旭。卷末有丰考功跋，持谢书甚坚。余谓玄度曰：四声定于沈约，狂草始于伯高[1]，谢客时都无是也。且东明二诗乃庾开府《步虚词》，谢客安得预书之乎？玄度曰：此陶弘景所谓元常老骨再蒙荣造者矣。遂为改跋，文繁不具载。

这是节录卷中的跋，又加上项玄度当面捧场的话，以自增重。跋在原卷后，由于收藏家多半秘不示人，见到的人还不多。即使一见，也不容易比较两人的跋语而看出问题。刻在帖上，更由得他随意捏造，观者也无从印证。

宋朝作伪的人，研究“王”字可当“书”字用，究竟还费了许多心；挖去小横，改成草写的“书”字，究竟还费了许多力。在宋代受骗的不过是一个皇帝赵佶，在明代受骗的不过是一个富翁华夏。至于董其昌则不然，不费任何心力，摇笔一题，便能抹杀眼前的事实，欺骗当时和后世亿万的读者。董其昌在书画上曾有他一定的见识，原是不可否认的。但在这卷的问题上，却未免过于卑劣了吧！

有人问，这桩展转欺骗的公案既已判明，还有这卷字迹本身究竟是

① 伯高，即张旭。

什么时候人所写的？算不算张旭真迹？我的回答如下：按古代排列五行方位和颜色，是东方甲乙木，青色；南方丙丁火，赤色；西方庚辛金，白色；北方壬癸水，黑色；中央戊己土，黄色。庾信原句“北阙临玄水，南宫生绛云”，玄即是黑，绛即是红，北方黑水，南方红云，一一相对。宋真宗自称梦见他的始祖名叫“玄朗”，命令天下讳这两字，凡“玄”改为“元”或“真”，“朗”改为“明”，或缺其点画。这事发生在大中祥符五年十月戊午。（见宋李攸《宋朝事实》卷七）所见宋人临文所写，除了按照规定改写之外也有改写其他字的，如绍兴御书院所写《千字文》，改“朗曜”为“晃曜”，即其一例。这里“玄水”写作“丹水”，分明是由于避改，也就不管方位颜色以及南北同红的重复。那么这卷的书写时间，下限不会超过宣和入藏，《宣和书谱》编订的时间；而上限则不会超过大中祥符五年十月戊午。

这卷原本，今藏辽宁省博物馆，已有各种精印本流传于世，董其昌从今也难将一人手，掩尽天下目了！

《唐摹万岁通天帖》考

王羲之的书法，无论古今哪家哪派的评价如何，它在历史上的地位和影响，总是客观存在的。又无论是从什么角度研究，是学习参考，还是分析比较，那些现存书迹，总是直接材料。

世传王羲之的书迹有两类：一是木版或石刻的碑帖；一是唐代蜡纸钩摹的墨迹本。至于他直接手写的原迹，在北宋时只有几件，如米芾曾收的《王略帖》等，后来都亡佚不传，只剩石刻拓本。

木版或石刻的碑帖，从钩摹开始，中间经过上石、刊刻、捶拓、装裱种种工序，原貌自然打了若干折扣，不足十分凭信。于是，直接从原迹上钩摹下来的影子，即所谓“双钩廓填本”或“摹拓本”，就成为最可相信的依据了。这类摹拓本当然历代都可制作，总以唐代硬黄蜡纸所摹为最精。它们是从原迹直接钩出，称得起是第一手材料。字迹丰神，也与辗转翻摹的不同。只要广泛地比较，有经验的人一见便知。因为唐摹的纸质、钩法都与后代不同。

这种唐摹本在宋代已被重视，米芾诗说“媪来鹅去已千年，莫怪痴儿收蜡纸”。可见当时已有人把钩摹的蜡纸本当作王羲之的真迹，所以米芾讥他们是“痴儿”。到了今天，唐摹本更为稀少，被人重视的程度，自然远过宋人，便与真迹同等了。现存的摹本中，可信为唐摹的，至多不过九件。

一　现存唐摹王羲之帖概观

现存唐摹王羲之帖，在三十年前所见，计有：一、《快雪时晴帖》，二、《奉桔》等三帖一卷（俱在台湾），三、《丧乱》等三帖一卷，四、《孔侍中》等二帖一卷（俱在日本），以上俱带名款；还有五、《游目帖》（在日本），虽不带名款，但见于十七帖中。

近三十馀年中发现的重要唐摹本首推六、《姨母》等帖一卷（在辽宁），七、《寒切帖》（在天津），以上俱带名款，还有八、《远宦帖》（在台湾），虽不带名款，但见于淳化阁帖，九、《行穰帖》（在美国），无名款。

以上各帖，除《游目》闻已毁于战火，《寒切》墨色损伤太甚，《快雪》纸色过暗外，其馀无不精彩逼人。有疑问的，这里都不涉及。

在三十馀年前，论唐摹本，都推《丧乱》和《孔侍中》，因为这二件纸上都有“延历敕定”的印迹。延历是日本桓武帝的年号，其元年为公元七八二年。日本学者考订这二件是《东大寺献物账》中著录的。按《献物账》是日本圣武帝卒后皇后将遗物供佛的账目，圣武卒于公元七二九年，那么传到日本时至少在七二九年以前，摹拓自更在前，证据比较有力。自从三十馀年前《姨母》等帖出现后，所存唐摹王羲之帖的局面为之一变。

二　《姨母》等帖

唐摹王羲之帖，不论是现存的或已佚的，能确证为唐代所摹的已然不易得；如可证在唐代谁原藏、谁摹拓，何年何月，一一可考的，除了这《姨母》等帖一卷外，恐怕是绝无的了。

所说《姨母》等帖，是唐代钩摹的一组王氏家族的字迹。现存这一卷，是那一组中的一部分。这卷开头是王羲之的《姨母》《初月》二帖，以下还有六人八帖。卷尾有万岁通天二年王方庆进呈原迹的衔名。在唐代称这全组为《宝章集》，宋代岳珂《宝真斋法书赞》卷七著录，称这残存的七人十帖连尾款的一卷为《万岁通天帖》，比较恰当，本文以下也沿用此称。

先从文献中看唐代这一组法书的摹拓经过：唐张彦远《法书要录》卷六载窦臮《述书赋》并其弟窦蒙的注，赋的下卷里说：

> 武后君临，旧翰时钦。顺天经而永保先业，从人欲而不顾兼金。

窦蒙注云：

> 则天皇后，沛国武氏，士彟女。临朝称尊号，曰大周金轮皇帝。时凤阁侍郎石泉王公方庆，即晋朝丞相导十世孙。有累代祖父书迹，保传于家，凡二十八人，缉为一十一卷。后墨制问方庆，方庆因而献焉。后不欲夺志，遂尽模写留内，其本加宝饰锦缋，归还王氏，人到于今称之。右史崔融撰《王氏宝章集叙》，具纪其事。

《法书要录》卷四载失名《唐朝叙书录》，亦述此事而较略。末云：

> 神功元年五月，上谓凤阁侍郎王方庆曰……献之以下二十八人书共十卷，仍令中书舍人崔融为《宝章集》以叙其事。复以集赐方庆，当时举朝以为荣也。

五代时刘昫领修的《旧唐书》卷八十九《王方庆传》说：

> 则天以方庆家多书籍，尝访求右军遗迹。方庆奏曰："臣十代从伯祖羲之书先有四十馀纸，贞观十二年太宗购求，先臣并以进之，唯有一卷现今存。又进臣十一代祖导、十代祖洽、九代祖珣、八代祖昙首、七代祖僧绰、六代祖仲宝、五代祖骞、高祖规、曾祖褒，并九代三从伯祖晋中书令献之已下二十八人书，共十卷。"则天御武成殿示群臣，仍令中书舍人崔融为《宝章集》以叙其事，复赐方庆，当时甚以为荣。

按以上三条记载，"神功元年"当然不确，因为现存卷尾分明是万岁通天二年；人数不同，有计算或行文不周密的可能；卷数不同，有传抄传刻之误的可能；都无关紧要。只有赐还王氏是原迹还是摹本？这个问题，窦蒙说得最清楚，是“遂尽模写留内”。岳珂跋赞也依窦蒙的说法。或问这“赐还”“留内”的问题，“干卿底事”？回答是：摹拓本若是“留内”的，则拓法必更精工，效果必更真实，我们便可信赖了。

三 《万岁通天帖》的现存情况

王方庆当时进呈家藏各帖，据《旧唐书》所记有三组：

羲之为一卷，是一组；

导至褒九人为一组，分几卷不详；

献之以下二十八人为一组，分几卷不详。

至于摹拓本是否拆散原组重排的，已无从查考。但看命名《宝章集》，又令崔融作叙的情况，应是有一番整理的。

现存这一卷，为清代御府旧藏，今在辽宁省博物馆。所剩如下的人和帖：

羲之：《姨母》《初月》

荟：《席肿》《翁尊体》

徽之：《新月》

献之：《廿九日》

僧虔：《在职》

慈：《柏酒》《汝比》

志：《喉痛》

(今装次序如此，与《宝真斋法书赞》、《真赏斋帖》微异。)

共七人十帖。原有人数，按《旧唐书》所记，三组应是三十九人，今卷所存仅五分之一强；如按窦蒙所说“凡二十八”，则今卷也仅存四分之一。帖数也不难推想，比原有的必然少很多，今存这卷内有北宋时“史馆新铸之印”，又曾刻入《秘阁续帖》。《续帖》今已无传，清末沈曾植曾见张少原藏残本，中有此卷，见《寐叟题跋》，所记并无溢出的人和帖。

到南宋时在岳珂家，著录于《宝真斋法书赞》卷七。缺了荟、志二人的衔名和《席肿》《喉痛》二帖文。《法书赞》是从《永乐大典》中辑出的，可能是《大典》抄失或四库馆辑录时抄失。今卷中二人衔名及二帖俱存，可知岳氏时未失。《法书赞》中已缺僧虔衔名，岳氏自注据《秘阁续帖》补出，是“齐司空简穆公”僧虔。又《翁尊体》一帖，列在《汝比》帖后，是王慈的第三帖。《真赏斋帖》列于王僧虔后、王慈之前，成了失名的一人一帖。今卷次序，与《三希堂帖》同，成为王荟的第二帖。细看今卷下边处常有朱笔标写数目字，《翁尊体》一纸有“六”字，《汝比》一纸有“七”字，其他纸边数码次序多不可理解。可见这七人十帖，以前不知装裱多少次，颠倒多少次。以书法风格看，确与王慈接近，岳珂所记，是比较合理的。

又原卷岳氏跋后赞中纸烂掉一字，据《法书赞》所载，乃是“玉”字。

还有窦臮的“臮”字，本是上半“自”字，下半横列三个“人”字，另一写法，即是“洎”字。岳氏跋中误为“泉”字，从“白”从“水”。清代翁方纲有文谈到岳氏跋赞都是书写代抄上的，所以其中有误字，这个推论是可信的。今存岳氏书迹，还有一个札子（在故宫），只有签名一“珂”字是亲笔，可见他是勤于撰文而懒于写字的。

清初朱彝尊曾见这卷，说有四跋，为岳珂、张雨、王鏊、文徵明（见《曝书亭集》卷五十三《书万岁通天帖旧事》，下引朱氏文同此）。今王跋已失，当是入乾隆内府时撤去的。乾隆刻帖以后，这卷经过火烧，下端略有缺笔处。

四 《万岁通天帖》在历史文物和书法艺术上的价值

《万岁通天帖》虽是有本有源有根有据的一件古法书的真面貌，但在流传过程中却一再受到轻视。明代项元汴是一个“富而好古”的商人，其家开有当铺。一般当铺只当珍宝，他家当铺却并当书画。于是项氏除了收买书画外，还有当来的书画。他虽好收藏书画，却并没有眼力，也常得到假造的、错误的。所谓错误，即是张冠李戴，认甲成乙。举例如元末杨遵，也号“海岳庵主”，与宋代米芾相重。有人把杨的字冒充米的字，他也信以为真。他还常把得到“价浮”的书画让他哥哥项笃寿收买，所谓“价浮”，即是认为不值那些钱的。这卷即是项元汴认为“价浮”的，所以归了项笃寿。事见朱彝尊文。按这卷煊赫法书，可谓无价之宝，而项元汴竟认为不值，足见他并无真识，这是此卷受屈之一；又乾隆时刻《三希堂帖》，以《快雪时晴帖》为尊，信为真迹，而此卷则列于“唐摹”类中，这是受屈之二。

推论原因，无论明人清人何以不重视它，不外乎看到它明明白白写出是“钩摹”本，而杨遵被明人信为米芾，“快雪”被清人信为真迹，都因上无“充”字、“摹”字、所以“居之不疑”，也就“积非成是”了。可笑的是那么厉害的武则天，也会错说出一句“是摹本”的真话，竟使她大费心思制成的一件瑰宝，在千年之后，两次遇到“信假不信真”的人。

《万岁通天帖》的可贵处，我以为有三点值得特别提出：

一、古代没有影印技术时，只凭蜡纸钩摹，同是钩摹，又有精粗之别。有的原帖有残缺，或原纸昏暗处，又给钩摹造成困难，容易发生失误。即如《快雪帖》中“羲”字，笔画攒聚重叠，不易看出行笔的踪迹。当然可能是书写时过于迅速，但更可能是出于钩摹不善。《丧乱》、《孔侍中》二卷钩摹较精，连原迹纸上小小的破损处都用细线钩出，可说是很够忠实的了。但也不是没有失误处。其中“迟承”的“承”字，最上一小横笔处断开，看去很像个“咏”字，原因是那小横笔中间可能原纸有缺损处，遂摹成两笔。“迟承”在晋帖中有讲，“迟咏”便没讲了。至于《万岁通天帖》不但没有误摹之笔，即原迹纸边破损处，也都钩出，这在《初月帖》中最为明显，如此忠实，更增加了我们对这个摹本的信赖之心。所以朱彝尊说它“钩法精妙，锋神毕备，而用墨浓淡，不露纤痕，正如一笔独写”。确是丝毫都不夸张的。

又王献之帖中“奉别怅恨”四字处，“别怅”二字原迹损缺一半，这卷里如实描出。在《淳化阁帖》中，也有此帖，就把这两个残字删去，并把“奉”“恨”二字接连起来。古代行文习惯，奉字是对人的敬语，如“奉贺”“奉赠”之类，都是常见的，“奉别”即是“敬与足下辞别”的意思。一切对人不敬不利的话不能用它。假如说“奉打”“奉欺”，便成了笑谈。“恨”上不能用“奉”，也是非常明白的。大家都说《阁帖》文辞难读，原因在于古代语言太简，其实这样脱字落字的句子，又怎能使人读懂呢?《阁帖》中这类被删节的句子，又谁知共有多少呢?

二、古代讲书法源流，无不溯至钟、张、二王，以及南朝诸家。他们确实影响了唐宋诸家、诸派。碑刻大量出土之后，虽然有不少人想否定前边的说法，出现什么“南北书派论”啦、“尊碑卑唐”说啦、“碑学”“帖学”说啦，见仁见智，这里不加详论。只是南朝书家在古代曾被重视，曾有影响，则是历史事实。近百馀年来所论的“南”“帖”的根据只不过是《淳化阁帖》，《阁帖》千翻百摹，早已不成样子。批评《阁帖》因而牵连到轻视南朝和唐代书家作品的人，从阮元到叶昌炽、康有为，肯定都没见过这卷一类的精摹墨迹。

从书法艺术论，不但这卷中王羲之二帖精彩绝伦，即其馀各家各帖，也都相当重要。像徽之、献之、僧虔三帖，几乎都是真书。唐张怀瓘《书估》（《法书要录》卷四）说：“因取世人易解，遂以王羲之为标准。如大王草书，字直一百，五字（按此“字”字疑是“行”字之误）乃敌行书一行，三行行书敌一行真书。”可见真书之难得，这二家二帖之可贵。

自晋以下，南朝书风的衔接延续，在王氏门中，更可看出承传的紧密。在这卷中，王荟、王慈、王志的行草，纵横挥洒，《世说新语》中所记王谢名流那些倜傥不群的风度，不啻一一跃然纸上。尤其徽、献、僧虔的真书和那“范武骑”真书三字若用刻碑的刀法加工一次，便与北碑无甚分别。因此可以推想，一些著名工整的北朝碑铭墓志，在未刻之前，是个什么情况。尖笔蜡纸加细钩摹的第一手材料，必然比刀刻、墨拓的间接材料要近真得多。

又《快雪帖》偏左下方有“山阴张侯”四字，观者每生疑问。我认为这是对收信人的称呼，如今天信封外写某处某人收一样。古人用素纸卷写信，纸面朝外，随写从右端随卷，卷时仍是字面朝外。写完了，后边留一段馀纸里在外层，题写收信人，因常是托熟人携带，所以不一定写得像今天那么详细。这种写法，一直沿续到明代文徵明还留有实物。只是收信人的姓氏为什么在外封上写得那么偏靠下端，以前我总以为《快雪帖》是摹者用四字填纸空处，今见“范武骑”三字也是封题，也较靠下，原封的样子虽仍未见，但可推知这是当时的一种习惯。

三、明代嘉靖时人华夏把这卷刻入《真赏斋帖》，因为刻的精工，当时人几乎和唐摹本同样看待。许多人从这种精刻本上揣摹六朝人的笔法。《真赏》原刻经火焚烧，又重刻了一次，遂有火前本、火后本之说。文氏《停云馆帖》里也刻了一次，王氏《郁岗斋帖》所收即是得到火后本的原石，编入了他的丛帖。到了清代《三希堂帖》失真愈多，不足并论了。

清初书家王澍，对法帖极有研究，著《淳化阁帖考证》。在卷六“袁生帖”条说：

> 华中甫刻《真赏斋帖》模技精良，出《淳化》上。按此帖真迹今在华亭王俨斋大司农家，尝从借观，与《真赏帖》所刻不殊毛发，信《真赏》为有明第一佳刻也。

他这话是从《袁生》一帖推论到《真赏》全帖，评价可算极高，而《真赏》刻手章简甫技艺之精，也由此可见。但今天拿火前初刻的拓本和唐摹原卷细校，仍不免有一些失真处，这是笔和刀，蜡纸和木版（火前本是木版，火后本是石版）、钩描和捶拓各方面条件不同所致，并不足怪。

现在所存王羲之帖，已寥寥可数，而其他名家如王献之以下，更几乎一无所存（旧题为王献之的和未必确出唐摹的不论）。近代敦煌、吐鲁番各处出土的古代文书不少，有许多书写的时代可与羲献相当。如“李柏文书”仅比《兰亭叙》早几年，可作比较印证，但究竟不是直接的证物。南朝石刻墓志近年也出土不少，则又不是墨迹，和这卷南朝人书迹真影，还有一段距离。我们今天竟得直接看到这七人十帖，把玩追摹，想到唐太宗得到《兰亭》时的欣喜，大概也不过如此；而原色精印，更远胜过蜡纸钩摹，则鉴赏之福，又足以傲视武则天了！

一九八八年五月二十日

论怀素《自叙帖》墨迹本

一　原写本和摹拓本问题

古代没有摄影技术的时候，遇到法书名画，想留一个副本，只有靠钩摹一法。所谓钩摹，即是用较为透明的薄纸或蜡纸以及绢素等，蒙在原作上面，加以描摹。钩摹的绘画，辨别较难。因为画上笔画、颜色常有许多层，摹本上也一样地层层掩盖。后世又较少原本与摹本同时并存得以对校的机会，所以辨别古画的原作与摹本，就只得看纸绢的时代和艺术效果的古近，以及其他一些辅助条件。

古摹法书则不然，因为平常写字的笔画不容重描，书者偶然自己略加修补，观者不难一眼看出。如果是钩摹本，自必每笔俱出于描摹，即使一幅之内的某些字容易落笔，可以一笔写去，但总有许多处是摹者不易一笔写成的。那么描成、修成、画成的笔画，还是会露出马脚的。这类摹本，可以《神龙兰亭》为例。其中笔画自然，确有许多处并非碎描出来，而有“理直气壮”的神态。但遇到一些双杈破锋的地方，摹者就无法一笔摹出原样，也只好另加一笔，画成双杈了。

还有一种摹手，利用原作的干笔较多，连描带擦，使观者望去，俨然是那种燥墨率笔所写成的。这类摹本，有时反比那些笔画光滑、墨气湿润的字迹效果更加逼真，可以怀素《自叙帖》为例。

《自叙帖》原卷现存台湾省，我在二十多岁时曾在北京故宫博物院展览室中屡次见到，但那时并不懂得钩摹情形。后来从照片上和近年日本精印的卷子上，才看得清清楚楚。

现在这卷，从头至尾，都是用如上所说的细笔描摹和干笔擦抹而成的。原纸后边有北宋苏耆题记一行，李建中题记二行。再后有南唐人押尾题署二行。这四条共五行题字都是楷书，点划比较光滑，不比草书部分那么燥率，我们看去，就容易发觉它的不自然处。

这卷后边，即在绫隔水之后，还有另纸一大段，是北宋杜衍以下许多宋人的题跋，都是原迹。摹本后为什么有真跋？这有两种可能：一是所题之卷已是摹本；二是另造一卷正文，割配宋人题跋。现在这卷墨迹本，值得研究的是，它属于以上哪一类？人们知道，伪帖配真跋，本属常事，不易理解的是古人为什么也有称摹本为真迹的。按我们今天判断法书真伪，有三种区分：甲是原写的原纸，这叫“真迹”；乙是钩摹而成的复制品，虽非原写原纸，但字形笔法还能保留，是名家法书的真影，这叫“摹本”；丙是依样仿造，或张冠李戴，这叫“伪作”或属“冒充”。问题较多的，常在乙类。以原写原纸比较，它自应算伪；以字形笔法来讲，它又可算真。唐宋人常从字形笔法角度着眼，把这种摹本叫做真本，甚至叫做“真迹”。不但对薄纸、蜡纸上钩摹的墨书字迹是如此看待，即对石刻拓本黑地白字的法帖，也常如此看待。例如北宋黄伯思、米芾、苏轼、黄庭坚，都曾评论过《淳化阁帖》中某家某帖，是真是伪。这种枣木板所刻而号称石刻的字迹，距离薄纸上描摹的字迹，在字形笔法上又失真了许多，居然还劳这些位书家讨论真伪，当时所采取的角度标准，岂不非常明白了吗？

又北宋时定武军州出土一块石刻，刻的是王羲之的《兰亭序》，这时《兰亭》的摹拓本已不多了，大家遇到这样精致的石刻，自然重视，捶拓本非常名贵。后来原石失落，翻刻本纷纷出现，南宋的法书评论家斤斤辨别拓本是否出自原石。辨别的依据，多是某笔长些短些，某点高些矮些，乃至看到石上剥落的石花斑点，而王羲之书法风格的离合，几乎已抛之度外。他们每称原石拓本为“真本”，甚至称为“真迹”，这时的真伪的逻辑观念，距离是否原写原纸的范畴，已经十万八千里了。

南朝时梁武帝和陶弘景探讨许多件王羲之的字迹，哪是真，哪是摹，还属于前边所论的甲类。后来这种甲类的真迹愈来愈少，所以唐宋人受材料的限制，一般只能在乙类中立论。北宋米芾精研笔法，不但不满足于石刻，还不满足于钩摹本。他有题王羲之帖的诗说：

媪来鹅去已千年，莫怪痴儿收蜡纸。

他的其他著作中辨别蜡纸摹本的话还很多。可以说，米芾在宋人中是唯一重视甲类鉴定标准的人，其他虽苏黄大家，也不及他那样辨析精微。因此我们见到一般宋人在摹本上题为真迹，也就不足怪了。

以上所说，是宋人也有把钩摹本概括在真迹名称之内的情况，但不等于说现存这卷《自叙帖》后的宋人题跋，原来即是题这个重摹本的。

二　从《自叙帖》墨迹本中的内证看出它是重摹本

现在回到现存这卷《自叙帖》墨迹本的探讨。

这卷后绍兴二年曾纡题跋中说：

藏真《自叙》，世传有三：一在蜀中石阳休家，黄鲁直以鱼笺临数本者是也；一在冯当世家，后归上方；一在苏子美家，此本是也。元祐庚午苏液携至东都，与米元章观于天清寺，旧有元章及薛道祖、刘巨济诸公题识，皆不复见。苏黄门题字乃在八年之后。……

跋中所提到的苏子美名舜钦，米元章名芾，薛道祖名绍彭，刘巨济名泾。按一件作品，同时出现同样的三件，无疑其中至少有两件是摹本，甚至三件全是摹本。曾纡只说这卷是“苏子美家”本，并未提出哪卷是原写，哪卷是摹拓，也可见宋人对于原写、钩摹的区别，一般是并不关心的。今卷后有石刻拓本文徵明跋，不知是从什么刻本中割来的。跋说：

余按米氏《宝章待访录》云：“怀素《自叙》在苏泌家，前一纸破碎不存，其父舜钦补之。”又尝见石刻有舜钦自题云：“素师《自叙》前纸糜溃不可缀缉，书以补之。”此帖前六行纸墨微异，隐然有补处，而乃无此跋，不知何也。（流传苏轼自书《赤壁赋》卷，前有损缺之处，文徵明补其文。后复跋云：“谨按苏沧浪补自叙之例，辄亦完之。夫沧浪之书，不下素师，而有极愧糠秕之谦……”今此卷墨迹后并无苏舜钦的这样跋语。可见并非文氏所见的石刻底本。）

合两跋观之，疑点就多起来。曾跋说此是苏子美家本，原有米芾、薛绍彭、刘泾诸题识，皆已不存。文跋说曾见石刻，有苏舜钦自题，自言补书前一纸事，今卷中又不存。且米说“前一纸破碎不存”，苏说“前一纸糜溃不可缀缉”，而文说“前六行纸墨微异，隐然有补处”。依苏氏之说，前一纸直是另换重书，依文氏所见情形，“隐然有补处”，则是补其残处。而六行纸墨全都“微异”，则又是换了一张纸。何以换纸重书后又补残处呢？文跋此后又以今卷无苏跋致疑，可见文徵明对它已蓄了一个疑团，只是闪烁其词，未作明白表示而已。按文氏所说的石刻本，清嘉庆六年吴门谢氏《契兰堂帖》卷五曾重摹，云据唐荆川藏、宋淳熙刻本入石的（图一—三）。卷后有苏舜钦跋云：

此素师《自叙》，前一纸糜溃不可缀缉，仆因书以补之，极愧糠秕也。（以上为四行草书）

庆历八年九月十四日苏舜钦亲装，且补其前也。（以上为三行正书）（图四、五）

从苏跋草书来看，与《自叙》前六行的风格不一样，而前六行却与全卷字迹风格一样。可见他所谓补书，并不同于抄补词句，也不是放手对帖临写，而是用摹拓的办法补成的。宋人对于“临”“摹”“书”的界限，在词义区分上并不那么严格，文献中不乏例子，不待详引。其实今存这卷墨迹本，问题很多，不仅在苏跋的有无。值得研究的，略有四点：

一、现在这卷墨迹本是否苏氏所藏的原本；

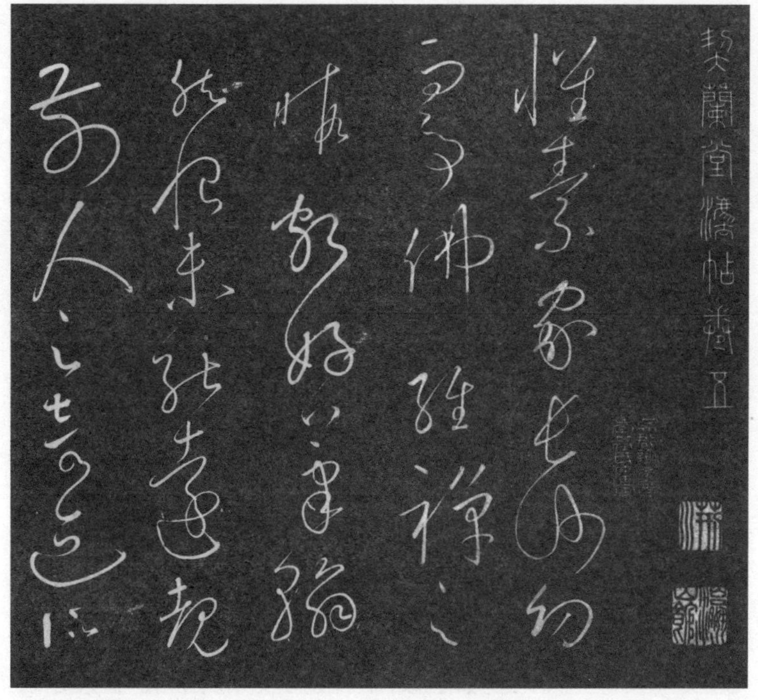

图一 《契兰堂帖》摹刻之怀素《自叙帖》开头部分

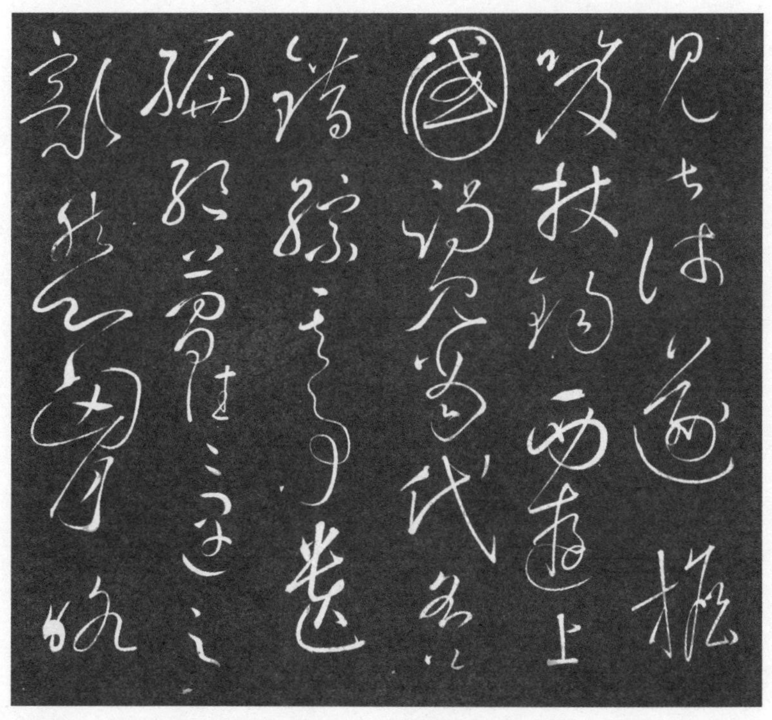

图二 《契兰堂帖》摹刻之怀素《自叙帖》开头及中间部分

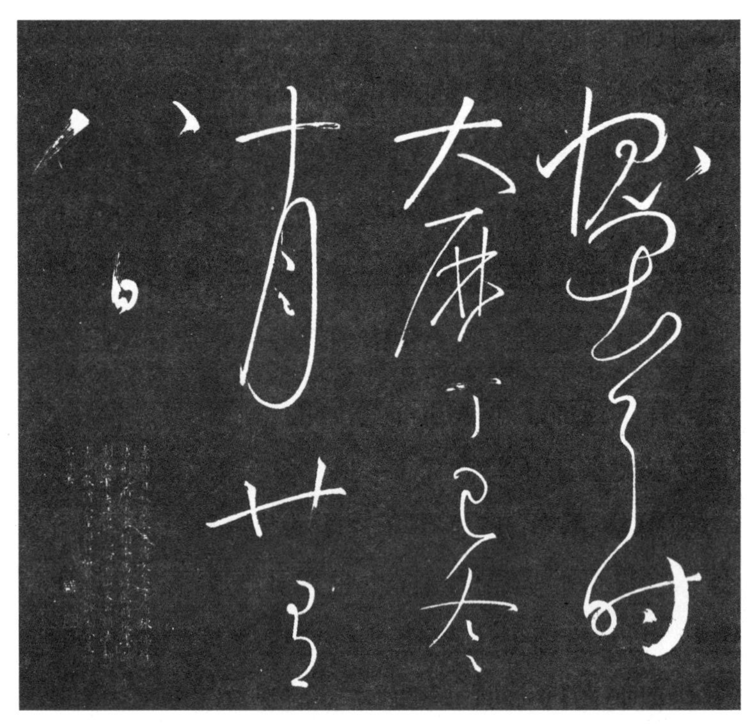

图三　《契兰堂帖》摹刻之怀素《自叙帖》结尾部分

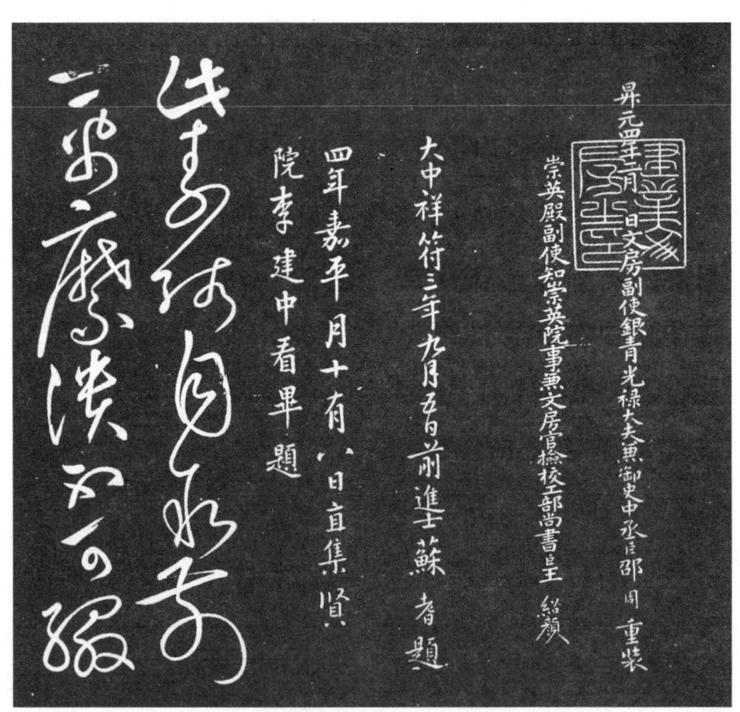

图四　《契兰堂帖》摹刻之怀素《自叙帖》卷尾题署和跋识之一

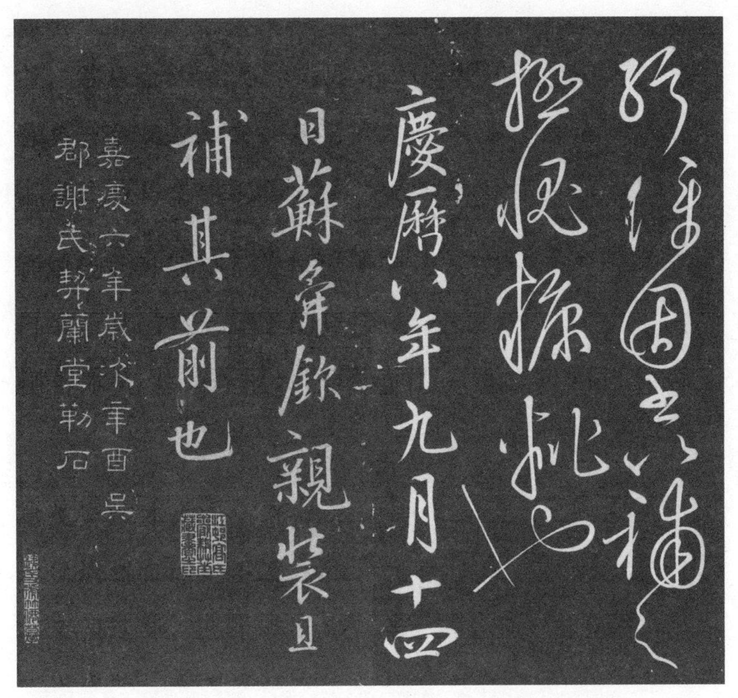

图五 《契兰堂帖》摹刻之怀素《自叙帖》卷尾题署和跋识之二

二、这卷开头部分有许多矛盾，它是否重摹苏本；

三、题跋中的问题；

四、重摹的时间。

下面分别加以探讨。

一、苏卷有苏舜钦跋尾，自记书补前一纸的问题，此卷中没有。曾纡所记的米芾等跋被割去，可以想到是移配其他摹本，以增声价。但这卷既号称苏本，自以有苏跋为证才显得可贵。去掉苏跋，反成缺欠。且割下的苏跋，又往哪里去装？假如有另一卷，无论是原本还是摹本，凭空加上一段宣布补书的跋尾，令它减色，这样作伪的恐不多见！此外还有极大的漏洞：苏跋本卷尾的南唐押尾二行在前，苏耆、李建中的题识在后，这是合理的。因为“跋尾”都是陆续写在后边，本属通行的体例。跨过旧题，挤到旧题前边的例子，在宋人题跋中是很少的。今卷苏李二题写在南唐押尾之前，紧接怀素“八日”一行之后，分明存在问题，至少是摹手的常识不足。即这一点，已足说明它与苏卷不符。比苏舜钦跋的有无，更关重要。

二、关于前一纸（即开头六行的书字用纸），至少存在着四种问题：（一）米芾说“破碎不存”，是全张纸因破碎而没有了。（二）苏舜钦说“糜溃不可缀缉，书以补之”，则是还存在一些零碎的烂纸。那么“书以补之”是另换一张整纸来补成的呢，还是把原来破烂的纸背上再托上一层纸，补全那些缺处呢？（三）文徵明说“前六行纸墨微异”，这是说第一张纸与后边的纸不一样，是苏氏另用一纸补书或补摹的。（四）文氏又说“隐然有补处”，那便是还存在一些破烂的原纸，苏氏只补残缺处而已。要知道，另补一纸和补填窟窿，是两回事。

我在五十年前看到这卷时，并未觉得第一纸有什么两样。当时我年纪轻，距现在时间久，印象不可全凭，且待将来的印证。现就文氏议论的支离处来看，已然矛盾重重。第一纸“纸墨微异”，当然是另纸补写的，却又“隐然有补处”，那就是在补纸上又补了。苏氏补了又补，何其不惮烦！再看现在这卷的前六行的字迹，笔法不但在本纸上是一律的，即和后边全卷相较，也是统一的，可见确是一次重摹而成，并非苏本。何谓“重摹”？就是从旧摹本上描下来的！

三、题跋中的问题：唐宋官本书画，后边常列有关的官员衔名。体例是小官在前，大官在后。最前是做具体事务的小官，最后是总管全面的大官，称“某官某人监”。这卷南唐押尾首行是邵周重装，王绍颜不过是参加管理的官员之一，最后并无总管监督的大官，王绍颜一行又紧靠纸边，这是摹本上透露原状的一端，即在苏本上衔名已被割去许多。至于苏耆、李建中的题识何以摹在南唐押尾之前？推测情理，大约是由于杜衍跋前无馀纸，王绍颜衔名后又不能另接纸。如接在杜跋之前，就露出与杜跋不相连属的痕迹；如接在王绍颜后，又显示不了南唐押尾割截的原样。那么只好利用“八日”至“升元四年”之间那段空隙，来摹上苏、李二题。如果不发现苏本石刻，则此谜永不得破了。

四、此卷的重摹时间应在何时？当然什么时候都可以用真跋配上伪帖，所用的伪帖，并不限定是配跋时现做的，也有可能找到一个旧摹本来配真跋。但苏藏本开头部分一张纸是破损了的。这一卷开头部分纸上也有破损痕迹和纸色微异的特征，可见配者是有意影射苏本的。既根据苏本重摹，又伪做出苏本的特征，无疑，这个伪苏本的制造，必在真跋写完之后。真跋最后一个纪年是绍兴三年癸丑（1133 年），那么重摹苏本的时间，至早不会早于这一年。

为了留存副本而钩摹，刻意存真，要求纤毫不失，这属于复制品，至少可算“真本”；为了影射而钩摹，把重摹本后配以真跋，这属于伪造品，只应称为“赝本”。虽然这种赝本伪帖也存在着原作的字形和一定的笔法迹象，但它和唐人硬黄蜡纸钩摹晋帖来比，态度上则有诚实、虚伪之别。如作学书人的临习范本，固然有馀；如作文物考古的依据资料，就使人不能完全凭信了。

三 文嘉、詹景凤的记载和高士奇的态度

我们知道现存这卷墨迹本《自叙帖》，明代自吴宽、李东阳题后，辗转归严嵩家。入清归了徐乾学，后入清内府。踪迹分明，明清鉴赏家所见的就是这一卷。

石刻拓本的文徵明跋中措词支离，前已谈到。现在还可再举一些明人私自记录的议论，因为不是写入卷中的，顾忌不多，所以比较坦率。

查抄严嵩家藏书画时，文徵明的次子文嘉负责鉴定，他写下的目录和评语，即是《钤山堂书画记》。其中记《自叙帖》云：

> 怀素《自叙帖》，一。
>
> 旧藏宜兴徐氏，后归陆全卿氏，其家已刻石行世。以余观之，似觉跋胜。

说得含蓄，“跋胜”就是反衬正文不佳。或是由于他父亲曾经题跋，有所肯定，所以才含蓄其词。

稍后，詹景凤著《东图玄览编》记述他所见过的书画，卷一有一条专记《自叙帖》的话：

> 怀素《自叙》，旧在文待诏（按即文徵明）家。吾歙罗舍人龙

> 文幸于严相国（按即严嵩），欲买献相国，托黄淳父、许元复二人先商定所值，二人主为千金，罗遂致千金。文得千金，分百金为二人寿。予时以秋试过吴门，适当此物已去，遂不能得借观，恨甚。后十馀年，见沈硕宜谦于白下，偶及此，沈曰："此何足罣公怀，乃赝物尔。"予惊问，沈曰："昔某子甲，从文氏借来，属寿丞（按即文彭，文徵明的长子）双勾填朱上石。予笑曰：'跋真，乃《自叙》却伪，奚为者？'寿丞怒骂：'真伪与若何干？吾摹讫掇二十金归耳'"。大抵吴人多以真跋装伪本后，索重价，以真本私藏，不与人观，此行径最可恨。

这件《自叙帖》墨迹本的戏剧性故事，至此总算底蕴揭开了，乃知石刻的文徵明题跋中，闪烁其词，是有他的隐衷的。

詹景凤在此后又接写道：

> 二十馀年为万历丙戌，予以计偕到京师。韩祭酒敬堂语予："近见怀素《自叙》一卷，无跋，却是硬黄。黄纸厚甚，宜不能影摹，而字与石本毫发无差，何也？"予惊问今何在。曰："其人已持去，莫知所之矣。"予语以故，谓无跋必为真迹。韩因恨甚，以为与持去也。

割去真帖，以伪帖配真跋，固然是常事。但谁也不能因此断定：凡无跋的必是真迹，也不能断定那卷黄纸本一定就是苏舜钦藏本的正文。相反，"字与石本毫发无差"，我却有理由借此判断苏氏原卷也是摹本。

我们已知宋代石刻有苏舜钦跋的底本即是苏氏所藏之卷。但拿怀素的《苦笋帖》和《小草千文》来比较，这二帖中字下笔处都很自然，无论直下、侧下、逆下，都因时制宜、因地制宜，没有一律尖锋顺下的定式。从各字的挥洒迅疾来看，也不应该下笔处反都一律兢兢业业地顺拖而下。在这一点上，现在这卷墨迹和石刻并无两样。其次我们看到墨迹上行笔环转纠绕处，常常表现得软弱勉强，缺少"骤雨旋风"的理直气壮的魄力。而石刻上仅止比今本墨迹稍为光滑些外，仍然也是气魄不足的。即拿苏舜钦跋的草书和正帖相比，反而显得跋字较多魄力了。至于黄纸厚薄，也不足成为是否原写原纸的根据，因为硬黄纸在宋代并不难得，明清人还常用宋藏经纸写字，也有揭下经背纸来用的，难道宋人就不能用黄纸裱背摹本吗？所以韩氏、詹氏，都没有"恨甚"的必要！

今本墨迹卷后有清初高士奇为徐乾学跋的一大段，其中泛论苏本的话不计，于此卷实际有关处，有以下几点：

一、"今前六行纸色少异，然亦莫辨其为补书，正是当时真迹。"

二、"玉峰徐公（按即徐乾学）积总裁堂馔银半千得之。"

三、"其纸尾第四跋崇英副使知崇英院事兼文房官检校工部尚书王绍颜当是南唐人，失绍颜二字。"

四、"余所藏宋拓秘阁本有之（按指"绍颜"二字）。"

按谢氏《契兰堂帖》重刻宋本最后刻有"江村高氏岩耕草堂藏书之印"长方收藏印，可见高氏所藏，即是谢刻的底本。高氏藏本与这卷墨迹本的差异处，最重要的如苏耆、李建中跋在后，还有苏舜钦跋等问题，他一概不谈，只提出所缺的是"绍颜"二字，可见当时官僚之间，势交、利交、敷衍了事的状态，真是跃然纸上。尤其可笑的是南唐押尾开头即写"升元四年"，高跋说"当是南唐人"，岂不令人喷饭？从另一面看，高氏既有宋刻本，当然能比较出二本的不同，得知这卷墨迹并非宋刻的底本，也就是并非苏藏的原卷。但他又说："莫辨其为补书，正是当时真迹。"既说是苏卷，又说无补书，皮里阳秋，识者一见心照。在敷衍徐乾学的背后，存在着他的否定观点，是非常明显的。

最后有人问，这卷既是重摹本，那么那些古印是哪里来的？回答是：刀刻出来的！

从前有人对古法书轻易用"伪"字来判断，我总以为复制品不能与有意伪造相提并论，即使是复制品的再复制，也不应与伪造并论。对于这卷，我也一向以为只是一个复制品，随便说它是伪作未免不太公平。但现在看到重摹者有意影射苏藏本的行为，知摹者不是专为留一个真帖影子，而是要伪造冒充来欺骗人，那便直接称它是伪本，也并不算不公平了。

论怀素《自叙帖》墨迹本与宋刻本

唐僧怀素擅狂草书，流传草书帖甚多，有墨迹，有石刻，必以《自叙帖》长卷为第一名品。这卷字大卷长，笔势流畅变化，纵横驰骋，比起那些少则二三行、多也不过十几行的字迹，要痛快得多。

《自叙帖》流传石刻本很多，自公元一九二四年稍前延光室（出版社）出版了《石渠宝笈》所藏真迹本长卷的照片和珂罗版本，世人大开眼界，叹为希有之观。再后有故宫博物院在《故宫周刊》内分期影印各段，又有影印单行长卷，于是社会上公认这是一卷怀素的巨迹，和孙过庭的《书谱》长卷真迹，共属书法至宝。《书谱》墨迹本还偶见有人怀疑它是摹本（当然不确），而《自叙》墨迹只见马衡先生曾根据詹景凤的话一度提出疑问外，不见什么异议。现在从见到的一些文献材料和石刻善本中综合考察，提出问题，分别阐述于下：

一　原迹、真迹、真本、摹本的名称问题

从文献上看，宋代特别是米芾以前，对于"真迹"这一观念并不十分严格。梁武帝拿出王羲之的字迹令陶弘景鉴定，因为那时许多古法书没有写者签名，这种鉴定，不仅是辨别是原迹或是摹本，还有辨认是谁写的这个问题。唐人窦泊的《述书赋》里就提出"带名""不带名"的问题，所谓"带名"即指那件书法作品上写着写字人的姓名，写了名字的可以证明是某人写的，没写名字的，就要另凭判断了。

再后鉴定的注意力就着重在是否某个书家的风格，例如《淳化阁

帖》中有许多帖列入王羲之、王献之名下，苏轼、黄庭坚、米芾、黄伯思等专家多有批评，指出某一帖是真王羲之的，某一帖是假托的，《淳化阁帖》都是木板、石板上刻出的，用墨拓出的黑地白字的“拓本”，从逻辑上讲，即属是他们认为真王羲之字的，也是摹刻了的影子，只能算真迹的影子，或说“真本”，不能说是“真迹”。只有米芾还有另一角度的观点，他把原纸原写的字迹才叫作真迹。他有诗说：“妪来鹅去已千年，莫怪痴儿收蜡纸。”他认为用蜡纸钩摹的名家字迹不能归入真迹范围，只能算是真迹的摹本。后来文人用词，牵连混用，题跋上、记载中随便使用，谁也不详细追究哪件是钩摹本，哪件是书家本人原纸写的字迹。事实上那也太啰嗦了。所以后人对于古法书多用“真迹本”“石刻本”这两类来分称，今天有了影印法，又多出一个“影印本”的名称而已。本文以下称《石渠》旧藏一大卷《自叙帖》墨迹为“墨迹本”，以别于石刻本。

二　墨迹大卷是宋代流传的哪一本

《石渠》所藏这一大卷墨迹本后有绍兴二年曾纡题跋一段，他说：

> 藏真《自叙》，世传有三：一在蜀中石阳休家，黄鲁直以鱼笺临数本者是也；一在冯当世家，后归上方；一在苏子美家，此本是也。元祐庚午苏液携至东都，与米元章观于天清寺，旧有元章及薛道祖、刘巨济诸公题识，皆不复见。苏黄门题字乃在八年之后。

说明了这卷是北宋苏舜钦（字子美）家藏的一卷。他并没说出当时那三卷是别人从原迹上钩摹出的真本，更没说明苏家这一卷是原纸原写的真迹。从此这墨迹大卷便被认为是苏氏家藏的一卷了。

这卷墨迹本后还附有明代文徵明跋一段，是从一个明人石刻本上割下来附装于后的。文氏跋的要点如下：

> 余按米氏《宝章待访录》云：“怀素《自叙》在苏泌家，前一纸破碎不存，其父舜钦补之。”又尝见石刻有舜钦自题云：“素师

《自叙》前纸糜溃不可缀缉，书以补之。”此帖前六行纸墨微异，隐然有补处，而乃无此跋，不知何也。

文徵明具体地引了苏舜钦跋中的原话，可见他是亲自见过苏舜钦跋的（苏氏写在《自叙帖》后的跋文，宋以来的有关法书记载都未曾见）。文氏又曾补写苏轼自书《赤壁赋》真迹卷前残缺的一些字，后加小楷跋语说：

谨按苏沧浪（舜钦的别号）补《自叙》之例，辄亦完之。夫沧浪之书，不下素师而有“极愧糠秕”之谦。

这里又多引出苏跋有“极愧糠秕”四字，今墨迹卷中全都没有。是这个墨迹大卷原来曾有，在文徵明以前被人割去的呢？还是这墨迹大卷并非苏家那一卷呢？如说根本不是苏家那卷，所以没有苏跋，而曾纡跋中首先确指这就是苏家的一卷；既是苏家那卷，而前一纸补痕并不明显，后来许多跋语中如文徵明、高士奇都曾闪烁其词地说它又有补处，又有原纸，种种矛盾，怎么解释？这姑不必详论。姑且简单说曾纡跋不误，这卷墨迹本便是苏家藏本，只是苏跋在文徵明前已被割失，也没有什么不可以。但其中存在的其他矛盾，并未由此而完结。

三　苏家本和今传墨迹大卷有什么异同

苏家本在宋代曾被摹刻上石，宋拓本已不得见，幸而有一个宋刻本的真影存留。它就是嘉庆六年（公元一八〇一年）吴门谢希曾刻的《契兰堂帖》中的一卷。这部丛帖，刻得很精，但流传甚少，它摹刻的宋拓本《自叙帖》是其中的第五卷。

谢氏有小字题识一段。刻在怀素正文“八日”之下空隙处。他说：

素师《自叙》真本失传久矣。辛酉秋偶得唐荆川所藏宋拓本。为淳熙时从墨迹刻石，笔法精妙绝伦。衡山文公谓素书如散僧入圣，虽狂怪弩张，鲜不合度，信不诬矣。（下钤“曾”“安山”二小印）

按卷首有“荆川”二字印，是谢氏指为唐氏旧藏的根据。又卷尾苏跋“补其前也”下有高士奇长方收藏印。文为“江村高氏岩耕草堂藏书之印”。得知从唐氏藏后，还经过高氏收藏。

这卷宋刻本真影，也就是苏家本的面目有什么特点？分列于下：

一、有苏舜钦跋云：“此素师《自叙》，前一纸糜溃不可缀缉，仆因书以补之，极愧糠秕也。”（此四行草书）

“庆历八年九月十四苏舜钦亲装且补其前也”。（此三行真书接写于草书四行之后）

二、怀素自书尾款“八日”之后紧接有“升元四年……邵周重装”押尾一行。再接“王绍颜”的押尾一行。再后才是“大中祥符三年……苏耆题”一行，更后是“四年……李建中看毕题”二行。

三、全卷只在邵周押尾一行的上端有“建业文房之印”一印，其他处全无印章。

四、卷首自“怀素家长沙”起各行笔迹一致，与苏舜钦自书跋尾草体不同。

五、怀素全卷的笔法位置与墨迹大卷完全一致。

从以上的现象，与墨迹大卷相比较，发现以下一些情形：

一、苏舜钦所补的一纸占正文几行，刻本上看不出，墨迹大卷跋中说是六行。即以这六行论，笔法与后边正文丝毫没有两样。可知苏氏只是根据另一个本子描摹的，而不是放手临写的。

二、邵周、王绍颜押尾二行在前。苏耆、李建中题三行次后，苏舜钦跋在最后。这是合理的。墨迹大卷苏耆、李建中三行翻在邵王二行之前是不合理的。

三、真迹大卷中有许多宋印，宋刻本只有“建业文房之印”是刻帖的体制，当时不可能多摹刻藏印（明清汇帖也不能全摹藏印）。

四　根据以上情形，可以得出以下几项推断

一、苏舜钦的补全，只是据另一底本摹全的，而不是临写的。

二、墨迹大卷后现存的宋人各跋，曾纡明说是跋的苏补本，可见它是苏本原有的。

三、墨迹大卷正文是另一个摹本，押尾次序摹颠倒了，大概是为就原纸空处，挤入三行，没顾到顺序的不合。

四、墨迹大卷摹法极精，飞白干笔，神彩生动，而全卷正文，使转弯曲处，又有迟钝之感。

五、苏氏本笔笔与真迹本相合，虽可说经过刻石，打了折扣，但它每笔的轨迹全都毫无逾越处，迟钝处也同样，大概苏家本也仍是一个摹本。真迹大卷，早入《石渠》，谢希曾不可能见到，谢氏重刻还能体现宋刻的面貌，而两本正文竟很少差异处，可说各有所长，足以互相验证。

六、墨迹中许多宋人藏印，不能以宋刻未摹入，便认为墨迹卷中的宋印一概毫无根据。

七、大约在文徵明以前，有人分割苏本后宋人各跋，装在今天这个墨迹大卷之后，以提高它的声价。苏家本既有苏跋，不待其他宋跋已自使人可信了。于是苏家原卷、另一摹本（墨迹大卷）、苏卷后的宋人原跋，三部分重新组合，而苏卷原迹今天都只剩下重刻本了。

八、经过以上的分析，我们应该对这一大卷重新正名，只称它是“墨迹大卷”了。

五　苏卷原跋改配另一卷后引起的馀波

古法书在收藏家手中，便是他的财产。凡有这种财产的人，不是有钱的就是有势的，被请来鉴定、题跋的人，谁又肯轻易地批评真伪，惹人不快呢？所以若干名人题跋的古书画有种种遁词，或故意露些马脚，使内行的观者，可以“心照不宣”地领略出跋者的不负责任。这在只有财势的收藏家往往是不会了然的。在墨迹大卷上发生疑问的，有明人也有清人。明文徵明、詹景凤、文嘉、清高士奇，都曾不同角度、不同程度地玩弄曲折手法来表示怀疑，分述于下：

文徵明说：

此帖（指墨迹大卷）前六行纸墨微异，隐然有补处，而乃无此跋（指苏舜钦跋），不知何也？

按苏跋说“一纸糜溃，不可缀缉”，不是补几个窟窿的事。又提出既叫做苏家本，又无苏跋，疑问已很明显了。

詹景凤说：

怀素《自叙》，旧在文待诏（按即文徵明）家。吾歙罗舍人龙文幸于严相国（按即严嵩），欲买献相国，托黄淳父、许元复二人先商定所值，二人主为千金，罗遂致千金。文得千金，分百金为二人寿。予时以秋试过吴门，适当此物已去，遂不能得借观，恨甚。后十馀年，见沈硕宜谦于白下，偶及此，沈曰：此何足罣公怀，乃赝物尔。予惊问，沈曰：昔某子甲，从文氏借来，属寿丞（按即文彭，文徵明的长子）双勾填朱上石。予笑曰：跋真，乃《自叙》却伪，奚为者？寿丞怒骂：真伪当若何干？吾摹讫掇二十金归耳。大抵吴人多以真跋装伪本后，索重价，以真本私藏，不与人观，此行径最可恨。

詹景凤在此后又接写道：

二十馀年为万历丙戌，予以计偕到京师。韩祭酒敬堂语予：近见怀素《自叙》一卷，无跋，却是硬黄，黄纸厚甚。宜不能影摹，而字与石本毫发无差，何也？予惊问今何在？曰：其人已持去，莫知所之矣。予语以故，谓无跋必为真迹。韩因恨甚，以为与持去也。（《詹东图玄览编》）

此两条说得最直截了当，因为私人笔记可以无所顾忌。但他以为纸厚的那一卷必是真迹，这就未免出于揣测了。今文彭摹刻本已不可见，我颇怀疑墨迹大卷后边的墨拓小楷文徵明跋，是从文彭摹刻本上割来的。

文嘉说：

> 怀素《自叙帖》，一旧藏宜兴徐氏，后归陆全卿氏，其家已刻石行世。以余观之，似觉跋胜。（《钤山堂书画记》）

“似觉跋胜”，措辞多么巧妙！换句话说，即是“正文不真”。文嘉鉴定的是查抄严嵩家藏书画。抄的东西，都要归官，所以他也不敢直说。

高士奇跋说（原跋冗长，这里只摘取要点）：

> 一、今前六行纸色少异，然亦莫辨其为补书，正是当时真迹。
>
> 二、王峰徐公（按即徐乾学）积总裁堂馔银半千得之。
>
> 三、其纸尾第四跋崇英副使知崇英院事兼文房言检校工部尚书王绍颜当是南唐人，失绍颜二字。
>
> 四、余所藏宋拓秘阁本有之（按指“绍颜”二字）。

前六行纸色既然“少异”，又看不出补书的迹象，便要定为“当时真迹”，像是抬高了一层，其实便连“是苏家本”也否定了。

王绍颜的名字，在墨迹大卷中残失“绍颜”二字，他据他藏的宋拓秘阁本知为“绍颜”二字，提出根据，还算应该。但他说王绍颜“当是南唐人”，他忘了前一行邵周押尾的行首明明白白地写着“升元四年”，何用“当是”的揣度。

康熙时徐乾学的势力极大，高士奇依附他，捧场还唯恐不及，何能直接指出其疑窦，他没想到慌张中出了“当是南唐人”的笑柄。

六 小 结

考证怀素《自叙》苏家本、宋人诸跋、墨迹大卷的种种关系和各项问题，是文献方面的事；哪一本钩摹得灵活，临学的人参考哪一本容易入手，是艺术方面的事。平心而论，墨迹大卷的艺术效果远远胜于石刻本，这是有目共睹的。但其中被苏家本、补纸等问题搅得莫名其妙，苏氏跋又看不着，愈发增加了观者的猜想。今天印出苏家本的真影，不但这桩公案大白，而墨迹卷的艺术上的参考价值也愈可以得到公正的评估。石刻本与墨迹本合观，怀素全卷草书笔画轨迹的强处、弱处也可得到密合的印证了。

现在我个人所知《自叙》的本子还有几个：一、明人翻刻《淳熙秘阁续帖》中有一本没有南唐押尾和苏舜钦跋。（谢刻所据，唐顺之、高士奇藏和谢希摹刻的本子何以知为秘阁本和淳熙时刻，已不可究诘。）二、日本影印半卷摹本墨迹。三、《莲池书院帖》刻一卷，全是放笔临写的，与怀素无关。四、四川大学藏竹纸临本半卷，与莲池本一类。五、其他单刻本字形有据，源流不详的，可不计了。

附识：我在一九八三年曾写了一篇《论怀素〈自叙帖〉墨迹本》，发表在《文物》本年第十二期上，起草匆忙，笔舌也实在冗蔓。后来用墨迹本和石刻本并列临摹，发现墨迹本确实比石刻精彩，这原是法书传本的通例，但苏本面目也亟需鉴家共赏。所以重加修改，写成此稿，再求读者指教！

一九九一年五月廿五日

《集王羲之书圣教序》宋拓整幅的发现兼谈此碑的一些问题

唐代僧人怀仁集王羲之字刻成的《圣教序》碑是近两千年来书法史、美术史、手工艺史上的一件著名杰作。原石保存在西安碑林。但经过历代捶拓，已经屡有损伤了。一九七二年，在碑林石碑的石块缝中发现南宋时代的整幅拓本，且无论这在《圣教序》的流传拓本中是迄今所见的孤本，即在一般的汉唐碑版中，像这样的宋拓整幅也是极为罕见的。

在影印技术还未发明的时候，精美的书法，想要制成复本，只有两途：一是用油纸、蜡纸在原件上把它描下来。这叫向拓（后世多误作“响拓”）；一是把写在石上的字刊刻拓墨，或把写在它处的字钩描在石上，刊刻拓墨。这样的墨拓本，刻拓精美的，观者看去，宛然是笔写的一般。关于这种手工艺，在古代有不少著名的工匠和杰出的作品。

唐代玄奘法师从印度取来许多佛教经典，译成之后，唐太宗李世民给它作了一篇“序”；他的儿子李治，即唐高宗，当时还是太子，给它作了一篇“记”，其实也是一篇序文。还有玄奘向他们父子申谢之启，这父子都有答书，也都刻在文章之后。再后刻着《心经》和译经润色文字的大臣衔名。这在当时的佛教界是一件大事。这两篇序文和两篇答书，便是当时佛教的最有权威的“护法”。

碑上记载“弘福寺沙门怀仁集晋右将军王羲之书”，又记载“诸葛神力勒石”“朱静藏镌字”。集字是从王羲之的原帖上描摹出序文上要用的字；勒石是把集出来的字钩到石面上，钩划轮廓叫作钩勒；镌字是用刀刊刻钩在石上的字。这块千载驰名的碑刻，除了开凿石材的人以外，便是这三位艺术家合作而成的。李世民最喜好王羲之书法，他曾为《晋书·王羲之传》写过传后的评论。怀仁之所以特别选择王羲之的字迹来集成碑文，他的用意也是不言而喻的。

传说怀仁为了搜集王羲之字迹，费了若干年的工夫。这虽然出于悬揣，但看每个字笔画的顿挫流动，字形、字势的精密优美，上下字、前后行的呼应连贯，真足使人惊讶叹赏。而全部字数又是那么繁多，也绝不是短时间所能完工的。这块碑文不仅是古代法书的一件名作，也不仅是王羲之字迹的一个宝库，实际是几个方面综合而成的古代工艺美术的一件绝品！

刻在碑上的字，经过历代捶拓，至今石面已经磨下了一层。拓出的字迹，不但有些笔画已经损缺，即是那些没有损缺的笔画，边上也呈现模糊而不准确的形状，有的笔画瘦削，成了一根根的火柴，完全失去了笔写的样子，更无论什么王羲之的风格了。不但此碑是这样，其他碑刻也有同样情况。因此欣赏碑刻的人，多好搜求旧拓。一般大书深刻的碑石，由于字形大、笔画粗，只要石上没有剥落残损，新拓旧拓，有时差别还不太大。《集王圣教序》字形较小，刻法又极精细。一个破锋（笔尖破开，成了双杈）、牵丝（笔画与笔画之间牵连的细丝），都一一表现出来。后世的拓本，虽然字形、行气俱存，但精微的细节和墨迹一般的神彩却完全消失了。此碑唐拓本，今天已不存在，要看精彩的拓本，只有从宋拓本中寻求。

现在流传的宋拓本，虽不少，但都已剪成碎条，按文章顺序，裱成册页，早已没有整幅未剪的了。后拓的整幅，虽还能看出行款，却又不见字迹风神，只能使人知道某某字在什么位置而已。

一九七二年西安碑林中保存的《石台孝经》，在一次搬动陈列位置时，拆卸重立，发现这个方形立柱的碑是用四块三棱的大石条拼成，每条石的脊棱攒聚，平面向外，上加碑顶，下承碑座，把它从上下固定。

在拆开时发现石块缝中夹有折叠的古纸，推测可能是前代移碑或调整位置时垫衬石材，使不松动所用的。这幅《圣教序》的整幅拓本，被折叠成方形一叠，即是那些古纸中的一件。同时发现折叠的古纸中，还有女真文的版刻印本，可以知道这张《圣教序》也是同时期的拓本。以"宋"标识年代，是习惯的称法，如果兼顾到地区关系，称为"金拓"当更为确切。

展开来看，纸上的破损处并不太多，可以说基本完好。这块碑石后来在上半部斜断了一道。但在什么时候断的，则说法不一。相传以为凡此碑石未断时拓本都够宋拓。现在这幅拓本，即是未断的拓本，可见旧传的说法不是没有根据的。这幅自末行"文林郎"处微有一小条细痕，是石质上的裂璺，可知后来从这里断裂，是有它的内在条件的。

石面刻的笔画肥瘦，是原字的真像，铺纸捶按，纸陷入笔画的石槽中，纸上加墨，便成白字。揭下纸来，从纸背看，笔画都成凸出的皱折，一经刷裱，皱折全平，笔画也就拉肥，对原字来说，也就失真了。这本即未刷裱，年久皱折也竟未压平，所以更加可贵了。

这个《圣教序》碑集的是王羲之的字，本来是碑上写得明明白白的。后世相信它是王字并加以重视的固然很多，而反对、怀疑，甚至全盘否定的也不是没有。推重的人如宋代黄伯思《东观馀论》引宋初周越《书苑》的话说："唐文皇制《圣教序》时，都城诸释诿弘福寺怀仁集右军行书勒石，累年方就。逸少真迹，咸萃其中。今观碑中字与右军遗帖所有者，纤微克肖。"并且接着表示："《书苑》之说信然。"但宋代也有轻视它的，黄伯思提到："然近世翰林侍书辈多学此碑，学弗能至，了无高韵，因目其书为院体……故今士大夫玩此者绝少。"对这种的见解，黄伯思辩驳说："然学弗至者自俗耳，碑中字未尝俗也。非深于书者，不足以语此。"黄氏的议论确是非常近理。

到了明代末年，董其昌忽然提出异说，他以为碑上的字是怀仁一手写成的，并非集字。他的理由有三点，都见于董氏自家摹刻的《戏鸿堂帖》，也见于《容台别集》和《画禅室随笔》中。

一、他得到一卷黄绢上写的《圣教序》碑文，他说："古人摹书用硬黄，自运用绢素。"他藏的这个卷子既是绢素所写，又是碑上的字样，可见碑上的字不是摹集所成，而是一手自写的。

二、他说这碑"唐时称为'小王书'，若非怀仁自运，即不当命之'小王'也"。

三、他说："吾家有宋《舍利碑》云习王右军书，集之为习正合。"

这三点理由都是站不住脚的：一、他藏的那卷绢上写的《圣教序》曾摹刻了一段在《戏鸿堂帖》中，字迹点划与碑上的字既不完全一样，而字形又比碑上字略小。如果说这卷就是怀仁刻碑的底本，当时勒石时又是怎样一字一字去放大的呢？二、所称"小王书"是由于碑上的字形小，还是指不是第一手的摹本，都不可知。我自愧谫陋，至今还不知唐人这句话见于什么书上，我很怀疑就是董氏所藏那卷后边跋语中的话。如果设想不误，那就正是说那一卷是缩小的临本。三、宋《舍利碑》原石尚在河南，字体即唐《实际寺碑》那一类，虽是学王，而与集摹王字并不相同。况且分明写的是"习"，正如说"仿某家体"。"集"之与"习"，无论什么讲训诂的书上也没有见过可以相通的解释。小学生的"习字本"绝不是"集字本"。"集句诗"句句都找得出作者姓名，和模拟某派某体的诗截然不同。董氏为了抬高他所藏的那个黄绢上的临本，硬说它即是刻碑的原底本，不惜造出这些拙劣的谣言，徒给后人留下笑柄。

至于宋代的"院体"书又是什么样子呢？我们常看到宋代的制诰文书，确实都是学《圣教序》的风格的，这种习气一直沿至南宋，如绍兴时御书院人所书的《千字文》即是其例，不过模拟得更为拘滞而已。黄伯思所说的"院体"，即指这类。但我们今天看来，那些当时的"院体"也很美观，宋人厌薄常见的字样而有那样的评论，也是不难理解的，但与这块碑的书法本身并无关系。

碑中字都从哪里集来，今天已不可能一一追寻，但有些字还可以从今传的王帖加以比对而找到出处。姑举二字为例：如碑中"苦"（第二五行）字与《淳化阁帖》卷六《建安灵柩帖》中的“苦”字一样；再从大观重刻的精本《阁帖》也即是世称的《大观帖》来看，“苦”字确是从这里集出的。又如碑中“群”字凡两次出现（第六、一六行），末笔一竖，都是劈开成了双杈。这个“群”字与《兰亭帖》中的“群”字一样，《兰亭》各种摹本、刻本中此字的点划肥瘦，容或各有不同的地方，但末笔破锋双杈，在“定武”“神龙”诸本中则是一致的。王羲之写“群”字怎能末笔都出现双杈？可见碑中“群”字是从《兰亭》集来的。以上这类，是可以确见出处的。

碑中各字是否都一律没有问题呢？却并不然。首先是“正”字（第九、一五行）、“旷”字（第一四行）。王羲之的祖父名“正”，父亲名“旷”。王帖中“正月”都写作“初月”，“旷”字在其他王帖中从来没有出现过。我们知道南北朝时期的士大夫对于家讳的避忌是异常严格的，有时听到家讳的同音字都要发生奇怪的反应，这类事在史书记载上是数不清的。颜之推《颜氏家训·风操篇》中更曾集中地举过许多例子。难道王羲之在那个时代中就那么敢于作干犯“名教”的事吗？清代翁方纲在《苏米斋兰亭考》中曾主观地摘出若干字以为王羲之真迹的典型，其中即有“旷”字，真可说是“失之眉睫”了。我认为碑上的“正”字或是从形近的字修改加工而成的，“旷”字或是用“日”字“广”字拼凑而成的，如果都不是这样来的，那便是伪迹。

碑中所摹《兰亭》中字，“群”字之外，还有许多。由于《兰亭》发生了真伪的问题，碑中这些字也就随之发生了问题。这就要附带谈到《兰亭》。自清末有人因少见多怪对《兰亭》提出怀疑，以为是假的。至近年馀波未息。如果《兰亭》是真的，那么碑中有关各字来源正确，即不待言。如果《兰亭》是假的，那么唐朝皇帝派萧翼去骗《兰亭》，而老僧辩才拿出来的根本是一卷假帖，又骗了皇帝。今天看来，不过是一幕喜剧。但在当时的怀仁，不会懂得清末人少见多怪的见解，何能不用《兰亭》中字？即便懂得，又何敢不用《兰亭》中字？这并不同于有意用伪书充数。所以碑中这部分的字，应无损于怀仁集字态度的忠实。包括前边所举“正”“旷”各字，以及《心经》中所用的别字，都无损于此碑的艺术价值。

什么是怀仁误用的别字？如“般”字有的实是个“股”字（第二七、二八行），“色”字有的实是个“包”字（第二五、二六行）。有人以为是集来的字不够用了，才用别字代替。但碑中重字有许多是同一底本的，刻碑时是用摹出的字迹上石，不是剪贴原迹上石，并无够与不够的问题。这直是怀仁误用了别字，与王字的真伪无关。

别字之外，还有误用的字。唐人翻译经咒，对音用字，非常严格。“般若”的“般”不用“波”；“波罗”的“波”不用“般”。因为“般”字音的收尾处与“若”字音的初发处一致，可以衔接，正好用以表现连绵的梵音。所以“般若”不用“波若”（此问题承友人俞敏先生见告，并云“南无”不用“那摩”，亦属此例）。怀仁在咒语中两句“波罗揭谛”都作“般罗揭谛”，而我们看到的唐代的石刻或写本《心经》，极少有作“般罗揭谛”的。

还有经题的误处：“般若”的译义是智慧，“波罗蜜多”是到彼岸。“心经”是“般若波罗蜜多心经”的简称，也有简称“波若心经”的。此碑《心经》的尾题作《般若多心经》。如从全称，他少了“波罗蜜”；如从简称，又多了一“多”。唐代《颍川陈公密造心经碑》中虽有差误处，但并不普遍。且士人写佛经出错误还可以谅解，而僧徒错写佛经，则不可谅解。可见怀仁这个和尚对于佛教所谓“外学”之一的书法虽那么精通，而对于佛教所谓“内学”的经典，却如此疏忽，恰可说是外学内行而内学外行了。

一九七八年

记汉《刘熊碑》兼论蔡邕书碑说

一

古代石刻和它们的拓本，究竟有哪些价值？据我粗浅的认识，主要的约有以下三个方面：石碑造形、雕琢、刻字方面的工艺美术的资料和借鉴价值；文词内容方面的历史、语言、文学的资料价值；文字、书法方面的文字史、书法史、书法艺术的资料和借鉴价值。当然不见得每件古代石刻都同时具备这些条件，它们或者有此无彼，或者此多彼少，但至少要具有其中一项的价值，才会流传被人重视。至于著名的古代石刻，有些原名残毁不存，有些原石虽存而文字剥落不全，或字迹笔画失真，因此偶然保存下来的旧拓本，便更加被人重视了。

《刘熊碑》是流传著名的汉碑之一，北魏郦道元《水经注》已经记载，北宋欧阳修《集古录》、赵明诚《金石录》等也都著录，南宋洪适《隶释》又详记了碑文。《隶释》所记，只有少数残缺的字，可见南宋初期全碑还没有断毁。后来碑石断毁，残存两大块。又不知什么缘故，即这两块残石又已无存（只有碑阴残石，一九一五年为顾燮光访得，现存河南延津县文化馆，《文物》一九六四年第五期曾介绍过）。而这碑阳残石的拓本，流传也极稀少。如清代金石家翁方纲著《两汉金石记》，也只据双钩摹本，并没见过原拓。近百年来流传的拓本，只有三件：一是刘鹗旧藏本，二是范懋政旧藏本，三是沈树镛旧藏本。沈本只是原碑下边那半截残石的拓本，剪裱成册，有赵之谦补写原碑上边那块残石的字，又写了下半截各字的释文。这本曾经中华书局影印，详细校对，知是翻刻。那么现存的真本，只有刘本和范本了。现在这两本分别藏在中国历史博物馆和故宫博物院。两本的情况大致如下。

刘鹗旧藏本：整纸未剪，上一块残存原碑起首十五行，每行十二字（以存字最多的那行计算）；下一块残存原碑下半截二十三行（原碑共二十三行），每行十七字（原碑每行三十三字）。拓墨略重，细看原石残泐的细微痕迹，这本比范本稍少，知这两本拓时应在同时代，而此本微先。这本由刘鹗归端方，后归衡永。衡永生前秘不示人，一九六五年他死后，已由他的后人售给了国家，现藏中国历史博物馆，公之于世。

范懋政旧藏本：旧经剪裱成册，后恢复裱成整幅。这本所拓两拓残石，与刘本完全一样。拓墨较刘本稍干一些。这两本拓纸因流传年久，都有磨伤处，但损字都不多，并且两本可以互相校补。范懋政是鄞县天一阁范氏的后人，这本只有范懋政在道光二十三年所写的一个标签，近世看到过的人也非常之少。这本在新中国成立后归故宫博物院。

二

古代石刻的内容，常是以它们的用途而决定的，千差万别，固然难以细数。但其中数量最多，或说占据主要部分的，约有四类：一是封建帝王自己歌“功”颂“德”，夸耀势力的；二是记载迷信、祭祀事物的；三是歌颂官僚们的“德政”“去思”的；四是记载死人事迹的，也就是“谀墓”的文章。其中无论哪一类，本质上都是封建统治阶级自己互相吹捧的言论，原无足取。但是这里边常常具有不同用途、不同程度的资料，只看我们怎样批判地利用、提取而已。

《刘熊碑》的内容，是属于“德政”“去思”一类的，“冠冕堂皇”，说它的一切似乎都是“登峰造极”的。在敦煌发现的写本中常见有许多“应用文”的成篇样本，有如后世的《留青集》《酬世大全》等书，是预备给撰写人模拟甚至抄用的。因此我很怀疑汉代撰写碑文的人已早有一套这种现成程序，或说是“夹带”“小抄”，用时一抄，加上碑主的姓名就够了。这刘熊碑文，据《隶释》所录全文来看，其中叙述与刘熊直接有关的，只有："君讳熊，字孟阳，广陵海西人也。""光武皇帝之玄，广陵王之孙，俞乡侯之季子也。""出省杨土，流化南城。"共三处。此外，还有三处有"刘父"一词，其馀的颂扬言词，和其他碑中颂扬其他官僚的词句并没什么两样，如果彼此互换，也没有什么不一致处。最奇怪的是，刘熊官是酸枣县的县令，碑额上据记载说也有"酸枣令"的字样，但全碑文中却没有一处提到他做的官是酸枣令，这岂不是滑稽的事吗？其实不仅刘熊一个碑如此，也不止汉碑中如此，凡是封建统治阶级自吹自捧的文字，实际上大都如此的。

《刘熊碑》的书法，在汉碑中确有它的独特风格。我们知道，汉碑精品中的字迹，大约有两类风格，一类是刀刻的痕迹较重的，一类是笔写的特点明显的。前一类虽然另有"古朴"的风味，但是如果仔细地寻觅笔毫的轻重来去的踪迹，常是相当费力的。例如《张迁碑》《石门颂》等。当然其中并不是毫无笔锋可寻，但刀痕的比重究竟是较多些的。后一类刊刻精致，笔法明显。例如《华山碑》《曹全碑》等。当然其中并不见得完全能够表现笔写的一切效果，但笔法的特点究竟是较多些的。这一类的弱点，在于"气魄"常常稍逊于第一类。这《刘熊碑》的书法风格，是应属于第二类的，但它不仅点画精美，同时又具有沉厚而又挺拔的风格，翁方纲评这碑的笔法遒逸过于《华山碑》，是相当恰当的。

三

这《刘熊碑》上并无书人姓名，但曾有过一番附会。唐代诗人王建有一首《题酸枣令刘熊碑》的诗说：

> 苍苔埋字土埋龟，风雨销磨绝妙词。
> 不向图经中旧见，无人知是蔡邕碑。

于是后人多信据这个传说，认定这个碑是蔡邕所书。他们相信的理由，最重要的是两点：一是王建是唐代人，离汉代较近些；二是图经有记载，不同于随便的传说。我们先问，唐代人所说的就必定可信吗？例如《华山碑》末分明写着：

> 京兆尹敕监都水掾霸陵杜迁市石，遣书佐新丰郭香察书，刻者颍川邯郸公脩、苏张工、郭君迁。

而唐代徐浩《古迹记》却硬说这《华山碑》是蔡邕书，好像他没有看到碑末那一行字。又《范式碑》中分明写着曹魏的“青龙三年”，而唐代李嗣真《后书品》也硬说它是蔡邕所书。难道蔡邕死后几十年，还会来写这个碑？这都是唐代人的谣言。

其次是图经的问题。古代图经，很像后世的《游览指南》，远不如清代人那样把它当作“史书”来撰著。其中收罗传闻，不辨真伪，也是常有的事。汉《乙瑛碑》末有北宋嘉祐七年张稚圭题字，说这《乙瑛碑》是“后汉钟太尉书”，又说明他是“按图（经）题记”。《乙瑛碑》立于永兴元年，难道钟繇早生了几十年来写这碑吗？又曹魏《孔羡碑》原无撰人、书人姓名，仍然是这位张稚圭在同一年又“按图（经）谨记”了人名，他写道：“魏陈思王曹植词，梁鹄书。”这大概也是从前边那一本图经上抄来的。哪个人名头大就拉哪个人，这本图经的可靠性也就可想而知了。由以上的各例看来，王建的诗，比徐浩、李嗣真、张稚圭的话，又能确切多少呢？

还有其他许多汉碑，如《夏承碑》并无书者姓名，《郙阁颂》分明写着“从史位□□□□字汉德为此颂，故吏下辨□（仇）□（绋）□（字）子长书此颂”。也都曾被人们说是蔡邕书。诸如此类，不胜详举。这些蔡邕书碑的传说，如果仅仅是一些图经的作者误听传闻，或有意拉大名人为那个地方的古迹增声价，这并不足奇怪。可怪的是自宋以来许多著名的历史家、金石家曾费尽气力为汉碑拉蔡邕，则是非常值得注意的。

《华山碑》分明写着“书佐新丰郭香察书”，洪适《隶释》却说：“东汉循王莽之禁，人无二名，郭香察书者，察莅他人之书尔。”从此以后，明清许多著名的学者，自顾炎武至翁方纲等，都相信此说，甚至还百般设法证明书碑的是蔡邕，而那个姓郭的只是检查、校对的人，与“杜迁市石”相对。但事实上东汉以两个字为名的人却非常之多，宋张淏《云谷杂记》、明王世贞《弇州集》、郭宗昌《金石史》、沈德符《野获编》、近代欧阳辅《集古求真》等书都找出大批后汉时两字为名的人，如苏不韦，字公先；丘灵举，字季智等，不下几十个例子。欧阳辅还提出反问说，即在郭香察书之下，就有颍川（籍贯）邯郸（复姓）公脩（名）等两字的人名，何以都不看见？他还说，其他汉碑上何以绝对不再有“察书”的记载呢？这个反问，是很有力的。

明赵崡《石墨镌华》对《华山碑》有一段议论，说：

> 书虽遒劲，殊不类中郎（蔡邕），郭香何人，乃莅中郎书耶？且市石、察书、刻者皆著其名，而独无中郎名何也？徐浩生唐盛时，去汉近，其人又深于字学，不应谬妄至此，皆不可解。

他也感觉到既是蔡邕书，何以市石、察书、刻者都有姓名，书碑的人反倒不题姓名，这在逻辑上究属说不下去，但他还是被徐浩的名头吓住了，只以“不可解”了之。这段话中，除了表现矛盾之外，还给了我们一个重要启发，即“郭香何人，乃莅中郎之书”，这两句话，它深足代表封建统治阶级的等级观念。于是可以恍然而悟，自宋至清那些封建统治阶级文人所以不惜费尽心力，把“郭香察（人名）书”解释成“郭香（人名）察书”，固然不是没有迷信徐浩说法的因素，但主要的还是嫌郭香察这个“书佐”官卑职小罢了。怎知道呢？清代冯景跋《华山碑》说：

> 或曰必其时实有郭香其人，明见汉史，乃可信耳。予初睹郭香姓名甚熟，恍惚如曾寓目者。因穷旬日之力，遍雠《后汉书》，得之《律历志》。灵帝熹平四年，五官郎中冯光等言，历元不正，太史治历郎中郭香、刘固，意造妄说云云，此非即察书其人耶？以灵帝熹平四年，上距桓帝延熹八年，第（止）十年耳。十年之间，由

书佐迁郎中，仕宦常理，讵不可信耶？

“书佐郭香察”变了“郭香”，降为校对人，赵崡还嫌他不配。冯景又找出郭香的做官“前程”，后来升官，成了郎中，于是这校对人才算勉强够了资格，而自宋至清的“衮衮诸公”费尽心力的造谣手续才算完成，目的才达到。“书佐”本是封建统治阶级内的成员，由于地位卑小，他的书法成果也还要被掠夺，那么当时被统治的人们的一切创作，结局如何，也就更可想见了。因此在法书文物方面，也可了然许多无名小吏“令史”等所写的告身，都变成了“徐浩真迹”，许多出卖抄写劳动的无名“经生”等所写的佛经、道经，都变成了“钟绍京真迹”，也是这个缘故。

《刘熊碑》本是一位无名书家所写，被人派做蔡邕，已经一千多年，从今洗去这个虚假的头衔，还它一个本来面目，更觉得另有一番光彩！

“绝妙好辞”辨

——谈曹娥碑的故事

汉代有个少女曹娥，投江寻找父尸，人称孝女，这是历史上一个著名的故事。曹娥死处，当时人曾为立碑纪念，还有人用八个字的隐语来评价碑文，解释出来即是“绝妙好辞”。后来这八字隐语或四字释文成了流传称赞好文词的习用典故。再后出现碑文全篇的小楷写本，成为楷书法帖，这写本的摹本、刻本，又流传了千馀年，俨然成了史实。但经过仔细考察，这中间存在着许多有趣的问题。下面试谈我的看法：

曹娥的事迹，现在见到最早的记载，要属东晋虞预的《会稽典录》，原书已佚。南朝宋代刘峻在《世说新语·捷悟》注中曾引此书一段说：

> 孝女曹娥者，上虞人。父盱，能抚节安歌，婆娑乐神。汉安二年，迎伍君神，溯涛而上，为水所淹，不得其尸。娥年十四，号慕思盱，乃投爪于江，存其父尸。曰：“父在此爪当沉。”旬有七日，爪偶沉，遂自投于江而死。县长度尚悲怜其义，为之改葬。命其弟子邯郸子礼为之作碑。

鲁迅《会稽郡故书杂集》曾据《艺文类聚》《太平御览》等书校了异文：“汉安二年”之下，类书引有“五月五日于县江”七字，“号慕思盱”至“爪偶沉”廿七字，类书引作“缘江号哭，昼夜不绝声，七日”。今按宋本《世说新语》亦作“爪”，他书所引或作“瓜”，《水经注》作“衣”。按“衣”字较近情理。

在封建社会里，以殉父为孝，本是一般的封建道德观念，况且父亲被淹，女儿打涝致死；或因父死无所依靠，也就跟随一死，都是情理之常。封建统治阶级为了提倡殉死，借此便立碑宣扬，更是常事。所以这个事件的存在，是完全可能的。

度尚是怎样命他的弟子邯郸淳撰写碑文的呢？《后汉书·曹娥传》李贤注引《会稽典录》的另一段说：

> 上虞长度尚弟子邯郸淳，字子礼，时甫弱冠，而有异才。尚先使魏朗作曹娥碑，文成未出。会朗见尚，尚与之饮宴，而子礼方至，督酒。尚问朗碑文成未？朗辞不才，因试使子礼为之，操笔立成，无所点定。朗嗟叹不暇，遂毁其草。其后蔡邕又题八字曰："黄绢幼妇外孙齑臼。"

这里说了蔡邕题辞，"其后"是指以后的时间，还是指稿本的后边，虽不明确，但还没说是在碑石上边。两段中并没有离奇的情节，虽然历史上的邯郸淳不字子礼，也可算是同名异字的人。只是用隐语作评语，不够爽快罢了。

至于度尚立的碑，确有其物。《水经注》卷四十：

> 浦阳江……江水东径上虞县南……江之道南有曹娥碑，娥父盱，迎涛溺死。娥时年十四。哀父尸不得，乃号踊江介，因解衣投水。祝曰："若值父尸，衣当沉，若不值，衣当浮。"裁（才）落便沉，娥遂于沉处赴水而死。县令杜（度）尚使外甥邯郸子礼为碑文，以彰孝烈。

这段所记，与《会稽典录》最为接近。只是"县长"作"县令"，"弟子"作"外甥"。"弟子"也可解为女弟之子。值得注意的是，"外甥"一词，不可能是郦道元杜撰而来的，而后世所传碑文中，却并不见"弟子""外甥"的字样。

到了刘义庆时，这个故事的枝叶就加多起来。《世说新语·捷悟》说：

> 魏武过曹娥碑下，杨修从。碑背上见题作“黄绢幼妇外孙齑臼”八字。魏武谓修曰：“解不？”答曰：“解。”魏武曰：“卿未可言，待我思之。”行三十里，魏武乃曰：“吾已得。”令修别记所知，修曰：“黄绢，色丝也，于字为‘绝’；幼妇，少女也，于字为‘妙’；外孙，女子也，于字为‘好’；齑臼，受辛也，于字为‘辞’；所谓‘绝妙好辞’也。”魏武亦记之，与修同。乃叹曰：“我才不及卿，乃觉三十里。”

这里，八字隐语已明确地到了碑上，猜谜的人是曹操和杨修。刘峻也感觉到不妥，在注里说：

> 按曹娥碑在会稽中，而魏武、杨修未尝过江也。

古代注释之文，照例不能否定所注的内容，所谓“疏不破注”，疏尚且不能破注，注又怎能破正文呢？所以只好“有案无断”。他同时在注中又引了《异苑》一段说：

> 陈留蔡邕避难过吴，读碑文，以为诗人之作，无诡妄也，因刻石旁作八字。魏武见而不能了，以问群僚，莫有解者。有妇人浣于汾渚，曰：第四车解，既而祢正平也。衡即以离合义解之。或谓此妇人即娥灵也。

蔡邕怎么会去题字，这里交代了，是避乱过吴，不存在南北的距离问题。题写变为刻石，就不致使人有字迹为何经久不灭之疑了。杨修换了祢衡，仍然是当时聪明出众的人。少女曹娥的“灵魂”也长大成为“妇人”了。

故事到了这时，发展并未停止。度尚所立，邯郸淳所撰的碑文，究竟内容如何，还没有下落。再后，碑文出现了。一卷小字抄本的碑文，卷中上边、左边、右边都有唐代名人题字，所署的年代，最早的是大历。宋朝人屡次摹刻在法帖里，有的刻了那些唐人题字，有的只刻正文。还有一卷绢本墨迹，唐人题字俱全，清代刻入《三希堂帖》。这些本子，至今都还流传着。各本笔迹并不完全一样，也有个别形近而异的字，大约是传摹时造成的。唐人那些题字，都是记载观赏的经过，属于“观款”一类，还可说是重在法书。到北宋时就不然了，蔡卞重书碑文，刻了一块碑，立在当地，意在弥补原碑亡佚的缺憾。这卷碑文，此时算是受到正式承认。

这篇碑文果然当得起“绝妙好辞”吗？现在不妨逐段细读。

孝女曹娥碑

孝女曹娥者，上虞曹盱之女也。其先与周同祖。末胄景沈，爰来适居。盱能抚节安歌，婆娑乐神。以汉安二年五月时，迎伍君，逆涛而上，为水所淹，不得其尸。时娥年十四，号慕思盱，哀吟泽畔。旬有七日，遂自投江死，经五日，抱父尸出。以汉安迄于元嘉元年青龙在辛卯，莫之有表，度尚设祭诔之。

这段叙事，大致与前边所引各书相同，而年月加详，情节加多。只是没露出邯郸淳，可说是县长度尚令弟子代笔，仍由自己应名，所以无须写出代笔人的姓名。首题“孝女曹娥碑”，而文中只说“诔之”，可说是把诔辞刻作碑文，如后世苏轼撰《表忠观碑》即以奏劄作为碑文之类。都还说得过去。下边的诔辞说：

伊惟孝女，晔晔之姿。偏其返而，令色孔仪。窈窕淑女，巧笑倩兮。宜其家室，在洽之阳。待礼未施，嗟丧慈父。彼苍伊何，无父孰怙。诉神告哀。赴江永号，视死如归。是以眇然轻绝，投入沙泥。翩翩孝女，乍沉乍浮。或泊洲屿，或在中流。或趋湍濑，或还波涛。千夫失声，悼痛万馀。观者填道，云集路衢。流泪掩涕，惊动国都。

《诗经》的句子，在古代“赋诗断章”，已经乱作比附，这里虽有不甚恰当的地方，也难责备本文的作者。接着是：

是以哀姜哭市，杞崩城隅。或有刻面引镜，剺耳用刀。坐台待水，抱柱而烧。於戏孝女，德茂此俦。何者大国，防礼自修。岂况庶贱，露屋草茅。不扶自直，不斫自雕。越梁过宋，比之有殊。哀此贞厉，千载不渝。呜呼哀哉！

这里问题就多了。既够称为“绝妙好辞”，必有其绝妙之处。我们知道，古代撰文，讲究隶事用典，所用之典，又讲究贴切。当然也有过许多东拉西扯的，但那都被人轻视，不够“好”的标准。这篇文中所用的典故怎样呢？

首先是“哀姜哭市”。《左传》文公十八年：

冬十月仲杀恶及视，而立宣公。夫人姜氏归于齐，大归也。将行，哭而过市，曰：天乎！仲为不道，杀适立庶。市人皆哭，鲁人谓之哀姜。

仲是襄仲，鲁国的权臣，杀了太子恶及其胞弟视，把他们的母亲即是文公夫人姜氏赶回齐国娘家。姜氏哭而过市。这件事与曹娥搭得上的地方，只有一个“哭”字。

其次是“杞崩城隅”。汉刘向《列女传》四：

齐杞梁妻，齐杞梁殖之妻也。庄公袭莒，殖战而死……乃枕其夫之尸于城下而哭……十日而城为之崩。既葬，曰：吾何归矣……遂赴淄水而死。

这段有“哭”，有“赴水而死”，但那是哭夫殉夫而死，与殉父毫无关系。

再次是“刻面引镜，剺耳用刀”。《列女传》四：

高行者，梁之寡妇也。其为人，荣于色而美于行。夫死早寡不嫁。梁贵人多争欲取之者，不能得。梁王闻之，使相聘焉。高行……乃援镜持刀，以割其鼻。

这是夫死不肯再嫁的“节妇”的事，与殉父投江而死的“孝女”何干？况且人家割的是鼻子，又与耳朵何干？

再次是“坐台待水”。《列女传》四：

> 贞姜者，齐侯之女，楚昭王之夫人也。王出游，留夫人渐台之上而去。王闻江水大至，使使者迎夫人，忘持其符，使者至，请夫人出。夫人曰：王与夫人约，令召宫人必以符。今使者不持符，姜不敢从，使者行……使者取符，则水大至，台崩，夫人流而死。

这段，人的身份是楚昭王夫人，事的情节是等待水来，都与曹娥渺无关系。所搭得上的，只一“水”字。

再次是“抱柱而烧”。《列女传》四：

> 伯姬者，鲁宣公之女，成公之妹也。其母曰缪姜，嫁伯姬于宋恭公……恭公卒，伯姬寡……伯姬尝遇夜失火，左右曰：夫人少避火……伯姬曰：妇人之义，傅母不至，夜不可下堂。越义求生，不如守义而死。遂逮于火而死。

这段仍是“节妇”的故事，与“孝女”无关。尤其奇怪的，伯姬只是不肯下堂避火，被火烧死，她当时是否“抱柱”，并无明文。抱柱典故，古代以尾生的事为最著名。尾生与女子订约会，在桥梁下边见面，女子不来。水来了，尾生不走，抱梁柱而死。见《庄子·盗跖》。不难理解，作者寻找被水淹死的典故，当然见到尾生一事。但他是个男子，无从比附，而又弃之可惜，便把抱柱二字移到伯姬身上。

又次，这段有句云：“何者大国，防礼自修。”这话如果是指以前各条典故中人，则性质与曹娥并无关系；而娥的投江，是为殉父，又与“礼防”何干？总之，比拟不伦，离“好”甚远。

再下是：

> 乱曰：名勒金石，质比乾坤。岁数历祀，丘墓起坟。光于后土，显昭天人。生贱死贵，义之利门。何怅花落，雕零早分。葩艳窈窕，永世配神。若尧二女，为湘夫人。时效髣髴，以招后昆。

这篇碑文中最足令人愤慨的，要数“生贱死贵，义之利门”八个字了。这二句是说：一个卑贱的人，只要一死，立刻可以高贵。曹娥的死，当然不是为了身后高贵，但封建统治阶级可以利用来作宣传资料，说：这是达到“义”的最便利的门径。在历代文章中，鼓吹殉死的说法虽然很多，大都还戴上面具，转弯抹角，不敢直说。像这样直截了当地以“贵”作可耻的利诱，还是少见的。蔡卞大约嫌“利门”二字生疏，改写为“利之义门”，却成了谈利益的合法性。不但文不对题，且非作者本意。

这篇碑文，不仅是用典不切，修辞也很有问题。例如前边用到的“剺”字，《说文》：“剺，从刀𠩺声，剥也，划也。”也就是用刀割东西。这个字中本已包括了刀的作用。而碑文说“剺耳用刀”，这与说“吃饭用口”有什么不同？又如“丘”字、“坟”字。《说文》：“丘，土之高也。”“坟，墓也。”段注引《礼记·郑注》：“土之高者曰坟。”可见丘坟本是同义字。碑文说“丘墓起坟”，又与“天地乃宇宙之乾坤”有什么两样？如此等等，叠床架屋，真是“废辞”而非“好辞”，又怎能算得“绝妙”？

碑文后边还有一段附加语：

> 汉议郎蔡雍（邕）闻之来观，夜暗以手摸其文而读之。雍题文云：黄绢幼妇外孙齑臼。又云：三百年后，碑当堕江中。当堕不堕逢王叵。升平二年八月十五日记之。

这段似乎不算碑文正文之内的话，而是传抄碑文的人附录的。“黄绢”等八字是从前记载已见的，“三百年后”等十六字则是这故事中初见的。“升平二年”等十一字表示本文是在这时抄写的。这都像是并无问题，但问题是仍然掩盖不住的。“蔡邕闻之来观”，当然观的是碑，碑已立在那里，何以来不及等到天明，而必要在夜间暗中摸着来读呢？

原来作者是非常细心的。他说了许多不贴题的典故之后，立刻跟上两句说：“呜呼孝女，德茂此俦。”说曹娥的“德”比那些人都高，如果谁嫌他用典不切，他可以说讲的是“德”，不是讲的事迹。但既讲抽掉事迹的“德”，而古代够上有“德”的女子很多，又何以专选“哭”的和“死”的呢？其实这都是打埋伏，用“德茂此俦”可以掩过用典的不切，用“夜暗手摸”可以掩过蔡邕评论的不妥，显得他所以把“极多废话”当作“绝妙好辞”是情有可原的。

至此，碑文的公案，大部已竣。“三百年后”的谶记又是哪里来的？按这条谶记末句各帖本或作“逢王匡”，或作“逢王叵”，关系不大。问题是这个谶记也不是此碑特有的。宋邵博《河南邵氏闻见录》卷三十云：

> 《隋唐嘉话》：将军王果于峡口崖侧见一棺将坠，迁之平地，得铭云：后三百年水漂我。欲堕不堕逢王果。

按今传本刘悚《隋唐嘉话》下，记这铭文云：

> 更后三百年，水漂我。临长江，欲堕不堕逢王果。

又五代晋李翰《蒙求》上，“王果石崖”条注引《神怪志》说：

> 将军王果为益州太守，路经三峡，船中望见江崖石壁千丈，有物悬在半崖，似棺椁……令人悬崖就视，乃一棺，骸骨存焉。有石志云：“三百年后水漂我，欲及长江垂欲堕，欲堕不堕遇王果。”

民间传说，常有异文，不足为奇。曹娥碑文后的谶记，就是这种东西。碑文的作者顺手牵来，把它联在“黄绢幼妇”的谜语之后，于是又一次装饰了这个故事。

至于碑阴题隐语，也不仅这一件事。宋吴处厚《青箱杂记》七云：

> 徐铉父延休博物多学，尝事徐温为义兴县令。县有后汉太尉许馘庙，庙碑许劭记，岁久字多磨灭。至开元中，许氏诸孙重刻之。碑阴有字云：“谈马毕砺，王田数七。”时人不能晓。延休一见为解之曰：谈马言午，言午许字；砺毕石卑，石卑碑字；王田乃千里，千里重字；数七是六一，六一立字。此亦杨修辨齑臼之比也。

这碑重立于开元中，当然可以说是受蔡邕故事的影响。但也可见这类题语唐代还在流行，是并不稀罕的。

碑文末尾，由于有“升平二年”一行字，宋代很多丛帖便把它归到王羲之名下，与《黄庭经》《乐毅论》等帖合在一起。只有南宋《群玉堂帖》标题作“无名人”。究竟是何时何人所书，至今还莫衷一是。

在这故事流传的历史中，最吃亏的是蔡卞。他在元祐八年正月，在上虞县曹娥庙立了一块碑，末题：“右朝奉郎充龙图阁待制知越州军州事蔡卞重书。”他把碑文中的字句改了许多，如前举的“利之义门”和把“乱曰”改为“铭曰”，即是最显著的地方，其馀尚多，不再详举，但他对度尚和邯郸淳的关系却不好处理。他在碑题的次一行写道：“汉上虞令度尚字博平”，下边空了一块地方相当一个字又半个字的大小，再写“弟子邯郸淳字子礼撰”。照这写法，究竟度尚是干什么的？如果仅仅是为表明他是邯郸淳的师长，那又何必留出那块空地？可见这篇文的立碑、撰文、应名、代笔种种含糊不清的说法，把蔡卞搅得已无所措手了。还有“黄绢”等八字，使他也不易安排，他在撰人一行之后另起一行，作：“蔡邕题其碑阴云黄绢幼妇外孙齑臼。”把碑阴上的字移到碑阳撰人之后，是金石中罕见之例，也看出他没有办法才硬挤在这里的。那“三百年后”的谶记竟使蔡卞再也想不出安插的地方，不得不割爱了。古代刻帖是印刷出版名家法书，内容真伪，刻帖人往往不负责任，自《淳化阁帖》已然如此。地方官重立古碑，性质则有不同，必是认为原有此碑，后来毁坏或亡佚，所以重书重立。蔡卞重立此碑时，却未仔细考察度尚当时所立的碑，原文是否就是这篇？同时还写错了度尚的官衔。汉代县的长官，大县的叫“令”，小县的叫“长”。度尚是上虞县的“长”，他却写成了“令”。如果说他是按照《水经注》的记载，又何以不写“外甥”，而写“弟子”呢？这也见得蔡卞的卤莽从事。至于《嘉泰会稽志》卷六，记载曹娥庙说：“有晋右将军王逸少所书小字，新安吴茂先师中尝刻于庙中，今为好事者持去。”这是一块小楷帖石，算不得立碑了。

故事到了这里，可算告一段落。总之：曹娥投江殉父，在当时社会中，是一个动人的事件，因而辗转传述，造成了异说纷纭。以这件事为主干的故事，在流传过程中，陆续旁生枝叶，成了一个热闹的故事。无论那些细小情节异同，即抱父尸出水，邯郸淳撰文，蔡邕题碑，曹操猜谜，小楷写本，王羲之书等事项，都不过是这棵茂密扶疏、干霄百尺的故事大树中几个长大枝柯而已。

关于法书墨迹和碑帖

一

谈起这方面的事，首先碰到书法问题。

中国的汉字，虽然有表形、表声、表意种种不同的构成部分，但总的称为——可以姑且叫作——“方块字”，辨认起来，仍是以这整块形状为主。因此这种形状的语言符号的书写，便随着中国（包括汉族和用汉字的各族人民）的文化发展而日趋美化。所以凡用这种字体的民族，都在使用过程中把写法美化放在一个重要位置。

这个道理并不奇怪，即便是使用拼音符号的字种，也没见有以特别写得不好看为前提的，同时生活习惯不同的民族之间，他们文化传统不同，不能相比，也不必硬比。比方西洋人不用筷子吃饭，而筷子并没失去它在用它的民族中的作用和地位。又如不是手写的字，像木刻板本或铅字印模，尚且有整齐、清晰、美观这些最起码的要求。就像纯粹用声音的口头语言，也还要求字音语调的和谐。我们人类没有一天离得开文字，它是人类文化的标帜，是社会生活中一个重要的交际工具，和服装、建筑、器具等一样，有它辉煌的历史，并且人类对它有美化的迫切要求。

当然，只为了追求字体的美观，以致妨碍书写的速度及文字及时表达思想的效用，是“因噎废食”，是应该反对的。同时所谓书法美的标准，虽在我们今天的观点下，也可能有某些好恶的不齐，但是那些不调和的笔画和使人认不清的字形，总归不会受人欢迎。难道专写过分难辨的字，使读稿或排字的人花费过多的猜度时间，可以算得艺术的高手吗？

有人说汉字正在改革简化，逐渐走上拼音化的道路，人们都习用钢笔，还谈什么书法！其实这是不相悖触的。研究成为文化遗产和历史资料的古人书写遗迹，和文字改革固不相妨，而且将来每字即便简化到一点一划，以及只用机器记录，恐怕在点划之间未尝没有美丑的区别，何况简体或拼音符号还不见得都是一个点儿或一个零落的笔道儿呢？

以前确也有些人把书法说得过分神秘：什么晋法、唐法，什么神品、逸品，以及许多奇怪的比喻（当然如果作为一种专门技术的分析或评判的术语，那另是一回事，只是以此要求或教导一切使用汉字的人，是不必要的）；在学习方法上，提倡机械的临摹或唯心的标准；在搜集范本、辨别时代上的烦琐考证，这等等现象使人迷惑，甚至引人厌恶。从前有人称碑帖拓本为“黑老虎”，这个语词的涵义，是不难寻味的。但我们不能因此迁怒而无视法书墨迹和碑帖本身的真正价值。相反的，对于如何批判地接受这宗遗产，在书写上怎样美化我们祖国的汉字，在研究上怎样充分利用这些遗物，并给它们以恰当的评价，则是非常重要的。

二

对于书法这宗遗产的精华，在今天如何汲取的问题，不是简单篇幅所能详论，现在试就墨迹和碑帖谈一下它们的艺术方面、文献方面的价值和功用。

法书墨迹和碑帖的区别何在？法书这个称呼，是前代对于有名的好字迹而言。墨迹是统指直接书写（包括双钩、临、摹等）的笔迹，有些写得并不完全好而由于其他条件被保存的。以上算一类。碑帖是指石刻和它们的拓本。这两种，在我们的文化史上都具有悠久传统和丰富的数量。先从墨迹方面来看：

殷墟出土的甲骨和玉器上就已有朱、墨写的字，殷代既已有文字，保存下来，并不奇怪，可惊的是那些字的笔画圆润而有弹性，墨痕因之也有轻重，分明必须是一种精制的毛笔才能写出的。笔画力量的控制，结构疏密的安排，都显示出写者具有深湛的锻炼和丰富的经验。可见当时书法已经绝不仅仅是记事的简单符号，而是有美化要求的。战国帛书、竹简的字迹，更见到书写技术的发展。至于汉代墨迹，近年出土更多，我们从竹简、陶器以及纸张上看到各种不同用途、不同风格的字迹：精美工整的“名片”（“春君”等简）；仓皇中的草写军书；陶制明器上公文律令式的题字；简册上抄写的古书籍（《论语》《急就章》等）等。笔势和字体都表现不同的精神，使我们很亲切地看到汉代人一部分生活风貌。

汉以后的墨迹，从埋藏中发现的更多。先就地上流传的法书真迹来看：从晋、唐到明、清，各代各家的作品，真是五光十色。书法的美妙，自然是它们的共同条件之一，而通过各件作品，不但可以看到写者以及他所写给的对方的形象，还可以提供我们了解古代社会生活多方面的资料。至于因不同的用途而书写成不同的字体，不同的时代有不同的书风，更可以作考古和文物鉴别上许多有力的证据。

举故宫博物院现存的藏品为例：像张伯驹先生捐献的一批古法书里的陆机《平复帖》，以前人不太细认那些字，几乎视同一件半磨灭的古董，现在看来，他开篇就说：“彦先羸瘵，恐难平复。”陆机的那位好友贺循的病况消息，仿佛今天刚刚报到我们耳边，而在读过《文赋》的人，更不难联想到这位大文豪兼理论家在当时是怎样起草他那些不朽作品的。王珣《伯远帖》、王献之《中秋帖》，在当时不过是一封普通的信札，简单和程度，仿佛现在所写的一般“便条”，但是写得那样讲究，一个个的字都像是有血有肉有个性的人物。这种书札写法的传统，直到近代还没有完全失掉。较后的像五代杨凝式《夏热帖》和宋代苏轼、米芾，元代赵孟頫等名家所写的手札，不但件件精美，即在流传的他们的作品中，都占绝大数量。这种手札历代所以多被人保存，原因当然很多，其一便是书法的赏玩。

文学作家亲笔写的作品，我们读着分外能多体会到他们的思想感情。从唐杜牧的《张好好诗》，宋范仲淹的《道服赞》，林逋、苏轼、王诜等的自书诗词里看到他们是如何严肃而愉快地书写自己的作品。黄庭坚的《诸上座帖》，是一卷禅宗的语录，虽然是狂草所书，但那不同于潦草乱涂，而是纸作氍毹，笔为舞女，在那里跳着富有旋律、转动照人的舞蹈。南宋陆游自书诗，从自跋里看到他谦词中隐约的得意心情，字迹的情调也是那么轻松流丽，诵读这卷真迹时，便觉得像是作者亲手从旁指点一样。这又不仅止书法精美一端了。再像张即之寸大楷字的写经，赵孟頫写的大字碑文或长篇小楷，动辄成千累万的字，则首尾一致，精神贯注，也看见他们的写字工夫，甚至可以恭维一下他们的劳动态度。

至于双钩临摹，虽不是原来的真迹，但钩摹忠实的仍有很高的价值。像王羲之的《兰亭序》，原本早已不存，而故宫博物院所藏有“神龙”半印的那卷，便是唐人摹本中最好的一个。无论“行气”“笔势”的自然生动，就连墨色都填出浓淡的分别。大家都知道王羲之原稿添了“崇山”二字，涂了“良可”二字，还改了“外、于今、哀、也、作”六字为“因、向之、痛、夫、文”，现在从这个摹本上又见到“每览昔人兴感之由”的“每”字原来是个“一”字，就是“每”字中间的一大横划，这笔用的重墨，而用淡墨加上其他各笔。在文章的语言上，“一览”确是不如“每览”所包括的时间广阔，口气灵活而感情深厚。所以说，明明是复制品，也有它们的价值。同时著名作家的手稿，虽然涂改得狼藉满纸，却能透露他们构思的过程。甚至有人说，越是草稿，书写越不矜持，字迹越富有自然的美。所以纵然涂抹纵横的字纸，也不宜随便轻视，而要有所区别。

怎么说书法上能看出书者的个性呢？即如“十年一觉扬州梦，赢得青楼薄幸名”的杜牧，笔迹也是那么流动；而能使“西贼闻之惊破胆”的范仲淹，笔迹便是那么端重；佯狂自晦的杨疯子（凝式），从笔迹上也看到他“抑塞磊落”的心情；玩世不恭的米颠（芾），最擅长运用毛笔的机能，自称为“刷字”，笔法变化多端，而且写着写着，高兴起来便画个插图，如《珊瑚帖》的笔架。这把戏他还不止搞过一次，相传他给蔡京写信告帮求助，说自己一家行旅艰难，只有一只小船，随着便画一只小船，还加说明是“如许大”，使得蔡京啼笑皆非。至于林逋字清疏瘦劲；苏轼字的丰腴开朗，而结构上又深深表现出巧妙的机智。这等等例子，真是数不完的。尤其是人民所景仰的伟大人物，他们的片纸只字，即使写得并不精工，也都成了巍峨的纪念塔。像元代农民保存文天祥字的故事，便是一个例证。

三

谈到碑帖，碑、帖同是石刻，而有区别。分别并不在石头的横竖形式，而在它们的性质和用途。刻碑（包括墓志等）的目的主要是把文词内容告诉观者，比如名人的事迹、名胜的沿革，以及政令、禁约等。这上边书法的讲求，是为起美化、装饰甚至引人阅读、保存作用的。帖则是把著名的书迹摹刻流传的一种复制品。凡碑帖石刻里当然并不完全是够好的字，从前“金石家”收藏多是讲求资料，“鉴赏家”收藏多是讲求字迹、拓工。我们现在则应该兼容并包，一齐重视。

先从书法看，古碑中像唐宋以来著名的刻本，多半是名手所写，而唐以前的则署名的较少，但字法的精美多彩，却是“各有千秋”。帖更是为书法而刻的，所以碑帖的价值，字迹的美好，先占一个重要地位。

其次刻法、拓法的精工，也值得注意，看从汉碑到唐碑原石的刀口，是那么精确，看唐拓《温泉铭》几乎可以使人错认为白粉所写的真迹。古代一般的碑志还是直接写在石上，至于把纸上的字移刻到石上去就更难了，从油纸双钩起到拓出、装裱止，要经过至少七道手续，但我们拿唐代僧怀仁集王羲之字的《圣教序》、宋代的《大观帖》、明代的《真赏斋帖》《快雪堂帖》等来和某些见到墨迹的字来比较，都是非常忠实，有的甚至除了墨色浓淡无法传出外，其馀几乎没有两样。这是我们文化史、雕刻史、工艺史上成就的一个组成部分，是不应该忽视的。

碑帖的文献性（或说资料性）是更大的。用“石经”校经，用碑志证史、补史，以及校文、补文的，前代早已有人注意做过，但所做的还远远不够。何况后来继续发现的愈来愈多！例如：唐欧阳询写的《九成宫醴泉铭》的“高阁周建，长廊四起”的“四”字，所传的古拓本都残损了下半，上边还有一个泐痕，很像“穴字头”。（翻造伪本，虽有全字，而不被人相信）于是有人怀疑也许是“突起”吧？我也觉得有些道理。最近张明善先生捐献国家一册最早拓本，那“四”字完整无缺，回想起来，所猜十分可笑，“长廊”焉能“突起”呢？这和唐摹兰亭的“每”字正有同类的价值（而这本笔画精神的丰满更是说不尽的），古拓本是如何的可贵！

其次像唐李邕写的《岳麓山寺碑》，到了清代，虽然有剥落，而存字并不太少。清修《全唐文》把它收入，但字数竟自漏了若干。所以一本普通常见的碑，也有校订的用处。又如其他许多文学家像庾信、贺知章、樊宗师等所撰的墓志铭，也都有发现，有的和集本有异文，有的便是集外文，如果把无论名家或非名家的文章一同抄录起来，那么“全各代文”不知要多出多少！还有名家所写的，也有新发现，在书法方面，即非名家所写，也常多有可观的。即是不够好的，也何尝不可作研究书法字体沿革的资料呢！

至于从碑志中参究史事的记录，更是非常重要，也多到不胜列举，姑且提一两个：欧阳修作《五代史》不敢给他立传的“韩瞠眼”（通），到了元代修《宋史》才被表彰，列入“周三臣传”，而他们夫妇的墓志近年出土，还完好无缺。这位并不知名的撰文人，真使欧阳公向他负愧。又如“旗亭画壁”的诗人王之涣，到今天诗止剩了六首，事迹也茫无可考，已经不幸了。而旗亭这一次吐气的事，又还被明胡应麟加以否定，现在从他的墓志里得到有关诗人当日诗名和遭遇的丰富材料。

至于帖类里，更是收罗了无数名家、多种风格的字迹。从书法方面看，自是丰富多彩。尤其许多书迹的原本已经不存，只靠帖来留下个影子。再从它的文献性（或说资料性）方面，也是足以惊人的。宋代的《钟鼎款识》帖，刻了许多古金文，《甲秀堂帖》缩摹了《石鼓文》，保存了古代的金石文字资料。又如宋《淳熙秘阁续帖》所刻的李白自写的诗，龙蛇飞舞，使我们更得印证了诗人的性格。白居易给刘禹锡的长信，也是集外的重要文章。《凤墅帖》里刻有岳飞的信札，是可信的真笔。其他名人的集外诗文，或不同性质的社会史、艺术史的资料更是丰富，只看我们从什么角度去利用罢了。我常想：假如把历代的墨迹和石刻的书札合拢起来，还不用看书法，即仅仅抄文，加以研究，已经不知有多少珍奇宝贵的矿藏了。

从墨迹上可以看到书写的时代特征，碑帖上的字迹自然也不例外，同时刻法上也有各时代的风气。两方面结合起来看，条件更加充足，这在对文物的时代鉴定上是极关重要的一个环节。比如试拿敦煌写本看，各朝代都有其特点，即仅以唐代一朝，初、盛、中、晚也不难分别。现在常听到从画风上研究敦煌画的各个时代，这自然重要，其实如果把画上题字的书法特点来结合印证，结论的精确性自必更会增强的。再缩小到每个人的笔迹，如果认清他的个性，不管什么字、什么体，也能辨别。要不，为什么签字在法律上会能够生效呢？

四

总起来说，书法的技艺、法书墨迹、碑帖的原石和拓本这一大宗遗产，是非常丰富而重要，研究整理的工作在我们的文化事业中关系也是很大。我个人不成熟的看法，以为这方面大家应做、可做而且待做的，至少有三点：

（一）书法的考查。分析它的发展源流，影印重要墨迹、碑帖，以供参考。

（二）文字变迁的研究。整理记录各代、各体以至各个字的发展变迁，编成专书。

（三）文献资料的整理。将所有的法书墨迹（包括出土的古文件）、碑帖（包括甲骨、金文）逐步地从编目、录文，达到摄影、出版。

当然这绝非一朝一夕和一人所能做到的事，但是问题不在能不能，而在做不做。现在对于书法有研究的人，是减多增少，而碑帖拓本逃出“花炮作坊”渐向不同的各地图书文物的库房集中，这是非常可喜的。但跟着发生的便是利用上如何方便的问题，当然今天在人民的库房中根本上绝不会“岁久化为尘”，只是能使得向科学进军的小卒们不至于望着有用的资料发生“盈盈一水间，脉脉不得语”的感觉，那就更好了！

从河南碑刻谈古代石刻书法艺术

最近，我国应日本的邀请，选择河南省保存着的汉画像石和古代碑刻的部分拓本，到日本展出。这些都是具有代表性的精美作品。现在就其中碑刻部分谈一谈古代的石刻书法艺术。

石刻文字，是中国历史文化中的一大宗宝贵遗产。在中国的古代石刻文字中，碑志占了绝大多数。人们常常统称为“碑刻”。这种碑刻遍布全国各个地区，从中原腹地到遥远的边疆，几乎没有哪一个省、区没有的。

这些古代的碑刻，绝大多数是历代封建统治者按照他们的需要而写刻的。它的内容，我们自然需要批判地对待。但是，它也保存了不少有价值的古代阶级斗争和生产斗争的历史资料。更普遍为人重视的，是由这些碑刻保留下来的极其丰富的古代书法艺术。我们试看宋代欧阳修的《集古录》，这是古代著录金石最早的一部书，其中固然谈到了有关史事、文词等方面，但有很多处是涉及书法的。又如清末叶昌炽的《语石》，是从种种角度介绍古代石刻的一部书，其中谈到时代、地区、碑石的形状、所刻的内容、书家、字体以及摹拓、装裱，可称详细无遗了。但在卷六的一条中，作者说：

> 吾人搜访著录，究以书为主，文为宾……若明之弇山尚书（王世贞）辈，每得一碑，惟评骘其文之美恶，则嫌于买椟还珠矣。

可见他收藏石刻拓本的动机，仍然是从书法出发的。

中国自商周至现代，各种书法一直在发展、变化、革新、进步。从形式方面讲，有篆、隶、草、真、行种种字体。在艺术风格方面，各个不同时代乃至各个不同的书家又各有其特点，这便构成了书法艺术史上繁荣灿烂的局面。可是，由于年代的久远，这些书法的真迹存留到今天的已经极少，有些只有从一些碑刻中才能见到它们的面目。所以，碑刻不但是珍贵的历史文物，而且又是一座灿烂夺目的艺术宝库。

特别值得提出：在看碑刻的书法时，常常容易先看它是什么时代、什么字体和哪一书家所写，却忽略了刻石的工匠。其实，无论什么书家所写的碑志，既经刊刻，立刻渗进了刻者所起的那一部分作用（拓本，又有拓者的一部分作用）。这些石刻匠师，虽然大多数没有留下姓名，却是我们永远不能忽略的。

古代碑刻的写和刻的过程是：先用朱笔写在石面上（因为石面颜色灰暗，用朱笔比较明显），称为“书丹”；然后刻工就在字迹上刊刻。最低的要求是把字迹刻出，使它不致磨灭；再高的要求便要使字迹更加美观。因此，书法有高低，刻法有精粗，在古代碑刻中便出现种种不同的风格面貌。这种通过刊刻的书法，一般有两种类型：一种是注意石面上刻出的效果，例如方棱笔画，如用毛笔工具，不经描画，一下绝对写不出来。但经过刀刻，可以得到方整厚重的效果。这可以《龙门造像》为代表。一种是尽力保存毛笔所写点画的原样，企图摹描精确，作到“一丝不苟”，例如《升仙太子碑额》等。但无论哪一类型的刻法，其总的效果，必然都已和书丹的笔迹效果有距离、有差别。这种经过刊刻的书法艺术，本身已成为书法艺术中的另一品种。它在书法史上，数量是巨大的，影响是广泛而深远的。

河南地区，是殷、东周和后来的东汉至北宋王朝的政治文化中心，这里留下的碑刻也是比较丰富的。按碑刻的种类，随着它的内容和用途，本有多种，但其中主要以碑铭、造像记、墓志铭为大宗。下面所谈河南地区自汉至元的各体书法，即从笔写与刀刻结合的效果来考查。所举的例子，也涉及展品以外的碑刻。

古代碑志，在元代以前都是在石上“书丹”，大约到元代才出现和刻帖方法一样的写在纸上，摹在石上，再加刊刻的办法。古代既然是直接写在石上，那么原来的墨迹和刻后的拓本便永远无法对照比较了。相传曹魏《王基碑》当时只刻了一半就埋在土中，清代出土时发现另一半还是未刻的朱笔字迹，这本是极好的对照材料。但即使这半个碑上朱书字迹幸未消灭，也仍然不能代替其他石刻的比较研究。所以我们今天作这方面的研究，只好就字体风格相近的古代墨迹和石刻作品来比较了。

在河南的碑刻中，篆、隶、草、真、行五种字体都各有精品。下面试按类作初步的评述：

篆类中所谓“蝌蚪”一体，原是“古文”类手写体的，它的点画下笔重，收笔尖，这在《正始石经》中的“古文”一体表现得最突出。但我们从近代出土的许多殷代甲骨、玉器上朱笔、墨笔书写的字迹和战国竹简上墨写的这类“蝌蚪”字迹来比较，不难看到《正始石经》上的“古文”笔法的灵活变化方面，当然有不如墨迹的地方，但每字之间风格是那么统一，许多尖锋的笔画，刻在碑石上，经过多年的风雨侵蚀和捶拓磨损，仍然不失它的风度，这不能不使我们钦佩这些写者和刻者手法的精妙。

至于“小篆”一体的特点，在于圆转匀称。它的点画，又多是一般粗细。写的碑版中，似乎不易表现什么宏伟的气魄，其实却并不如此。例如《袁安碑》，即字形并不写得滚圆，而把它微微加方，便增加了稳重的效果。这种写法，其实自秦代的刻石，即已透露出来，后来若干篆书的好作品，都具有这种特点。像《正始石经》中小篆一体，也是如此。后来的不少碑额、志盖，这种特点常常是更为突出。河南石刻中还有特别受人重视的一件篆书，即是李阳冰所写《崔佑甫墓志盖》。李氏是唐代篆书大家，被人称为可以直接秦代李斯笔法的。唐人贾耽题李阳冰碑后云：

（李）斯去千载，（李阳）冰生唐时，冰今又去，后来者谁？后千年有人，吾不得知之；后千年无人，当尽于斯。呜呼郡人，为吾宝之！

可见他的篆书在当时声价之高。但他传世的篆书碑版，多数已经磨损，或经翻刻。这件崭新的志盖，却是光彩射人，笔法刀法都十分精美。传世李阳冰的篆字，以福州《般若台题名》为最大，以张从申书《李玄静碑》中“李阳冰篆额”款字一行为最小，至于北宋的《嘉祐二体石经》，里边“小篆”一体，和《李碑》那几个字大小相等，而它的气势开张，并不缩手缩脚，这比之李阳冰，不但并无逊色，而且是一种新的境界。《嘉祐二体石经》中篆书中有章友直所写的一部分，我们再拿故宫所藏唐人《步辇图》后章氏用篆书所写的跋尾墨迹来比，更觉得石刻字迹效果的厚重。从前讲书法的人，常常以为后人赶不上前人，现在从《袁安碑》《崔佑甫墓志盖》到《宋石经》来看篆书的发展，分明见到后者未必逊于前者。对旧时代的评书观点，正是一个有力的反驳。同时也算给那位贾耽一个满意的答覆，即“后千年有人”！

隶书，最初原是小篆的简便写法。把圆转的笔迹，改成方折。原来连续不断处，大部分拆开；再陆续加工。点画都具备了固定的样式和轻重姿态。这便是今天所见的“汉隶”。河南原有许多汉碑，像《孔宙碑》《韩仁铭》等，常为书家所称道，但新中国成立后出土的《张景碑》从书法艺术水平上讲，实属“后来居上”。按汉隶字体的点画，多是在定型中有变化，因字立形，并没有死板的写法，又能端重统一。今天我们看到的汉代简牍墨迹极多，也有许多和某些碑刻字体一致的，但它们之间的艺术效果，是究竟有所不同的。往下看去，曹魏时的《受禅表》《上尊号碑》等，便渐趋方整，变化也比较少了。这大概是因为这个时期日常通用的字体，已渐渐进入真书（又称“今隶”“正书”“楷书”）的领域，汉隶是在特定的场合应用的，所以也是作为一种特定的字体来书写的。到了晋代人所写汉隶字体，又有变化，大的像《三临辟雍碑》，小的像《徐义墓志》那一类的晋隶，虽然笔画比较灵活，但似用一种扁笔所写，这大概是为了达到某种效果而改制了书写工具。到了唐代，隶体出现了一次大革新，它的点画尽力遵用汉碑的笔法，要求圆润而有顿挫。结字比汉隶稍微加高，多数成为正方形。在用笔和结体上，都成为唐隶的特有风格。后世喜好“古朴”风格的，常常轻视唐隶。但一种字体，随着时代的变迁，是不能不变的。自汉代以后，各时代都有新的探索。从具体的作品看，也有较优较差的不同。唐代人用隶书体，是使用旧字体，但能在汉隶的基础上开辟途径，追求新效果，不能不说是一种创新。我们试看徐浩写的《嵩阳观碑》和他的儿子徐珙写的《崔佑甫墓志》，这些碑和志的书法就给人以整齐而不板滞，庄严而又姿媚的感觉。如果按汉隶的尺度来要求唐人，当然不会符合，但从隶书的发展来看，唐隶毕竟算是一种创造。

草书原有“章草”“今草”之分。“章草”是汉代人把当时的隶书简写、快写而成的。“今草”是晋代以来的人逐步把“真书”简写、快写而成的。章草不但字形结构和点画姿势与今草有不同，而字与字之间常常独立而不牵连，也是章、今差别中的一种突出的现象。

草书到了唐代，已是今草的世界，唐人写章草本来只是模拟一种古体罢了。河南的《升仙太子碑》却有出人意表的现象。首先，用草体写碑文，在这以前是没有的，它是一个创例。其次这碑上的草字从偏旁结构到点画形态都属于今草的范畴，而从前却有人误认它为章草，或说它有章草笔法，这是为什么呢？按这个碑文有横竖方格，每字纳入格中，因而字字独立，并无牵连的地方，便与章草的体势十分接近。再次是字形分寸比一般简札加大，又是写碑，用笔就更不能不特加沉重。最后看到刻工刀法的精确，每笔起伏俱在，拓出来看，白色一律调匀，那些光滑石面上墨色浓淡不匀的痕迹一律改观。我们试把日本保存着的唐代贺知章草书《孝经》和这个碑中字迹相比，可以看出二者之间是多么相似。但《孝经》的艺术效果却远远不如碑字的雄厚。这固然由于《孝经》字迹较小，墨色浓淡不匀，而碑字既大，又经刻、拓，所以倍觉醒目。可见刻工的作用，不能不列入每件碑刻艺术品的成功因素之内。

真书是从隶书演变来的。结构比隶书更加轻便，点画比隶书更加柔和。从较繁密的笔画中减削笔画，也非常方便，而其形体并不因减笔而有所损伤。端庄去写，便是真书；略加连贯，便是行书。在如此优越的条件下，真书一体从形成后直到今天，一直被用作通行的字体。

真书的艺术风格，每个时代都有不同，但在它作为一种特定的文字形态也就是一种“字体”来讲，成熟约在晋唐之间。

这种字体的艺术风格的发展，大体有两大阶段，一是南北朝到隋，一是唐代和以后。前一时期，真书的结构写法，逐步趋于定型，例如横画起笔不向下扣，收笔不向上挑等。但这时究竟距离用隶书的时间尚近，人们的手法习惯以至书写工具的制作方法上，都存留前代的影响较深，所以虽然是写真书，而这种真书字迹中往往自然地含有隶书的涩重味道，甚至还有意无意地保存着某些隶书笔画。我们仔细分析它们的艺术结构，是常常随着字形的结构而自然地来安排笔画的，例如：哪边偏旁笔画较多，便把它写密一点。并不把一字中的笔画平均分配，所以清代邓石如形容这类结体说：“字画疏处可以走马，密处不使透风。”我们又看到北碑结字常把一个字的重心安排偏上，字的下半部常使宽绰有馀，架势比较庄重稳健。再加上刻工刀法的方整，又增添了许多威严的气氛。这在北魏的碑铭墓志中是随处可见的。例如《嵩高灵庙碑》《元怀墓志》《元诠墓志》《龙门造像》以及宋代重摹的《吊比干文》等，都可以充分地说明这一点。

在清朝中叶以来，许多书家由于厌薄“馆阁体”的书风，想从古碑刻中找寻新的途径，于是群起研习北朝书法，特别是北魏的书法。包世臣著《艺舟双楫》更作了大力的鼓吹。当时古代墨迹发现极少，大家所能见到的只有碑刻，于是有人在北碑中经过刀刻的笔画上寻求“笔法”。例如包世臣在《艺舟双楫·述书上》里记述他的朋友黄乙生的话说：“唐以前书，皆始艮终乾，南宋以后书，皆始巽终坤。”我们知道古代把“八卦”配合四方的说法是西北为乾，东北为艮，东南为巽，西南为坤。这里说“艮乾”，不言而喻是代表四角中的两个角，不等于说从东到西一条细线。譬如筑墙，如果仅仅筑一道北墙，便只说“从东到西”就够了，既然提出“艮乾”，那么必是指一个四方院的墙。这不难理解，黄氏是说，一个横画行笔要从左下角起，填满其他角落，归到右下角。这分明是要写出一种方笔画，但圆锥形的毛笔，不同于扁刷子，用它来写北碑中经过刀刻的方笔画，势必需要每个角落一一填到。这可以说明当时的书家是如何地爱好、追求古代刻石人和书丹人相结合的艺术效果。这种用笔方法的尝试，在包世臣的字迹中表现得还不够明显（黄乙生的字迹，我没见过），到了清末的陶浚宣、李瑞清等可说是这种用笔方法的实行者。后来有不少人曾对于黄乙生这种说法表示不同意，以为北朝的墨迹与刀刻的现象有所不同。但我们知道，某一个艺术品种的风格，被另一个艺术品种所汲取后，常使后者更加丰富而有新意。举例来说：商周铜器上的字，本是铸成的，后人把它用刀刻法摹入印章，于是在汉印缪篆之外又出了新的风格。又如一幅用笔画在纸上的图画，经过刺绣工人把它绣在绫缎上，于是又成了一种新的艺术品。如果书家真能把古代碑刻中的字迹效果，通过毛笔书写，提炼到纸上来，未尝不是一个新的书风。同时我们试看今天见到的北朝墨迹，例如一些北朝写经、北魏司马金龙墓中漆屏风上的字迹，以及一些高昌墓砖上的字迹，它们的笔势和结体，无不足与北碑相印证，但从总的艺术效果看，那些墨迹和碑刻中的字迹，给人的感受毕竟是不同的。

这里附带谈一下拓本的效果问题。我们知道，石刻必用纸墨拓出才能更清楚地看出字迹，那么一件碑刻除书者、刻者的功绩外，还要算上拓者和装裱者的功绩。至于古代石刻因年久字口磨秃，拓出的现象，又构成另一种艺术效果。世行影印清代杨澥旧藏的《瘗鹤铭》有何绍基题识二段说："覃溪（翁方纲）诗云：'曾见黄庭肥拓本，憬然大字勒崖初。'此语真知《鹤铭》，亦真知《黄庭》者。"按《黄庭经》字小而多扁，《瘗鹤铭》字大而多长，笔势也并非一路，翁、何二人何以这样比例？拿这两种拓本对看，也就憬然而悟，何氏所谓"真知"，只是真知它们同等模糊而已。明代祝允明、王宠等所写的小楷，即是追求一些拓秃了的"晋唐小楷"帖上的效果，因而自成一种风格。这些是古石刻在书写、刊刻之外，因较晚的拓本而影响到书法艺术创作和评论的一个例子。

到了唐代，真书风格渐趋匀圆整齐，在艺术结构上，疏密渐匀，上下左右也常以匀称为主。每个点画，出现有意地追求姿媚的现象。行笔更加轻巧，往往真书中带有行书的顾盼笔势。清末康有为在《广艺舟双楫》中特别提出“卑唐”一章，大约是嫌唐人书法的“古朴”风格不如北朝。但事物是发展的，唐人的真书我们无法否认有它的新气象。河南的碑刻中，如《伊阙佛龛记》的方严，《夏日游石淙诗》的爽利，《少林寺碑》的紧密，《八关斋记》《元结墓碑》的浑厚，如此等等，各有特殊的境界。回头再看北朝的字迹，又觉得不能专美于前了。

宋代的真书，除某些人的个人风格上有所不同外，大体上并未超出唐人的范围。但也不是没有新风格出现。例如《大观圣作碑》，把笔画非常纤细的“瘦金体”刻入碑中。与“大书深刻”恰恰相反，然而它却能撑得起碑面，并不觉得单薄，这固然由于书法的笔力健拔，而刀法的稳准深入也有绝大关系。

至于行书，自唐代僧怀仁所谓“集王羲之书”的《圣教序》出来以后，若干行书作品都受它的影响。即唐人“自运”的行书，也同样具有这种格调。这里如褚庭诲写的《程伯献墓志》便可算是唐代一般行书的代表。到宋代“集王”行书成了御书院书写诏令、官告的标准字体，被称为“院体”。于是苏米一派异于“集王”的字体，便经常出现在宋代碑刻中，也可以说是一种革新和对“院体”熟路的否定。

至于刻法刀工，到了唐宋以来比唐以前也有新的发展。刻工极力保存字迹的原样，如有破锋枯笔，也常尽力表现。当然这种表现方法与后世摹刻法帖来比，还是比较简单甚至可说是比较粗糙的，但从这点可以看到刻碑人的意图，是怎样希望如实地表现字迹笔锋的。所以唐宋碑中尽管有些纤细笔画的字迹，例如《大观圣作碑》，虽经八百多年的时间，却与古碑面磨损一层的例如隋《常丑奴墓志》旧拓本那种模糊效果绝不相同，这不能不说是刻法的一大进步。虽然说刻法这时注意“存真”，但我们如果把唐人各种墨迹和碑刻拓本来比，它的效果仍然不尽相同，这在前边草书部分里已经谈到。唐人真书流传更多，如果一一比较，真有“应接不暇”之感，现在举一件新出土的唐《程伯献墓志》来看。书者褚庭诲的字迹，我们除了在《淳化阁帖》中见到几行之外，这是一个新发现。这种行书体和旧题所谓《柳公权书兰亭诗》非常相似。但《兰亭诗》写在绢上，笔多燥锋，它的轻重浓淡处我们是一目了然的。而这个墓志刻本，当然无法表现燥锋，也不知褚氏原迹有没有燥锋，但志石字迹在丰满匀圆中却仍然表现了轻重顿挫。由此知道不但唐代书人写行书是非凡地擅长，而唐代石工刻行书也是异常出色的。只要看怀仁的《圣教序》、李邕的《李思训碑》以至这个《程伯献墓志》等，便可以得到充分的证明。

最后略谈北宋的《十善业道经要略》和《嘉祐石经》中的真书部分，写的字体横平竖直，刻的刀法也方齐匀整，这样写法和刻法的风格，已开了“宋版书”的先路，这是时代风气所趋，也不妨说宋代刻书曾受这种刻碑方法影响的。我们从这里可以看到今天每日印刷若干亿字的“宋体字”，是怎样从晋唐真书中发展而来的，这也是字体、书法的发展史上一项重要的资料。

书启制度之变迁

颜氏家训云："尺牍书疏，千里面目。"昔人于笔札往还，莫不深加珍重。其文风、字体，乃至笺纸、封皮，俱有种种程式。世之好收藏古尺牍者，亦不乏其人，或刻石为帖，或影印成书，洋洋大观，目不暇给。至于笺纸之制，缄封之法，随时世以变迁者，人多忽而不察。今以所见及者略记于下。

汉代书疏，皆以竹简，故后世曰简、曰笺、曰札、曰尺牍，皆是竹简之概念。后世所用工具不同，形式已异，而名称犹沿其旧焉。

唐以前之书疏，仅于法帖中见之，若西域出土之李柏文书，乃其起草之稿，与直接投致之物，究未能等同视之。而法帖所刻，多无首尾，纵或有之，亦不能见封里痕迹。

古人封检之制，若汉代简版对合，以绳束之，上加封泥，今西域出土者甚多。而六朝唐宋之封式，转无从得见。不佞所曾寓目者，唯宋苏东坡，元赵子昂、邓善之数帖，封签尚存，然已俱剪成竖条，附裱于简帖之旁矣。此类剪下之条，多为中间一缝，上半署收者姓氏官衔，下半署具书人姓名，字皆骑在缝上，莫喻其故。后又见明文徵明致其外甥之书数通，皆横纸竖行，有如手卷之式。纸尾有上下封题姓名两半行，其右半行紧临左纸边，左半行，反在纸边之右约数寸之际。以字之偏旁言之，纸左边处徵明字存"攵月"，其右数寸处却存"彳日"，殊不可解。一日以日本奉书卷纸作字，见其纸面俱向外，忽悟其制犹唐代所传，盖具书者自纸卷之右端写起，随写随卷，字迹向外，所书既竟，割截其纸，左端略留馀纸，卷尾一端白纸即作卷筒之封皮，在纸边着糊，即成卷筒状，以缝为中线在缝上题署。其卷内空白一段，恐有人私拆妄加他语，于是于具名之后，注以“谨空”字样。受书者为就其缝处拆开，即成两个半引字分在卷后。如惜其封署之字，则就此引之两旁剪之，即成骑缝题署一行之竖条。且所见宋元书札封题竖条，俱在纸面上写字，又可证其纸面向外卷矣。

古代尚有加封之制，盖受托携带之人表示珍重，或有附件，不能同卷一筒中，则外加封皮。宋元封皮今不可见，清代封皮犹有存者，以今例古，不难推想。清代封皮用白方皮纸一幅，角尖相对，粘成长方包，如今之洋式信封，但易横方为直方耳。然后，在有纸缝一面，粘贴红签条，加以题署。古人所谓斜封，所谓一角文书，谅不外此。

至于明代中叶以后之书启，多见手折之式，每在折面书“副启”二字，或在折纸之最右边处钤“副启”字样之印章，且只存印之左半，初不解其故，继见有附存名帖者，其帖多用红笺一张，与折纸同大，上写具书人之姓名，粘连于副启折前，盖名帖所以代表具书之人，副启则为所陈之事，昔人以亲到面谒为尽礼，有所不能时，以名帖为自身之代表，副启则如“备忘录”，如“说明书”然，非所以昭郑重，故折尾每书“名正具”或“名另具”，所具之处，即在其前之名帖上也。或有正帖已失，仅存副启，款字但书“名正具”，则其人为谁，殊费摸索矣。亦有其折之起手右边下半行处写具书人之姓名顿首拜以代名帖。次行以下，即书副启之文，此则简便之式耳。宋人有所谓“品字笺”者，见陆放翁所记，即名帖一、四六骈体笺启一，散文陈述所言之事一，谓之品字者，以其名帖居上，下列两种文体二启，如品字状也。盖古代称四六骈体为“文”，凡重要文字必以四六为郑重，散文为笔，如明清人之视口语文只小说戏曲用之，不可以登大雅之堂焉。虽史汗、韩柳在前，又何能拗过官场积习耶？然骈俪究不易达意，尤不足以说明具体事物，故再加散文之启。然叠床架屋，徒成具文，即在当时，亦通行不久。而今日流传宋人墨迹，竟无一四六笺启，可见当时即使施之于用者，亦不过胥吏拼凑套语，敷衍了事而已。明人之名帖副启合一之制，殆亦宋人之遗，而省其四六一启，可谓吕字笺矣。明人笺启之式至清犹存，康雍时固无论，即乾隆时犹存明式。曾见钱香树致其女之翁一札，已截装成册页，前有白纸一幅，为名帖，后为书启，其名帖纸与附启相同，盖即折子之前一页耳。盖亲家翁相见，在当时必取为最敬之礼也，后世通行无论，亲属亲戚朋友乃至长官僚属具书，皆首一行曰“某某下”，（其人之字或号）称谓（各随其关系称之）下接“敬启□下（各随其关系而定）”之式，则不知始于何时。大约康熙以后，逐渐形成者。其纸亦由折式而易为笺纸焉。

谈诗书画的关系

首先说明，这里所说的诗是指汉诗，书指汉字的书法，画指中国画。

大约自从唐代郑虔以同时擅长诗书画被称为“三绝”以后，这便成了书画家多才多艺的美称，甚至成为对一个书画家的要求条件。但这仅止是说明三项艺术具备在某一作者身上，并不说明三者的内在关系。

古代又有人称赞唐代王维“诗中有画、画中有诗”，以后又成了对诗、画评价的常用考语。这比泛称三绝的说法，当然是进了一步。现在拟从几个不同的角度，探索一下诗书画的关系。

一

“诗”的涵义。最初不过是徒歌的谣谚或带乐的唱辞，在古代由于它和人们的生活有着密切的关系，又发展到政治、外交的领域中，起着许多作用。再后某些具有政治野心、统治欲望的“理论家”硬把古代某些歌辞解释成为含有“微言大义”的教条，那些记录下来的歌辞又上升为儒家的“经典”。这是诗在中国古代曾被扣上过的几层帽子。

客观一些，从哲学、美学的角度论的“诗”，又成了“美”的极高代称。一切山河大地、秋月春风、巍峨的建筑、优美的舞姿、悲欢离合的生活、壮烈牺牲的事迹等，都可以被加上“诗一般的”这句美誉。若从这个角度来论，则书与画也可被包罗进去。现在收束回来，只谈文学范畴的“诗”。

二

诗与书的关系。从广义来说，一个美好的书法作品，也有资格被加上“诗一般的”四字桂冠，现在从狭义讨论，我便认为诗与书的关系远远比不上诗与画的关系深厚。再缩小一步，我曾认为书法不能脱离文辞而独立存在，即使只写一个字，那一个字也必有它的意义。例如写一个“喜”字或一个“福”字，都代表着人们的愿望。一个“佛”字，在佛教传入以后，译经者用它来对梵音，不过是一个声音的符号，而纸上写的“佛”字，贴在墙上，就有人向它膜拜。所拜并非写的笔法墨法，而是这个字所代表的意义。所以我曾认为书法是文辞以至诗文的“载体”。近来有人设想把书法从文辞中脱离出来而独立存在，这应怎么办，我真是百思不得其法。

但转念书法与文辞也不是随便抓来便可用的瓶瓶罐罐，可以任意盛任何东西。一个出土的瓷虎子，如果摆在案上插花，懂得古器物的人看来，究竟不雅。所以即使瓶瓶罐罐，也不是没有各自的用途。书法即使作为“载体”，也不是毫无条件的；文辞内容与书风，也不是毫无关联的。唐代孙过庭《书谱》说：“写《乐毅》则情多怫郁，书《画赞》则意涉瑰奇，《黄庭经》则怡怿虚无，《太师箴》又纵横争折。暨乎兰亭兴集，思逸神超；私门诫誓，情拘志惨。所谓涉乐方笑，言哀已叹。”王羲之的这些帖上是否果然分别表现着这些种情绪，其中有无孙氏的主观想象，今已无从在千翻百刻的死帖中得到印证，但字迹与书写时的情绪会有关系，则是合乎情理的。这是讲写者的情绪对写出的风格有所影响。

还有所写的文辞与字迹风格也有适宜与否的问题。例如用颜真卿肥厚的笔法、圆满的结字来写李商隐的“昨夜星辰昨夜风”之类的无题诗，或用褚遂良柔媚的笔法、俊俏的结字来写“杀气冲霄，儿郎虎豹”之类的花脸戏词，也使人觉得不是滋味。

归结来说，诗与书，有些关系，但不如诗与画的关系那么密切，也不如那么复杂。

三

书与画的关系问题。这是一个大马蜂窝，不可随便乱捅。因为稍稍一捅，即会引起无穷的争论。但题目所逼，又不能避而不谈，只好说说纯粹属于我个人的私见，并不想“执途人以强同”。

我个人认为“书画同源”这个成语最为“书画相关论”者所引据，但同“源”之后，当前的“流”还同不同呢？按神话说，人类同出于亚当、夏娃，源相同了，为什么后世还有国与国的争端，为什么还有种族的差别，为什么还要语言的翻译呢？可见“当流说流”是现实的态度，源不等于流，也无法代替流。

我认为写出的好字，是一个个富有弹力、血脉灵活、寓变化于规范中的图案，一行一篇又是成倍数、方数增加的复杂图案。写字的工具是毛笔，与作画的工具相同，在某些点画效果上有其共同之处。最明显的例如元代柯九思、吴镇，明清之间的龚贤、渐江等，他们画的竹叶、树枝、山石轮廓和皴法，都几乎完全与字迹的笔画调子相同，但这不等于书画本身的相同。

书与画，以艺术品种说，虽然殊途，但在人的生活上的作用，却有共同之处。一幅画供人欣赏，一幅字也无二致。我曾误认文化修养不深的人、不擅长写字的人必然只爱画不爱字，结果并不然。一幅好字吸引人，往往并不少于一幅好画。

书法在一个国家民族中，既具有“上下千年、纵横万里”的经历，直到今天还在受人爱好，必有它的特殊因素。又不但在使用这种文字的国家民族中如此，而且越来越多地受到并不使用这种文字的兄弟国家民族的艺术家们注意。为什么？这是个值得探索的问题。

我认为如果能找到书法艺术所以能起如此作用，能有如此影响的原因，把这个“因”和画类同样的“因”相比才能得出它们的真正关系。这种“因”是两者关系的内核，它深于、广于工具、点画、形象、风格等外露的因素。所以我想与其说“书画同源”，不如说“书画同核”，似乎更能概括它们的关系。

有人说，这个“核”究竟应该怎样理解，它包括哪些内容？甚至应该探讨一下它是如何形成的。现在就这个问题作一些探索。

一、民族的习惯和工具：许多人长久共同生活在一块土地上，由于种种条件，使他们使用共同的工具；

二、共同的好恶：无论是先天生理的或后天习染的，在交通不便时，久而蕴成共同心理、情调以至共同的好恶，进而成为共同的道德标准、教育内容；

三、共同的表现方法：用某种语辞表达某些事物、情感，成为共同语言。用共同办法来表现某些形象，成为共同的艺术手法；

四、共同的传统：以上各种习惯，日久成为共同的各方面的传统；

五、合成了“信号”：以上这一切，合成了一种“信号”，它足以使人看到甲联想乙，所谓“对竹思鹤”“爱屋及乌”，同时它又能支配生活和影响艺术创作。合乎这个信号的即被认为谐调，否则即被认为不谐调。

所以我以为如果问诗书画的共同“内核”是什么，是否可以说即是这种多方面的共同习惯所合成的“信号”。一切好恶的标准，表现的手法，敏感而易融的联想，相对稳定甚至于有排他性的传统，在本民族（或集团）以外的人，可能原来无此感觉，但这些“信号”是经久提炼而成的，它的感染力也绝不永久限于本土，它也会感染别人，或与别的信号相结合，而成为新的文化艺术品种。

当这个信号与另一民族的信号相遇而有所比较时，又会发现彼此的不足或多馀。所谓不足、多馀的范围，从广大到细微，从抽象到具体，并非片言可尽。姑从缩小范围的诗画题材和内容来看，如把某些诗歌中常用的词汇、所反映的生活，加以统计，它的雷同重复的程度，会使人吃惊甚至发笑。某些时代某些诗人、画家总有爱咏、爱画的某些事物，又常爱那样去咏、那样去画。也有绝不“入诗”“入画”的东西和绝不使用的手法。彼此影响，互相补充，也常出现新的风格流派。

这种彼此影响，互成增减的结果，当然各自有所变化，但在变化中又必然都带有其固有的传统特征。那些特征，也可算作“信号”中的组成部分。它往往顽强地表现着，即使接受了乙方条件的甲方，还常能使人看出它是甲而不是乙。

再总括来说，前所谓的“核”，也就是一个民族文化艺术上由于共同工具、共同思想、共同方法、共同传统所合成的那种“信号”。

四

诗与画的关系。我认为诗与画是同胞兄弟，它们有一个共同的母亲，即是生活。具体些说，即是它们都来自生活中的环境、感情等，都有美的要求、有动人力量的要求等。如果没有环境的启发、感情的激动，写出的诗或画，必然是无病呻吟或枯燥乏味的。如果创作时没有美的要求，不想有动人的力量，也必然使观者、读者味同嚼蜡。

这些相同之处，不是人人都同时具备的，也就是说不是画家都是诗人，诗人也不都是画家。但一首好诗和一幅好画，给人们的享受则是各有一定的分量，有不同而同的内核。这话似乎未免太笼统、太抽象了。但这个原则，应该是不难理解的。

从具体作品来说，略有以下几个角度：

一、评王维的“诗中有画，画中有诗”这两句名言，事实上已把诗画的关系缩得非常之小了。请看王维诗中的“画境”名句，如“山中一夜雨，树杪百重泉”“竹喧归浣女，莲动下渔舟”“草枯鹰眼疾，雪尽马蹄轻”“坐看红树不知远，行尽青山忽见人”等著名佳句，也不过是达到了情景交融甚或只够写景生动的效果。其实这类情景丰富的诗句或诗篇，并不止王维独有，像李白、杜甫诸家，也有许多可以媲美甚至超过的。李白如“朝辞白帝彩云间”“天门中断楚江开”，《蜀道难》诸作；杜甫如“吴楚东南坼”“无边落木萧萧下”，《奉观严郑公厅事岷山沱江画图十韵》诸作，哪句不是“诗中有画”？只因王维能画，所以还有下句“画中有诗”，于是特别取得“优惠待遇”而已。

至于王维画是个什么样子，今天已无从得以目验。史书上说他“云峰石迹，迥出天机；笔思纵横，参乎造化”。这两句倒真达到了诗画交融的高度，但又夸张得令人难以想象了。试从商周刻铸的器物花纹看起，中经汉魏六朝，隋唐宋元，直到今天的中外名画，又哪一件可以证明“天机”“造化”是个什么程度？王维的真迹已无一存，无从加以证实，那么王维的画便永远在“诗一般的”极高标准中“缺席判决”地存在着。以上是说诗与画二者同时具备于一人笔下的问题。

二、画面境界会因诗而丰富提高。画是有形的，而又有它的先天局限性。画某人的像，如不写明，不认识这个人的观者就无从知道是谁。一个风景，也无从知道画上的东西南北。等等情况，都需要画外的补充。而补充的方法，又不能在画面上多加小注。即使加注，也只能注些人名、地名、花果名、故事名，却无从注明其中要表现的感情。事实上画上的几个字的题辞以至题诗，都起着注明的作用，如一人骑驴，可以写“出游”“吟诗”“访友”甚至“回家”，都可因图名而唤起观者的联想，丰富了图中的意境，题诗更足以发挥这种功能。但那些把图中事物摘出排列成为五、七言有韵的“提货单”，则不在此内（不举例了）。

杜甫那首《奉观严郑公厅事岷山沱江画图》诗，首云：“沱水流中坐，岷山到北堂”，这幅画我们已无从看到，但可知画上未必在山上注写“岷山”，在水中注写“沱水”。即使曾有注字，而“流”和“到”也必无从注出，再退一步讲，水的“流”可用水纹表示，而山的“到”，又岂能画上两脚呢！无疑这是诗人赋予图画的内容，引发观画人的情感，诗与画因此相得益彰。今天此画虽已不存，而读此诗时，画面便如在眼前。甚至可以说，如真见原画，还未必比得上读诗所想的那么完美。

再如苏轼《题虔州八境图》云：“涛头寂寞打城还，章贡台前暮霭寒，倦客登临无限思，孤云落日是长安。”我生平看到宋画，敢说相当不少了，也确有不少作品能表达出很难表达的情景，即此诗中的涛头、城郭、章贡台、暮霭、孤云、落日都不难画出，但苏诗中那种回肠荡气的感情，肯定画上是无从具体画出的。

又一首云："朱楼深处日微明，皂盖归来酒半醒。薄暮渔樵人去尽，碧溪青嶂绕螺亭。"和前首一样，景物在图中不难一一画出，而诗中的那种惆怅心情，虽荆、关、李、范也必无从措手的。这八境图我们已知是先有画后题诗的，这分明是诗人赋予图画以感情的。但画手竟然用他的图画启发了诗人这些感情，画手也应有一份功劳。更公平地说，画的作用并不只是题诗用的一幅花笺，能引得诗人题出这样好诗的那幅画，必然不同于寻常所见的污泥浊水。

三、诗画可以互相阐发。举一个例：曾见一幅南宋人画的纨扇，另一面是南宋后期某个皇帝的题字，笔迹略似理宗。画一个大船停泊在河边，岸上一带城墙，天上一轮明月。船比较高大，几占画面三分之一，相当充塞。题字是两句诗，"泬寥明月夜，淡泊早秋天"，不知是谁作的。也不知这两面纨扇，是先有字后补图，还是为图题的字。这画的特点在于诗意是冷落寂寞的，而画面上却是景物稠密的，妙处在即用这样稠密的景物，竟能把"泬寥""明月夜"和"淡泊""早秋天"的难状内容，和盘托给观者。足使任何观者都不能不承认画出了以上四项内容，而且了无差错。如果先有题字，则是画手善于传出诗意，这定是深通诗意的画家；如果先有画，则是题者善于捉住画中的气氛，而用语言加工成为诗句。如诗非写者所作，则是一位善于选句的书家。总之或诗中的情感被画家领悟，或画家的情感被题者领悟，这是"相得益彰"的又一典范。

其实所见宋人画尤其许多纨扇小品，一入目来便使人发生某些情感的不一而足。有人形容美女常说"一双能说话的眼睛"，我想借喻好画说它们是一幅幅"能说话的景物，能吟诗的画图"。

可以设想在明清画家高手中如唐六如、仇十洲、王石谷、恽南田诸公，如画泬寥淡泊之景，也必然不外疏林黄叶、细雨轻烟的处理手法。更特殊的是那幅画大船纨扇的画家，是处在"马一角"的时代，却不落

"一角"的套子，岂能不算是豪杰之士！

四、诗画结合的变体奇迹。元代已然是"文人画"（借用董其昌语）成为主流，在创作方法上已然从画帧上贴绢立着画而转到案头上铺纸坐着画了。无论所画是山林丘壑还是枯木竹石，他们最先的前提，不是物象是否得真，而是点画是否舒适。换句话说，即是志在笔墨，而不是志在物象。物象几乎要成为舒适笔墨的载体，而这种舒适笔墨下的物象，又与他们的诗情相结合，成为一种新的东西。倪瓒那段有名的题语说他画竹只是写胸中的逸气，任凭观者看成是麻是芦，他全不管。这并非信口胡说，而确实代表了当时不仅止倪氏自己的一种创作思想。能够理解这个思想，再看他们的作品，就会透过一层。在这种创作思想支配下，画上的题诗，与物象是合是离，就更不在他们考虑之中了。

倪瓒画两棵树一个草亭，硬说它是什么山房，还振振有辞地题上有人有事有情感的诗。看画面只能说它是某某山房的"遗址"，因为既无山又无房，一片空旷，岂非遗址？但收藏著录或评论记载的书中，却无一写它是"遗址图"的，也没人怀疑诗是抄错了的。

到了八大山人又进了一步，画的物象，不但是"在似与不似之间"，几乎可以说他简直是要以不似为主了。鹿啊、猫啊，翻着白眼，以至鱼鸟也翻白眼。哪里是所画的动物翻白眼，可以说那些动物都是画家自己的化身，在那里向世界翻着白眼。在这种画上题的诗，也就不问可知了。具体说，八大题画的诗，几乎没有一首可以讲得清楚的，想他原来也没希望让观者懂得。奇怪的是那些"天晓得"的诗，居然曾见有人为它诠释。雅言之，可说是在猜谜；俗言之，好像巫师传达神语，永远无法证实的。

但无论倪瓒或八大，他们的画或诗以及诗画合成的一幅幅作品，都是自标新义、自铸伟辞，绝不同于欺世盗名、无理取闹。所以说它们是瑰宝，是杰作，并不因为作者名高，而是因为这些诗人、画家所画的画、所写的字、所题的诗，其中都具有作者的灵魂、人格、学养。纸上表现出的艺能，不过是他们的灵魂、人格、学养升华后的反映而已。如果探索前边说过的“核”，这恐怕应算核中一个部分吧！

五、诗画结合也有庸俗的情况。南宋邓椿《画继》记载过皇帝考画院的画手，以诗为题。什么“乱山藏古寺”，画山中庙宇的都不及格，有人画山中露出鸱尾、旗竿的才及了格。“万绿丛中红一点”，画绿叶红花的都不及格，有人画竹林中美人有一点绛唇的乃得中选。“踏花归去马蹄香”，画家无法措手，有人画马蹄后追随飞舞着蜜蜂蝴蝶，便夺了魁。如此等等的故事，如果不是记录者想象捏造的，那只可以说这些画是“画谜”，谜面是画，谜底是诗，庸俗无聊，难称大雅。如果是记录者想象出来的，那么那些位记录者可以说“定知非诗人”（苏轼诗句）了。

从探讨诗书画的关系，可以理解前人“诗禅”“书禅”“画禅”的说法，“禅”字当然太抽象，但用它来说诗、书、画本身许多不易说明的道理，反较繁征博引来得概括。那么我把三者关系说它具有“内核”，可能辞不达义，但用意是不难理解的吧？我还觉得，探讨这三者之间的关系，必须对三者各自具有深刻的、全面的了解。在了解的扎实基础上再能居高临下去探索，才能知唐宋人的诗画是密合后的超脱，而倪瓒、八大的诗画则是游离中的整体。这并不矛盾，引申言之，诗书画三者间，也有其异中之同和同中之异的。

一九八五年四月十八日

标点本《喻林》序

——兼论校点古籍的一些问题

人之所以成为“万物之灵”，原因很多，我想其中至少有两项是其他动物所不具备的，即语言和文字。

人用语言表达意识，交流思想；用文字传播语言，记录经验，使得已有的经验，不致遗忘或遗失，而在已有的基础上再不断地增加。这至少是人类文明、文化逐步发达的一种因素。

但人类发明和使用语言文字，却是很费力的，即以一个事物说，如天，怎么表达，把它叫做天，又是怎么想起的，又为什么用这个声音给它命名？训诂学说，“天，颠也”。颠是“上头”，上头又应从哪里算？我们身体最上边是头发，再上是帽子，再上是屋顶，再上也许有树枝，再上也许有云雾，有大气层。颠，究竟指哪一层，天，又包括哪些层？可见这个命名，实在是出于无奈的。再如鸡、鸭、鹅，都是模拟它们的叫声，即以它们的叫声做它们的名字；椅，因为能倚，桌因为能卓，都是牵连借用。

人，篆书是一个小圆球，下有两条曲线，像人头和人身、人臂。从人体的组成器官说，并不止这三项，外形也并不止这个姿势，为什么这样写，又为什么用那个声来为它命名，想来都是出于无奈的。此外山、川、日、月等字，也都是从模拟它们的形状开始。以上各例，无论是命名用的声音，或是做符号用的形状，都是以偏赅全，极不周密；至于虚字语辞，更是游离不定，难以捉摸了。

经过穷追细问之后，发现无论具体事物的命名，或抽象意识的表达，还是符号的选择使用，都只能用一个侧面或一个局部来比拟、代表，而从来没有少数的声音和简单的符号，便能全面地、透彻地概括某项事物和某种思想的。

近代学者发现了语言上这种情况，无以名之，名之为“模糊”，于是有“模糊语言学”或“语言的模糊度”等说法，其实这“模糊”二字的本身，也是非常模糊的代用品，因为一切事物从命名取声到用字取形都是在不稳定、不周全、不得已的情况下产生的。再由已取定的名称或虚词引申开来，从多种角度借用、配搭，一个字、词，便可以加上若干倍地变化使用。如“天”的上下可以附加若干字、词，如天空、天才、天伦、天然、天下、天生……一天、白天、晴天、阴天、蓝天、青天。……一个天字，翻来复去，上下配搭，便成了若干不同意义的词，而天字本身又因为和别的字、词做伴，而使它的意义和性质也起着不同的变化。

一个以音为主的口中的词，或以形为主的纸上的字，既然都相当地游离活动，因而要它表达非常固定或确切的含义时，有时反而不易；相反，它们虽然具有游离活动的性质，如要用它们表达一些曲折复杂的思想、理论，又会发生意义上的歧点。所以常见一个表达事物的名词，为了说得确切，不得不在它的上下附加些个装饰词、标志词、辅助词；一项比较抽象的思想、理论，直接铺叙说明，常有说不透、说不尽处，就不得不借助于其他事物来辅助、补充，这就是比喻手段的起因和它的深而且广的作用。质言之，从一个字的名词开始，即可看到比喻手段的使用。至于曲折复杂的抽象道理，比喻的运用就更是必需的了。

我们知道，《庄子》善于用比喻说明抽象道理，《战国策》善于用比喻说明政治利害，《韩非子》有“内储”“外储”及“说林”等篇，内容都是些小故事，“储”它们作什么？是准备见诸侯时用的游说材料。游说为什么要用小故事？不外乎是药外的糖衣，催眠的乐曲，借着对方听起来有趣味的机会，把自已要说的理由顺利地灌输进去。此外大家常说古代的孟轲、后代的苏轼，也都善于譬喻，这比《庄》《韩》《国策》更为普及，其实何必远引古文，即日常任何文章，甚至普通说话，如果一律抽掉一切比喻成分，恐怕是很难达意的。前已说过，每一个字、词的成立，即已具有比喻的性质，所以如果把比喻从起码的字、词抽起，那便会一字俱无，也就没有语言了。今天要考究某些字、词的比喻作用，有许多古书在，从《尔雅》《说文》《广雅》《释名》等，以至后人的训诂研究成果中，可以解决极大部分。至于成段成篇的比喻言论，散见各书，漫无系统。《喻林》一书，搜集较有系统，可说是探索语言特点的一种方便的资料总汇。

明代徐元太从准备行文参考的目的出发，搜罗历代有关譬喻的资料，辑成《喻林》一书。他说“采摭设譬之词，汇为一编”，共一百二十卷。上自经、史，晚到小说，旁及佛典，凡古人用作比喻的话，少自片语，多至成篇，无不采择，可谓洋洋大观。见此，使我不禁想起鲁迅所表彰的《百喻经》①。当“五四”运动之后，文人厌憎中国旧有文学艺术，而向往西洋的文学艺术，鄙薄国内已有的典籍，而搜罗国外的典籍，因此印度古代的譬喻作品，也受到相当重视。当时石印、排印的技术已很普及，而《譬喻经》却受到木板精刻的待遇。我读书太少，不知鲁迅先生当时是没注意到这部《喻林》，还是受《喻林》的启发而注意到《譬喻经》，总之《喻林》不但收编了《譬喻经》，而且还选入了许多其他佛典中的譬喻作品，所以今天重印《喻林》，应该说是发展了鲁迅的意愿了吧！我校张巨才、张新梅同志夫妇合作标点，排印流通，确实是有益于语言文学研究的一件好事。

他们嘱我写序，同时也有一事征询我的意见，即是如今重印某种旧书时，对这书中援引的古书字句，一般是替他查对改正以至补足？这个做法，现在颇被重视，列入所谓“整理”应有的手续之中。而我则稍有不同的看法，所以我向他们提出的意见是：暂照原文排印。

---

① 编者按：《百喻经》，即《百句譬喻经》。

按现在流行的古书“整理”手续约有以下几项：一曰选择底本，二曰校勘字句异同和脱误，三曰标点分段，四曰辑补佚文。这本是今天重印古书必不可少的手续。但在这种工作过程中，常见有两项不无可商的事：一是“查对引书”，即对书中援引的古书都要查对被引的原书，如有异文便改变引来的字句，使与原书相合；二是“改正明显错字”，即把校点者所认为是“明显错误”的字加以改正，这改正后边还常加上“不出校记”的声明。

所谓可商之处，即是用现存的古书，来改正引文，固然无可非议，但引者所据的底本是否即是我们今天所见的那一种本子？引者为了自己行文的要求，是否有删繁就简，上下接榫之处？例如司马迁《史记》引《尚书》，有许多像被他翻译过了的话，所引的《尚书》具在，我们标点《史记》，将作如何处理？又如古类书多割裂古书，只存它所需要与那一类事物有关的部分，我们如看古类书中引某书少了与那类无关的两句，在重印某书时便把某书也就去掉那两句吗？这种毛病，乾嘉学者也曾犯过，他们过信古类书引文，而不信现存的原书。后来明清人引文所据，当然不常有已佚的古书（并非绝对没有），比较多的是为行文方便，有所删节，或当作成语借用，并不要求精确，如果一一改从被引的古书，也未免过于忽视行文者的权利了。退一步讲，引用古书，如有误字，当然要校要改，那是校勘工作者应尽的职责，即使查对被引的原书，其目的只是校字，而不是纠正或调整引文。前人引古书随所记忆，并不见得全核对原书，常见所引甲书，而自言是乙书，这类情况虽大学者也不能免。如果按现行“标准”去查去改，岂不是得已而不已吗？例如清代大学者汪中曾引“圣人不死，大盗不止”这两句古书，说它是老子的话，其实是庄子的话，我们今天校点《述学》，那个“老”难道还替他改为“庄”字吗？

另一项可商的是：常见整理者说“改正明显错字”，或“改回避讳字”，遇有几个异文，须选用一个时，常说“择善而从”，后边都常加一句“不出校记”。确实是错字，当然应改，既属明显错字，改就改了，不必琐碎详出校记，这本无可非议。只是从一些标点水平看，有些具有常识性不足的标点本上，也常有“改正明显错字”“不出校记”的声明，那就未免令人不太放心了。

首先错字怎样才算明显？当然某字在上下文中不合逻辑的，可算明显了。但古人行文，本有不合逻辑处、不合现代所谓“文法”处，改得合了，却未必就是作者原文。明清选本古诗古文，常常信手改字，如杜甫诗“五陵裘马自轻肥”，“裘马”在各种宋本上都是“衣马”。按《论语》“愿肥马，衣轻裘，与朋友共，敝之而无憾”，子路的原话，已经少了一个“乘”字，按今天的“语法”讲，应是“愿乘肥马，衣轻裘”，这实没法追改了。杜甫又把衣和马对举，那难道他读的《论语》原文是“衣轻衣”吗？怎么讲，马与裘是应相对的。明清人把宋板的“衣”字改为“裘”字，可以说非常“合理”了，但若干宋本中这个衣字难道都是错字吗？宋板有错字，并不奇怪，怪在不同的许多宋板，为什么都错这个衣字呢？要用今天整理者的标准讲，这个衣字又当怎样处理呢？算不算明显错字呢？是否也可不出校记呢？还牵连到“择善而从”的问题，是衣字善呢，还是裘字善呢？如果校杜诗，到这里，是否也不出校记呢？

至于回改避讳字，也有人觉得很简单，按照古代皇帝名字一查一改就完了，哪知古代避讳还有些奇怪的例外，明朝前期，皇帝的名字都不避。朱元璋虽把写“为生”“作则”的人杀了许多，硬说这些人讽刺他曾“为僧”“做贼”，但对写“元”写“璋”的人却并未杀过一个。到了清初，康熙开始要求避讳，一些明朝立场的文人才大避明讳。把“常”写“尝”、“洛”写“雒”、“由”写“繇”、“校”写“较”、“检”写“简”等。现在分析古代学者，常从他们的文句中探讨他们的思想，清初一些明朝立场的文人，这样写了明讳，可以说是他们“民族思想”的反映，如果回改了，又上哪里去找他们的“民族思想”呢？又如唐宋人不但避写讳字的本字，还避那个字的同音字，叫做“嫌名”。奇怪的是讳字本字既要缺笔去写，嫌名的字也要缺笔去写，这已经够复杂的了，又还有

“临文不讳”的例外。朱熹非常狡猾，他注《四书》，虽然敢于奋笔直改“在亲民”为“在新民”，改“五十以学易”为“卒以学易”，但在“让”字处，又玩了花招。正文中“让”，和直接解释“让字”的注中，都作本来的“让”字，大概有“临文不讳”这条根据而照写不误，但在他处注中属于他自己行文发挥处，“让”字意思的字，都写作“逊”，这就瞒过了我们一些精密整理、回改讳字的人。即使有所察觉，又将如何处理呢？因为那个“逊”字如说是避讳，难道不许朱熹自己用“逊”字吗？如说不是避讳，这里的“逊”字又分明是“让”字的意思。放着通俗的“让”字不用偏用较为古雅的“逊”字岂不是分明去用官定的“让”字的代字吗？回改不回改呢？出校记不出校记呢？

整理古籍还涉及古体今体文字的问题，现在国家功令，规定许多简体字为标准字，称为“规范字”，这当然是必须遵从的，排印报纸、书籍都应用它，也是无容置疑的。但在整理古籍时，有些古书上的特定古体字，“约定俗成”，甚至可说“积非成是”，改写作今天的规范字，本无不可，但对这本古籍的六朝以来的旧面貌，多少算是打了些折扣。如《易经》中的“无咎”，（“无”字与规范字暗合）《周礼》中的“庿”字（即“庙”字，可算是另一种简写法），《汉书》中的“目”字（即“以”字的古体）。这类字即使全写成今天通用字，其实也没什么关系。至于“於”和“于”，今天已废“於”用“于”，我们写起，确很方便，六朝唐宋以来，二字也已通用。但在整理更古的书籍，就不免有问题了。先秦古籍，特别在《尚书》《诗经》等书中，这二字就大不同，“於”当发声词，如“於乎”即“乌乎”；“于”当关系词，约同“在”的意思，若在金文中界限就更清楚了。这本比较容易解决，如果今天把《诗经》印成通俗读物，只在“前言”或“凡例”中交代一番，也就行了。但《喻林》所收的古书是从《易》《书》《诗》起的，若不“查对原书”，囫囵排印，也就算了；如忠于原书，一一查对，就须要特制一些字模，而从全书统一体例讲，又成了“部分不规范”的用字了。

从以上各例看，整理古籍，似易实难，常常有顾此失彼的问题，所以我回答校点者说，暂且不必细对所引原书，引错了的由引者负责。校点者只管校对错字。怎知是错字，当然须查原书，查出了错字以外的问题，至多出一条校记，不要认为错字都是“明显的”，也不要认为自己选择的字都是“善”的。有的书“序言”印了半本书的纸，却吝惜印校记的地方，不如省出些纸来，负责地多出几条校记，以使读者放心。

一九八八年六月十二日

说《千字文》

以“天地玄黄”为起句的《千字文》，名头之大，应用之广，在成千累万的古文、古书中，能够胜过它的，大约是很少很少的。只看它四字成句，平仄流畅，有韵易诵，没有重字（没有重复写法的字），全篇仅仅一千字，比《道德》五千言这本著名的“少字派”书还少着五分之四。它便利群众，启发童蒙。其功效明显，流传广远，难道不是理所应得的吗？

在它流传千馀年的历史中，发生过或说存在着不少问题。有的问题“人云亦云”“习而不察”。有的虽经人推论，而未得要领，也就“以讹传讹”。

大约在三十年代初，法国的伯希和氏发表过一篇考订《千字文》的文章，冯承钧先生把它翻成汉文，题是《〈千字文〉考》，发表在《图书馆学季刊》中（第六卷第一期）。伯氏着力在周兴嗣这篇《千字文》的撰写过程，并讨论流传各种本子的真伪，对所谓“王羲之书钟繇千字文”进行辨伪，费了很多笔墨。这本“千文”见于明代《郁冈斋帖》和清代《三希堂帖》《壮陶阁帖》，近数年原卷出现，有影印本。这本“千文”，首句是“二仪日月”，末句是“焉哉乎也”，中间全不成话。伯氏认为它是宋徽宗时人造的伪古物。其实书风还不够唐人，其为凭空捏造，望而可见，仔细考证，心力未免可惜。而其他有关《千字文》的问题，由于着力点不同，反倒未暇谈及。

我在五六岁时，正是家庭或私塾里仍念《三字经》《百家姓》《千字文》（所谓“三百千”）的时候，但我只念过《三字经》后就被授读别的书了。接触《千字文》，实从习字临帖开始。既是一字字地临写，就发现了许多异文。如“敕”或“梁”，“玄”或“元”，“召”或“吕”，“树”或“竹”等，不免发生哪个对、为什么不同诸多疑问。后来逐渐留心有关《千字文》问题的资料，随手摘记，又几经散失，只剩写在一本帖后的一些条。由于借书困难，一时无法再加查阅核对，就先初步写出这篇大纲性的小文。目的只是想说出我对这些问题的看法。遗漏和错误，自知不少，诚恳希望读者惠予指教。

周兴嗣《千字文》的产生

在南朝梁、陈（公元五〇二—五八九年）这不到一百年中间，忽然有一股“千字文热”，产生过至少四本（只说撰文，不论写本）。

一、萧子范本

《旧唐书·经籍志》：“《千字文》一卷，萧子范撰；又一卷，周兴嗣撰。”又《梁书》卷三十五《萧子范传》：“南平王……使制《千字文》，其辞甚美，王命记室蔡薳注释之。”

二、周兴嗣本

《旧唐书·经籍志》著录紧次萧子范本之后，已见上文。又《梁书》卷四十九《周兴嗣传》：“高祖以三桥旧宅为光宅寺，敕兴嗣与陆倕各制寺碑，及成俱奏，高祖用兴嗣所制者。自是《铜表铭》《栅塘碣》《北伐檄》《次韵王羲之书千文》，并使兴嗣为文。每奏，高祖称善。”又《隋书·经籍志》：“《千字文》一卷，梁给事郎周兴嗣撰。”

三、失名人撰，萧子云注本

《隋书·经籍志》著录周兴嗣本后云：“又《千文》一卷，梁国子祭酒萧子云注。”

四、失名人撰，胡肃注本

《隋书·经籍志》萧子云注本后接书：“又《千文》一卷，胡肃注。”

当时还有梁武帝撰的《千字诗》。《陈书》卷十八《沈众传》：“是时梁武帝制《千字诗》，众为之注解。”又《南史》卷五十七《沈约传》：“约孙众……时梁武帝制《千字诗》，众为之注解。”记载这些为的是说明沈众的学识，而不是著录《千字诗》。看《隋书》《旧唐书》的著录中，都已没有《千字诗》，大约唐代已经亡失无存了。既称为诗，是几言的？其他都称文而不称诗，又为什么？我非常怀疑周兴嗣次韵，“次”的就是梁武帝《千字诗》的“韵”，但这将永远是个“怀疑”而已（记得唐初某类书中曾引梁武帝《千字诗》的零句，现已无暇详检，即使查出，也解决不了这一篇的问题）。如果连梁武帝《千字诗》算上，当时这种千字成篇的作品，就有五本之多了。

以上各条资料中，最不好懂的是“次韵王羲之书千字”。这八个字可以作许多解释，事理上也有许多可能。例如：

一、王羲之写过千个字的韵语，周兴嗣依韵和作；

二、王羲之有千个零字，周兴嗣把它编排成为韵语；

三、周兴嗣撰了千字韵语，然后摹集王书把它写出，像怀仁集《圣教序》那样；

四、周兴嗣次某篇文的韵成为此文，用王体字写出，因而误传为王羲之书，等等。

总之，这八个字，与现传智永写本对不上。智永本上有“敕”、有“次韵”，没有提出“王羲之书”。如果真是集王羲之字而成，则应写出“集”字，如唐人集王书、金人集柳（公权）书，以至集唐句、集杜句等。问题在于周兴嗣撰、智永写本的《千文》究竟与王羲之书有关无关？次韵二字是编次成为韵文呢，还是依某些韵字顺序押成的呢？

“王羲之书”和“次韵”问题

我们知道，每个故事都是愈传愈热闹。枝叶由少而多，已是普遍规律。《千字文》故事中有王羲之这个角色。除《梁书》外，还有较后的何延之《兰亭记》，载在张彦远《法书要录》卷三。张彦远为宪宗、僖宗之间的人，何氏当在中唐之世。《兰亭记》说智永禅师为王羲之七代孙，还说他："克嗣良裘，精勤此艺，常居永欣寺阁上临书……于阁上临得真草千文好者八百馀本，浙东诸寺各施一本，今有存者，犹直钱数万。"不待详细交代，智永所临，当然是王羲之的字，那么智永所临《千字文》中的字样，即是王羲之的字样了。

其次是此后的韦绚所撰《刘宾客嘉话录》："《千字文》，梁周兴嗣编次，而有王右军书者，人皆不晓其始。梁武教诸王书，令殷铁石于大王书中撮一千字不重者，每字一片纸，杂碎无叙。武帝召兴嗣谓曰：'卿有才思，为我韵之。'兴嗣一夕编次进上，须发皆白，而赏锡甚厚。右军孙智永禅师自临八百本。"

日本圣武天皇死后，其皇后藤原光明子在天平胜宝八年（相当唐肃宗至德元年）把他的遗物献给东大寺卢舍那佛，记录的账簿，称为《东大寺献物账》。账内有一段记载："书法廿卷，拓晋右将军王羲之草书卷第一（下注："廿五行，黄纸，紫檀轴，绀绫褾，绮带。"以下各条俱如此式）。同羲之草书卷第二……同羲之书卷第五十七（下注："真草千字文二百三行，浅黄纸，绀绫褾，绮带，紫檀轴"）。"今存二〇二行，前两行俱糜烂，想登账时其前只烂一行，至今则又烂一行矣。

所谓"同"，指的是同为"拓"本。这里已抛开了智永，直说拓自王羲之，而归入了王羲之名下。《兰亭记》在《法书要录》中，紧次于徐浩有建中四年纪年的《古迹记》后，则还应晚于《献物账》。但海外流传，耳治易多。略去智永，抬高声价，原是无足奇怪的。

可见王羲之这个角色在《千字文》故事中不但实有，而且曾霸占了"真草千字文"。于是《梁书》中那条矛盾，就被韦绚大肆弥缝，什么"为我韵之""编次进上"，把最费解的"次韵"二字，分别落到实处。但是事情果真就是这样吗？矛盾之处，并未能由此弥缝便得解决。症结所在，实为"次韵"二字，还值得探索下去。

按清初赵吉士《寄园寄所寄》卷四《捻须寄·诗原》中引《稗史》云：

> 梁武帝宴华光殿联句，曹景宗后至，诗韵已尽，沈约与以所馀

“竞、病”二字，景宗操笔而成……初读此，了未晓赋韵韵尽为何等格法。偶阅《陈后主集》，见其序宣猷堂宴集五言曰：“披钩赋咏，逐韵多少，次第而用。”座有江总、陆瑜、孔范三人，后主诏得“迮、格、白、易、夕、掷、斥、折、唶”字，其诗用韵与所得韵次前后正同，曾不搀乱一字，乃知其说是先（此处疑脱“以”字）诗韵为钩，座客探钩，各据所得，循序赋之，正后世次韵格也。唐之次韵，起元微之、白乐天二公，自号元和体，古未有也，抑不知梁陈间已尝出此，但其所次之韵以探钩所得，而非酬和先唱者，是小异耳。

《稗史》不知谁撰，其他引《稗史》处有一条记正统间处州生员吟诗事，知其书为明人之作。所引《陈后主集》，张溥、冯维讷所辑本中已不见了。赵翼《陔馀丛考》卷廿三《联句》条亦述此说，但未注出处。

至于“敕”，无疑是梁武帝所敕了。所次之韵，是按梁武帝《千字诗》的韵呢，还是另选韵字令周兴嗣去次呢，就无法知道了。宋人杨亿的《文公谈苑》所说“敕”为“梁”字之误，则纯属臆测，毫无根据。又梁武帝的千字叫做诗，别人的都叫做文，为什么，也无法知道了。

王羲之零字和智永写本问题

周兴嗣编《千字文》既与王羲之写的字有关系，那么是先有文还是先有字？“王羲之书千字”倘若真在撰文之前已有了，又何以那样巧，正有一千字都不重复呢？梁武帝固然收藏过许多王羲之的法书，挑出不重复的，难道恰恰正有一千字吗？其实现在文中也并不是完全没有不重复的字，而实有不同写法的重字，也有“借字”。摘出如下：

“絜”与“潔”　“雲”与“云”

“崑”与“昆”　“实”与“寔”

在古书中不同的地方，曾被两用，但它们之间并非是截然不同或意义悬殊的两个字。像《易经》里的“无”字，即是“無”字。如引《易经》

把“无咎”写成“無咎”，当然算不准确，但一般使用这二字，并没有什么区别。因此《千文》中上举的八个字，实际是不同写法的四个字，并不能算严格的不重复。又“银烛炜煌”的“炜”字，智永写本，真书作“玮”，草书才作“炜”。按“炜煌”的“炜”，应是“火”旁，不应是“玉”旁，而文中真书部分用了个借字，可见当时王书千字中，实缺少火旁的“炜”；也可看出所集的王字，是以真书为主，而草书各字是相对配上去的，所以真书借字，草书不借。

哪里来的那么些方便的零字？即使果真是殷铁石集拓，但拓字细细描摹，不能很快办到。梁武帝要周兴嗣撰《千文》，殷铁石立即能够拓出千字，那只是故事夸张。其实古代对名人法书实有平常编集单字的事，唐韦述《叙书录》（载在《法书要录》卷四）：“开元十六年五月，内出二王真迹及张芝、张昶等真迹，总一百五十卷，付集贤院，令集字拓进。寻且依文拓两本进内，分赐诸王。后属车驾入都，却进真本，竟不果进集字……其古本，亦有是梁隋官本者。”所谓“集字”，当是摹集单字，为了编成备查的“工具书”。宋人、清人编排汉隶单字，明人、清人又曾编排草字，清末人又曾编排楷字，都是查寻各字不同写法的工具书。开元中令集贤院拓进的“集字”，无疑即是这种性质的。又韦述总述唐代内府收藏许多件古代法书，谈到其中搀有“梁隋官本”（所谓“官本”可能指官藏本，或官摹本）。唐代摹拓法书既承梁隋旧法，集字之法自也未必是开元时始创。令我不禁想到怀仁集王字的《圣教序》，岂非就是得到这类集字呢？这次编集《千文》的活动，如果不是先有了集字工具书，也许即是编集单字工具书的开始。又古人写字并非为后人集字预先准备的，每字大小岂能一律相近，《圣教序》中字的大小基本差不多，可见怀仁在放大缩小上做了手脚。由此也可明白智永写本《千文》，无论是摹（指钩描）、是临（指按照字样仿写），每字大小相同，也必然是经过了加工手续的。怀仁加了工的《圣教序》既可被认为是王羲之书，那么智永加了工的《千字文》被题为“拓王羲之书”也就不足奇怪了。临王书也罢，拓王书也罢，智永写本的周兴嗣《千字文》应是这篇文今存的最早的本子，是毫无疑义的。

智永《真草千字文》写本、临本和刻本

一、智永墨迹本

流传下来的智永写本《千字文》，距今七十七年以前的人，只见过西安碑林宋大观年间薛氏摹刻本，捶拓年久，风采俱颓。一九一二年日本小川为次郎氏把所得到的一个墨迹本交圣华房（出版社名）影印行世，后有日本内藤虎次郎氏跋尾，从此许多人才见到一个可靠的墨迹本。内藤氏考订认为这即是《东大寺献物账》中所谓“拓王羲之书”“真草千字文二百三行”那一卷（现在已改装成册），所考极其正确。但内藤氏也有被一个字困扰处，即是那个“拓”字。《献物账》上分明写着“拓”，自然应该是双钩廓填的摹拓所成，而这本笔画，却又分明是直去直来地写成的。保险些，说它是“唐摹”，再保险些，说它“摹法已兼临写”。七十七年前，可资比较的材料发现还不太多时，作此模棱两可之说，也实有可被理解处。

此后几年，上虞罗氏重印此本，后有罗叔蕴先生跋尾，便理直气壮地说它多力丰筋，实是智永八百本之一的真迹。从此时以至今日，智永的书写权愈来愈被确认了。

二、贞观十五年蒋善进临本

敦煌发现的唐初人临本残卷，今藏巴黎，纸本，自“帷房”真书一行起至“乎也”止，真草共三十四行。尾题真书一行为“贞观十五年七月临出此本蒋善进记”，只有一个真书字和几个草书字与日本藏本稍有小差别外，其馀无一不似。在面对原本临写（不是影摹）的法书中，这已是极够忠实的了。重要的是草书“炜”字真书作“玮”字，与日本藏本完全一样，使我真要喊出“一字千金”了！

三、宋薛嗣昌摹刻本

陕西西安碑林中有一石刻本，为宋大观三年薛嗣昌所刻，其中各字都与日本藏墨迹本相同，有些宋讳字缺末笔，则是刻石时所缺。只有

“炜”字真书不作“玉”旁。或是薛氏所据底本上所改，或是薛氏自作聪明，在刻石时当做“明显错字”所改，于是也“不出校记”（在跋中也不加说明以表示他改了字）。薛氏摹刻有功，却又功不掩过！

四、南宋《群玉堂帖》刻残本

南宋韩侂胄刻的《阅古堂帖》被查抄入皇宫，改名为《群玉堂帖》。其中刻了一个残本，自“囊箱”真书起，至“乎也”止真草共四十二行，后有智永小字款，是否蛇足，可以不论。“炜”字是否“玉”旁，已记不得。字迹与日本藏墨迹本十分一致，只是略瘦些，这是刻拓本的常情。此本在张效彬先生家，浩劫中被掠入一大官家，今失所在，也没留下影本。法书诲盗，自古而然，真令人欲焚笔砚！

五、宝墨轩刻本

日本藏墨迹本后有杨惺吾先生跋尾，提到“宝墨轩本”，其本有影印本，首题“宝墨轩藏帖”，下刻朱文“山阴张氏世珍”长方印，次行题“唐智永禅师书”。大约是明末不学的坊贾所刻，字迹较弱，中多缺字未刻，似由底本损缺。真书“玮”字作“火”旁。“律召”的“召”字真书缺，草书仍是“召”字。此本书法未佳，也无关考证。只因杨氏所曾提及，故为列出。

《千字文》各本中的异文问题

《千字文》在流传过程中，特别经过宋代，被“避讳”改字搞得七乱八糟。有的由于和讳字本字相同，有的由于是音近的“嫌名”，一律加以避改。或缺笔画，或用代字，那些字虽然很乱，但还有迹可寻。只有一个“召”字被改为“吕”，最不易解。

“律召”作“律吕”的写本，最早见于怀素小草书写本，卷尾题“贞元十五年”，如果这卷是真迹，则“召”字改“吕”，在晚唐就开始了。但在词义的关系上，毕竟不合。《千文》这里相对的两句是“闰馀成岁，律召调阳”。按地球转行，古代阴历算法，一年三百六十日，总有馀数，积累多了，够一个月，放在年末，号称“闰月”。又古代以竹制各种“律管”，对应各时的节气。管里放入葭灰，据传说到了立春，阳气初升，这相应的一个律管里的灰就自己飞出（说见《后汉书·律历志》）。这种引动的作用，叫作“召”。《吕览》十七“以阳召阳，以阴召阴”。综合看来，“律”与“闰”对，是名称，是实字；“召”与“馀”对，是说明作用的，是虚字。如果作“律吕”，则是平行的双字词，与上句不能成对了。所以我总怀疑这个字也是宋人避讳“嫌名”而改的。宋代有一个祖先名叫“朓”，“朓”字从“兆”得声，与“召”音近又同部。唐代李贺家讳“晋肃”，他应进士科举，就有人以为他犯了讳。这种音近嫌名，无理取闹，本没有实理可讲的。不管“朓”“召”的音究竟有别无别，即使有别，在要避时，还是不许不改的。有人反问：如按宋讳之说，则怀素小草书《千文》又该怎讲？回答是：如宋讳是实，则怀素字即假；如怀素字是真，则召字是宋讳说就不能成立了。谨待高明学者来判断吧。

宋讳见于薛氏刻本中的有：

玄（缺末笔）　让、树（缺末笔）　贞（缺末笔）　敬（缺末笔，后又被人补刻上，宋拓本缺笔）　匡（缺末笔）

又绍兴二十年御书院中人写的行书《千字文》一本，刻入《三希堂帖》，误题为宋高宗，原迹有影印本。其中改字最多，列举如下：

玄（改作“元”）　召（吕）　让（逊）　殷（商）　树（竹）　贞（清）　竟（罄）　桓（齐）　匡（辅）　恒（泰）　纨（团）　丸（弹）　朗（晃）

只有“敬”字找不出合适的仄声字来代替，就用缺笔办法了之，可谓“技穷”了。

还有智永写本中“温凊”的“凊”字写成三点水旁作“清”，与《曲礼》的“凊”字不合。按北魏正光年间的《张猛龙碑》“温凊”的“凊”字也作“清”，可见南北朝时，“温凊”一词，还是写“清”读“凊”，比唐碑和宋板《礼记》作“凊”的早得多多！

馀 谈

上文曾提到故事愈传愈热闹，枝叶由少而多的事，来说明周兴嗣编撰《千字文》，智永书写《千字文》的事也不例外。有趣的是捏造故事的人，有时只顾热闹，却忘了事实上的不合理。例如为了说明智永临书功夫的深厚，便说他用了多少枝笔。古人毛笔是活笔头，可以换头不换管。何延之说他"所退笔头（用秃了换下来的笔头），置之大竹簏，簏受一石，而五簏皆满。凡三十年"。到了韦绚的《刘宾客嘉话录》则说他积年学书，后有笔头十瓮，每瓮皆数万。清代章学诚《知非日札》说："永师学书虽勤，断无每日换退数十笔头之理。人生百年，止得三万六千日耳。十瓮笔头，每瓮数万，是必百年之内，每日换数十笔头，岂情理哉!"造谣言、吹大气的韦绚，却没想到一千一百多年后还有人跟他算账!

这篇稿写完了，拿着向一位朋友请教。这位朋友看完了，轻松地一笑。我急忙问他笑在何处，他说："你费了许多无用之力！王羲之的《兰亭序》'怏然自足'无论唐摹本、宋刻本，都是'怏然'，'怏'字从'心'从'央'，而世行一般古文读本中却都作'快（快乐的"快"）然'。'怏然'二字在唐宋以来文章中不常用，'快然'则普通流行，易懂常用，其中并无足深求的。'律召'成为'律吕'，恐怕也只是由于常见易懂罢了。《千字文》是以蒙书的身份被传习的，教蒙书的人，自以普通文化程度的为多，因此'快然''律吕'，就都流行起来。你的详考，岂不是'可怜无补费精神'吗?"我心悦诚服地上了一堂"常识"课，赶紧把这个看法写入稿内。

总之，现行这卷以"天地玄黄"为首句的《千字文》，是梁武帝敕令周兴嗣撰作的；所称"次韵"，可能是次梁武帝《千字诗》的韵。当时曾用王羲之写过的字集摹一卷，中间有借"玮"为"炜"的字，也有重文异体的字。智永曾对着这种集字本临写过八百多本。日本《献物账》从书法角度说，称它为"拓王羲之千字文"，史书经籍等志从文章角度说，称它为“周兴嗣撰千字文”。

一九八八年七月

附　记

一、日本今井凌雪教授惠赠便利堂原色影印本《真草千字文》一函，从硬黄纸色上看，前数行中间横断有些处纸色较淡，当是裱带勒系的痕迹，是为原是卷子，后改成册之证。

二、“正”字“旷”字都是王羲之的“家讳”，他把“正月”都写成“初月”，又怎能直写这些字呢？可知当时“集字”的底本中也有伪迹，或把非王氏的字误认为王字处。

三、日本传本千文墨迹原件原为小川为次郎先生所藏，今为其子小川正字广巳先生继藏。余于一九八九年四月廿九至日本京都小川氏家，获观原本，装册裱手不精，每半页四边镶以绫条，其风格似清末裱工，殆即明治末年所装，计其改卷为册，当亦即在此时。硬黄纸本，黄上微泛淡褐色，盖敦煌一种薄质硬黄纸经装裱见水时即呈此色。其字每逢下笔墨痕浓重处时有墨聚如黍粒，斜映窗光，犹有闪亮之色，更可知绝非钩描之迹矣。

南朝诗中的次韵问题

中华书局出版的《文史知识》杂志，是一种日益风行、受人欢迎的文史刊物。从命名四字来看，似是为初学文史的人提供的一种辅助读物，及至详细翻阅，便知道里面的文章虽然有浅有深，但都是深入浅出和括繁为简的。大家都知道，不论研究什么问题，在得到成果后，发表论文或报告时，写繁写深易，写简写浅难。《文史知识》的受欢迎，我想即由于其中文章多是具有深入浅出的和驭繁于简的特点。

这个刊物的编辑同志，曾屡次下征拙稿，我都没敢拿出，胆怯就在难于达到上述水平。虽然也曾刊印过拙作两篇，那都是由几个小册中摘录而来的。

大概是编辑同志为了鼓舞我的投稿胆量，去年第七期中忽然刊出李侃、赵守俨、傅璇琮、程毅中、陈金生五位先生的文章，都是给我的一些作品判高分数的夸奖评语。我曾在中华书局参与校点《清史稿》的工作约七年之久，经常受到书局中许多位同志的帮助和鼓励。这次同时出现几位老朋友的大手笔，必然是受杂志的负责同志请求对我鼓舞而写的，所以文中都有夸奖，无批评。我才知道他们不但是文史专家，还都是教育老手。因为施教是以鼓励为主的。

转瞬一年了，提笔想向《文史知识》交一篇稿子，最先想到的是向我的几位友中之师致以感谢之忱，谢他们给了我提笔的胆量。

我在这一年中忙忙碌碌，许多朋友都没得会晤。有一次遇到程毅中先生，在短暂的时间里，急忙向他请教“次韵”问题，立即蒙他如数家珍地告诉我某版本的某书中某条谈到什么，次日还给我开了一份详单赐下。我就依次研读，写了这篇札记，交给负这个刊物主要编辑责任的柴剑虹同志，也算缴了一篇试卷吧！

前些年我作了一篇《说〈千字文〉》，发表在《文物》杂志一九八八年第七期，其中研讨了《千字文》中一些有关问题。还有一些没能弄清的地方：首先是题目称“文”，而全篇四言为句，隔句押韵，又换韵转押，分明是一首四言长诗。其次，撰者衔名是“敕员外散骑侍郎周兴嗣次韵”，“敕”是梁武帝所敕，见《梁书·周兴嗣传》，这容易懂。其中次韵的具体情况，我还弄不清楚。

当时我就姑且认为《千字文》的“次韵”只是南朝流行的作诗次韵之法。其法如何？我当时只记得清代乾隆时赵翼的《陔馀丛考》卷二十三有一条讲到“次韵”问题，他引了《陈后主集》，而《陈集》明代人已见不到了，赵翼当时是转引的。随后见到清初赵吉士的《寄园寄所寄》卷四也有一条，与《丛考》的话完全相同，而《寄园》这条下注《稗史》。又在同书中其他注《稗史》的条目中有记载明代人的事迹的，我便认为《稗史》是明代人著的一部书。它究竟比赵翼的书早些，就姑且了事，引以为据。在得到程毅中先生的指教后，知“稗史”不是专书的名称，而是赵吉士引用说部的泛称。

现在按程先生所示的宋人材料排列讨论如下：

各项有关“次韵”问题的宋人文献中，以北宋末人叶梦得的《玉涧杂书》为最早，收在涵芬楼排印本《说郛》卷八。其中一条云：

> 唐以前人和诗，初无用同韵者，直是先后相继作耳。顷看类文，见梁武同王筠和太子《忏悔诗》云“仍取筠韵”，盖同用“路”字十韵也。诗人以来，始见有此体。筠后又取所馀未用者十韵，所谓“圣德比三明，圣德光四方”，比次颇新巧。

按：“路字十韵”，今已无传。王筠诗仍在，首二句作“一圣智比明，帝德光四海”。与叶氏所记合校，应该是“圣智比三明，帝德光四海”。叶氏此条，于“次韵”之法，语焉未详（本篇所据以考察的梁陈君臣的诗，都是据逯钦立氏辑校的《先秦汉魏晋南北朝诗》）。

南宋洪迈《容斋续笔》卷五《作诗先赋韵》条云：

南朝人作诗多先赋韵，如梁武帝《华光殿宴饮联句》，沈约赋韵，曹景宗不得韵，启求之，乃得“竞、病”两字之类是也。予家有《陈后主集》十卷，载王师献捷，贺乐文思（按：“文思”殿名）；预席群僚，各赋一字，仍成韵。上得“盛、病、柄、令、横、映、夐、并、镜、庆”十字。宴宣猷堂，得“迮、格、白、赫、易、夕、掷、斥、坼、哑”十字。幸舍人省，得“日、谧、□、瑟、毕、讫、橘、质、帙、实”十字。如此者凡数十篇，今人无此格也。

按：“各赋一字”似是说各分得一字为韵，但梁陈皇帝每次都得十韵，曹景宗以韵字已大部分分完，只剩二字，才赋二韵。何以陈代群僚却各分一韵？“仍成韵”三字亦不可解，此处当有脱误。

南宋人程大昌《程氏则古》有《古诗分韵》一条，载涵芬楼排印本《说郛》卷四十八。所记与洪迈之说合观，南朝次韵问题，更可得到较多的了解：

梁天监中，曹景宗立功还。武帝宴华光殿联句，令沈约赋韵，独景宗不预。固请求赋诗，韵已尽，惟馀“竞、病”二字，景宗操笔而成，所谓“归来笳鼓竞”者也。

按：曹诗今存，乃“去时儿女悲，归来笳鼓竞。借问路旁人，何如霍去病”四句。此条接着说：

初读此，未晓“赋韵”为何等格法。偶阅《陈后主集》，见其序《宣猷堂宴集五言》曰：“披钩赋咏，逐韵多少，次第而用。”座有江总、陆瑜、孔范三人。后主韵得“迮、格、易、夕、掷、折、啃”字。其诗用韵，与所得前后正同，曹不挽乱一字。乃知其说是先书韵为钩，座客探钩，各据所得，循序赋之，正后世次韵格也。

按：程、洪二家所举陈后主三次探韵之诗，今俱不存。

综观洪迈、程大昌二家所记两条中，有三项“术语”试作解释：

一、赋韵：此处“赋”字是“分配”之义，但赋的方法未详。可能由赋韵的人从韵书某一韵部里挑选若干字，来供分配。赋诗人各自探钩得字，以为押韵的韵脚字。但挑出的若干字，是赋韵人按己意挑选的，还是先用探钩的方法所得的，已不得而知。

二、韵钩：钩不可能是带钩、钓钩等物，应是阄字的同音字，古今用字不同，所指实即一物。否则钩上怎么“书韵”，又怎么去“披”。可知钩即是小纸卷、小纸团的阄。“探钩”即是“抓阄”，“披钩”即是展开纸阄。

唐代李商隐诗“隔坐送钩春酒暖，分曹射覆蜡灯红”，送钩即是送阄，但所送的阄不一定是分韵的字，也有酒令题目一类的可能。

三、次韵：即指把抓得的某些韵字按抓得的先后次序来作押韵的韵脚字。可惜的是宋人所见到的南朝作品，今已极其残缺，陈后主今存的诗中，只有一首注明韵字的，是《五言画堂良夜履长在节下歌管赋诗列筵命酒十韵成篇》，下注“得沓、合、答、杂、纳、飒、匝、噶、拉、合十字”。全诗二十句，韵脚却是自一“飒”至十“拉”，次序与题下所注完全不同。按题中的语义不可解，似有脱误，那么题下注字的次序也有舛错的可能。宋人亲见陈后主全集，又曾说韵字有顺序，我们今天完全有理由怀疑题目和注字有错误处，未必另有一种探钩得韵却不按顺序的押韵法。

以上是南朝次韵的方法，可算是历史上第一种次韵方法。

我们已知后世的次韵法已变成首唱之作即是和者的韵字次序的标准，与抓阄排队的次韵法已完全不同了。而前引程氏一段话的末尾说“正后世次韵格也”，和他前边所说自相矛盾。程氏在前段后接着谈后世唱和次韵问题，那么“正后世次韵格”句，应是行文承接处的疏忽。

程氏《古诗分韵》条的最后一段说：

唐世次韵，起元微之、白乐天二公，自号元和体，古未之有也。抑不知梁陈间已尝出此。但其所次之韵，以探钩所得，而非酬和先唱者，是少异耳。《洛阳伽蓝记》载王肃入魏，舍江南故妻谢氏而娶魏元帝女，其故妻赠之诗曰："本为箔上蚕，今为机上丝。得路遂腾去，颇忆缠绵时?"其继妻代答见（按："见"字疑是"寄"字之误）谢，正是"丝"、"时"两韵，则亦以唱和为次矣。

唐代元、白二家唱和的诗，常常几十韵，和者一一同押，即是首唱者兼有"赋韵"和"探钩"的权力，和者一律被动。比起南朝的次韵法，难处不知加了多少倍。古代有人称比赛押韵和争押"险韵"（难押的韵字）为"斗韵"，可谓妙于形容。

以上是历史上第二种次韵方法。也是唐代以来沿用最多最久的次韵之法。

唐代以诗赋取士，即是用诗、赋作科举考试的文体。当时考试用的诗体，是五言六韵，称为"试律诗"（清代改为五言八韵，称为"试帖诗"），以一个字为所用韵部的代表字，限以此字为韵，诗中必有一句的韵脚押上此字。后世"分韵赋诗"，也常用抓阄办法，抓得的一字即是所作诗的韵部，其中必有一句以这个字为韵脚。这是既抓韵部又抓了一句的韵脚。

这是历史上"限韵"而不"次韵"之法。

唐代考试所用的"赋"体，逐渐要求严格，成为"律赋"。无论什么题目、什么性质的内容，一律限用某几个字为韵。南宋洪迈的《容斋续笔》卷十三有《试赋用韵》一条，列举唐宋考试作律赋的情况。限韵计有三韵、四韵、五韵、七韵、八韵诸式，几韵中还有几平几仄的讲究。所谓韵，也是兼指韵部和韵脚。譬如以"天地玄黄"为韵，这篇赋中即要用这四个字所属韵部为篇中的韵部，每韵若干句不加规定，但在用"天"字韵部的各句中须有一句押上"天"字，全篇用韵部的次序有限制的，有不限制的，全看出题者的要求。

这是历史上"限韵"而可次可不次的方法。

次韵限韵等法，已如上文所述，但周兴嗣《千字文》的“次韵”又是用哪种方法？已知周兴嗣是奉梁武帝的“敕”来作文的，但“次韵”是次梁武帝《千字诗》的韵，还是次梁武帝另指示的韵字，都已不得而知。如果武帝另示韵脚字，那么《千字文》共有二百二十五个韵脚，真没见过历代皇帝出题有琐细指示这么多韵脚字的。最多的可能是指示韵部，令周氏去押，这就很接近律赋的限韵之法。

《千字文》共有“黄荒、圣正、卑随、京泾、穑稷、寥遥、箱墙、啸钓、者也”九个韵部，“者也”两句是补足千字的尾巴，如果不计入，便是唐宋和后世律赋所常用的八个韵部。只是不知当时指给周氏的韵部代表字是哪些字，也不知是否还指出韵部次序的。但看既标明“次韵”，必然这些韵部是按规定次序的。

如果以上推论不误，那么《千字文》的“次韵”之法便同王肃继妻和诗次韵方法一样，是在抓阄次韵最普遍的时代中，所孕育的另一种次韵的方法。

至此，周兴嗣《千字文》的次韵问题，只能说推论到一半。事实上还有一个问题存在：《梁书·周兴嗣传》中提到梁武帝命他撰写的文章有《铜表铭》《栅塘碣》《北伐檄》《次韵王羲之书千文》。这个《次韵王羲之书千文》，语义极欠明白，我在《说〈千字文〉》那篇拙稿中曾有几种设想，大概来说，最可能是已次韵成文之后，又按字集摹王羲之写的字，这里无须详述。从文章上看，是周氏次韵所撰；从书法上看，是一卷王羲之的字。由于这个语义欠明的漏洞，遂使宋人造出那“钟繇千字文王羲之书”一卷伪物，使人觉得周兴嗣次韵的就是这卷《千字文》。其实这卷钟文王书的《千字文》完全不成语句，更无韵脚可次，真可以说作伪心劳日拙了！

一九九三年四月十八日

中朝友好文化交流历史的新鉴证

中朝人民的友好往来，历史悠久，见于记载的已有三千多年。到了一千馀年前，中国的隋、唐时代，文化交流的踪迹，更是斑斑可考。

在封建制度中，以汉族为中心的封建王朝，都有一种“自高自大”的心态，对于友好的邻邦或兄弟民族，无不以领袖自居。人家来送礼的，自己说是来“朝贡”；自己对人家祝贺，自己说是“加封”。这在历史文献中可以说是一种普遍现象，读史的人也都“司空见惯”，不以为奇了。

只有文化上有一种现象：中国无论哪朝哪代，更不论什么民族的人在主掌政权，都不曾把自己民族所用的语言文字强迫相邻的民族、相邻的国家必须都来使用。即如唐代李氏，本是凉武昭王李暠的后裔，并非陇西汉族的李氏，到了唐明皇的时代，为了进一步与中原民族搞好关系，表示更进一步的亲密，自称是老子李耳（老聃）的后人。从民族的远近关系讲，唐王朝对西北的一些少数民族比对东南、西南各地方民族要算接近较多。平定安、史的叛乱，就用了大量的回纥兵力。当时西域一些较小国家，有的既有自己的国号，又有自己的年号。也有一些较小的地方国家，就用中原王朝的年号。像这类的地方小国，用了中原的“正朔”（指年号和历法），在中原王朝看来，他们当然是“属国”无疑了。但在中原特有的新颁布的特殊字样或皇帝的名讳，也并没强迫所谓的“属国”都一定遵用。相反，那些“属国”的本民族的语言文字却与中原所用的汉文并行，这在西域出现的文书中，是非常之多的，这里不待一一举例。

至于隋唐之际，中原和东方的邻邦，文化交流更是非常频繁。今存于日本田中光显伯爵家中《佛本行集经》两卷，都有跋文，略云：“经主清河长公主杨、夫李长雅眷属等……敬造一切尊经一部……奉资文皇帝、献皇后泛禅艘，游法海，尽有欲，证无生。今上长居一大，清晏八表，清河公主，永延福寿，长扇母仪……七世父母，万品含识，并乘法驾，俱会佛道。”（两卷跋语，互有少数异文，无关大体）隋文帝卒于仁寿四年，献后先卒于仁寿二年，此经当为大业中所写，为当时留学僧、遣唐使所带归的无疑。到了唐太宗自己撰写了《晋祠铭》《温泉铭》两碑，又为《晋书》写了司马懿、司马炎、陆机、王羲之四篇纪传末尾的“论”（题称“制曰”），于是《晋书》就称为“御撰”，高丽使臣到长安来，太宗曾把两碑的拓本和《晋书》一部赠给他们。

又有日本圣武帝的皇后手写的一卷《杜家立成杂书要略》一卷，五色笺纸上所写，《东大寺献物账》上著录，至今被列为国宝。但卷中不见文章作者的名字。日本学者内藤虎次郎在《研几小录》中曾遍查隋、唐史书中《经籍志》《艺文志》等书，都不见著录。因为这卷文章都是拟作往来尺牍，他猜“甚可能即为《唐志》所载之《杜有晋书仪》”，但仍不能肯定。鄙人在《隋书》卷七十六《文学传》杜正玄附弟正藏传中得到证据。正玄的传中说他作文章“援笔立成”。正藏传中说他著碑诔铭赞诗赋百馀篇。又著《文章体式》，时人号为“文轨”。乃至海外高丽、百济亦共传习，称为《杜家新书》。这不但解开了内藤虎次郎先生的疑问，又得知当时文学巨著流传至高丽、百济之多。日本所传的这卷国宝《杜家立成杂书要略》自隋朝到日本中间经过高丽、百济的旅行踪迹，如此分明，岂非我们中外文化交流的鲜明证据和可贵的佳话吗！

最近我们又得见韩国在古塔中发现木刻本《无垢净光大陀罗尼经》一卷（复印本），没有刊刻的年月，既出自韩国的古建筑佛塔中，当然应是韩国的古代刻本，但卷中有武则天自造的新字四个，那么问题就来了。那时的韩国古朝代，和唐朝是有外交关系的邻邦，并没有“臣属”

的关系，也就没有必须服从武则天的命令使用她所创造的一些新字的义务。武后的新字在当时西域一些分明“臣属”而奉唐朝“正朔”的小国中尚未见强制推行，怎能忽然出现在韩国古代的刻经中呢？这毫无疑问是中土印本流传到当时的韩国古庙中被装入佛塔藏中去的一件法物，与近年山西应县辽代木塔中出现辽代的佛经佛像之外还有其他古书正是同一情况。应县木塔中所出非佛典的竟有《水浒传》，其非辽国之书更为明显，那么韩国古塔中出现唐刻佛典就更不足奇了。所以我们有充足的理由，十分庆幸中、韩友谊和文化交流的悠久灿烂的历史中，又发现了一件宝贵的证据！

一九九七年三月十六日

画　中　龙

一

明季书画家，也算鉴赏家董其昌，官职高，名气大，常常经手古书画，随手题跋，但并不太负责详考。由于他的文笔出色，书法确有功夫，所以经他题识过的古书画，大家也都相信，不敢有什么异议。他去世不久到了清朝，宫里有个太监，曾见过董氏执笔写字。后来他见到康熙皇帝，自然会向皇帝述说董氏的书法，所以康熙的书法全学董法，因而康熙一朝的书风也都被董派所笼罩。从这以后，董氏的鉴定结论又会有谁能说或有谁敢说不字呢？《容台集》稍后虽被列为禁书，但他的论书画部分却仍然畅行。

董其昌姓董，又好画名。“董北苑”这位南唐画家，就成了董其昌的金字招牌。经他题过的宋代画，也就成为清代人对这画的定论。

经董其昌鉴定题识的董北苑画，我曾见到的（包括影印本）计：

一、《潇湘图》（现藏北京故宫博物院）今常见原本。

二、《龙宿郊民图》（现藏台北）五十馀（年）前曾在北平见到原本。

三、《寒林重汀图》（在日本）屡见影印本。

此外有：（一）《溪山行旅图》半幅（俗称《半幅图》，今在日本，所见影印本模糊不清，不知有无董题），（二）《夏景山口待渡图》长卷、卷尾有柯九思跋（今藏辽宁省博物馆，曾见原本）。

以上有我见过原迹的，有我见过影印本的，大抵都相当古旧，至少都够宋代的画。还有两件被题为董北苑画的：

一、是《洞天山堂图》（大幅山水，王铎是为董画，有旧题“洞天山堂”四字，似金代人书法。今藏台北。）

二、是山水短卷，有郑孝胥题“北苑真笔”，傅熹年先生鉴定其中房屋结构是金代北方的布置。画藏美国波斯顿博物馆。

以上各件是今日可见题为董北苑的作品。

二

以上各件中经董其昌屡次称道过的应属《潇湘图》《龙宿郊民图》。至于《寒林重汀图》裱轴上边绫上有董其昌横题“魏府收藏董元画天下第一”，但他的文章中却未见具体地评论过。

以上各件中，只有《潇湘图》和《夏景山口待渡图》画风相类，甚或有人怀疑《潇湘图》原是《夏景图》中被割下的一部分。其馀各件画风全不相同。也未见有董元自署名款的。大概董其昌也感觉到这个问题，所以他在自己论画的文章中说董北苑画风极多变化可以称是“画中龙”。

启功按“龙宿郊民”语义不明，宋人习称都城居民生活幸福，号为“龙袖骄民”，如同说“皇帝袖中的骄贵居民”，那么画中景物应是一个建都的地方。这样说是南唐的画本，当可说得通。但与《潇湘》《夏景山口》画法又不一样。至于《寒林重汀》画法与以上所举的各图全不相同，而与赵幹《江行初雪图》非常相似。记得五十年前在故宫院长马衡先生家看画，在座有张大千先生，张先生向我说起《寒林重汀》，以为应是赵幹的笔迹。这个论断十分有力，《江行卷》今有精印本，互相印证，自是有目共睹的。统观今传所谓“董北苑画”果然各不相同，（《潇湘》可能是《夏景山口卷》的局部，只宜作同卷看待）董其昌的“巧言”确足见他的聪明处。

综观以上所举相传为董北苑的画，除《半幅图》《寒林图》我未曾得见原本外，其馀都未见题有画者名款的。《寒林图》风格绝似赵幹，那么画上如有画者名款，也必是妄添的，如无款，则是董其昌的臆测了。

三

现在美国大都会博物馆所收的《溪岸图》，我闻名久矣。前年访美，此图尚在藏者手中，秘不示人。后经鉴赏家以重值收购，捐赠大都会博物馆。一日方闻教授伉俪偕专家何慕文先生莅临北京，以照片相示，其中一页是画上作者名款“后苑副使董元……”赫然入目，我谛视之际，喟然而叹说：“我要说句公道话了，这半行字，绝不是宋以后的人所能写出的！”方先生说：“他写颜体！”这时以前已有种种传说，什么“画是张大千造的，款是后添的”等揣测。张先生伪造的这句话过于可笑，不待讨论。添款之说，较觉有力的是日本有一位著名的装潢名手，他向黄君实先生说，他曾修理过这幅画，觉得是添款，他的话自较有力。但细思古书画的补笔添字各有特殊情况，如揭开背纸，看它正面的笔墨是否渗透，或添笔墨色是否沉入还是浮起，各有规律可寻。像这种古旧绢上，添笔不可能透入，如果有浮光，又浮到什么情况，都不是一言可尽。我曾目验日本谷铁臣旧藏的《智永千文墨迹》，后在小川为次郎（简斋）家，今为小川正（广巳）先生嗣守。内藤虎次郎跋说是唐摹，又说钩摹又兼临写。我反复把玩，毫无钩填的迹象，每当一段起首蘸墨较饱的下笔处，墨光还有闪烁的光泽。所以十分可信它即是智永写施浙东诸寺的八百本之一。因此如因款字墨有浮光处，又有何可疑呢？只有稍觉遗憾的是那位“深藏若虚”的藏家，脱手稍忙，要知道好画多经人鉴证品评，只有多增高声价的！

四

董元的名字许多文献中多作“元”，董其昌题《寒林重汀图》也作“元”，只有《图画见闻志》作“源”并说“字叔达”，“元”本曾通作

“源”，《广韵》“源”字下曾注：又姓秃发（即拓跋）傉檀之子贺入后魏，魏太武帝称他同源，即命他姓“源”（拓跋氏用汉字姓“元”）。或董元曾有异名，但此画上分明作“元”，那么《图画见闻志》的根据何在，实不可考了。至少我们无法据《志》中一字便推翻《宣和画谱》、赵孟頫等诸家文章中所记的“元”字，何况现在画上名款具在，即使仍然怀疑画上款字的人，也无法说《宣谱》和赵氏诸家所记都不可靠吧！

这幅画款结衔是“后苑副使”，因为南唐的后苑在宫庭之北，所以称他为“北苑”，自较称他为“后苑”好听些罢了。

众所周知，张大千先生不但是当代首屈一指的画家，也是独具慧眼的鉴定家。五十年前，他在北平琉璃厂国华堂萧程云的字画店得到一件大幅青绿山水，这幅在萧家的店里一个扁方的木桶中插着，熟人去了随便抽出展观。画幅靠边处有“关水王渊”四小字名款。大千先生看到收购了，认为应是董北苑画，又因赵孟頫有致道士薛曦（字玄卿）一札（中及鲜于枢，但非致鲜于之札），提到在大都见到一幅董画，景物如何，笔法绝似李思训。张先生一时兴到即认为这就是赵孟頫所见的那一幅。他曾请谢稚柳先生抄录赵札在“诗塘”上，后又改用影印法把赵札印在“诗塘”上。张先生自题“南唐后苑副使董元江堤晚景图”即据“溪岸”之款（刊物特载“元”误作“源”）。

五

启功年衰才劣，又患眼底出血、黄斑病变，信手起草，全凭感觉，起稿既毕，无法自行校对。又因神智模糊，措语诸多荒漏，敬望诸位专家，不吝赐教，指出错谬，不胜企盼之至！

一九九九年八月廿六日

读《论语》献疑

一 前 言

启功第六岁入家塾，开始读《论语》，只是随着老师的声音，一句一句地念，能背诵了，明天再念几句。这样念了几年。中间曾由祖父抽暇讲了些古文，也略知些《论》《孟》的句义，虽没全懂，但至今还能大致背诵。祖父去世后，我上了高小、初中，略遇到些社会人情。有时按背过的"格言"来比较所遇的人事，才觉得圣人的话如何可贵！

这些时，买到一本排印的《近思录》，把"格言"堆在一起，愈看愈感觉迂阔，曾在书皮上写了几句话。大意是说，书上一气写了那么多的格言，即使我想学，又该从何学起呢？一位比我大许多的老友，在我桌上看见这几行字，哈哈大笑。此后愈来愈觉得程、朱这一套，与《论语》书中孔子所说的话，非常不同。

十五六岁时受业于戴绥之先生，先生出题命作文，题是"孔子言道未言理说"，给我详阐题旨，得知把"理"字附会到孔子，是程、朱的说法。后来随着乱看各种有关文、史范围的书籍，易看、易懂的是当时"近人"的论著，才知古书并非铁板一块，也是容许探讨的。

后来由于听讲佛经而读些有关佛教历史的书，得知释迦牟尼先讲的是《阿含》部分，后来很久才有大学者马鸣、龙树等人结集成几种大乘经典，于是分出小乘、大乘。又分出"教"与"宗"（禅宗），愈往后看，只见门派纷争，使我怀疑佛在什么时候教人分派和纷争呢？回看宋明诸儒，什么程、朱、陆、王，什么理、气、性、命，在《论语》中，一句也找不到。秦始皇赵政的坑儒是因为他们乱说“五行”。“偶语《诗》《书》者弃市”，而《诗》《书》并不是孔子所著。千馀年后有“打倒孔家店”的事，那时的“孔家店”早已换了东家，实是“程朱店”了。因此我留意并想试作探讨，究竟哪些话是孔子曾说的，哪些话是别人所说的。看多了，发现不但《论语》之外有许多不是孔子的话，即在《论语》书内正文中，也有不符孔子所说的，更无论自汉至宋一些名家作的注解了。“独学无友，则孤陋寡闻”。因敢把所疑写出，敬向尊敬的学者求教，祛我孤陋，是所感盼的！

二　《论语》的史实价值

孔子生于距今二千五百年前，生平的言行受到弟子们的尊重，说：“夫子圣者欤，何其多能也”（《子罕》）。又说他：“固天纵之将圣，又多能也”（《子罕》）。随着历史的发展，后世人从古书上获知孔子的言行，愈增敬仰之心，孔子便成了今天中华民族共同尊重的圣人。华夏民族从来没有过一个神的宗教，却有过一个人的先师——孔子。孔子的言行，许多古书上有所记载，但当时孔子与弟子们直接谈论的语言，在当时被记录下来的，历代公认是《论语》一书。它和其他辗转传闻记录的有直接、间接的不同。今天当然不能完全抹杀或轻视其他的记录文字，但那些究竟不能与《论语》的可靠程度相提并论。

就像《孟子》书中所记孟轲的言论，都是彻底地拥护孔子学说的，但《孟子》书中就有发展了孔子思想的地方。例如《论语》中说：“子谓《韶》尽美矣，又尽善也，谓《武》尽美矣，未尽善也”（《八佾》）。《韶》是虞舜的乐，《武》是周武王的乐，“未尽善也”是对周武王的微辞。而孟子则说武王伐纣是“以至仁伐至不仁”（《孟子·尽心下》），如果是“至仁”的行为；怎能还有“未尽善”之处呢？孟子自称“仲尼之徒”，由于当时、当地的政治需要，孟子要贯彻儒家思想，就不能不有所强调，这时的强调，是可以理解的，但为研究孔子自己的言论，就要分别看待了。

今天我们要研究春秋时代孔子自己的言行，就不能不以《论语》为中心，看当时孔子说了什么，没说什么，特别是旁人所说与孔子所说有矛盾的地方，就不容我们不加区别了。

汉代史官（太史公）所掌握的许多史料，到司马迁编写成的《太史公书》（《史记》），里边当然有大部分古代相传下来的记录，但也不能要求当时史官毫不收录一些间接来的传说。即如唐代史学家刘知几所作的《史通》，就有《疑古》《惑经》的怀疑议论。但在今天的人，研究两千多年前的历史，比较完整的文字记录，就不得不依靠《史记》的材料。《史记·孔子世家》中所记，即使仍有些部分起人疑窦，但逢重要事迹地方，所引多是《论语》原文。可见《论语》一书所记孔子的言行是汉代太史所不得不依据的。其史实的价值比较其他记录，应是最堪重视的。

此外古籍中所记孔子言行，无论是传闻的远近，还是内容的虚实，俱与本题无关，这里可以存而不论。

三　有若言论与师说的矛盾

《论语》第一篇《学而》开始记孔子所说的三句话，极像今天的“开学讲话”，用的是启发口气，十足表现“夫子循循然善诱人”（《子罕》）的风度。紧接着即是有若讲话：

> 有子曰：其为人也孝弟（悌），而好犯上者鲜矣。不好犯上而好作乱者，未之有也。

接着又说：

> 君子务本，本立而道生，孝弟也者，其为仁之本欤！

《论语》是谁记录的，前代有许多的推测。北宋程颐认为：《论语》中记孔子门人多称名、称字，只有对有若、曾参称“子”，可见应是这二人的弟子所记录编次的（其实未必，《子路》篇：“冉子退朝”，何尝不称

“子”)。所以有若在开篇即讲仁之本是孝弟，孝弟的效果是不犯上、不作乱。这就使当时的诸侯、大夫、掌政权者所乐闻，后世帝王皆尊儒术，也未必与有若这番言论无关。

在《论语》中未曾见过孔子对“仁”作过什么“定义”、“界说”。“林放问礼之本，子曰：大哉问。礼与其奢也宁俭，丧与其易也宁戚”(《八佾》)。孔子不说礼之本即是俭、戚，或说俭、戚是礼之本。在孔子言论中，“礼”的重要性是次于“仁”的，对礼尚且未曾简单指出它的“本”是什么，何况对“仁”。但孔子并非不重视孝弟，不但曾多次讲孝，还说过“入则孝，出则弟”(《学而》)，“出则事公卿，入则事父兄”(《子罕》)，虽曾父兄并提，那是指回到家中的事，并非说是“仁之本”。因“仁”所包含的范围比孝弟更广、更大，可见有若这段话，未免略失于不够周全。

至于说但能孝弟即不会犯上、作乱，又与孔子的言行有矛盾：“子路问事君，子曰：勿欺也，而犯之”(《宪问》)。不管“犯”的行动、言词、态度等如何，总归是犯；君，当然是上。以有子的逻辑来说，孔子和子路都一定孝弟不足了。“公山不狃以费畔(叛)，召，子欲往”(《阳货》)；“佛肸以中牟畔，召，子欲往”(《阳货》)。孔子虽都未往，也不论他们的叛是什么目的，孔子的欲往是为了平息叛者，还是为纠正叛者，叛者的行动为“犯上作乱”，自是毫无疑议的。孔子被“召”则“欲往”，至少在思想上是曾想到叛者那里去的，岂非孔子又一次表现孝弟不足了吗?

不止于此，《为政》篇“《书》云：孝乎惟孝”，何晏《集解》包氏注说“美大孝之辞”，是在“惟孝”处断句的。而朱熹《集注》则在“乎”字断句，成了“《书》云孝乎，惟孝友于兄弟”。因为他在注里说：“《书》云孝乎者，言《书》之言孝如此也。”他却忘了对父母讲孝，对兄弟讲友。这里称“惟孝友于兄弟”，为什么?不难了解，是照顾前边有子的“孝弟”连称，而且“为仁之本”，以至忘了文义，误改句逗，也足见有若这段言论的影响之大了。

清代毛奇龄的《四书改错》对朱注这里的断句加以批驳，列举包咸以及班固、袁宏、潘岳、夏侯湛、陶渊明，宋人张耒、张齐贤，以至《太平御览》引《论语》，都在“孝乎惟孝”断句。只有朱熹在“孝乎”断句，成了“惟孝友于兄弟”，是“少见多怪，见橐驼谓马肿背”，使此句成了“肿背马”了。

四 “礼后乎”的问题

《八佾》篇：子夏问曰：“巧笑倩兮，美目盼兮，素以为绚兮，何谓也?”子曰：“绘事后素。”子夏曰：“礼后乎?”子曰：“启予者商也，始可与言诗已矣。”

“绘事后素”四字，曾有过一些奇怪的解释。《考工记·画缋》：“凡画缋之事后素功。”郑（玄）注说：“素，白采也，后布之；为其易渍污。”郑司农（众）说：“以（论语）曰：缋事后素。”这是郑玄引郑众的解释，何晏《论语集解》“绘事后素”句下引郑（玄）曰：“绘，画文也，凡绘画，先布众色，然后以素分布其间，以成其文，喻美女虽有倩盼美质，须礼以成之。”“礼后乎”句下注引孔（安国）曰：“孔子言绘事后素，子夏闻而解知以素喻礼，故曰礼后乎。”

今按“素”字，《说文》说：“素，白致缯也。”其字从“糸”，当然是指丝织品，素字亦有指白色的一义，但绘画的技术，并没见过满涂众色，然后以白粉钩出轮廓的。春秋时代的绘画，今天还未发现过，但战国时的帛书（蔡季襄旧藏）中有人物形状，也是墨钩轮廓，中填彩色。还有小幅画幡，也是墨钩仙人和凤鸟、龙船（没有彩色）。西汉初年轪侯夫人和另一墓中彩画帛幡共两幅，虽然众彩纷呈，也是墨钩轮廓。后世绘画术语有“粉本”一词，乃指画稿。在画稿背面用粉钩在轮廓笔画上，轧在所要画的纸、绢或墙壁上，再去钩画，使位置不错。这与郑氏说恰恰相反。而汉儒一再说上边所举那些不合常情的画法，究竟出于什么意图？推想不出二项原因：其一是死看“后素”二字。后既指绘画的程序，“素”在“绘”之后，必然要先布众色，然后以素分成其轮廓，只好硬把丝织的“素”说成是白颜料了。其二是汉代诸儒，一见提到美女，便动心忍性，急忙抬出“礼”字以加约束。这样美先礼后，又使子夏免于好色，岂不两全其美！

今按：孔子与子夏这次问答的话题是逐步推进的。子夏引《诗》句的第三句（郑注“一句逸也”），而且这三句已讲明白了，说女子的美，在其天生的素质，不在脂粉装饰。子夏问其是非，孔子乃以绘事证明素质的重要，说绘画要先有空白缯帛，然后才能往上作画。子夏又联想到“礼”是人所规定的，礼的出现，应是后于人们的天然本质，孔子于是加以肯定。问答到这里，已和美女不相干了。并且这段话中的两个“素”字已经含义不同：“素以为绚”的“素”，是指天生素质，“后素”的“素”，是指白净的缯帛，都与美女无关，而且所谈的“礼”字又与美女更无关了。再用今语简单串讲，即是：（一）《诗》句说女子天生的倩盼美容，不待脂粉的装饰。（二）孔子说这好比先有白净的缯帛，然后才能画上图画。（三）子夏联想到人们都先有生来的天性，“礼”是后来所设的规范。

从这种先后的次序看，“后素”实应是“后于素”之义。省略了表关系的“连词”，古今的汉语都非常习见。所以后世朱注就说：“后素，后于素也”，是很明白的。郑玄既熟视无睹，又歪讲绘画技术的通常法则，似有一定的缘故。

今按：礼后的思想亦见于《老子》第38章：“失道而后德，失德而后仁，失仁而后义，失义而后礼，夫（《韩非子·解老篇》、宋刊《河上公本老子》俱作“夫”，清人多改为“失”）礼者，忠信之薄而乱之首。”按作“夫礼者”是否定礼，作“失礼者”是肯定礼。但在孔子、子夏这段言论中，只是论礼之先后，故与礼之是非无关。《老子》第18章又说：“大道废，有仁义；慧智出，有大伪；六亲不和有孝慈；国家昏乱有忠臣。”这些说法更使儒家学者受不了啦。所以从汉儒起，就设法把孔、老二家的思想理论拉开距离。近代还有孔、老二人先后的争论，更与此处的问题无关。其实古代先哲的言论，相近、相似，甚至相同的，本属常事，未必都是谁抄谁、谁影响谁。即以“礼法”思想来说，孔子也有过明确的表现：宰予要缩短三年丧服，来问孔子，孔子回答他：“子生三年，然后免于父母之怀，夫三年之丧，天下之通丧也”（《阳货》）。父母抱持子女常经三年，是人的本性、本能，在先；“三年之丧”是“礼”，在后。难道这也是抄袭、引用、雷同于老子的思想吗？

更可笑的是方说女子貌美，急以礼去约束她。难道三年丧服是要约束父母不要抱子二年或四年吗！

按儒家在这里的曲解，究竟有什么缘故？试作推测：大约尊儒的学者们看到孔子的言论与老子有相近的地方，恐怕有损孔子的尊严，故把二者拉开。还有一种可能：郑氏生活在汉末黄巾活动最盛的时期，黄巾又打着老子的旗号，郑氏的规避老子，也是可以想见的。到了朱熹是宋代人，“宋儒”本是用道家的探讨什么宇宙、心性等无可捉摸的说法来解释儒家学说的，简言之，他们是内道而外儒的，所以朱注不躲避“后素”，承认“先素后绘”（即绘后于素），但朱注还稍有保留，仍把素说成是白粉质地，而不说是白绢，这分明是一半遵从客观事物的实际，一半迁就郑注而已。

五　孔子学《易》的年龄问题

《述而》篇“假我数年”一章中，有一些问题，自郑玄作注以来，直到近代，不断有人提出不同的解释，甚至形成争论。今据末学浅见，试作探讨，就正有道。

按：《述而》此章曰：

> 子曰：加我数年，五十以学《易》，可以无大过矣。

汉《太史公书》（《史记》）《孔子世家》首先节引此章以述孔子事迹说：

> 孔子晚而喜《易》，……读《易》，韦编三绝。曰：假我数年，若是，我于《易》则彬彬矣。

《论语》是“记言”，《史记》是摘用前人所记孔子之言，来叙孔子的事，虽属片段，也可资印证。这里极有关系的是有“若是”二字，使上下语句得以连贯。

较后的是东汉末的郑玄所作的《论语》注，近年吐鲁番出土残纸中有郑注此段，注是说孔子“年过五十以学《易》”。这是把“五十”解作“年过五十”。此后何晏《论语集解》说：“《易》，穷理尽性，以至于命，年五十而知天命，以知命之年，读至命之书，故可以无大过矣。”这是认为孔子五十岁时，发出此项言论的。南朝皇侃《论语义疏》说：“当孔子尔时，年四十五六，故云加我数年，五十以学《易》也。所以必五十而学《易》者，人年五十是知命之年也。”北宋邢昺《注疏》云：“加我数年，方至五十，谓四十七时也。”南宋朱熹《集注》改“加”为“假”，改“五十”为“卒”，我们幼时塾师都用朱笔改过，才令我们来读。注又说：“是时孔子年已几七十矣，五十字误，无疑矣。”以上是在《论语》原文上所作的各种解释。

还有唐陆德明《经典释文》“易”字下说“鲁读为亦”，这便是读成“亦可以无大过矣”，这是“鲁论”的本子，其本久已失传，其异文只可略备一说罢了。

今按一般人的情感，未到老年或有重病时，不易发出生命不长了的感叹，如在四五十岁的中年时代，一般的健康人说多活几年的希望，似是不太可能的。孔子发出“加我数年”的希望，绝不会在四五十岁之际。孔子说：“吾十有五，而志于学。三十而立，四十而不惑，五十而知天命……”（《学而》）这一章的主语是“吾”，各阶段年龄的智力，都是孔子自己的事，并非人类普遍的情况。孔子五十而知天命，原因是学了《易》。“五十以学《易》”，是老年追述学《易》的年龄，正因五十学了《易》，才得知天命，并非任何人凡到五十便知天命的。又古“以”字与“已”是同一字，至今《汉书》中“以”字都写作“目”，也就同于“已”字。《述而》篇中此句是追述开始学《易》的年龄。由于表示希望“加我数年”的原因是为了学《易》。这中间《史记》加了“若是”二字，极关重要。全章思想的顺序是：希望多活几年，从五十已学了

《易》，如果真能多活，得以更全面地学《易》，这一生中，可无大过了。如用今天的话来串讲，可成以下的句式：

〔为学《易》〕希望多活几年，〔我从〕五十岁已学《易》，若是〔能多活〕，可以无大过矣。

稍添虚词以作“今译”，不算犯“增字解经”的戒条吧！

《论语》是记录口语的书，口语中是常有跳跃或插补的地方，例如《公冶长》篇第一章说：

子谓公冶长可妻也，虽在缧绁之中，非其罪也。以其子妻之。

试问公冶长身在缧绁之中，怎能就与孔子之女结婚呢？这里分明跳过了“出狱之后”一句，或者“妻”字作“许配”讲。但古注都作“结婚”讲的。也有补加插入的例子：“曾子有疾，召门弟子曰：启予足，启予手。《诗》云：战战兢兢，如临深渊，如履薄冰。而今而后，吾知免夫，小子”（《泰伯》）。在门弟子看了他的手足之后，就可接着得出今后免夫的结论，这“《诗》云……”十个字分明是追述平生谨慎的话，也就是在整段话中插入追述的话。从这类语言习惯看，“加我数年”一章的问题应是不难解释的。

六　曾子启手足的问题

《泰伯》篇：“曾子有疾，召门弟子曰：启予足，启予手。《诗》云：战战兢兢，如临深渊，如履薄冰。而今而后，吾知免夫，小子。”

这一章有几个问题：（一）放手足，为什么联系上“临深履薄”？（二）如果说是证明“身体发肤”未有毁伤，何以只看手足，不看全身？（三）身体毁伤并非常人常事，有时受伤由于天灾，也不全由自己，何以无伤便觉得足称幸免？

今按：何晏《集解》在“启予手”下引郑注说：“启，开也，曾子为受身体于父母，不敢毁伤，故使弟子开衾而视之也。”又于“如履薄冰”下引孔注：“此言《诗》者，喻己常戒慎，恐有所毁伤。”“免夫”

下引周曰："乃今日后，我自知免于患难。小子，弟子也，呼之者，欲使听识其言。"

至于朱注此章，撮取古注，归于"身体发肤，受之父母，不敢毁伤"（《孝经》的话）之义，不备引。

今试申末学所疑：启固然训开，而所启何以只在手足，却很少有人论及。惟《集解》引周氏注有"免于患难"一语，极可注意。清人刘宝楠《论语正义》引申周注："患难谓刑辱颠陨之事。"理解到这里，则前边的问题，不难迎刃而解了。

"子谓南容邦有道不废，邦无道免于刑戮，以其兄之子妻之"（《公冶长》）。按刑系囚犯，首先是桎梏手足，至后世手铐脚镣，仍是刑系囚犯的主要刑具。曾子令门人验证自己没有受过刑系，所以只看手足，不看腹背，平生谨遵"临深履薄"的古训，是操行的谨慎的比例，不是指常讲营养卫生，和只怕受伤的问题。任何常人一生身上没有过伤痕，并非全都由于操守谨慎，也不是曾子一人如此。而曾子这时郑重其事地自叹"免夫"，岂非"小题大作"！那么这里的"免"正和南容的"免"是同一含义。一生免于刑戮或刑辱，才是真可庆幸的。众所周知，刑一般由于犯法，法之犯与不犯，正常时间，可由自己操行来决定。但在"邦无道"的时候，尽管自己操守谨慎，而遇到"欲加之罪，何患无辞"的"无道之邦"，则是完全不能自主的。所以孔子又说"君子怀刑"（《里仁》），即指"横逆之来"。所以曾子临终才有特殊自慰的话。

《孝经》的文风，和《小戴礼记》相近，大约也是出于七十子之徒所记载（清代学者早有此看法）。在汉代被抬出令天下人诵读，极似宋代抬出《大学》《中庸》压在《论语》之上一样。今看《泰伯》中此章，自郑注至朱注，都用《孝经》之义来作此章的注解。但我却怀疑《孝经》的编撰，正是由此章推衍而成。此末学诸疑，所以欲献之又一端也。

七　孔子答问和论仁

儒家学说的中心是“仁”，儒学的经典是《论语》，这是古往今来、天下四方无人不知的问题。但是在《论语》二十篇中孔子的言论里却找不见孔子给“仁”作出的直接解释。

《论语》中有许多处记载孔子答人问仁，或评论“仁者”或“不仁者”的行为表现。都是从旁面或反面来衬托“仁者”和“不仁者”的思想行为。例如说“我未见好仁者、恶不仁者”（《里仁》），又说“仁者爱人”（《颜渊》），又说“……仁者乐山，……仁者静，……仁者寿”（《雍也》），又说“……仁者，其言也讱，……为之难，言之得无讱乎”（《颜渊》），如此等等，《论语》中不止几十处，但无一处是正面的“定义”或全面的解说。不但“仁”这一问题如此，其他问题，孔子的答问方法也常是“能近取譬”（《雍也》）和“循循诱人”（《子罕》）的。又如许多人向孔子问“孝”，孔子的答复各不相同，都是针对问者在行为上的某项不足，来加以重点地教导。最委婉而又极有力的一次答子游问孝，说：“今之孝者，是谓能养，至于犬马，皆能有养。不敬，何以别乎？”（《为政》）

子夏说：“君子有三变：望之俨然，即之也温，听其言也厉。”（《子张》）不管这里所说的“君子”是泛指还是指孔子，也不管“厉”是作“严厉”讲，还是作“确切”讲，都不能密合孔子平时的发言态度。有一次孔子答定公问“一言兴邦”“一言丧邦”的对话。定公问：“一言而可以兴邦，有诸？”孔子对曰：“言不可以若是其几也”（《子路》）。这种“一言”可能来自当时的民间谚语，本不见得是哪位哲人归纳的什么普遍道理，既由定公发问，孔子曲折答复，一是要知“为君难，为臣不易”，这便接近“一言兴邦”；二曰“予无乐乎为君，惟其言而莫予违也”，这便要成“一言丧邦”了。这成为对有政权的人的一次有力的警告。按孔子自己说过：“邦有道，危言危行；邦无道，危行言逊。”（《宪问》）统观《论语》中所记孔子的言论，真是“威而不猛，恭而安”

(《述而》)的鲜明表现!

从以上的一些例子来看,孔子在当时有许多的重要思想,不能不表达,但又不能作率直地表达,所以后人有许多不易十分理解之处。

虽然孔子的言论常是"逊以出之"(《卫灵公》)的,又何以天下后世都能体会到孔子的主要精神呢?我们试看孔子曾说"能近取譬"(《雍也》),子贡又曾自评说:"(颜)回也,闻一以知十,赐也,闻一以知二"(《公冶长》)。孔子立即表示同意。闻一知十不是妄测,而是推论,足见孔子有许多道理是留给弟子们推论的。我们居今学古,不妨也试作一些推论:

孔子说伯夷、叔齐"求仁而得仁"(《述而》)。夷齐究竟求得些什么算作仁的呢?按夷齐的事迹:(一)让孤竹国的君位;(二)反对武王、太公的武力征诛,曾唱"以暴易暴,不知其非"的诗句;(三)饿死首阳山下。我们无法摘出哪一项称他们"仁",可见孔子指的当然是他们总体的思想行为。

对管仲的评论,曾批评他不够"俭"、不够"知礼",但对他的功业说:"相桓公霸诸侯,一匡天下"(《宪问》),又说齐桓公"九合诸侯,不以兵车,管仲之力也,如其仁,如其仁"(《宪问》)。可见管仲不俭、不知礼,而能"九合诸侯,不以兵车",所以就够得"仁"。

"至德",虽字面与"仁"不同,但这一辞所表示的地位,却是至高无上的。孔子说周文王"三分天下有其二,以服事殷。周之德,其可谓至德也已矣"(《泰伯》)。又说:"泰伯,其可谓至德也已矣。三以天下让,民无德而称焉"(《泰伯》)。这里不用"仁"字来称的最高道德,这在孔子口中,又和"仁"字有何区别呢?子贡问:"如有博施于民而能济众,何如?可谓仁乎?"子曰:"何事于仁!必也圣乎!尧舜其犹病诸"(《雍也》)。尧在孔子心目中曾是"唯天为大,唯尧则之"(《泰伯》)的,到这个博施济众的问题上,那位只低于天的伟大人物也得屈尊一筹了。可见"博施济众"在"仁"这个范围中居于何等位置了!

以上几项经孔子肯定"仁"的例证中,不免牵涉一些枝节的问题:

夷齐反对武王的征伐，孔子却说周之德为“至德”，怎么讲？按孔子说“至德”是周文王的事，但对武王却说“《韶》（舜的乐）尽美矣，又尽善也，谓《武》（武王的乐）尽美矣，未尽善也”（《八佾》）。“哀公问社于宰我，宰我对曰：‘……周人以栗，曰，使民战栗。’”孔子听到这话，并未驳斥宰予，只说：“成事不说，遂事不谏，既往不咎”（《八佾》）。孔子对宰予“使民战栗”的说法是默认的。被称至德的周文王，何以作出使民战栗的措施，那么这个以栗为社主的周人，当然是武王灭殷以后的事了。管仲被称为“仁”，主要在其功业，他的功业又分两方面，一是“九合诸侯，一匡天下”，而其所用的手段，则是“不以兵车”。可见这两项在孔子心目中是不以兵车的一匡天下。所以南宫适（音括）见孔子说：“羿善射，奡荡舟，俱不得其死然。禹稷躬稼而有天下。”夫子不答。南宫适出，子曰：“君子哉若人！尚德哉若人!”（《宪问》）可见孔子对只重武力是持否定态度的。

《论语》中也有两条似是孔子给“仁”下了近于“定义”的：“颜渊问仁，子曰：‘克己复礼为仁，一日克己复礼，天下归仁焉。为仁由己，而由人乎哉?’颜渊曰：‘请问其目。’子曰：‘非礼勿视，非礼勿听，非礼勿言，非礼勿动’”（《颜渊》）。按这一章的句逗，何晏《集解》是在“克己复礼为仁”处断句，是把“为仁”当作“是仁”解，也就把“克己复礼”当作“仁”的总内容看了（朱熹《集注》也是循着《集解》断句的）。

姑不论孔子是否为某些重大的道德含义下过界说，只看二十篇中论“仁”的内容，绝不仅止“克己复礼”这一个方面。我们已知孔子肯定够“仁”的人物，有周文王、泰伯、伯夷、叔齐、管仲；够仁的行为，有“博施于民而能济众”这种理想的行为，未见对某个“个人”具有一些好行为即可算仁的。可见孔子所悬想的“仁”是多么广大、多么深重，绝非某个“个人”具有几项好行为即够称为仁的。又曾有“政者正也”（《颜渊》）、“仁者爱人”（《颜渊》）两处类似下定义的语气。其实“正”是向当政者说他们必先自己的行为端正，是告诫的性质。“爱人”

是仁者思想行为的起码原则，不是“仁”的定义。否则二人恋爱，则男女双方都必然是仁者了。本章中“克己”的“己”，十分明确指的“个人”，“克己复礼”的四项“非礼勿”，更明显是个人应有的行为，与前边所举那五位伟大古人和“博施济众”一条伟大的道德行为都不是“克己复礼”这一方面所能比拟的。所以那第一句的“为仁”实应属下，是“为仁一日克己复礼，天下归仁焉”。这是说学仁的人能有一日做到克己复礼，天下人都会称赞（归美）他够仁。所以下文说“为仁由己”，指并不由他人。又学仁为什么还计一日的日程？按孔子说：“颜渊三月不违仁，其馀则日月至焉而已矣”（《雍也》），又说：“君子无终食之间违仁”（《里仁》）。可见为仁不止计日，还有计时的时候。这章后边是颜渊问学仁的具体项目，孔子沿着“复礼”往下述说，在视、听、言、动的日常生活中，要都不忘礼，即是锻炼学仁的一种入手的方法。又《阳货》篇：“子张问仁于孔子”，孔子答以恭、宽、信、敏、惠，说：“能行五者于天下者为仁矣。”这里的记录语气与全书有所不同，近代学者也有所怀疑。姑且退一步说，即以此指“为仁”是对于天下，而且五者也包含较为广大，和“克己复礼”有所不同，但不能与“博施济众”相提并论的。前边“为仁”的断句和这里的含义不同，是末学所疑如此，也算“离经辨志”之一端吧！

从以上各例来看，孔子提出最高道德标准“仁”，不是某一端或某几端所能概括的，更不是仅从某一人具有某点好行为，即评这个人够“仁”的。如《公冶长》篇“子张问曰三仕为令尹，无喜色；三已之，无愠色；旧令尹之政必以告新令尹，何如？子曰：忠矣。曰：仁矣乎？子曰：未知，焉得仁”。相反，如说文王、泰伯够“至德”，夷齐、管仲够“仁”，都不是从一节、一端来论的，从某些行为论是“博施于民而能济众”，不但够“仁”，而且够“圣”。可见孔子所标举的“仁”，包含的既广且大，即使我们将以上这些大端综合起来用某一个词来作代表，也实在是无从措手。即勉强用几个字，也会感到“克己复礼”四字或“恭”、“宽”等五字是不够的。

不得已姑从“仁”这一词的文字本义来看。“仁”字即是古写“人”字的“隶变”字体。大概在孔子的当时，“仁”和“人”还没有分为表道德和表身体的两种写法。那么“仁”当然即是“人”。即在今天社会上一种评论人品的说法，还有“够人格”“有人性”“合人道”等褒义词。如果斥责一个坏人，说他“不是人”，这比借用某些动物什么“猪”“狗”等词来骂人，还重得多。有人说，《中庸》已经说过“仁者人也”，何必远引古文字？答曰：仓颉造字出于传说，子思作《中庸》实际也源于传说。仓颉在先，当然要先引的。近代自从“人道”“人性”被批判以来，“仁兄”一称在信札中也久已不见了。现在研究古代孔子的学说，不可能不涉及“仁”和“人”的字样，这个“文责”只好由孔子自负了。

八　孔子学说的发展

宇（空间）宙（时间）间一切事物都在不同情况中不断地发展。人类在社会中更在不同的时间和空间中随着不同的民族的生活条件创造出不同的文化。自古以来各家圣哲的学说，都是随着他们当时的文化，解决他们当时的社会问题而有所创立。及至时过境迁之后，即在他们各自的门派中，也不容不有所发展。以孔子的学说而言，仅仅两代就有显著的变化。“陈亢问于伯鱼（孔子之子名鲤，字伯鱼）曰：子亦有异闻乎？对曰：未也。（孔子）尝独立，鲤趋而过庭，曰：学《诗》乎？对曰：未也。曰：不学《诗》，无以立。鲤退而学《诗》。他日，又独立，鲤趋而过庭。曰：学礼乎？对曰：未也。（曰：）不学礼，无以立。鲤退而学礼。陈亢退而喜曰：问一得三，闻《诗》闻礼，又闻君子之远其子也”（《季氏》）。

孔子并没有自教孔鲤，但孔鲤的儿子子思（孔伋）却有许多学说的记录。首先是传说他作《中庸》，虽见于《史记·仲尼弟子列传》，而《论语》中既说“子罕言利与命与仁”（《子罕》），又记子贡说“夫子之言性与天道，不可得而闻也”（《公冶长》）。但《中庸》却说“天命之谓性，率性之谓道，修道之谓教”。如果《中庸》真是子思所作，其中许多主要论点却是孔子少说或没说的，那么子思又是从哪里学来的呢？如今考古出土许多简牍，中有标题《子思》的，这在流传已久的传说作《中庸》之外，又添许多言论了。

子思的门徒又传于孟子，孟子又被唐人韩愈所推尊，这是一个系统。另一系统是孔子作《春秋》，孔子自己说“述而不作”，那么作《春秋》是否事实，至今还有若干争议。作《传》的“公羊”“谷梁”“左氏”把鲁国当时一份“大事记”各加解释，汉代董仲舒又引申附会了许多算是孔子原意的学说，这是又一套发展。

北宋华山道士一派的学说，累传到了邵雍，他还表里如一地举着道家的旗帜。周敦颐、张载、程颢，由道家改举儒家旗帜，而程颐、朱熹更正颜厉色地以儒自居，以圣自居。并把《大学》《中庸》压在《论语》之上，称为《四书》。还私自又搞静坐一套禅家道术。旁人说到佛、禅，他们都斥责过那是“夷狄之学”。再往后什么陆九渊、王守仁等，更不必列举了。总之都打着孔子旗号，而说了孔子所没说过的话。这是历史发展的常情，也是惯例。

总之，孔子在生存的那个时代里，那个社会中，而有他那样的思想，那样的行为，那样的学说，不能不被他的弟子们以及后代读过他的学说的人，心服口服地尊敬他为圣人、为师表。但是孔子的时代，一切社会情况、物质条件，以及文化、思想，当然与后世有所不同，后世的人所理解的儒家学说，也不能不有所异议。即以汉代和宋代的学者对孔子学说的认识和解释，无疑都是属于发展了的孔子学说。更无论金、元、明、清人的继续发展了。这是说遵奉儒学的一方面。至于反对儒学的，甚至提出“打倒孔家店”时，所针对的“孔家店”，也是发展了的孔子学说，与孔子自己曾说的，在精神实质上已多不相干了！还有，虽想尊奉孔子，而方法片面，如七十年前那种“读经救国论”，事实上给孔子帮了倒忙了！

中国文学源流大纲

编者按： 此文为启功先生写给在美国读书的侄孙女王悦的一封信。

中国自文字成熟以来，已有三千多年的记载可以凭信。自商代开始，已有完整的文字，在周代①有了编辑成书的诗歌集子，那就是《诗经》②。《诗经》中最可贵的是一些民谣，被称为“风”，风是风俗之风，也就是民间风行的小唱俗曲③。

到战国时代④，楚国有“楚辞”出现，为首的称为《离骚》，传说是大诗人屈原所作，“离”是遭受的意思，“骚”是忧愁情绪，这篇长诗是诗人发挥忧愁的作品。但因用了大量楚国方言（许多按方音写的字词），

---

① 周代：公元前11世纪中期到公元前256年。

② 《诗经》：是搜集古代诗歌的一部“总集”，大致分三个部分：一是民间歌谣，叫作“风”，二是入乐的曲调，叫作“雅”，三是可带表演乐章，叫作“颂”（颂即古容字，是有“舞容”的，也就如今天所说的“表演唱”。）后来这集子被列为“经”，叫它作《诗经》。

③ 例如“风”中第一篇：“关关雎（音居）鸠，在河之洲，窈窕淑女，君子好逑。”呱呱叫着的雎鸠鸟，在河边的沙滩上，它们好比那俏丽的淑女，是君子的好伴侣（逑，同俦）。这是多么原始型的民间小唱啊！

④ 战国：公元前475年—公元前221年。

所以不太易懂。还有些个祭神的小曲，像《九歌》①，就有趣味多了。

这诗歌一个传统，也是文学形式的这一系统，总是中国历代文学的最主要的脊骨。汉代②虽然也有许多诗作，但多沿着楚辞的铺叙手法，不太轻松灵俐。三国时曹操③以大英雄的手段，在政治上平灭了群雄，在文学上独创了一派。用诗经的形式作四言诗④，浅显易懂，使人了然他那样的英雄气概。从这时起，诗歌又趋向音调上的动听，语言上的易懂了。⑤

到了唐代，成了诗歌的最繁荣、最成熟、最多彩的时代。唐代的大诗人也几乎数不过来，诗作也流传下来多少万首。最有名的，被人称为

---

① 《九歌》：本是楚国民间祭神的歌曲，汉代编入《楚辞》这个集子里，称它为屈原所作了。

② 汉代：公元前202年一公元220年。

③ 曹操：汉末的军阀之一，把持了东汉的政权，他儿子曹丕便公然取代了汉政权，自称魏朝，追尊他父亲曹操为太祖武皇帝。后人称他为“魏武帝”。

④ 曹操的著名诗歌如：“对酒当歌，人生几何，譬如朝露，去日苦多（流逝的时期苦于太多），慨当以慷（慷慨一词分着用），忧思难忘，何以解忧，唯有杜康（造酒人名，被借称酒）。”（还有许多，不多抄了）

⑤ 如看曹操全部作品，或看他的主要作品，和其他汉代古奥的诗歌比起，就明白了。（现在人喜讲比较文学，是拿中外的作品来比较，如果拿古今作品比较或拿古人甲和古人乙比较，也会有很大的发现。）

“诗仙”“诗圣”的要算李白和杜甫①。其次如韩愈②、白居易③，也在大诗人的地位。他们的创作，几乎反映了当时各个角度的社会生活面，表现了当时文人的许多思想抱负和他们的正义理想。

唐代诗歌本来是能够伴随音乐来唱的，后来大概不满足于简单的唱法，加入了一些外族的音乐调子④，诗句也出现了长短随调的现象，就成了“曲子词”(后来简称为“词”)⑤。

“词”的性质，仍是诗歌，由于有调有谱，留在纸上的，只剩下唱

---

① 李白、杜甫，都是唐代唐明皇开元、天宝时期的诗人。他们生活经过太平繁荣的时期，也遭受过离乱的时期（安史之乱），他们的诗歌，突破了以前六朝（晋宋齐梁陈隋）时代的僵化了的形式和内容，写出广阔的内容、复杂的情感、多样的形式、灵活的语言。

② 韩愈，稍后于李、杜，是古文家，是儒家学派的一位思想家。他的诗，继承发展李、杜的创作路子，又调整了李、杜的风格，和他在文章的主张一样，以复古的面貌来创新的流派。

③ 白居易，比韩愈又稍晚些，他有许多“讽谕诗”，歌咏许多社会上不平的事，人民的疾苦。他用平常通俗易懂的语言，有人比喻他的作风说是“要求老妪都会懂”，细读、通读他的作品，可以发现，他的诗，虽然语言浅显，但表达的感情却是深刻的，用词汇、选比喻虽然浅易，但都非常恰当，好比小钥匙开大锁头，那么灵便准确，他的长诗《长恨歌》写唐明皇、杨贵妃的故事，《琵琶行》写老妓晚年沦落的心情，来衬托他被贬谪的心情。都是名作。

④ 许多词牌子（即词调名的另一称法）如《菩萨蛮》《八声甘州》（甘州即指今甘肃，是古代西域许多小部落所在地）。“乐调”指纯粹音乐调子的名称，如“龟兹乐”，即古代龟兹国（部落）的乐调。

⑤ 敦煌出土许多曲调的抄本，它们原题常写“曲子词”，容易明白，连伴奏的音乐带唱、统名可称曲子，单记下它的唱词，自然可称“曲子的词”了。即如今天一个京剧剧本整体，必包括角色、服装、动作、唱词、唱词的旁注乐码工尺。如果只抄出所唱的词句，那就只能专称“戏词”了，宋代人单用一个“词”字来称流行歌曲的曲词，大概由文人自己存留自己所作的曲词，他们以为伴奏和歌唱都有唱歌人负责，他们不管，所以只在自己的词集上题写“词”字。

词，所以通称为“词”，便成了某一种特定的文学形式的专名。

词有小令、中调、长调之不同①。大概说来，小令只少数几乎等于歌谣的情形，念着顺口，意思浅显，读者容易懂，作者的情感与读者的情感接触、融和、互相感动是极其容易的，所以这类小词中，常见非常精彩的作品②。

中调、长调，文人的作品居多，为了拉长句数，不得不用了许多典故，也就是用了许多不能使人直接懂得的语言，民间流行就少得多了③。

---

① 小令，最少的有十六字，一般如《望江南》《菩萨蛮》《忆秦娥》等都算小令，再长些的叫做中调，更长的如《兰陵王》《桂枝香》等都属长调。

② 小词的精彩作品（唐人作的）抄几首如下：

《望江南》（温庭筠）

梳洗罢，独倚望江楼，过尽千帆皆不是，斜晖脉脉水悠悠，肠断白蘋洲。

（写一个女子在水边楼上盼望她的情人回来）

《忆秦娥》（李白）

箫声咽。秦娥梦断秦楼月。秦楼月。年年柳色，灞陵伤别。乐游原上清秋节。咸阳道上音尘绝。音尘绝。西风残照，汉家陵阙。

（有怀古、吊古、感离、伤别的种种情绪，都堆在一起。是一大堆眼前的形象，和一捆复杂的情感，拧在一起，是一个词的疙瘩，又是一个心情疙瘩。）

有一调《十六字令》，是词调中字最少的。

《题墨笔画牡丹图》（西林春）

侬。淡扫花枝待好风。瑶台种，不作可怜红。

（西林春，字太清，是我们远远房的一位老祖奶奶，有诗集和词集。这首十六字令可算是这个牌子的作品中最好的一首，不算我为“当家子”吹吧！）

③ 宋代许多长调的词，如不查谱子上的句式，就连句子也读不断，更谈不到懂得它的意思了。其中周邦彦就是一个代表，我有《论词绝句》论他说“叔世（末世、乱世）人文品亦殊。行踪尘杂语含糊。美成（周邦彦字美成）一字三吞吐，不是填词是反刍”。周反刍形容那些“练字”“练句”的作品，恐并不冤枉他们。

词在唐末发生，可说是最初阶段，到了两宋①，完全掌握在文人手中，成了高层社会中流行的艺术品，这时民间便产生一种带表演的小戏剧②。当然有歌唱、有音乐伴奏，更重要的是有故事情节，还有演员来表演故事中的人物。在宋人的戏剧，虽然有少数剧本保留，但演唱方法以及曲调音节，已完全失传。到了元代，戏曲的剧本才大量流传下来。③

元代流行的剧本，普遍被称为“元曲”，它有几个要素组成：（一）故事情节，自头到尾，总是一个完整的故事；（二）一个剧常分几“折”④，也就类似现在我们说的“场”；（三）每折中由许多“曲牌子”所组成；（四）每个“曲牌子”有各自的句数、唱调，各句的长短（字数多少），有它们自己的形式。许多是来源于“词牌子”，更多的是元曲新创的“曲牌子”。与词牌同名的，也比宋词缩短的多多⑤。（这些个元曲的问题，是我告诉你的“常识”，不必写入考试卷子）

---

① 两宋指建都在汴梁的北宋，和流亡到江南、建都在杭州的南宋。这都是“词”在文人创作中的繁盛时代。北宋：公元960年－1127年；南宋：公元1127年－1276年。

② 从北宋起，就有一种有伴奏有演唱，还有简单的化装的“小戏”。唱词传下来的不多，有滑稽讽刺内容的对话，因为有趣，被人记录下来的不少。大约到了元代有比较完整的舞台戏剧才算成功。

③ 元代剧本，现在存留下来估计可有千馀本。元：公元1271年－1368年。

④ 折，是一个剧本的小单位，元代剧每剧经常只有四折，每折只有一个角色唱。它的谱子已无传，伴奏的乐器也不清楚，总之“好听不了”，大约逐渐复杂，到了明代才打破这类局面，“折”被称为“齣”（“齣”音“出”，现在也就写“一出戏”了），一个剧本也不限出数，每出中唱者也不限一个角色了。近零出（现在称“一出戏”）也就是指一个剧本，与明代的出的概念又不同了。今天常演的某一戏，常是一个大剧本的某一、二出，被人称为“折子戏”，这个“折”字，还留有元曲的痕迹。

⑤ 例如宋词牌中《八声甘州》一调有许多句，元曲中同一牌子名，就只有几句了，可见元曲是收缩了宋词牌，删繁就简。

（说到这里，我太高兴了，你可以借此机会向那里的老师们宣传些中国文学的知识，得到什么反应，可以在那方面特别写些介绍文章，如果登在报上，再有什么反应，便可去翻译一些有趣的作品。他们接受一分，你就成功一分，我随后给你寄去这方面的材料、书籍，你看看丰富自己，还可以唬他们!）

元剧剧本故事，有水浒故事的、包公故事的，也有神仙、三国故事的。才子佳人的，以《西厢记》为最有名，到现在还有各种剧种、曲艺来唱它，《西厢记》也最长，折数很多。（因为少了故事唱不全）①

中国文学的另一大类（前谈诗词曲也可算一大类，都是有韵的，也可算是诗歌大范围的作品），即是无韵的说故事。（其实古代许多历史书，被文人们尊称为“经”的《尚书》，和被称为“正史”的《二十四史》，其实都是在说故事。表面看来，好像经、史中所说的故事都是千真万确，没有虚构，如果细看，或追问，记录者怎么写出两个古人在那说“秘谋”的话，就露了编造的马脚。）

（以上（）中是我告诉你的话，不必写在卷上）

另一大类的说故事，即是小说。小说二字原是指小故事，小记录、小篇幅的作品，说小段的故事到了宋元②时代，说书（当时称为“说话人”）人为了拖长时间，满足听客的愿望，就扯长故事，可说若干次。这种说故事的底本，叫做“平话”“话本”。到了明代③出现了许多短篇

① 《西厢记》：大家都熟知，它的故事被用在各种艺术作品中。一厚本剧本，有若干出，（我随寄一本有注的去），它的情节大家已经非常熟习的，它的唱词，既文雅、又通俗。

② 宋元：见上页注①、注③。

③ 明代：公元1368年—1644年。

小说集，如同“三言、二拍”[①]（五种书），每种集子里，收了许多短篇故事。这时还不太流行长篇小说。稍后出现了《三国演义》《水浒传》都是长篇连续性的故事，这时这种长篇故事在形式上有一种创造，即是分为“章、回”。把长达若干历史时间、若干人、若干次事件，分头叙述，给每一段故事起个名称，或用两句类似诗句的话把故事总括地标出来[②]。这就是“章”或“回”[③]，是题目（也就是内容的提要）。

到了清朝，曹雪芹写的《石头记》（后来改称《红楼梦》），也是章回体的长篇故事，但他的写法突破了前代任何长篇、短篇的小说手法，他细腻地写出人物的心情，也就深刻地表现出人物的性格，全书几个人物，有的事情多，有的只出场几次，但不管人物出场多少，他们的性格、特点，都是鲜明的，某甲的话，不能移到某人身上。（从前《水浒传》传说是施耐庵写的，又说是罗贯中写的，《三国演义》传说是罗贯中写的，但都无法确定和证明，大概由于是说书人在演述的过程中陆续丰富、完善、修理而成的，到了《石头记》才算是成于一个作家之手的第一部小说。）到今天著名的作家多得不得了，名作也数不过来，无论有意沿用曹雪芹的手法或有意另创新手法，也都有新的成就，但几千百年（可以从西汉[④]司马迁[⑤]的《史记》到今天），这个小说发展的长河中，《石头记》作者和他所创作的这部小说，总应算是开创一个新纪元。

---

① “三言二拍”，共五种短篇小说集。《警世通言》《醒世恒言》《喻世明言》，名称都有“言”字，故称“三言”；《初刻拍案惊奇》（初刻即指第一次出版的）、《二刻拍案惊奇》（即指第二次出版的，也就是续集）共称“二拍”，都是短篇的小说。

② 每回前有两句的对联式的句子，叫做“回目”。

③ 这类分成第一回、第二回的标题，也有称第一章、第二章的。

④ 西汉：公元前 202 年—公元 8 年。

⑤ 《史记》：西汉司马迁撰，通记自上古至西汉武帝时的历代历史，有专记皇帝的“本纪”、记诸侯的“世家”、记名臣的“列传”，记专门专题的“书”（如天官书、律书等）。后世史书中这方面的记载都称为“志”。

《文史典籍整理》课程导言

一　课程的设置

人类的文化知识最粗的分来，有两大类：一为自然科学，即天文、历算、声、光、电、化等，一为社会科学，即文、史、哲等。哲学在世界上东西方各有许多流派，都是思想家许多思辨所得的道理，后学或继续发挥，或更为修正，都凭各自的思考。虽有典籍的记录，终归以哲人的思想为主干。文、史两类，则离不了文字的记载。文的美恶，除内容之外还有词藻、声调等的辅助条件。史书则以所记史事的详略、褒贬当否最为重要，它的载体，便是文章。司马迁的《史记》，不管它算“信史”，还是算“谤书”，后世文章选本，大多数选了《史记》中的篇章，既非因其是信史，也非因其是谤书，结果还是选的一篇古体名文。所以现在拟议的这门课程内容，就以文史典籍为重点。

两年前赵朴初先生在医院养病时，想到祖国的历史文化的重要，作为常识，自幼年即应学习了解其轮廓，所以联合几位朋友，向教育部建议中学宜设一些传统文化的常识课程，即蒙批准，足见这个建议和国家的教育方针是吻合的！

近几年师大中文系设“文学古籍研究”专业，十馀年来报名的同学联绵不绝，已有多批硕士、博士毕业，足见在求学的青年中，要求学习这门学问的人也不只是“一点儿”了。

所谓“文史典籍整理”，包括自古至今的文学、历史各种书籍的阅读、校订、研究，既包括历代名家的诗歌、词、曲，也包括史类的书。“前四史”已成了定型的古代文物，不能动摇，但《三国志》裴松之的注大量地收入古小说，那些古小说今日也成了古文物，不易动摇了。唐人重修《晋书》，多取《世说新语》而又常加修改。司马光等编《资治通鉴》多取“正史”中有故事性的段落，但遇到李泌的故事也舍不得放弃，而裁取了《邺侯家传》。宋人的私家笔记更不能以“野史”看待，大有“正史”遗漏、讳言的珍贵材料，不仅止是文笔好而已。所以本课程兼包文史，是因为它们有共同的优越性。

二　忽略常识的例子

由于忽略文史常识的原因，在口头上、文章中以及往来书信的封套和信笺上都常出现一些差错。这里略举朋友们谈话中提出的一些例子：

“罪不容诛”，有人在今译中说是那个人罪恶不大，用不着杀。

“敬启”，有人来信，信封上写某某人敬启。

有一次在一个刊物上见到，张元济先生在信中提到某某是我的“故人”，那位在张先生写信时还活着，而写文章的人说既然张先生说他是“故人”，足见那时他已“故去”了。这都是不习“训诂”发生的错误。

追溯最早讲训诂的书，要溯到《尔雅·释诂》。《尔雅》说到兄弟，是“先生为兄，后生为弟”，这个“先”字当然是时间先后的分别。但“先父”“先母”，则是称去世的父母，这里又不能乱引“经书”了。还有古代人讲解“经书”，把平常的词句有意“故作玄虚”，讲得读者完全不懂。如《尚书》首句“粤若稽古帝尧”，“粤”是“说”，“若”是“那”，“稽古”是“稽考古代”，非常简单。古代曾有作注的人用了三万字来讲这四个字，以表他的博学。

还有由于不懂旧时代生活习惯和衣冠穿戴等，留下一些笑柄，如清代官服，帽子上用一个不同颜色的圆珠做标帜，一、二品用红色，三品用透明的蓝色，四品用不透明的蓝色，等等。有人写到蓝顶帽子，说“那人戴着一顶蓝帽子”。又明代大官的衣服胸部绣着鸟或兽的图案，清代改用一块方材料，上面绣着按文武官的品级所分的鸟兽图案，是单片的织绣品，缝在外褂的前胸和后背，名为“补子”。有人讲到它，说某官穿着一件带补丁的褂子。

这无关于古代词汇和训诂，也不同于远古的衣冠制度。清人官服穿戴的取消，距今还不到百年，普通的相片上都能看到，文物博物馆中也有陈列，了解这些，颇有裨益。

三　古代典籍的情况

研究历代典籍，首先必须了解古代已整理的图书目录。已知的汉代刘向的《别录》，原附在他所校订的各种古书中，是一种“提要”性质的概括介绍，写出给皇帝看的。可惜流传不多，今存只有几种古书前还附有刘向的别录。刘向之子刘歆编的群书总目，名为《七略》，只记名目，没有详细的内容介绍。东汉班固编写《汉书》，把《七略》所收的群书名目纳入，算作《汉书》的《艺文志》。魏晋以后各代也有书目，但各有存佚。到了清代的《四库全书总目》（包括存目），大体包括了今日可见、能知的各种书籍目录。最近 50 年中陆续出土了许多古书，如马王堆汉墓出土的帛书《老子》二种本子，《周易》一种，和与《战国策》内容略同的策士活动的记载等。山东临沂银雀山出土的孙武、孙膑的《兵法》，甘肃出土的《仪礼》简，湖北睡虎地出土的《秦律》简，湖南郭店出土的汉代简策，河北出土的《鲁论》等汉简，九店也出土许多汉简，长沙城中心出土三国吴国的档案 70 馀万支简策，亟待整理。上海博物馆马承源馆长从香港购回的战国简牍，尚未完全发表。如此等等，还未得令学者寓目。

至于流传在今天常见书籍，又有繁、简两个目录：繁的最方便是《四库全书总目》及《提要》，读了它，或翻阅大概，可略知从汉到清学者们所见、所读、所曾研究的各种学科的大概。其中虽有当时政治上的一些偏见（不列入“全书”而列入“存目”的，即仅存书的名目），但今天中华书局已将《存目》中尚存在的书籍大量印出，可参考。此外近代又有一种最便于初学阅读、使用的书目，叫做《书目答问》。

《书目答问》是清末张之洞所著，为初学“士子”了解从古至清末学术流别和可参考、可查阅的书目（近代范希曾、柴德赓又曾有所补订）。这部书虽产生在近百年间，还没解放思想，但张之洞在清末是属于有较新思想的高级官员之一，《书目答问》还是较为通达的一种。

关于清人著述，近代章钰著有《清史稿·艺文志》，武作成做《补编》（最近又有郭霭春的《拾遗》），总算相对最全的清人著述目录。

四　古书真伪和校勘问题

古书确实有真伪，“伪书”又是为什么被人疑为伪的，对古书进行整理、标点、校对，选择底本又需要有全面的知识：这部书至今有几种刻本，哪本校刻得好，所据的底本可靠；如果进行校对，要能分辨哪一种版本或哪几种版本有来历，比较可靠。

前人喜欢宋刻本，认为宋版书的文字当然都可靠。其实宋版书中的字也未必无错字。明人影抄宋版书、影刻宋版书仍然各有误字。例如近代影印宋版《经典释文》，文字就不如徐乾学帮助纳兰成德所刻通志堂本和卢文弨所校的精确。如杜甫《秋兴八首》中“五陵裘马自轻肥”句，宋本作“衣马自轻肥”。按《论语·雍也》篇孔子说：“赤之适齐也，乘肥马，衣轻裘。”马以肥为壮，裘以轻为贵，对言成联，当然“裘马轻肥”为是。如过尊宋本，反成误字。

古书的版本，不仅是文字的异同，还有篇幅卷数的多少，同是一种古书，甲本刻了 8 卷，乙本刻了 10 卷，校点者忽略了 10 卷的那一种，就成了标点本的缺点。

由此可知，校点工作不只是对看两本文字异同，记出异文，认为某字是正、某字是误就完了，要紧的还在能够分辨那个字为什么是正，认为错的字为什么是误。陈援庵先生提出了校勘四法：

一为对校法。即以同书之祖本或别本对读，遇不同之处，则注于其旁。

二为本校法。本校法者，以本书前后互证，而抉摘其异同，则知其中之缪误。

三为他校法。他校法者，以他书校本书。凡其书有采自前人者，可以前人之书校之；有为后人所引用者，可以后人之书校之；其史料有为同时之书所并载者，可以同时之书校之。

四为理校法。段玉裁曰："校书之难，非照本改字不讹不漏之难，定其是非之难。"所谓理校法也。

这是校勘工作上极关重要、极须注意的事项。在有学识、有经验的学者来说，只须注意，便能够分辨，得到提醒。但在初学的人尚未能立刻分辨，便在书的前言上说"择善而从，不加校记"，他所判断的善恶，究竟可信与否，读者却未必信得过。即如前举杜诗的"衣马"、"裘马"，如果以古本为善，当然"衣马"为善；如果按文理的标准，又以"裘马"为善了。那么在这处校对之后，就仍须注上古今二本之异，以让读者判断选用哪个字才算合适。

这是校对的"校记"问题。这里还包含了几项要注意的问题：

（一）古今体的文字；（二）古今音韵的字；（三）古代的词汇；（四）古代的政治典章、故实。

（一）古代文书中的文字，当然是古代当时的通用文字，如殷墟出土的甲骨上边写刻的字，今天即称它为甲骨文；商、周的铜器上的字，今天称之为"金文"或"钟鼎文"。记录商、周器物上的文字，除了摹刻原字样之外，还要把它们翻写成魏晋以来的正书（楷书），这是今天大家都认识到的。但这种翻写就比较艰难些，常见有翻写错的，从北宋到清代有不少这类的书，经过今天的学者从更多的金文资料中比较印证，证明前代人的翻写确有不少错误。

到了清代中后期，更有一些学者用楷书笔画翻写商、周文字的结体，被称为"隶古定"体。清代中期的陈启原著了一部《毛诗稽古编》，全用"隶古定"体写刻。例如"天"写成"兲"，"之"写成"㞢"。后期的李慈铭在日记里有一段时间全用这种字来写，别人很难读懂。我有一位长亲，把他祖先写的一篇八股文，用这种字刻成，谁也看不懂，未免成了笑柄。

（二）古今音读的变化也影响到读书。清代钱大昕发现古无轻唇音，古无舌上音，清末章炳麟发现等韵中娘母、日母字古代都读成泥母。更后曾运乾发现古代偏旁从“攸”的字后世多读成端母。又商、周时“于”读“鱼”，“於”读“乌”，直至隋唐，民间还有此读。“大宛”的“宛”，读若“弯”。清代从《字汇》和《正字通》等书合编成《康熙字典》，“宛”字注“於袁切”，即“乌袁切”，读如“弯”，近日有人读“於”为“于”，便把“宛”字读为“鸳”。今天校点古书，也要注音，遇到这类字，应该怎么注呢？

（三）古今词汇的差别。《尚书》起首：“粤若稽古帝尧”，《尔雅·释诂》：“粤、于、爰，曰也。”粤即是今天的“曰”字。又“曰放勋”，“放”就是“大”，“勋”即是“功”。我幼年读起来，觉得古人太费劲，何必把现成的字换成别扭的字？今天知道是我们换了古代的字。

清代人讲训诂的书很多，如果专记单字、单词，不但不易联贯，也容易忘。王念孙在读古书时，遇到今天不易懂的字句，推敲那些字句中某字、某词古音怎么读，怎么讲，我们应该怎么去理解。古代某词、某句古音怎么读，训诂怎么讲，即今天的什么意义。读者记得这句古书，也就记得这句中的古音字、古训字，比死背“初、哉、首、基、肇、祖、元、胎……始也”，又省事，又不易忘。王念孙所著有《广雅疏证》和《读书杂志》，都有助于学习训诂。我觉得《读书杂志》比较更容易记忆。

（四）古代制度。古代的天子、诸侯、大夫、士、庶是什么关系，为什么鲁国三桓就能挟制鲁侯，孔子在鲁国并不得势，怎么就做了鲁国的司寇？《周礼》写国家制度，从上到下，那么详细，究竟可信不可信？孔子没做过鲁国的史官，他又怎么做得《春秋》？

如果今天把春秋、战国时代的历史故事，什么年、什么人、什么事，从古书上抄在一起，其中人物的异，事迹的同，说不定有多少。所以近代有些位学者提出“辨伪”，实是因为某一件古事，人物年代的参差，事迹过程的异同，结果的成败各异，究竟是记载的人写错了，还是传说的记差了？西汉只有《公羊传》，太常博士提出反对《左传》，刘歆又加反驳，互相都是辨伪，谁的对？

《竹书记年》有两本，其中之一与正统的说法有异，就被说成伪本，而唐人刘知几的《史通》中有“疑古”“惑经”两章，清代学者又不敢直批其“伪”，只好把它删去，又不敢说“删伪”，只得说是“削繁”。

我们居今而说，我国历史有三皇、五帝、尧、舜、禹、汤、夏、商、周距今五千馀年，由传说到有记载，完全合理；如果说能详考那些时代的文献，恐怕未免有麻烦了。

五　历代的文字、文风和语音的差异

约有一百年前，殷商的甲骨刚刚出土，就被那时的医生“猜出”它是一种药材，由药铺称它为“龙骨”，当作药材来卖，不知是什么动物的骨，那必然是“龙”的骨了。当时的一位大学者不认识甲骨上的字，干脆不承认它。这比猜是“龙骨”的药店医生进了一步。这比北宋人又已进步多了（北宋官府收藏古铜器，它们的形状奇怪，有人就说某某宫殿中有神鬼出现）。汉代许慎做了《说文解字》，有文字的形状，也有解释，已具有很高的“科学性”了，但写字的人指腕灵活，多一曲、少一折时有不同，看字的人各逞聪明，常把他所见稍有异样的文字另叫一名，或者用前代对甲种字体的旧名称续称后来的乙种新字体，使得再后的人“头昏眼花”，以致“胡说八道”。近代有不少专家详分各类字体，编成“字典”一类的工具书，使研究者增加不少的方便，但各时代的文字名称都是那个时代的语汇，认识了字，它代表的语汇怎么讲，又是一层障碍。最近几年又有些个碎陶器上出现些个类似文字的符号，大家纷纷猜测，例子不多，还没得出可算合情合理的认识。

这是自今天考究古代文字的方便和困难，还有探索语言的困难似比探索文字的困难更多一些。前举“粤若稽古”与今用语的不同，究竟还有些讲训诂的古书，至于唐宋以来的俗语，今天读来，又有一层困难。有张相作的《诗词曲语辞汇释》，由于诗和词曲中俗语较多，古代训诂书中不易找到，所以尽量用同类句比较、印证某个字、词、句的共同含义。最近也有不少人编了《现代汉语词典》，比作唐诗、宋词、元曲语词词典似较容易，其实则更难了。因为当今的俗语词通用、同用、共用的较多，也就是说模糊度较大，所以在字典性质的书中把它归入唯一的一条，便容易招来许多的挑剔。若让古代文章每一字句都恰合今天的语义，解释得十分准确，恐怕并非容易的事。历史上有三个字的重大冤狱，即岳飞死时秦桧答复韩世忠的话。岳飞无罪下狱，韩世忠去问秦桧："岳侯有什么罪?"秦桧答说"莫须有"。后人多认为是"没有"的意思，要知秦桧老奸巨猾，怎能把岳飞轻率下狱后而又坦率地自说他没有罪呢?近代学者余嘉锡和吕叔湘都有专文考证，都解成游疑之词，"恐当有"一类含义，我曾大胆推测："莫"是估计之词，"须"是肯定之词，应该即是今天说"总该有"。秦桧以宰相身份对来问的人说："岳飞的罪总该有，这是国家的秘密，你不应问。"秦桧以保密的态度驳回韩世忠的质问，足见其奸，似更恰当。

六　中国历史概况

课程既是研究中国古代典籍，就不容不了解中国历史。中国历史久长，并且从古到今未曾中断记载。要研究其中一个时期、一个问题、一位学者、一个学派乃至一部著作，而未了解这本著作的中心思想、历史条件以及构成它的前因后果，那对这部著作的阅读岂不等于枉费目力，而研究的成果也必等于枉费笔墨。

古代史书中《尚书》和《春秋三传》早被尊之为"经"，《二十四史》又被加上一个"正"字称为"正史"。近半个世纪的文、史研究和著作，又都要服从政治思想，其实自"经"和各代"正史"，又哪本不服从当时的政治思想呢?不得已我们身居今日，读书更要"自具手眼"，面对着《春秋左传》中的"君子曰"、《史记》中的"太史公曰"、《资治通鉴》中的“臣光曰”之类而盲目瞎跑就不好了！

不得已，又要了解古来各代的历史事件，又需要至少了解一个简单的事件纲领，只好看一部齐召南著的《历代帝王年表》。如探讨汉代的事，可以再看《史记》《汉书》等，探索宋代的事，再看《宋史》和其他的公私记录，如清人辑出的《宋会要》残书，南宋人记的《建炎以来系年要录》，等等。至少不至于弄错了朝代和时间次序。

中国是个多民族的大国家，各朝代或地区的执政权者，不只一个民族，他们的生活、习惯、服装、饮食、语言、文字，常常有同有异。即便是中原汉族，各代史书中常有《舆服志》，无论写得如何繁琐，读者也不易从记录上看清所记的形状。所以前边所举有人说“清代官员穿补丁褂子”，就也不应看作笑谈了。

七　古今方音的知识问题

隋朝统一以前，有许多人研究、讲解汉语音韵问题的书，至今已都散佚不传。到了隋代陆法言等八位学者相聚，谈到全国各地的“方音”有许多分歧，这八位共同设想一个比较统一的音调，他们认为分歧的情况是：“吴楚则时伤清浅，燕赵则多伤重浊。秦陇则去声为入，梁益则平声似去。又支脂、鱼虞，共为一韵。先仙、尤侯，俱论是切。”最后说：“我辈数人，定则定矣。”便由陆法言执笔编成《切韵》一书。我们怎知是为书中文字读音的声调统一？且看他们口中所谈只是“去声为入”，不举文字为例，而以调名为例，调名的“平上去入”只是音调的分类符号，写在书上便成“东”“送”等字，而不是“平”“去”等调类的符号了。因要使所读书上的文字的读音统一，而书上的某一字又原来就有几种读音，例如“中”字在平韵东部，但又有“仲”的音，所以又注明某某切，并不注“平去调”。这是一个细节，必不为专家所许可，但为研究、探讨，就不应因线索细小而不去考究。

《切韵》的功劳在读书音有一个指导，例如“窈窕淑女，君子好逑”的“好”字，用反切注上“呼皓切”，即读“好坏”的“好”。如果不注，“好”字又有去声一音，便成了“好色”的好（浩），与原义不合了。

《切韵》所收的字到了唐代人已有不够用的感觉，有许多专家在二百零六部中各加上些个字，《切韵》的原本已不传了，今传唐人所增编的有王仁昫《刊谬补缺切韵》。敦煌发现些残片，今人考出哪些残片是《切韵》，已觉渺茫了。北宋人又增编一种，名为《广韵》，各韵部中又是在唐人所编的本子上再加扩充，幸而唐宋人都保存了《切韵》原有的所附载的文件，但此外哪些是续编者加上的就难一目了然了。

《切韵》既是为读书音的统一，后人读古书得到许多帮助，但唐人作诗就有许多大致不遵守韵部的：李、杜的诗我没考查过，像韩愈、白居易，就有许多不合“韵书”的韵部通押的。宋代的《礼部韵略》，是把古韵书《切韵》《唐韵》《广韵》的韵部删并，用作考试士子作诗的押韵标准。南宋杨万里、魏了翁都提过反对意见（见罗大经《鹤林玉露》丙编卷六）。

元代周德清根据名家作的曲、剧本子中所用各韵的字编成《中原音韵》，是以北方语音为标准（入声分到前三声去了）。这可能是自东晋以来北方语言逐渐形成的方音（可惜北朝没留下韵书）。直到今天统一的“普通话”（又称“国语”），在小学、中学、大学各年级的教育语音中和广播的语音中都按统一读音，可以预料中国人的正规语言（或说“官方语言”），逐渐归于“普通话”的趋势。

现在全国作诗的风气很盛，出版的“诗刊”已“不计其数”。我也没细考过这些位诗人押的是什么韵部。但我听到过一位老前辈教学生作诗时说：“你们要先掌握韵部。”哪个韵书中的韵部，怎么掌握，是每作一首诗都要严格遵守韵部的规定吗？今天的习惯用北方音说普通话的人，读起古代有入声的唐诗宋词，会发生不协调的声调。例如柳永的词：“对潇潇暮雨洒江天，一番洗清秋。”那个“番”字处应该用仄声，而“番”字在“韵书”中没有列入仄声的。待到查《康熙字典》，却有仄声一读，证据是杜甫诗中有作仄声的例子，可知唐代的杜甫、宋代的柳永都曾把“番”字读成“范”，就是不遵古韵书的大诗家、大词人。我们岂能因此怀疑陆法言、王仁昫、陈彭年（《广韵》的编者），或怀疑杜甫和柳永！所以我们研究古籍是求它的“真”和“是”，但有一句古代的名言：“尽信书不如无书”，又是必须牢牢记住的。了解这类问题，就明白音韵与古代典籍的关系并不太小了。

近代有一位学者，是心理学家，也是音韵学家，他用统计学的方法把杜甫集中的七言律诗总数统计一番，见到杜甫晚年许多首诗是“吴体”那种“强戏为”的“拗体”，得出的结论，是七言律诗到杜甫时还没有成熟，竟忘记了《秋兴》八首、《咏怀古迹》五首、《诸将》五首是谁作的了。唐初武则天率群臣在洛阳石淙游览、作诗，只有沈佺期、宋之问二人作的七言律诗各一首完全合律，其馀都有或多或少的失误，怎能说到杜甫时七言律诗还没成熟呢？

由于说到律诗，还有附带的一些问题。对偶不但律诗有，它还独自流传得又远又广。自皇帝的宫殿、佛道的庙宇、民间的大小人家，民家的灶王龛、祖宗龛上，更无论名胜古迹、圣贤的祠庙、文人的书房中、民间地上一尺来高的小土地庙，都贴着小对联，足见对联不仅是骈体文、五七言律诗中必不可少的构成部分，是中华民族的重要文化的一个方面，也是了解中华民族历代文化特征的一项普及的因素，这里不再特别举例，要知它是研究种种历史常识中必不可不知的一项罢了。

八　课程的初名和改名

由于社会上常见大学出来的知识分子，在给朋友的信札以及所发表的文章等，里边常见一些常识上的错误，如历代常用的词汇、传统文字的写法、字音中的平仄读法，这必影响诗词的抑扬声调，字句的对偶。此外如历史的朝代、古代文体的名称和特点，行、草书的认识等，我在给硕士班讲课时，曾以诙谐的语言将这些知识称之为“猪跑学”。因为北京民间有一句谚语，对知识不足、发言错误的人批评说：“他没吃过猪肉，难道还没见过猪跑吗？”我称这些最浅近、最常见的知识就借用这个谚语的名称叫它“猪跑学”。这时常常开会，和北大金克木先生见面，谈到社会上所见文章、信札中出现的种种错误，我谈起讲过“猪跑学”的事，金先生拍案称快，以为现在这种毛病，可能出于几项原因：一是中学读物包括课本中缺少有关这方面常识的教导，二是到了大学本科时课程和讲法都向高处追求，常识方面的问题容易被列入“早已讲过”的范畴，到研究班的硕士、博士时间，追求的方向和选择的研究课题，距离更高更远，因而越发地缺少这方面补充注意的机会。金克木教授也提出他自己如何增强研究生常识的办法。有人告知北大的吴组缃教授有文章响应我这个“猪跑学”，可惜我没找到吴先生的文章。最近又读到北大吴小如先生的文章，评论报刊、电视上的一些语词失误，大意说：“安得许多启功到各处多讲些‘猪跑学’?”老友的谐谈，也足见差错有更正的需要。

当年在讨论这个课程名称时，有人提出可叫“文化常识”，又有人提出可叫“文献学”，这当然文雅些了，但《论语》里孔子说：“夏礼吾能言之，杞不足征也；殷礼吾能言之，宋不足征也，文献不足故也，足则吾能征之矣。”文是指文字的记载，献是指贤人，记得朝章国典的人。称“文献学”，又觉得提得太高、太大。元代马端临撰《文献通考》，又通考古今的政治制度如田赋、货币等，他从经、史取材的属于“文”，他从当时的名流谈语和小说中取材的言论属于“献”，所以叫“文献”“通考”。都不是这一课程所能胜任的。所以只想改变范围，改称今名。

九　馀　论

由于古书是古人写的，书中的语言、文词、句法乃至文字的形体，在今人看来未必都能了解，所以作这方面研究的人还有许多专门问题、特定知识，要去学习探讨，于是又分出许多分支的学问。例如文字学、音韵学、训诂学，研究不同时代的历史制度、地理的划分、民族的分合、文化的同异……，都有相互的牵连。假定要整理某一部古书，并非任何人拿来就能办的。不管他有什么学历，什么特长，他所想整理的那部书，恐怕绝不是一个人所能立刻完全了解的。我们所见、常读的任何一部古书，不管我们对它如何熟习，也不管我们手中的本子是经过哪位专家校对标点过的，都能在报刊、杂志上，或其他书籍中遇到挑剔这部印本的问题的。例如书中本文的错误、注释的不足、标点的是非、印刷的失误，都在所难免。

至于整理者对所整理的书籍有什么评论，更容易引来不同的看法，能使整理者手忙脚乱。一稿自己改订多次，还未必毫无差错。汉代今古文学派之争，直到清代又还掀起。其实后代的争论与汉代的争论的目的、内容已全不相干。但争论的说法积累起来，已比汉代的文字材料不知增加多少倍。这样的争论，未必全有科学价值，往往是政治派系的见解。当然，政治也是一种科学，但出于个人私见的，就另当别论了。

说到目录之学，还有一派称为“辨伪”。因为古书有散佚的，后人伪造一书，题上已佚的古书名字，这当然应该辨，值得辨。但如果从某些书中某几点有所怀疑，便指这本书是伪书，就著书立说称哪些都是伪书，使后学信以为实，就造成流弊，于整理古籍起了相反的作用了。

谈清代改译少数民族姓名事

一　元人廼贤的改名

元代诗人廼贤字易之，色目人，葛逻禄氏，元代又译为“合鲁”，汉义为“马”。著有诗集，名《金台集》，还有《河朔访古记》，是从《永乐大典》辑出的残本。他有手写的《南城咏古》五言律诗一卷，刻入《三希堂帖》。我曾得到其原本墨迹照片一份，因原卷早已失踪，这份照片，即成至宝。不久又见到北京图书馆影印的于敏中自热河行宫致陆锡雄、纪昀（当时在北京主编《四库全书》）的手札，其中提到廼贤的名字改译为“纳新”，深为诧异。以为“贤贤易色”出于《论语》，此色目人全用汉文为名为字，何须改译。又见清初译本《太祖武皇帝实录》，稍后又有许多改译之少数民族词汇，如清始祖名“猛哥铁木儿”改译为“都督孟特穆”；太祖之名，明人译为“奴儿哈赤”，改译为“努尔哈赤”，则是嫌“奴儿”不敬。国号、帝号原称“后金国汗”，因明人犹念宋金之仇，改称“大清”，读音为“戴清”，不像大唐、大宋、大金、大元，语义是“伟大的某国某朝”。独大清之读为“戴清”，还有其他官名亦同此音，如“莫尔根戴清”，我至今尚不能解。如此等等是乾隆以前旧译、旧改。

及至乾隆朝时，改译少数民族语音之字更属常见了。

二　口语语音的改译用字

明珠之子成德致张纯修之手札，张氏在其札之上端批“明阿哥”三字，“明”指明珠，“阿哥”如云“少爷”。其后殆因“哥”字有兄长之义，易于混淆，乃改写为“格”。而女称小姐、姑娘，乃汉语，而满语则称“哥哥”（语音），又与兄长之义相混，故写“格格”而读“哥哥”。清代内监多是河北人，其乡音虽称长兄，亦同“格格”（“阁阁”阳平声），故称少女亦作“格格（阳平声）”之音。非河北省人，亦作此音，闻之甚觉可笑。

三　清初满籍人曾用汉姓

金、元时，曾规定少数民族译用汉姓，如完颜为王姓、蒲察为李姓等。元代作曲家有蒲察李五，清初有李荣葆，其后人则名傅恒，傅恒三子皆以“傅”字冠于名上，如傅长安、傅隆安、傅康安。乾隆不欲子孙俱沿用汉姓，改“傅某安”为“福某安”。在古代（至明末、清初）少有二字以上之名，姓有复姓俱与名字之义不联，只有滑稽戏之演员艺名，如“敬”姓者改为“镜”，名“新磨”。铜镜新磨，其光倍亮，正是艺人取笑之名，而士大夫则无此例。乾隆改傅恒之子名字时，盖未考虑到汉族古代习俗。又乾隆以前有大臣名阿克敦（满语），其后代即以“阿”为姓，名“桂”，阿桂之后名“阿彦成”，即沿“阿”为汉姓。乾隆于其满文奏折中，“阿”字之满文字母旁加一点，便成了“那（阴平声）彦成”，与福康安之名同例。足见乾隆之前（实自金、元已肇其端）已曾有沿用汉姓之例，而乾隆特改之。又乾隆时一蒙籍官员名“运昌”，乾隆因其音与三国时关云长之“云长”同音，而改其名为“法式善”（满文音）。如此改法，未免多事。

四　《祭神典礼》与《三史语解》

清代有“堂子祭天祭神之举”。在宫内则于坤宁宫举行。官修之书初名《祭祀条例》，后定名为《满州祭天祭神典礼》。又编了一部《三史语解》，是把辽、金、元三代历史中的少数民族语辞（读音）有所改译。在《祭神典礼》序中说：有许多神名是辽、金相传，其源甚远，但自“大金天兴甲午以来”，文献失传。如“武都本贝子”、“卓尔欢钟依”、“鄂啰啰”等。其实东北满族人还有知道部分译义的，如“鄂啰啰”即迎神之辞，如古代之“魂兮归来”。再观《三史语解》所改多是人名中汉语不雅之字。祭祀神名已多不解。而辽代更远于金，改译从何来呢？我的一位族叔恒煦先生与他的儿子金启综两代研究金朝文字，有很大的成绩。但辽代的大、小字还是不易认识的。因此三史的语言，能否全都了解，实属可疑。辽代的语言如此，元代色目人，种族不只一族，清代乾隆时能否完全了解，亦不可知。葛逻禄氏廼贤之汉文名字“廼贤”为色目某族语音“纳新”，更不可知。前年故宫博物院收购廼贤《南城咏古》诗卷原迹，卷前签题为“纳延”，是乾隆时文臣之笔。是在四库改译“纳新”之前又曾改译为“纳延”。今无论纳延、纳新，俱与汉字廼贤音近，则乾隆改译“廼贤”为“纳延”，为“纳新”，俱未必是据葛逻禄（合鲁）姓之民族语音所改。又廼贤自署其“字”为“易之”。“贤贤易色”，语出《论语》，“廼贤”二字如为色目民族之语音，何以又取汉人古籍之典故为字呢？我曾听说元代诗人“萨都剌”的汉族语义为“上天所赐”，所以其表字为“天锡”（“锡”即“赐”义）。所以“廼贤”二字音果为色目民族之语，其义是否与“贤”有关，遂使其取字易之呢？如果“纳新”之民族语义与“贤”无关，则初改“纳延”更暴露出其据汉字之义只改其音了。或因“纳延”二字于“廼贤”之音更近，故改“延”为“新”，以泯其据汉字之音只改其汉字之迹，更为妥当了。

所以，乾隆时人未必真通元代色目各民族语言之发音，所改译之字，可能只有两类为最多，一为改易汉文旧译不雅之字，二为即据旧译汉字改其谐音而已。其中易改者乃女真语或蒙古语，至清仍在通行，只改其不雅之字，是改汉字，并非改译罢了。

五　廼贤在元代用“马”姓

廼贤姓“葛逻禄”，又译作“合鲁”，汉义是“马”。我求友人王连起先生代我翻阅元代和明初时文人的诗文集，他查了十个人的诗文集，其中七个元代人，三个已到明初的人。明唐桂芳称他为葛逻禄易之，元代余阙称他为合鲁易之。其他如元代张深、元代张翥、元代陈基、元代成庭珪、元代袁士元、元代沈梦麟、明代乌斯道、明代林弼都称他为“马易之”。这些人的诗文集并非某一个“出版社”统一出版的，也不是像《永乐大典》和《四库全书》统一编辑的。在统一编辑或同一出版单位所印，或有可能把某个作家的姓加以统一，像以上不同的许多人共称一人姓马，这在廼贤当时曾用马姓是毫无可疑的。

不佞昔撰《论书绝句》，有一首云：“细楷清妍弱自持，五言绝调晚唐诗。平生每踏燕郊路，最忆金台廼易之。”当时自注又误以其诗中所咏之“妆台”即今北京北海之琼岛，又不知易之固以马为姓。未曾有廼易之之号。后经详考，辽金都城在今北京之西南方，今琉璃厂之海王村乃因出土金人墓志，言其地名海王村，在金都之东北郊。始知今北京乃在元大都旧址上略加改建，与金都全无关系。廼贤所咏之妆台，大约在今京城西南郊外，荒烟蔓草，已不易寻觅其旧址了。

敦煌俗文学作品叙录

整理者按：2008年11月，承章景怀先生厚谊和柴剑虹先生的热心联系，启功先生珍藏的敦煌学资料入藏国家图书馆，包括《敦煌变文集》手稿及敦煌俗文学作品叙录等未刊稿。其中叙录共计十件（有两件系同一篇），写于竖行文稿纸上，均为启功先生手书，并有亲笔修改。文稿装于一信封中，信封上有先生毛笔手书“敦录清稿”四字，并列有目录。

启功先生是《敦煌变文集》（人民文学出版社1957年出版）的六位作者之一。此前，先生于20世纪50年代初期便倾注精力进行敦煌俗文学资料的搜集、整理与研究，并已着手编撰多种著述，俗文学作品叙录即为其中的一种，现存九篇。而从“温泉赋”条乙卷下“全卷篇目详‘下女夫词’条”的说明和“晏子赋”条丙卷下“卷中篇目详‘百岁诗’”的说明来看，启功先生还撰有或计划撰写《下女夫词》《百岁诗》等作品的叙录。俗文学叙录虽是先生未最终完成的书稿，但叙录稿中关于俗文学作品的论述与考订，在半个世纪之后的今天看来，仍然具有很高的学术价值与深刻的启发意义。因此，我们将它整理出来，供文学史研究者参考。根据文稿体例及信封题签，我们谨将文稿拟名为“敦煌俗文学作品叙录”。原稿为繁体字竖行书写，整理时改用横行简体字，版式与标点符号也进行了相应的转换。篇章顺序则按原信封所列目录排列。各篇之间格式与体例方面的不一致，我们未擅加整齐，以见稿本原貌。需要说明的相关问题，我们以脚注的形式加以简要说明。

温泉赋

《太平广记》卷二百五十有“刘朝霞”一条，引自《开天传信记》，述刘朝霞向唐玄宗献《温泉赋》故事。里边引赋三段。这篇赋在敦煌发现全文，我见到一整篇、一残篇两本：

甲、(伯五〇三七号）残卷一卷（全卷篇目详“秦将赋”条)。卷中第三篇首题“驾行温汤赋一首”，下署撰人是“李叚廷”。尾至“五角六张”止，一篇全。中间有些残缺和模糊的字。撰人名字的第二字应是“霞”。

乙、(伯二九七六号）残卷一卷（全卷篇目详“下女夫词”条)。卷中末一篇首题“温泉赋一首”，下署撰人“进士刘瑕”。尾至“不得似”止，后有残字一行，每字只存右半，共存全赋的半篇。

赋写唐玄宗从皇宫出发，排开盛大的仪卫队仗，路过渭川，在中途打围。有了猎获，百官称贺。接着便写华清宫——温泉离宫的壮丽，有花木、云鹤点缀的成了仙境，皇帝便在这里修仙求道。最后作者述说自己是个失路的文人，具有才艺。也曾梦见富贵，醒来仍旧空虚。今日遇到了皇帝，不可“五角六张”地错过机会。

据《开天传信记》说：“刘朝霞献《驾幸温泉赋》，词调倜傥，杂以俳谐。……帝览而奇之，将加殊赏，上命朝霞改去‘五角六张’字。奏云：‘臣草此赋时，有神助，自谓文不加点，笔不停缀，不愿从天而改。’上顾曰：‘真穷薄人也。’遂授以宫卫佐而止焉。”我们姑且不论这件事的真实程度怎样，从文章论，实是一篇俳谐作品。

至于作者姓名，甲本作“李霞廷”，乙本作“进士刘瑕”，《开天传信记》又作“刘朝霞”，也无从辨别哪个正确。这可能与敦煌所出《行孝十二时》的题为白侍郎（指白居易)、《天地交欢阴阳大乐赋》的题为白行简同样的不可究诘。并且这篇赋向皇帝调侃太甚，说是当时呈献的作品，似乎不太可能；从敦煌卷子中看，和这篇赋同卷的邻篇，都是些个《秦将赋》《下女夫词》《五更转》等，那么它的“身份”至少在抄写人的眼光中是一件俗文学作品。所以我很怀疑《开天传信记》这一条或它的来源底本是把一件流行的“俗赋”加上了故事背景；也可能敦煌的单篇赋是从一篇整本故事中剔出来的，而《开天传信记》这一条不过是那篇故事的节录。因为出自故事传说，所以人名在各本中并不统一。如果这样，正像浔阳楼上的“反诗”，大观园内的《芙蓉诔》。但不知道前边所见的三个名字，是故事中人宋江、贾宝玉，还是写故事人施耐庵、曹雪芹？——当然也可能像《三国演义》中故事人物和文章作者统一的诸葛亮《出师表》。

赋里开篇写皇帝仪卫的盛况说：

开元改为天宝年，十月后兮腊月前，办有司之贡具，道（导）驾行于温泉。天门阊开，路神仙之輷塞，蛮（銮）舆划出，联甲仗而骈阗。然后雨师洒地，风不行吹。红旗闪天，火不停烟。青一队兮黄一队，熊踏胸兮豹拏背，珠一团兮绣一团，玉珮珂兮金缕鞍。车轰轰而海沸，枪戢戢而星攒。嗑㘉㘉，沸滩滩，天动兮地颉颉，云开兮雾合合，叩浐水兮人隘，入望春兮仗匝。若乃日入严更，日出驾行，拨三库物，掣万营兵。后飞尘而斗暗，前御道而轸平。我皇乃播双仗，撮岩嶂，过渭川，透蓝田，振罗直入于洪口，趁兽却过于灞阡。

写骊山的壮丽情形说：

既而到温汤，□□昌，历岩帐，巡殿堂，宫城围而庐匝，树木黯而□□，夺蓬莱之院宇，捉□□之轩廊。簏簏相压，□□相当。千门万户，阳耀阴藏。石瓮团栾，□飞泉于半臂（壁）；灵台驳硌，镜晓雾于高岗。于时空中即有紫云磊对，白鹤翱翔，烟花素日，水气喷香。

写皇帝的求仙说：

忽受颛顼之图样，串虹霓之衣裳。洪君喜遇，拱天尊傍。请长生药，得不死方。执王［乔］手，至子晋房，寻李瓒法，入于合堂。驾行王（玉）液，盛设三郎。

最后作讽刺作用的自夸说：

别有穷波蹭蹬，失路倡狂，窟橦虽□，伎艺□□，□□奇之解数，献戛卓之奇章（二字有残笔，应是“奇章”）。至若风□□□，不怕你卢骆杨王，或获取盘［古］□，又剜取女娲□。□□□□富贵，觉后衣食□□，□□准拟［疰］□□□。今□千年逢一遇，叩头莫五角六张。（引文参用甲乙两本）

《开天传信记》说：“其后述圣德云：‘直获得盘古髓，掐得女娲氏娘，遮莫你古来千帝，岂如我今代三郎。’”甲本把获取盘古……剜取女娲……来夸耀自己文章的精妙。“执玉□（女?）手，至子晋房……驾行玉液，盛设三郎。”写皇帝与神仙的举酒酬酢。甲本对于“三郎”二字的出场，也比《开天传信记》来得好。《开天传信记》又说：“其自叙云：‘别有穷奇蹭蹬，失路猖狂，骨撞虽短，伎俩能长，梦里几回富贵，觉来依旧恓惶。只是千年一遇，扣头莫五角六张。’”也可参补甲本的缺文。

至于“五角六张”的问题，宋马永卿《懒真子录》卷一说：“世言‘五角六张’，此古语也。尝记开元中有人献俳文于明皇，其略云：‘说甚三皇五帝，不如求告三郎，既是千年一遇，且莫五角六张。’……‘五角六张’谓五日遇角宿，六日遇张宿。此两日作事多不成，然一年之中不过三四日。”这是古人对“五角六张”的迷信观念。引文的异同，疑是由于马氏追忆模糊的缘故。

燕子赋

敦煌发现的《燕子赋》有两种：第一种是用俗语作骈体化的韵文；第二种是五言诗歌的形式。现在先谈第一种。

第一种《燕子赋》曾见两本：

（甲）“伯三七五七号”残卷，存自首题“燕子赋”至“阿你浮逃落籍不曾□□”止，约三百馀字。此后有残字一行，每字只存右半。

（乙）“伯二六五三号”一卷，首残，共存文三篇：（一）本篇；（二）第二种《燕子赋》；（三）《韩朋赋》。本篇自“离我门前”起，至尾题“燕子赋一卷”止，前端有断行三行。

这两本拼凑起来，可得全文，共约二千二百馀字。只是衔接处还缺着半字十八个、整字廿四个。王重民先生热情地把他的校勘本给我看，他所根据的除这甲、乙两本外，还有五本。从他的校文所据“伯二四九一号”卷，补全了缺少的四十二个整字和半字，又见到这五本和甲、乙两本不同的异文。

故事叙述燕子夫妻两个在屋梁上自造宅舍。一个黄雀儿乘燕子出门时带着妻、儿强来占住。燕子回来，反被雀儿打伤。燕子到鸟王凤凰处告状，述说自己单贫，造得一宅，被雀儿夺去，还用话恐吓：自称有检括“客户”的使命，又有官员亲戚，不怕告发，如果不服，即用耳掴对待。言下便遭他父子们的毒打。因此请求验伤，并望惩罚雀儿。凤凰批示：专差鸨鹩往捉雀儿。

雀儿自知理亏，正想逃避，鸨鹩已经到门，雀儿临时应酬鸨鹩，希图缓捉，结果押见凤凰。雀儿不肯实招，凤凰命令用刑，燕子又出头对质。雀儿发誓，燕子反驳。最后凤凰判责雀儿五百，枷项监禁。燕子欢喜称愿，雀儿的兄弟鸲鸽在旁不平，认为燕子不应作快意的表示。

雀儿的妻子赶来探监，埋怨雀儿平时不听劝，撞出祸来。雀儿教她出去请鸜鸽向凤凰托情。

数日后，雀儿向狱卒行贿，请求脱枷，狱卒不肯。又求典狱官许他写经禳祸，也被斥责。次日过堂，雀儿申述是被老鸟追急，暂投燕舍，不是安心强夺。由于燕子恶骂，才致相打，情愿赔他房价。自己并有“上柱国勋”，拟用来赎罪。凤凰问他什么时候获得的高勋，雀儿自述贞观十九年大将军征讨辽东时充当随从，作过先锋，立过功劳，照例得到“上柱国勋”的赏赐，有告身数通为证。凤凰立刻判决说：“雀儿强夺燕子屋舍的事，并没招认，既有‘上柱国勋’，即应释放出狱。”

雀儿出狱，遂唤燕子饮酒和好。这时遇到一个鸿鹤（鹄），他认为雀儿是徼倖得生；又认为燕子告得太狠，几乎要了雀儿的性命。同时把他们都奚落了一番。燕、雀同声唱歌问他：既这样高才，应会题诗！鸿鹄即作诗一首，表示他自有“远志”。燕、雀也唱出大小各有志愿的话，聊自解嘲。

王重民先生的校记引《尔雅翼》说：“雀性不能为巢，穿屋居之。力不能胜燕，或衔艾于燕巢中，燕弃去，则居之。”这种人家屋檐下常见的事情，被寓言家巧妙地用来揭露当时许多的社会现实。如写劳苦做屋人的单贫；流氓恶霸的强横；告状的困难；非刑、监狱的黑暗。特别是特权的效用，使得表面公正的官僚立刻露出本相。种种方面，写得都非常具体。这样优美的反映现实的作品，是应得到很高评价的。各类鸟——各类人的形象，都是那么生动。至于雀儿的豪横、怯懦、行贿、诡辩等心理变化过程，写得尤其深刻！

但这篇寓言的作者，究竟是当时社会中的一个知识分子，一方面正义地写出强横雀儿的劣迹；同时对他的受责，又觉得是燕子告状时咬得太狠。最后把他们写归和好，又写出所谓有远志的鸿鹄，对燕、雀都取否定的态度。这位作者虽不知是谁，在这上却已暴露了他被历史时代和阶级出身所局限的观点。结尾还把《史记·陈涉世家》《战国策·齐策》《庄子·逍遥游》中的大鸟典故都捏合在一起来描写一个鸿鹄，也可看出他对于古籍是有一些知识。那么他的身份恐怕正像后世的书会先生的一流人物吧！

现在择要地看看原文。——不容易割爱，多引些。

故事的开端：

> 仲春二月，双燕翱翔，欲造宅舍，夫妻平章。……安不虑危，不巢于翠暮（幕）；卜胜而处，遂托红梁。铺置才了，暂往坻塘。

黄雀儿的出场：

乃有黄雀，头脑峻削，倚街傍巷，为强凌弱。睹燕不在，入来眠掠，见他宅舍鲜净，便即兀自占着。妇儿男女，共为欢乐，自夸□偻猡，得伊造作。“耕田人打兔，蹠履人吃臛”，古语分明，果然不错。……更被唇口嗫嚅，与你到头尿却。

燕子回来，纠葛发生了：

言语未定，燕子即回，踏地叫唤：“雀儿出来!”不问好恶，拔拳即扠，左推右耸，剜耳掴腮，儿捻拽脚，妇下口𫘝。燕子被打，阿笑尸骸，头不能举，眼不能开，夫妻相对，气咽声哀，“不曾触犯豹尾，缘没横罗（罹）乌灾”! 遂往凤凰，下牒分诉。……

雀儿的“色厉内荏”：

鸨鹩奉命，不敢久停，半走半骤，疾如奔星，行至门外，良久立听，正闻雀儿，窟里语阒声。云：“昨夜梦恶，今朝眼𥇈，若不私斗，剋被官嗔。比来徭役，征已应频，多是燕子，下牒申论。约束男女，必莫开门，有人觅我，道向东村。”鸨鹩隔门遥唤：“阿你莫漫辄藏，向来闻你所说，急出共我平章，何为夺他宅舍，仍更打他损伤，奉府命遣我追捉，手作还是身当，入孔亦不得脱，任你百种思量!”雀儿怕怖，悚惧恐惶，浑家大小，亦总惊忙，遂出跪拜鸨鹩，唤作大郎二郎。“使人远来充热，且向窟里逐凉，卒客无卒主人，暂坐檐里家常。”

凤凰的威吓：

“者贼无赖，眼恼（脑）蠹害，何由可奈，胥是捉我支配。捋出脊背，拔出左腿，揭去恼（脑）盖。”雀儿被吓担（胆）碎，口口唯称死罪，请唤燕子来对。

雀儿赌誓，燕子作直截了当的反驳说：

“人急烧香，狗急蓦墙，只如钉疮病癞，埋却尸腔，总是雀儿转开（闲）作［咒］，徒拟诳惑大王。”

雀儿被责五百，“枷项禁身”的监狱生活：

妇闻雀儿被杖，不觉精神咀（沮）丧，但知捶凶（胸）拍臆，发头忆想阿莽。两步并作一步，走向狱中看去。……既见雀儿困顿，眼中泪下如雨。口里便灌小便，疮上还帖故纸，“当时骸骸劝谏，拗戾不相用语，无事破啰啾唧，果然见官理府，更被枷禁不休，于身有阿没好处！乃是自招祸恤，不得恐他灶祖。”雀儿打硬，犹自落荒漫语：“男儿丈夫，事有错误，脊被揎破，更何怕惧，生不一回，死不两度，俗语云：‘宁值十狼九虎，莫逢痴儿一怒。’如今会遭夜莽赤推，总是者黑妪儿作祖。吾今在狱，宁死不辱。”

凤凰见到“上柱国勋”后对案子的发落：

凤凰判云：“雀儿剔秃，强夺燕屋，推问根由，元无臣伏。既有上柱国勋收赎，不可久留在狱，宜即适放，勿烦案牘（牍）。”

作者对结局的处理态度：

雀儿得出，憙不自胜，遂唤燕子，且饮二升。“比来触误，请公哀矜，从今以后，别解祗承，人前并地，莫更吻吻。”乃有一多事鸿鹤，借问比来谏竞，“雀儿不能退静，开眼尿床，违他格令。”……遂骂燕子：“你甚顽嚚（嚣），些些小事，何得纷纭，直欲危他性命，作得如许不仁，两个都无所识，宜悟不与同群！”……乃兴一诗，以程（呈）二子：“鸿鹤宿心有远志，燕雀由来故不知。一朝自到青云上，三岁飞鸣当此时。”燕雀同词而对曰：“大鹏信徒（图）南，鹪鹩巢一枝，逍遥各自得，何在二虫知！”

语言方面，在以上引文中也可以见到大概。尤其是当时许多流行的成语和调侃儿的话，直到今天，有的还活在我们的口头。

燕子赋（开元歌）

《燕子赋》的第二种，“伯二六五三号”，只见这一本。

开首说："此歌身自合，天下更无过，雀儿和燕子，合作开元歌。"那么以下的歌词调子应该便是"开元歌"了。为和第一种区别即把它标注在题目下。

本篇接写在第一种《燕子赋》之后，篇首无标题，篇尾有"燕子赋一首"的尾题。已刊入《敦煌掇琐》。全文约一千五百馀字。

全篇故事只是：燕子作窠，雀儿侵占，燕子据理质问，雀儿诬燕子是逋逃客户，燕子提出反驳，雀儿讥诮燕子渺小无能，燕子自己夸述以往的光荣本领。燕子终于在"一虢虽然猛，不如众狗强"的寡不敌众情况下，和雀儿同到凤凰面前诉讼。经过对质，凤凰判雀儿应还燕子的房屋。于是雀儿无处安身，燕子主动向雀儿举出许多古代朋友交情的典故，并说"钱财如粪土，人义重于山，燕子实罪过，雀儿莫生嗔"的话来表示和好。最后雀儿在出房租钱的条件下也有了住处。

这篇作品，被五言句子的形式所拘，比起第一篇来，便觉呆板了许多。在故事情节上，也减缩得没有穿插。

虽然，也有比第一种描写较为细致的地方。如开始写燕子的辛苦：

> 燕子实难及，能语复喽罗，一生心快健，禽里更无过。……秋冬石窟隐，春夏在人间，二月来投藁，八月却皈（按这句原脱一字）。口衔长命草，馀事且闲闲，经冬若不死，今岁重回还。

雀儿为占房屋，假称有检括客户的使命，被燕子揭穿了：

> 雀儿语燕子："不由君事觜头，问君行坐处，元本住何州？宅家今括客，特敕捉浮逃，黠儿别设诮，转急且抽头。"
>
> 燕闻拍手笑，"不由君事落荒！大宅居山所，此乃是吾庄。本贯属京兆，生缘在帝乡，但知还他窟，野语不相当。纵使无籍贯，终是不关君，我得永年福，到处即安身。此言并是实，天下亦知闻，是君不信语，乞问读书人。"

燕子夸耀自己的经历：

> "莫欺身幼小，意气极英雄，堂梁一百所，游飏在云中，水上

吞浮蛾（蟻），空里接飞虫。真城无比校，曾娉（娉）海龙宫。海龙王第三女，发长七尺强，衔来腹底卧，燕岂在称扬。请读论语传，问取公冶长，当时在缧绁，缘燕免无常。”

燕子娉龙王第三女的故事，一定是当时流行的一个民间传说，可惜不得见了！

燕子告状说：

“燕有宅一所，横被强夺将，理屈难缄嘿，伏乞愿商量。日月虽耀赫，无明照覆盆，空辞元无力，谁肯入王门！”

“屈死莫告状”，是旧社会流行的谚语，“空辞元无力，谁肯入王门”实在更明快有力。

和好以后，雀儿表示：一冬的占住，却给修了房屋，总算尽了义务，燕子不应再告；佛教徒的凤凰，虽没判他死刑，却加以那样的责打，真是不胜遗憾！

雀儿语燕子：“别后不须论。室是君家室，合理不虚然，一冬来修理，涴落悉皆然，计你合惭愧，却攥我见王身。凤凰住（信）仏（佛）法，不拟煞伤人，忽然责情打，几许愧金身！”

按陈寅恪先生对于唐代传奇文学的看法，以为有些韵文和散文是有有机的关系。如《莺莺传》和《莺莺歌》；《长恨传》和《长恨歌》等。这给我对于研究这两篇《燕子赋》的关系上一个很好的启发。我觉得第一种《燕子赋》虽基本上是押韵的“赋”体，但在叙述故事的作用上，却和《莺莺传》、《长恨传》是一致的。那么《开元歌》与《燕子赋》的关系也就和前举两“歌”、两“传”的关系是一样的了。况且在写本里，《开元歌》没有首题，即直接连在第一种之尾，也不能不使人对于它们关系的密切加以如此的推测。——但还有些本第一种的《燕子赋》，后边并没有附着《开元歌》，其实《莺莺》《长恨》等“歌”和“传”在许多旧本中也常常是单行的。——因此可以知道，唐代好像异军突起的传奇文学，在新兴进士集团手里掌握之外，是自有它在民间的优秀传统的。——尽管它们的形式和名称有某些差别。同时这也是讲、唱间杂的变文的乳母或是益友。

假如上面的推测是对了，这两篇《燕子赋》的创作年代应该是同时，或者即出自同一个人的手笔。

晏子赋

共见四本：

甲、（伯二五六四号）一卷，共存文三种：一、《晏子赋》，二、《齖𪘏新妇文》，三、《太公家教》。《晏子赋》首题“晏子赋一首”，一篇全。已刻入《敦煌掇琐》。

乙、（伯三七一六号背面）一卷，共写文五种：一、《新集书仪》，二、《王梵志诗》，三、《晏子赋》，四、《赵洽丑妇赋》，五、《百鸟名》。《晏子赋》一篇全。

丙、（伯三八二一号）蝴蝶装小册子残本一册，共存作品四种（卷中篇目详“百岁诗”）。末一种即《晏子赋》。册尾残，赋至“小锤能鸣大鼓，方之此言，见大何意？”止。

丁、（伯三四六〇）残卷，至“墨挺虽黑在王边，采桑椹黑者先[尝之]”止，存半篇。

“乙本”在《新集书仪》后有款识一行：“天成五年庚寅岁五月十五日敦煌伎术院礼生张儒道”。后唐明宗天成五年，也就是明宗的长兴元年（公元九三〇年）。按其他三本的字体，也都是这一时期的风格，可能都是晚唐五代的写本。

故事很简单。只是敷演晏子出使于梁，和梁王辩驳的事。梁王听说晏子来了，先向左右问晏子的形状，左右说他如何丑陋。王便令晏子从小门而入，王问他何以从狗门而入，晏子说：到狗家即从狗门而入。王说：齐国无人，才派你来。晏子说：齐国大臣七十二相，全是聪明才智的人，都派向有智量的国家去了，我最无智，才到无智国来。王又累次讥诮晏子短小、色黑、祖先无名。晏子逐次举出若干小胜大、白胜黑[①]的事物来驳倒梁王，还偏偏的不告诉他祖先是谁。最后梁王举出天地、阴阳的关系、风雨霜露的来处、天地相去的数量、君子小人的分别等项问题来难晏子，晏子一一回答，表现了绝高的智辩。

按“入狗门”“齐无人”两项问答，原见《晏子春秋》（但是属于楚王的事），《晏子春秋》这个书里所记晏子的故事，多数都描写他是一个富于机辩智慧的典型人物，所以刘向怀疑到书中有“后世辩士所为者”。《晏子赋》的作者在其中采取了两件故事，又把作者当时民间流行的许多机辩问答的故事增加上去，最后归结到“出语不穷，是名君子”。使得晏子的形象和当时习知那些故事的读者们更接近了一层。

这类问答，我们在敦煌的《孔子项橐相问书》里也看见很多，同时敦煌还发现些个当时作常识课本用的书，如《孔子问老子》《孔子备问书》等，都用问答的形式说明若干天文、地理、历史、生活等常识，可见这类问答方法和内容，在当时人的生活里是常遇到的。

赋略说：

梁王曰：“不道卿无智，何以短小？”晏子对王曰：“梧桐虽大里空虚，井水虽深里无鱼，三寸车辖制车轮，五尺大蛇怯蜘蛛。得长何益，得短何嫌！”梁王曰：“不道卿短小，何以色黑？”晏子对王曰：“黑者天地之性也。黑羊之肉，岂可不食；黑牛驾车，岂可无力；黑狗趁兔，岂可不得；黑鸡长鸣，岂可无则。鸿鹤虽白，长在野田；丧车虽白，恒载死人。漆虽黑，向其前；墨挺虽黑，在王边；采桑椹，黑者先尝之。方知此言，见大（白）何益！”

晏子对王曰：“剑虽三尺，能定四方；麒麟虽小，圣君瑞应；箭虽小，煞猛虎；小锤能鸣大鼓。方知此言，见大何意（益）！”

梁王问曰：“不道卿黑色，卿先祖是谁？”晏子对王曰：“体有于丧生于事，粳粮稻米，出于粪土，健儿论功，佇儿说苦，今臣共

① 整理者按：原文如此。据文意，应作“黑胜白”。

王言论，何劳问我先祖！”梁王乃问晏子曰：“汝知天地之纲纪，阴阳之本姓（性），何者为公，何者为母？……”晏子对王曰：“九九八十一，天地之纲纪；八九七十二，阴阳之性。天为公，地为母；日为夫，月为妇；南为表，北为里；东为左，西为右。风出高山，雨出江海，霜出青天，露出百草。天地相去，万万九千九百九十九里。富贵是君子，贫者是小人。出语不穷，是名君子也。”

这里“剑虽三尺……见大何益”一段，实在应该在“得长何益，得短何嫌”之后，因为梁王说他短小，他驳完了“短”，接着驳“小”，文义也顺。但除丁本此处残缺外，甲、乙、丙三本都是如此错简，虽有文字小异，底本的来源实是相同。“健儿论功，佇儿说苦”，乙本作“健儿论金（今），嫽儿说古”，音近字异，正是口头传说的常事，无论哪几个字，都表示了硬汉向前的精神，何等的虎虎有生气！末尾甲本作“是名晏子”，乙本作“是名君子”，乙本对的。因为作者是说：世俗以贫穷为小人，晏子的辩驳语言，既是没有穷尽、没有屈服的，所以他应该被称为君子！

韩朋赋

我共见到六卷：

甲、“斯二六五三号”一卷，共存文三篇（卷中篇目详“燕子赋”），末一篇即这篇《韩朋赋》。自首题“韩朋赋”起，至宋王拾得鸳鸯羽毛“磨芬（摩拂）其身”止，后有尾题“韩朋赋一卷”。刊入《敦煌掇琐》。

乙、“斯二九二二号”一卷，首略有残字。结笔较“甲本”多一段：略述宋王将羽毛摩至项上，头即落地，宋国灭亡，奸臣梁伯父子发配边疆的下场。尾题“韩朋赋一本卷”，下有款识“癸巳年三月八日张庆道书了”一行。

丙、“伯三八七三号”残卷，自“［梁伯］信（迅）速，日月渐远”起，这前边有断行十九行，尾与乙本同。

丁、“斯三二二七号”残卷，自首至“妇闻夫书，何古（故）不喜”

止，存半卷。

戊、“斯四九〇一号”残卷，自首至“两鸟相博，一鸟头破”止，存半卷。

己、“斯三九〇四号”残卷，自“病言谢客，故劳远来”起，这前边有断行七行，至“荆棘有丛，豺狼有伴”止，存一段。

“乙本”尾款题“癸巳年”是后唐明宗长兴四年（公元九三三年）。其他各本的字迹，也都是唐末五代的风格（“甲本”有一处“臣”字写作“屆”，是唐末人偶仿古体，写得也不正确，不足即为武周时所写的证据）。

六本的文字，互有繁简、异同，除结尾部分外，“乙”“丁”“戊”本各有数处多几句，也同有少几句的地方，尤其“乙本”，约有七处有两句以上的简略。

故事的大略是：韩朋（冯、凭）自幼失父，独养老母，娶妻贞夫，爱情深挚。韩朋出游，在宋国做了官，六年没回家。贞夫寄书给韩朋，韩朋误将家书遗落殿上。宋王拾得，羡慕贞夫书信的文采。宋臣梁伯代出奸计，派车马到韩家诈称韩朋的友人代他来接贞夫。贞夫不相信，想托病不见。使者反激她说：妻子听见丈夫书信并不欢喜，必有他情。贞夫不得已流泪上车而去。这时宋王宫中忽有光辉，卜者说是王将得好妇的征兆。当时贞夫即到，貌既美丽，又有文才，即拜为皇后。贞夫入宫以来，思念韩朋，憔悴不乐。梁伯献计：如果毁了她丈夫韩朋的容貌，可绝了她的爱念。宋王即令打掉韩朋的门齿，穿上破旧衣服，派充苦役，去筑清（青）陵台，使贞夫往观。贞夫见了韩朋表示苦痛，韩朋并不谅解她。贞夫裂裙裾三寸，刺齿取血作书，系在箭上，射与韩朋，韩朋得书，便即自死。宋王发现贞夫的三寸素书，在韩朋头下。贞夫即求宋王以礼埋葬韩朋。宋王允许，派人在城东撅百丈的圹，来埋韩朋。贞夫往观，绕墓悲嗥，即入室用苦酒浸衣，自跳入圹。左右的人牵衣挽救，衣服随手脆断。这时天降大雨，水流圹中，遣人捞取，只得两石，一青一白。宋王命将青石埋于道东，白石埋于道西。后来东边生了一棵桂树，西边生了一棵梧桐，枝叶相笼，根下相连，下有流泉，横过道路。宋王出游看见，即命伐树，三日三夜，血流不止。有两块木片，落在水中，变成鸳鸯飞去。掉下一只羽毛，甚为美好。宋王拾起，摩拂自己身体，立刻生出光彩。摩到项上，头便自落，不到三年宋国灭亡，梁伯父子配在边疆。

这个优美的民间故事，最早见于记录的，应属晋干宝的《搜神记》，但较简略。只从韩凭妻美，被宋康王掠夺说起，凭妻用隐语作书寄给韩凭说："其雨淫淫，河大水深，日出当心。"宋臣苏贺解之，说："其雨淫淫，言愁且思也；河大水深，不得往来也；日出当心，有死志也。"此外没有歌谣，后面的情节，和赋中所说的基本相同。此外，唐宋以来如《岭表录异》《九域志》《诚斋杂记》《彤管集》等书里谈到诗歌，常举"南山有鸟，北山张罗"四句，标题为"青陵台歌"；又举"乌鹊双飞，不乐凤凰"四句，标题为"乌鹊歌"。还有一些地志书籍谈到青陵台地方问题的，也常略为涉及故事，但都不出《搜神记》范围。现在拿《韩朋赋》来比较，赋不但把故事情节原委加详，而且那些隐语、歌谣也都包括进去。只有李商隐等人的诗中有"韩凭化蝶"的典故，和化鸳鸯问题不同（当然还有许多细节的异同，如人名之类，不过化鸳鸯的结局比重较大罢了），可能是同时流行两种传说，赋的作者选择了鸳鸯一说；也可能化蝶说法产生在化鸳鸯说法之后。总之一种民间传说的故事，常是错综地发展着。在流传过程中，《搜神记》可以说是一次重点的笔录，《韩朋赋》又是一次较详的编订。

这篇赋是具有浓厚的民间文学特色的。略举几段：

韩朋得书，解读其言。书曰："浩浩白水，回波如流。皎皎明月，浮云暎之，青青之水，各忧其时，失时不种，禾豆不滋，万物吐花，不为天时。久不相见，心中在思，百年相守，竟好一时！君

> 不忆亲，老母心悲，妻独单弱，夜常孤栖。常怀大忧，盖闻百鸟失伴，其声哀哀，日暮独宿，夜长栖栖。太山初生，高下崔嵬。上有双鸟，下有神龟，昼夜游戏，恒则同归，妾今何罪，独无光晖！海水荡荡，无风自波，成人者少，破人者多。南山有鸟，北山张罗，鸟自高飞，罗当奈何！君但平安，妾亦无他。……遂下金机，谢其玉被（?），千秋万岁，不复织汝，井水淇淇，何时取汝；釜灶尫尫，何时吹汝；床席闺房，何时卧汝；庭前荡荡，何时扫汝；园菜青青，何时拾汝。”出入悲啼，邻里酸楚。……王曰：“卿是庶人之妻，今为一国之母，有何不乐！……”贞夫答曰：“辞家别亲，出事韩朋，生死有处，贵贱有殊。芦苇有地，荆棘有藂，豺狼有伴，雉兔有双。鱼鳖在水，不乐高高；燕雀群飞，不乐凤凰；妾是庶人之妻，不乐宋王。”……韩朋死时，无有伤损之处，唯有三寸素书在朋头下，宋王即读之，贞夫书曰：“天雨霖霖，鱼游池中，大鼓无声，小鼓无音。”王曰：“谁能辨之?”梁伯对曰：“臣能辨之。天雨霖霖是其泪，鱼游池中是其意，大鼓无声是其气，小鼓无音是其思天下事。”

那些生动的歌谣和反复咏叹的手法，何等的朴素有力！我不敢说宋元以来所记的两支民歌即是摘自《韩朋赋》，相反的却怀疑赋中还镕化进去其他的小支民歌。当然整篇赋也可看做一大支民歌，只是由于它是韵语体裁，看不出明显的痕迹了。

在一九三五年，容肇祖先生写了一篇《敦煌本韩朋赋考》，把故事和诗歌的流传情形作了极详细有系统的考证。但当时见到的只是《敦煌掇琐》的“甲本”，容先生根据其中的韵脚用字，考订古韵，推测它的创作时代是“唐以前，或为晋至萧梁间”。现在更校各本，“甲本”的韵脚处也有误字，即以古韵论，各地的方音也还值得考虑进去。所以这篇作品比较可靠的创作时代，似乎还应和敦煌其他的俗文学作品同样属于唐朝；至于这几个卷子的抄写方面，则都出于唐末或五代人的手笔。

李陵变文①

只见此一卷，李盛铎旧藏，卷首残缺，失原题。述李陵故事，韵语与散文相间，与《王陵变》等相似。所存近四千五百字。

卷首自“从来不信三军勇，是日方知九姓衰，匈奴得急于先走，汉将如云押背槌，丈夫百战宁词（辞）苦，只恐明君不照知”起，与结尾“今日黄天应得知，汉家天子辜陵得”对观，前后照应；似起首处已点题，所缺应不太多。末尾“辜陵得”后略有馀纸，应是写完。卷背写《刘萨河传》，另有节书《李陵变文》两小段，与卷内重复，字句略有异同。似是抄者随手重写，或是有所修改的地方，另抄附后。

故事是说汉兵五千与匈奴十万馀骑交战，匈奴兵败，取左贤王兵马数十万人追战，李陵暂抽兵马，向南而走。战士受伤，仍然苦战。这时打战鼓不响，在第三车上搜出一个女子，即斩之，战鼓不打自鸣。汉兵向南走，避入平川草间，匈奴从后顺北风纵火，李陵亦命向前放火，随火前行，便不致被烧，于是走入汉界。

秦将赋

见到残文二本：

甲、残卷。存起首一段：题目一行，文五行。德化李氏旧藏。

乙、（伯五〇三七号）一卷，首尾俱残，存作品四种②：一、《秦将赋》残篇，二、七言古诗一首，三、《驾行温汤赋》，四、《白鹰表》，五、《肃州刺史答南番书》残篇。卷首的残篇只存结尾处断行六行。从中间“赵卒降秦死”句看，知是《秦将赋》。

① 整理者按：本篇为未完稿。有两件，一为朱笔书写，迭经修改；一为墨笔书写，卷面整齐，亦略有修改。两件内容大体一致，唯文字略有异同。两相对照，知墨笔本为在朱笔本基础上进一步修改而成。本篇依墨笔稿整理。

② 整理者按：原文如此。据下文，应作“五种”。

按《史记·白起传》:“赵括出锐卒自搏战,秦军射杀赵括,括军败卒四十万人降武安君(白起),武安君计曰:‘前秦已拔上党,上党民不乐为秦而归赵,赵卒反覆,非尽杀之恐为乱。’乃挟诈而尽坑杀之,遗其小者二百四十人归赵。”

这篇赋即描写这次残酷大屠杀的故事。全篇可惜不易读到了,但从仅存的残文中已经可以看见作者是如何地写出那个阴森恐怖的场面:

两段残文是这样:

甲本:

秦将赋一首

秦将昔时坑赵卒,入深谷,排一重刀,布一重弩。一边挟恰百迊(匝)千遭。有如地网黑牢。欲入地兮无处窜,欲仰天兮无处𨑹(逃)。谷深涧远,山峻天高。陌(百)刀下兮声劈劈,人声狂兮沸嘈嘈。刀光白,人气粗,血流涧下如江湖。十队五队连花剑,陌(百)般千[?]金辘[轳]。

乙本:

沛(?)悲死

刑残害冤气切切至于□

山头如片不飞云应是长

闻鬼哭至今

赵卒降秦死(残缺约五字)鬼哭寒门煞(此五字到行脚)

气至今犹未尽(尽字原点去)(残缺约三字)云掩太行门

按:第二行“于”下一字,只存人字头,应是“今”字。“太行门”以下有空纸,知是全篇结尾。寻绎韵脚“至于今”“不飞云”“哭寒门”“太行门”等,和残缺字数的估计,可见全赋的末一部分是一大段七言句子。

叶净能诗

一卷(斯六八三八号),首行前有馀纸,尾有总题,似乎没有残缺。

字迹近晚唐五代风格。全卷脱字错字极多，还有原来不是脱字，抄写误留空字的地方。即如开卷写道：

> 嵇山会叶观中安见　悉解苻后录依　上老君之教净　　能一见慕之

“安见”处不知脱了什么字；“录后”应是误倒；“上”字上边应脱“太”字；“净”“能”二字之间误空约两个字的位置。卷中这类情形和其他错字、别体更是随处可见。

全卷接连叙述十三件故事：（一）首先说叶净能年二十在会稽山入道，得到法术。（二）叶往长安，路遇大罗王变作河水阻止他，他书符使河水枯竭。（三）华州一县令的妻子魂被岳神摄去做第三夫人，叶书符将县令妻魂夺回。（四）长安市民康太清女儿被野狐所魅，叶持剑斩女作三段，用毡覆盖，康告官，揭毡一看，女无恙，是一狐被斩三段。（五）叶为玄宗采药过江，遇恶蜃阻江，叶书符斩蜃为三段。（六）高力士掘地道令人在内打五百面鼓，皇帝假说有妖，叶噀水化蛇入地道内喷云，五百人完全失去能力。（七）变化酒瓮成道士。（八）皇帝梦吃龙肝，想吃龙肉。叶用盆水书符，立生云雾，空中一神送来一只龙腿，可重卅馀斤。（九）天旱请神降雨。（十）皇帝大赦天下，任百姓燃灯。叶作法与皇帝及随驾人立时同至剑南看灯，在蜀王殿上歇憩，奏乐数曲，留下汗衫一件，便回长安。当夜蜀人见车马侍从一百馀人，又听见殿上作乐，并拾得遗落的汗衫，遣使入奏，皇帝大悦。（十一）皇后无子，叶书符问天神和地府，得回报说：“皇后此生不合有子。”（十二）叶作法与皇帝同游月宫，皇帝见月中宫殿楼台都是珍宝做成，娑罗树高不可测，寒风太冷，遂回长安。（十三）叶私通宫女，皇帝设计要杀他，叶遁入殿柱里，削柱亦不见，高力士看见一条紫气升空而去。后有中使在蜀川路上遇叶，叶向皇帝致问，又复不见。皇帝听到回奏，哭泣赞叹不已。

按唐人的各种记载，叶净能（或作静能、靖能）生存时代上及高宗，下及玄宗。是个术士世家。他哥哥叶国重，称“有道先生”，有道的儿子叶慧明，慧明的儿子叶法善，都是有名的术士。这卷中各件故事，在唐人小说中有的属于叶净能，有的属于叶法善，有的属于不详名字的“叶道士”（也有同类故事并不属于叶家人的），这里都算在叶净能的名下。供养他的皇帝又都是唐玄宗了。和唐人其他小说所记的同一个故事中的细节，也有许多异同。还提到“宰相景宗”，应是从宋璟、姚崇捏合而来，和《捉季布传》里把朱家、郭解拼成一个“朱解”正是一样办法。

全篇前半用散文叙述，比一般的唐人传奇更多地运用口语，这类作风和后来的宋元话本已极接近了。如酒瓮故事一段：

> 皇帝诏净能于大内饮宴，……谓净能曰：“朕今饮宴，都不似天师有章令使宴乐欢娱。”净能承其帝命，抽身便起，只对殿西角头一个釖（剑）南蛮子尽瓮子，可授石已来，净能……怀中取笔便于瓮子上尽（画）一道士把酒盏饮，怗（帖）在瓮子上，其瓮子便变作一道士，身长三尺，还着槫黄被，立于殿西角头。……道士奉诏……口口称臣。玄宗亦见，龙颜大悦，妃妃（嫔）婇女，悉皆欢笑。……道士饮一石已来，酒瓮子恰荡，樽中有酒五升。……皇帝曰：“依奏，酒便赐尊师。”其道士苦不（?）推辞。奏曰：“臣恐失朝仪而亏礼度。”净能曰：“知上人是大户，何用推辞!”道士奏曰：“其酒已劣，贯饮不得。”净能见苦推辞，对皇帝前，乃作色怒，“恩（思）此道士，终须议斩首!”皇帝曰：“他有何罪愆（愆），忽而斩之?”净能奏曰：“缘伊逅我极。”皇帝依奏，令高力事（士）取剑斩道士，［头］随剑落，抛（抛）在一边，头元是酒瓮子盖，身尽瓮子身，向上画一个道士，怗（帖）符一道，缘酒瓮子恰满便醉。皇帝见一（一见）大笑。

篇末是用韵语结束的：

> 皇帝闻净能附使人所奏，临殿而望蜀川，满目流泪而大哭曰：“朕之叶净能，世上无二，道教精修，清虚玄志。练九转神丹，得

长生不死，伏（服）之一粒，较量无比。元始太一神府，即能运动天地，要五曹、唤来共语；呼五岳、随手驱使。造化须移则移，乾坤要止则止。亦能苻朕月宫观看，伏向蜀游戏。朕兴异心，于（干）戈伦（沦?）矣。呼之上殿，都无志畏。问之道术，奏言无比，锋刀遍身，投形柱里，相之无处，宁知其意。钊（剑）南使回，他早至彼，令传口奏，能存终始，朕实辜（辜）卿，愿卿知意。遥望蜀川，空流双泪，开辟已来，一人而已，与朕标题，烈于清（青）史。”

叶净能诗

这种体裁，在所用的语言上和韵、散的结合上，都比传奇往通俗里发展了一步、往密切里发展了一步。和后来的“诗话”、“词话”等有时夹入一段有韵的骈语极其相似。尾题“叶净能诗”是指咏叶的诗还是叶所作的诗？都不可通；若从卷中脱字过多的毛病上看，我很怀疑这个尾题原是“叶净能诗话”，而写漏了一个“话”字。

丑妇赋

只见“伯三七一六号背面”一本，全卷写文五种（篇目详“晏子赋”条），其中第四篇首题“赵洽丑妇赋一首”，尾题相同。一篇全，共约三百五十馀字。讹字脱字很多，有些地方竟自没法句读，因之也不易全懂。

大意说一个妇人面貌丑陋，又馋又懒，还时常吵闹。她的丈夫最后在任她带走财物的条件下提出离婚。

这位作者可能和《聊斋志异》《醒世姻缘》的作者写怕老婆的故事是具有同样的心情，他见到或受到封建婚姻的束缚，反映出无穷的痛苦，最后以离婚为最高愿望。究竟作者是男子，才把那个“怨偶”写成个“丑妇”，而恰巧妇女的苦痛，也正从所写她那些发泄郁结的行动上暴露出来。

作者极尽挖苦的手段来写出“丑妇”的形象。开篇说：

畜眼以来丑数，则有兮一人。馒飞蓬兮成蝤，涂懒甚兮为鬗。无兮利之伎量，有妬毒之精神。天生面上没媚，鼻头足津。闲则妙能穷舌，馋苑佯稚有娠。……有笑如哭，有戏如嗔。

更具体地形容她的懒惰说：

眉间有千般碎皱，项底有百道粗筋。眝（贮）多年之垢污，停累月之重皴（皴）。

中间有“忽然而叹曰”四句，分明是“丑妇”自己的声音：

可羞可耻，难生难死，甚没精神，甚没举心（止）。

作者把它作为丑妇自愧的表示，其实生死两难正是个什么境地！她发作了：

豪［豪］横横，或恐马而以惊驴；咋咋邹邹，即喧邻兮栝（聒）里。佗脂磨罗之面，恶努胮肛之觜。尔乃只爱说非，何曾道是。闻人行兮撼战，见客过兮自棰。

作者在更调侃的口吻下写她的丈夫想请巫师除妖：

告怨屈者胡粉，称苦痛者烟脂。……持瘷蛊家，问法符书上趁师：“人家有此怪疹，亦实枉食枉衣。”

最后说：

则须糠火发遣，不得稽迟，勿客死外，宁可生离。所有男女惣收取，所有资藉任将随，好去好柱（住）信任依。各自前得努力，苦兮乐兮焉知！

封建制度统治下，离了婚，不等于悲剧结了局。“苦兮乐兮焉知”，离婚后的妇女的前途，自不待言，即是这个丈夫，也依然要发出这句感觉空虚没把握的哀叹！

（刘波据作者原稿整理）